新时代粮食安全透视

成升魁 汪寿阳 谢高地 等 著

科学出版社
北京

内 容 简 介

本书全面分析了中国粮食安全存在的问题与挑战，提出了关于粮食安全的一系列重大科学论断，构建了新时代粮食安全观及其战略，预测了保障我国国民营养健康需求的粮食规模，论述了保障中国粮食安全的合理生产布局、水产品供给、全球农业资源利用、粮食安全科技体系、国家粮食政策等方面的方略与对策。这些成果可为国家粮食安全保障提供科学依据。

本书可供农业、资源、地理、环境、区域发展等相关领域的专业科研人员和相关决策管理部门参考。

审图号：GS 京（2023）0260 号

图书在版编目（CIP）数据

新时代粮食安全透视 / 成升魁等著 . — 北京：科学出版社，2023.5
ISBN 978-7-03-075452-3

Ⅰ . ①新⋯　Ⅱ . ①成⋯　Ⅲ . ①粮食安全－研究－中国　Ⅳ . ① F326.11

中国国家版本馆 CIP 数据核字（2023）第 070600 号

责任编辑：石　珺　白　丹 / 责任校对：周思梦
责任印制：吴兆东 / 封面设计：无极书装

科 学 出 版 社 出版
北京东黄城根北街 16 号
邮政编码：100717
http://www.sciencep.com

北京建宏印刷有限公司 印刷
科学出版社发行　各地新华书店经销
*
2023 年 5 月第　一　版　开本：787×1092　1/16
2023 年 5 月第一次印刷　印张：16 3/4
字数：401 000

定价：166.00 元
（如有印装质量问题，我社负责调换）

　　粮食安全是国家安全中带有全局性和基础性的重大战略问题。面对我国粮食生产领域资源环境问题凸显、种粮经济效益低微、食物流通领域新变化以及城乡居民食物消费需求升级等系统性新挑战，如何全面、系统、准确地分析和把握我国粮食安全的实况？如何把粮食安全问题纳入国家改革开放整体发展战略？客观而论，在这些事关国家粮食安全的重大问题上，理论上仍未形成共识，实践上相关部门或地方等利益主体常各取所需。粮食问题已经远不是粮食本身的问题，更不是单纯的生产或产量问题，它涉及政治、社会、经济、资源、环境生态和三农；涉及生产、流通、加工、消费和营养健康；涉及扶贫减困、新农村建设和城市化；涉及政府、市场和国内国外等等。总之，粮食问题是系统性问题、全局性问题、战略性问题。解决粮食安全问题，必须跳出粮食看粮食，从更大视野上，从系统上理解、破解粮食困局。为此，迫切要求我们深刻洞悉当今世界地缘政治背景下的世界农业与粮食发展新趋势，高度把握国内农情、粮情、食情的新动向，思考并重构适合新时代发展趋势的国家粮食安全观。

1. 我国粮食安全存在潜在危机

　　近年来，我国粮、油、肉、蛋、奶、果蔬等供应充足，人民生活水平显著提高，但背后潜伏风险较大。概括讲，这些风险集中表现为：一是产量多、进口多、库存多、浪费多的"四多"怪圈现象。2015 年来，我国粮食年产量连续稳定超过 6.5 亿 t，人均占有约 470 kg（到 2022 年，我国粮食总产量达 6.8 亿 t，人均 480 kg），但同时，每年粮食进口 1.3 亿 t 左右（2022 年进口约 1.6 亿 t）；总体看，自产加上进口，我国居民人均占有粮食约 550 kg 以上。据有关资料估算，2016~2017 年我国粮食期末结转库存约为 5 亿多吨，库存率达 80% 以上；同时，据我们项目组调研，目前我国仅城市餐饮业浪费的食物就高达 1700 万~1800 万 t/a，约为 3000 万~5000 万人口一年的食物消费量。由于种种复杂原因，"四多"怪圈最后导致的结果就是新粮入库、洋粮入市、陈粮入口。二是我国居民膳食结构、（粮）食物供给途径已发生巨大变化，供给端和需求端发生错位，供给侧结构性改革任务艰巨。三是我国粮食生产正面临巨大资源环境压力和食品安全风险。四是国内粮食生产成本普遍高于国际市场，粮食生产主体——农户种粮的经济收益愈益降低，规模化高效益生产仍然任重道远。五是因种种复杂原因造成的粮食库存积压浪费和过度加工导致营养损失与浪费尚未受到应有关注。六是各类粮食补贴名目繁多，针对性不强，执行过程走样，国家财政负担和金融风险较大。七是面临国际地缘政治冲突带来的粮食进口风险。俄乌冲突引发的国际粮食安全危机给我国粮食安全带来新的不确定因素。如何认知并破解这些系统性的问题，是国家粮食安全的首要问题。

2. 粮食供需形势已发生重大变化

一直以来，我国走的是一条依靠国内资源满足国内粮食需求的道路。但进入新时代以来，城市化发展、物联网技术快速发展以及全社会对营养健康消费的追求，正在加速食物需求更加营养化、多样化、精准化和个性化，食物流通快速化和食物供给渠道多元化，使得粮食安全的内涵和外延正在发生历史性变化。

城市化推进将加速我国食物消费结构变化。目前城市化率超过 60%，预计 2030 年达 75%。随着我国老龄人口规模的扩大以及城乡居民人均收入大幅增加和居民生活水平升级，膳食结构无疑将发生重大变化：主粮或口粮消费总量整体呈下降趋势，肉蛋奶等消费持续增长必然会刺激饲料粮需求的持续增加；不同群体的个性化食物消费日渐显露；简约式绿色消费方兴未艾；城市宠物群体迅速增长也对粮食带来新的需求。诸多因素的变化都意味着新时代粮食需求结构会发生历史性的变化，不仅包括营养用粮，也包括社会用粮。

消费端需求的另一个变化是我国近年食油、蔬菜、水果等副食品消费迅速增加，逐渐成为我国城乡居民膳食的必备食物，增加居民营养健康的同时，替代部分粮食和肉蛋奶，这是一个不争的事实。食物需求多元化趋势对传统主粮模式或传统粮食安全观带来新的挑战。

在生产端，我国粮食连续增产带来巨大资源和环境生态压力诸如华北地下水漏斗、东北近年地下水超量开采、南方土壤和地下水污染、黄土高原和西南山地水土流失、耕地肥力下降和农药超标施用及残留等问题严重威胁我国粮食的可持续发展和食品安全。客观地讲，我国粮食连续增产某种程度上是以牺牲资源和环境生态为代价的。除此以外，粮食生产的主体仍然是小农户。据我们项目组在山东的调研和农业农村部相关资料显示，我国粮食生产主体中，小农户占 93%～95%。小农户生产分散化与高成本并存，一方面导致单位农产品价格远远高出国际市场水平，另一方面导致种粮农民无法通过粮食种植获得预期的收入维持生计。规模化、现代化、集约化、区域化高效生产是我国粮食安全的必然出路。习近平总书记在考察黑龙江现代化农场时，深情地感慨"中国粮食，中国饭碗"，这是对国家粮食安全的深刻诠释。近年来，习近平总书记多次提到中国人的饭碗要端在自己手上，强调粮食安全的绝对重要性。但在现实中，由于种种复杂原因，对"中国饭碗"的理解多有差异，有的认为中国饭碗就是粮食产量，有的认为中国饭碗就是充足的粮食储备，更有甚者提出"中国人的饭碗里一定要端上中国人自己的粮食"！我们研究认为，改革开放是 40 多年来我国从富起来到强起来的重大战略举措，也是实现第二个百年奋斗目标的唯一选择，在我国大门越来越开放的背景下，我们不能一考虑到粮食安全问题时就关闭大门，自给自足。

在市场流通领域，一端是千家万户构成的小规模分散化粮食生产者，一端是千家万户构成的消费者，从农田到餐桌的供给体系非常复杂，而大都市的形成要求短时间内大量农产品供给，这种复杂的供给、流通、消费网络，只有通过市场机制才能发挥调控作用。

供给端的另一个重要变化是我国综合国力的强大和获取国际粮食资源能力的增强。必须客观地承认，我国的耕地和水资源无法满足我国对农产品的全部需求。在全球化不可逆转和中国改革开放战略深入推进的大背景下，适度利用世界资源，进口部分粮食以缓解国内资源环境压力是明智的，也是必然和必须的，同时也是可能的。事实上，近年来在我国大力倡导的人类命运共同体和"一带一路"倡议实施过程中，主动选择粮食进口已成为我国地缘政治外交的一种有效手段，中国已迅速成为世界其他农产品生产剩余大国追逐的目标市场。由此看，在开放的世界里，国家粮食安全是一个彼此依赖、相互依存的关系，如果说进口粮食多就一定不安全，那么，出口粮食多也一定不安全。关键问题是国际粮食市场是否稳定，贸易规则是否有效，中国综合国力是否足够强大来捍卫这种国际粮食贸易体系，能否保持购买能力，进而保证自己获取国际粮食资源的能力。所以，国家强大是国家粮食安全的最大保障，也是最根本的保证。

3. 新时代粮食供需平衡格局稳中有变，粮食供给侧结构性改革任务艰巨

综合我国人口和城市化发展相关研究，2030 年前后人口达到高峰，预计 14.5 亿～15 亿，其中 10 亿多人生活在城市，老龄人口 5 亿左右。人口结构、城乡结构和以营养健康为目标的膳食结构变化是国家粮食需求的根本变量。需要强调和补充的是到 2022 年，我国人口总规模 14.2 亿，但人口净减少了 85 万！这是自 1961 年以来我国人口的首次减少，也许是我国人口到达顶峰的拐点。人口数量减少及其伴生的人口结构变化（特别是老龄化），对

我国粮食安全战略的权衡带来新的挑战。几年来，国家调整生育政策，放开二胎甚至三胎，人口规模是否有变化或有多大变化，仍需要进一步观察。

根据国家食物营养指南标准，综合国内各种调研数据以及我们的一手调研数据，基于营养需求的人均粮食需求中，口粮为 130～150 kg/ 人，占 32%～38%，与肉类、蛋类、奶类和水产品需求相对应的饲料粮为 240 kg/ 人，占 62%。以此计算，到 2030 年人口达到峰值期间，营养用粮的粮食需求量为 5.3 亿～5.6 亿 t，其中口粮需求 1.9 亿～2.2 亿 t，饲料粮需求 3.5 亿 t；考虑到包括工业用粮在内的其他社会用粮和可能的损失，粮食总需求大致在 6.5 亿～6.8 亿 t，大致与当前我国粮食产能相当。从数量看，稳定当前粮食产能并尽最大努力改善（粮）食物供给侧结构，是粮食安全的重点任务。

从国内供给侧看，我国目前的粮食生产能力为 6.6 亿～6.8 亿 t，其中，以小麦水稻为主的口粮约 3.9 亿 t，以玉米为主的饲料粮为 2.3 亿 t。从目前农业耕地资源潜力以及生产体系和技术管理水平来看，这一粮食生产能力是我国目前和可预见的未来所能达到的最大粮食生产能力，未来不可能再有显著增长，除非有颠覆性技术。而且必须明确，这种最大产能的实现付出了沉重的资源和环境生态代价。

如果把粮食安全聚焦于我国居民的营养用粮，那么，当前我国营养用粮的粮食保障程度达到 118%。到 2030 年人口高峰期，营养用粮的粮食保障程度达到 111%；到 2050 年，粮食需求量会逐渐降低到 5.4 亿 t，粮食安全保障程度为 116%。说明在未来 30 多年中，只要保持现有粮食生产能力，就可以依靠我国自己的资源和农业生产能力保证城乡居民以营养为目标的粮食安全。

但目前的粮食供给结构急需改革。一是区域结构，需要明确界定粮食商品主产输出区、粮食供消自给区和粮食消费输入区，不同区域应该制定相应的粮食补贴政策，"一刀切"的粮食补贴明显不合时宜；二是适当压缩口粮粮食（主要是水稻和小麦）生产，增加以玉米和大豆为主的饲料用粮生产；三是调整粮食作物品质结构，满足营养和安全需要；四是通过改革土地流转机制，加速粮食生产规模户的发展，改善粮食生产主体结构；五是改革粮食储备体系，明确国家粮食储备单元的国家安全功能，促进粮食储备体系多元化改革；六是改革粮食过度精细加工，防止营养素损失，降耗减能；七是积极稳妥改革，理顺政府与市场在粮食资源配置中的关系；八是尽最大努力稳定国际粮食贸易市场，发挥粮食在地缘政治稳定中的作用。

由此，我们判断，2015～2050 年我国粮食总体上具有保障平衡的基本能力，其中口粮有绝对的保障能力，饲料粮的保障程度有待提高，通过改革开放，不断拓展"一带一路"相关国家粮食市场资源，积极适度进口国际粮食，总体上我们有能力把饭碗紧紧端在自己的手里，饭碗里主要盛的是我们的粮食。但需要大力推进粮食领域的结构性改革，调整好我们的粮食生产-流通-加工-消费体系，要严防粮食流通领域的管理漏洞，保证全产业链粮食安全。

4. 坚持绿色和营养健康导向，确立新时代国家粮食安全观

观念决定行动的方向。新世情、新国情、新粮情和新食情昭示我国粮食发展需要新视野、新观念和新战略，树立面向今后30年的新时代粮食安全观，替代原有以口粮或主粮为中心的传统粮食安全观，正逢其时，也乃发展之必然。

根据我国粮食发展的国内外环境变化，特别是膳食营养的刚性需求以及目前粮食安全困局，急需转变传统粮食安全观念，即从传统"粮食安全"转向"食物安全"，牢固树立"大食物观"，从"政府主导"转向"市场主导"，从"藏粮于仓"转为"藏粮于地、藏粮于技、藏粮于市"，从"高投入、高产出、高消耗"生产模式转向"高质量、环境友好型"的绿色生产模式，从只关注生产和产量转向生产、流通、消费一体化，强调以营养健康和减少食物浪费为目标的合理消费。

综合国家五大发展理念和"五位一体"总体布局，我们认为"营养、绿色、多元、开放"是新时代国家粮食安全观的核心。在此基础上应建立"藏粮于地，绿色生产；适度进口，适量储备；合理消费，营养均衡"的新时代国家粮食安全战略。

藏粮于地，绿色生产。粮食生产要严格遵从生态环境底线，突出高效、优质、安全、绿色导向；通过科学的区域布局、合理的种植结构和高效的田间管理，提高农药化肥的利用效率，保护耕地和水资源，保护土壤，防止农业面源污染，并切实加强产地环境保护和源头治理；在重点地区开展绿色食品标准农田建设，优化水土资源配置，全面提升农产品质量和粮食安全水平。我们认为中国的饭碗的实质是土地、水等自然资源基础和科技储备、机械装备以及现代管理等生产力水平。

适度进口，适量储备。充分发挥市场的决定性作用，重新定位粮食储备制度，适度放开粮食储备限制，合理降低粮食储备率，构建公平竞争的市场机制，促进资源的合理流通和有效配置；适度放开进口管控，统筹国际农业资源开发和利用，实现国内和国际市场有效融合。从指标来讲，考虑到品种调剂，口粮进口率近期可设定在5%，中远期可设定为10%；粮食进口率近期可设定为20%，中远期可设定在25%。至于适量储备的指标，考虑到我国国情，我们建议储备率近期可设定为50%，中期可设定为30%。

合理消费，营养均衡。作为人们膳食结构中最为重要的部分，粮食不仅要满足温饱问题，还要能满足人们对膳食纤维、蛋白、维生素和微量元素的需求以及为畜禽业和加工业提供合格原料的需求；不仅要实现营养元素的生产与储存，还要依靠合理的流通渠道和加工方式，保证营养元素能够充分进入人体，避免不合理的损失和浪费。同时，提倡健康节俭的饮食习惯，遏制食物浪费，推动形成节约、绿色、低碳、健康、文明的生活方式和消费模式。

我们研究认为，中国粮食安全必须坚守四条底线：一是粮食生产不能继续以牺牲资源、环境和生态为代价，这是我们生命的自然基础。二是粮食生产不能继续以农民经济损失为代价。在我国现阶段，广大农户仍然是粮食生产的主体，是我们的衣食父母，粮食安全不能忽视农民的利益。三是粮食生产不能损害消费者利益。粮食及其产品的生产、储藏、加工、销售的最终目的是满足日益增长的营养、健康、安全的食物需求。四是粮食生产、储藏等财政补贴政策要更加合理有效，不能以损害国家财政安全为代价。

总之，保障粮食安全是我国任何时候都不能放松的头等大事。尽管现在我国粮食产能稳定、库存充裕、供给充足、市场平稳，粮食安全形势较好，然而，随着近几年我国粮食出现结构性、阶段性供过于求，国家粮食安全已经过关的思想开始抬头，一些地方出现了放松粮食生产的倾向。2020 年初发生的全球性新型冠状病毒感染，2022 年初发生的俄乌冲突，敲响了世界粮食安全的警钟，为此，要以"营养、绿色、多元、开放"为内涵的新时期粮食安全观为指导，从国民营养需求端倒逼农业供给侧结构性改革，对包括农业资源环境保护政策、粮食生产与布局政策、粮食价格形成机制与补贴政策、粮食收储制度、粮食和食物损失与浪费等有关的粮食或食物政策进行全方位调整和改革。

本书分上篇、中篇、下篇 3 部分，上篇全面分析了中国粮食安全存在的问题与挑战，包括中国粮食安全变化历程，消费端存在的食品安全与营养健康问题，供给端存在的系统性风险，粮食生产面临的资源环境压力等；中篇系统介绍新时代粮食安全观内涵，包括：传统粮食安全观及其历史局限，新时代粮食安全观；下篇主要论述粮食安全保障的方略与对策，包括粮食生产能力与食物供给空间布局，海洋水产品供给规模及在粮食安全保障中的作用，全球农业资源利用战略，发展粮食安全科技体系，新时代粮食安全观下的政策趋向与构架。

本书第 1 章主要由成升魁、徐增让、刘晓洁、刘立涛编写，第 2 章主要由鲁春霞编写，第 3 章主要由王灵恩、汪寿阳、吴良、刘爱民编写，第 4 章主要由刘洪涛、郭金花、成升魁编写，第 5 章主要由李秀彬、辛良杰编写，第 6 章主要由成升魁、谢高地编写，第 7 章主要由肖玉、谢高地、徐洁编写，第 8 章主要由谢高地、肖玉、牛樱楠编写，第 9 章主要由张国范、吴富村编写，第 10 章主要由刘爱民、强文丽、吴良、张丹、秦奇编写，第 11 章主要由段瑞、成升魁编写，第 12 章主要由甄霖编写。全书主要由成升魁、谢高地、汪寿阳、薛莉完成统稿。

本书是中国科学院重点部署项目"新时期国民营养与粮食安全研究"（ZDBS-SSW-DQC）、"新时期国民营养与粮食安全的关键问题研究"（KJZD-EW-G20）；"基于宏观模型的粮食需求预测研究"（ZDBS-SSW-DQC-04）、"基于国民营养的粮食需求预测模型与粮食安全研究"（KJZD-EW-G20-03）的部分成果的总结。该项目由财政部支持，中国科学院正式立项。财政部预算司一级巡视员褚利明、中科院原党组副书记刘伟平对项目研究重点及方向给予了重要指导和大力支持。中科院条财局和前沿局原领导刘会洲、聂长虹、张永清、段晓男等对整个项目顺利开展进行了悉心指导和支持。项目研究过程中得到了孙鸿烈、李文华、石玉林、李家洋、黄季焜、王东阳等专家的指导和帮助。项目依托单位中国科学院地理科学与资源研究所提供了大力支持和服务。中国科学院研究团队团结协作的过程仍历历在目，大家付出了艰苦努力，也结下深厚的学术情谊。在研究成果付梓之际，一并表示衷心的感谢。

需要说明的是本书的基本数据是基于2015～2016年的国家相关统计年鉴或资料进行分析的，因国内外形势快速变化，成书出版前在相关章节我们尽可能地增加了新的数据或新的思考。

囿于时间和水平所限，本书仍存在诸多不足之处，诚望各界同仁批评指正。

成升魁

2023年2月20日

目录　Contents

上　篇

问题与挑战

第1章
中国粮食安全变化历程

粮食是人民生活最基本的需要，是人类赖以生存的必需品。鉴于地域、种植传统、经济社会发展水平、种族和饮食习惯等不同，各个国家和地区在不同时期对粮食的定义都有所区别。目前我国粮食主要指谷物、豆类和薯类。其中，谷物主要包括小麦、稻谷、玉米和杂粮。

粮食安全是国家安全的重要支撑，是保障社会繁荣稳定的物质基础。其概念经历了20多年的演化，不断丰富与扩展。最早由联合国粮食及农业组织（FAO）于1974年11月在第一次世界粮食首脑会议上提出，指人类目前的一种基本生活权利，即保证任何人在任何时候都能得到为了生存和健康所需要的足够食品，主要强调了粮食的数量安全，并确定了17%～18%的库存消费比为最低粮食安全储备水平。粮食安全概念几经修订，其基本内涵也发生了相应的改变，当前概念主要包括三个层面的内容：一是在生产层面上，确保能生产出数量充足、符合需求的食物；二是在供给层面上，最大限度地稳定粮食供应，防止政治、经济、流通等任何理由阻碍粮食的稳定和及时供应；三是在需求层面上，确保所有人满足其积极和健康生活的膳食需要及食物喜好。

几千年来，粮食是中国传统农业的核心。从历史角度考察粮食问题，主要有四个维度：一是生产粮食的农民，封建小农经济形成的重农、重粮思想是华夏文明绵延不绝的基础，农民是粮食生产的绝对主体；二是生产粮食的土地，几千年朝代更替的主要原因是土地问题；三是影响土地生产力高低的科技水平；四是粮食政策制度和管理水平。本章以粮食与人口矛盾为主线，梳理中国粮食发展历程，剖析粮食安全变化及社会经济动因，旨在为新时代中国粮食安全提供理论基础。

1.1 1949 年之前中国人粮关系波动与危机

随着耕地面积扩大和农业技术进步，中国粮食总产量从春秋战国的 100 亿 kg 增加到明清的 1500 亿 kg，除春秋战国和明清以后出现粮食供应紧张外，大部分时期粮食供求相对平衡。但清末、民国时期，中国被一步步推进半殖民地半封建社会的泥沼，战乱不断，灾荒频发，民不聊生，饿殍遍野。

1.1.1 古代中国重农重粮传统浓厚，粮食自给半自给

春秋战国时期，粮食总产量小于粮食总消费量，人均粮食占有量仅 320 kg，处于历史最低水平，粮食生产尚不能满足人们的需要，粮食危机发生的可能性较大。秦汉时期农业生产获得长足发展，生产水平有了大幅度提高，人均粮食占有量接近 500 kg，粮食总消费量小于粮食总产量，在满足人们正常粮食需要的同时，还可有余粮储藏或小范围贸易。魏晋南北朝时期，由于长期分裂和征战，农业生产受到较大影响，人均粮食占有量相比于秦汉时期明显下降，粮食总产量稍大于粮食总消费量，粮食供求关系紧张，遇灾害就有可能发生灾荒。隋唐时期，粮食生产又恢复到秦汉的水平甚至有了一定的提高，粮食总产量大幅超过粮食总消费量，粮食供需状况较好，粮食问题得到基本解决，若无战争、大灾，粮食安全是有一定保障的。宋元时期，随着农业耕作方式的变化、江南农业的快速发展和耕地面积的扩大，传统农业生产水平达到一个新的高度，粮食总产量直追 1000 亿 kg 大关，人均粮食占有量处于历史最高水平，应对灾荒的能力提高。明代时期，粮食总产量突破 1000 亿 kg，人口达到 2 亿，因人口增幅快于粮食增长，粮食人均占有量下滑。清代时期，人口呈几何级数增加，人地矛盾加剧，农业生产进步虽较大，但人口增幅远高于粮食增产幅度，人均粮食占有量较明代大幅下降，至晚清时期，人均粮食占有量仅比春秋战国时期略高（表 1-1）。除了自然灾害频发外，在列强的不断侵略和盘剥下，尤其是两次鸦片战争后，中国沦为一个半殖民地半封建的农业国，内忧外患、民不聊生，粮食危机随时可能发生。

表 1-1 中国历代粮食供求关系

项目	春秋战国（公元前770~公元前221 年）	秦汉（公元前221~220 年）	魏晋南北朝（220~581 年）	隋唐五代（581~960 年）	宋辽金元（960~1368 年）	明（1368~1644 年）	清（1644~1911 年）
耕地面积 / 万 hm²	1 533.3	3 813.3	2 566.7	4 280.0	4 800.0	7 133.3	10 666.7
粮食单产 / （kg/hm²）	712.5	825	900	1 155	1 811.3	1845	1845
粮食总产 / 亿 kg	102.7	295.7	207.9	444.9	874.7	1 192.9	1 692.9

项目	春秋战国（公元前770～公元前221年）	秦汉（公元前221～220年）	魏晋南北朝（220～581年）	隋唐五代（581～960年）	宋辽金元（960～1368年）	明（1368～1644年）	清（1644～1911年）
口粮总量/亿kg	111.4	208.8	174.0	313.2	417.6	696.0	1 600.8
粮食需求/亿kg	123.7	232.0	193.4	348.0	556.8	859.3	1 882.5
人口/万人	3 200	6 000	5 000	9 000	12 000	20 000	46 000
人均占粮/kg	320.5	492.9	415.8	494.4	728.9	596.5	368

注：数据来自文献（吴宾等，2008a）。

　　一般地，粮食生产的年际、季节波动性大，地区供需不平衡、社会不同阶层民众粮食分配不公等因素制约着家庭粮食的获取能力，影响着粮食的微观安全。粮食生产受自然条件制约具有季节波动性，粮食丰歉与气候紧密相关，所谓"六岁穰，六岁旱，十二岁一大饥"，因此粮食供求年际、年内变化大，波动性强。虽然我国国土面积辽阔，但适宜农业生产的土地有限。东部气候湿润、地势平缓、土壤肥沃，为传统的农业区；西部多山地，气候干旱、土壤贫瘠，为传统牧业区。东部又有南北差异，淮河以南为稻作农业区，以北为旱作农业区。古代农业开发最初集中在黄河流域，宋元以后，南方向集约型农业发展。中国粮食生产和供应具有明显的地区差异，通过粮食流通，调剂地区盈缺。在我国封建社会，一般地主占农村人口的5%～10%，自耕农和佃农占90%左右。然而，地主却占有50%～70%的土地，自耕农占20%～30%，佃农占10%～20%。地主占13%～17%的粮食，而自耕农和佃农占43%～56%的粮食，愈到近世这个比例愈低。农民可支配部分无法满足基本生活需求，一旦发生灾害农民便陷入困境，导致饥民揭竿而起的历史一再重演。加强粮食生产，重视粮食仓储，以丰补歉，"熨平"粮食生产在时间上的波动性，鼓励粮食流通从空间上进行协调，满足缺粮地区农村贫困人口的粮食需求，是历代解决粮食安全问题的关键（吴宾和党晓虹，2008a）。

　　中国古代灾害频发，且有愈演愈烈之势，至清代达到一个高峰。春秋以前以水旱灾害为主，春秋以后水旱冰雹蝗虫灾害肆虐。据竺可桢先生的《历史上气候之变迁》，公元1～19世纪，中国发生旱灾1013次，水灾658次。据中国科学院"国情分析研究课题小组"研究，在过去2200年间，我国共发生1600多次大水灾，1300多次大旱灾，且常是旱涝异地同时出现。平均每年遇灾次数：隋朝0.6次，唐朝1.6次，两宋1.8次，元朝3.2次，明朝3.7次，清朝3.8次。灾害频发固然与人为活动造成的生态失衡有关，也与我国自然地理环境和气候变化有着密切关系（吴宾等，2008b）。小农经济时代，生产力水平低，逢灾必荒，进而引发灾民起义，甚至外族入侵。中国西汉—清代饥荒发生年数具有一定的波动性，整体呈逐渐增强的趋势。元清饥荒频发，其次是宋明。以公元910年为分界点，前期（包括两汉、三国、魏晋南北朝、隋唐）十年饥荒次数平均为 5 次 /10 a，后期（包括五代、宋、元、明、清）平均为 35 次 /10 a。饥荒是天灾人祸并行的结果，旱灾、水灾、蝗灾、疫灾、赋税等都会引起饥荒（滕静超等，2014）。

在生产力水平较低和以农立国的古代，粮食问题关乎国家稳定和朝代兴替。中国古代粮食安全思想萌芽于先秦，发展于秦汉，形成于隋唐，完善于宋元明清。古代粮食安全思想以重农为核心，视农业为财富之源、立国之本，鼓励垦殖和农业生产，强调国家对粮食的宏观调控和赈济，重视储粮备荒，鼓励粮食流通，实施以农为本、以粮为基的国策，较好地保障了不同历史时期的粮食供应，使中华民族延绵不绝（吴宾等，2008c）。

中国传统的重农、重粮思想主要包括以下几方面：①农业是财富之源、富国强民之本。据《墨子·非儒》记载，从农事可"生九谷""长地财""农事缓则贫"。《荀子·富国》认为"士大夫众则国贫，工商众则国贫，……故田野县鄙者，财之本也。"明朝徐光启在《农政全书·旱田用水疏》载，"古圣王所谓财者，食人之粟，衣人之帛。"故只有粟帛才是财。《徐文定公集》强调"农者生财者也""财者生于地则不竭"。《管子·五辅》指出："明王之务在于强本事，去无用，然后民可使富""善为政者，田畴垦而国邑实，……仓廪实而囹圄空。"据《商君书》，商鞅提出："治国者欲民之农也。国不农，则与诸侯争权不能自持也，则众力不足也。"《氾胜之书》说："虽有石城汤池，带甲百万，而又无粟者，弗能守也。夫谷帛实天下之命。"东汉崔寔《政论》指出："国以民为根，民以谷为命，命尽则根拔，根拔则本颠，此最国家之毒忧。"北魏贾思勰在《齐民要术·说杂三十》提出："五谷者，万民之命，国之重宝。"据《范文正公集·答手诏条陈十事》，范仲淹认为"德惟善政，政在养民，养民之政，必先务农。农政既修，则衣食足；衣食足……则寇盗自息，祸乱不兴"（易钢，1998）。②在粮食供应环节，生产和储备兼顾。《管子·牧民》开篇讲："凡有地牧民者，务在四时，守在仓廪。国多财，则远者来；地辟举，则民留处；仓廪实，则知礼节；衣食足，则知荣辱。"管仲从两方面阐述了粮食生产的重要性：一是"五谷食米，民之司命也"，强调粮食是民众的命根子；二是"粟者，王之本事也，人主之大务。有人之涂，治国之道也"。《汉书·郦食其传》中提到："王者以民为天，而民以食为天。"西汉实施授田制，北魏、北周、北齐、隋唐实施均田制，保障农民占有小块土地，鼓励垦荒、轻徭薄赋、兴修水利、赈济借贷、推广技术等，推动了农业发展和粮食增产，开创了"文景之治""昭宣中兴""贞观之治""开元之治""洪武盛世""康乾盛世"等。贞观二年（628 年），唐太宗说："凡事皆须务本。国以人为本，人以衣食为本，凡营衣食，以不失时为本。"关于粮食储备，《礼记·王制》曰："国无九年之蓄，曰不足；无六年之蓄，曰急；无三年之蓄，曰国非其国也。"《管子·轻重乙》说："天下有兵则积藏之粟，足以备其粮。天下无兵，则以赐贫氓。"汉代贾谊说："夫积贮者，天下之大命也。苟粟多而财有余，何为而不成？"（东汉班固《汉书·食货志》）。据西汉晁错《论贵粟疏》："故尧、禹有九年之水，汤有七年之旱，而国无捐瘠者，以蓄积多而备先具也。"历朝多有储粮法令。如秦朝制定《仓律》，对仓粮的入库、验收、保管及加工做了规定。唐朝《厩库律》计 28 条。宋元明清也制定《仓库律》或《厩库律》。明朝推行预备仓制，通过授以散官、表彰门庭、免除杂役等措施，藏粮于民。③在粮食生产与消费中，"生财"与"节用"并重。《墨子·七患》指出，凡五谷者，民之所仰也，君之所以为养也。故民无仰则君无养；民无食则不可事。故食不可不务也，地不可不力也，用不可不节也。《夏书》曰：禹七年水。《殷书》曰：汤五年旱。此其离凶饿甚矣，然而民不冻饿者，何也？其生财密，其用之节也。唐代李绅《古风二首其二》倡导节约粮食，"锄禾日当午，汗滴禾下土。谁知盘中餐，粒粒皆辛苦"。中国古代重农，与农业立国的生产力水平和内陆国地理环境相适应，有其必然性。然而把农业与工商业对立起来，主张"农本商末"，甚至轻商、抑商、拒商，则走向了极端。

总体看，影响中国古代粮食安全的因素有：①粮食生产年际、年内波动性强，常出现"六岁穰，六岁旱，十二岁一大饥"现象（表 1-2）。②不同地区气候、土壤及粮食生产能力，人口及粮食消费需求不同，粮食供应地区盈缺不均。③封建社会不同阶层土地及粮食占有不公。苛捐杂税沉重，农民常沦落到没饭吃的悲惨境地（吴宾和党晓虹，2008a）。④自然灾害频繁，逢灾必荒（吴宾和党晓虹，2008b），饥民揭竿而起的历史一再重演。

表 1-2　中国西汉—清代饥荒分布情况

朝代	时间跨度	饥荒发生年数		饥荒发生次数	
		年数	占时长 /%	次数	年均次数
两汉（206BC～220AD）	426	49	11.5	122	0.29
魏晋南北朝（220AD～581AD）	361	85	23.55	247	0.68
隋唐五代（581AD～960AD）	379	94	24.8	257	0.68
两宋（960AD～1127AD、1127AD～1271AD）	331	152	45.92	640	1.93
元（1271AD～1368AD）	97	81	83.51	839	8.65
明（1368AD～1644AD）	276	148	53.62	1259	4.56
清（1644AD～1911AD）	268	217	80.97	822	3.07

注：数据来自文献（吴宾和党晓虹，2008a）。

1.1.2　近代中国粮食危机及应对（1911～1949 年）

民国时期，中国社会处于急剧转型期，加之战乱频繁，灾患不断，粮食危机空前严重。1934 年全国水稻种植面积只比 1933 年减少 0.87%，但水稻单产减少 20.2%。开埠通商，城市化加速，粮食供需矛盾突出，国外粮食倾销，中国粮食贸易严重入超（周建树，2013a）。1912～1921 年年均米谷输入约为 3 亿 kg（按 1 担 =50 kg 计算），而 1922～1926 年年均米谷输入猛增至 8.5 亿 kg，"后五年"年均银两外流 7844 万海关两，比"前十年"年均增加了 5600 余万两。灾荒频发，粮食短缺，1912～1937 年全国水旱灾害达 77 次，每年都有数千万灾民沦为饥民。据国民政府赈灾委员会通告，1929 年（民国十八年）旱灾遍及甘、陕、豫、冀、晋、热、察、绥、鄂、湘、川、黔、苏、皖等数省的 1093 县，有灾民 5062 万（许永峰，2007）。灾荒导致人口大量死亡。1928～1930 年灾荒死亡 1000 万人；1942～1943 年中原大饥荒死亡 300 万人（王虹波，2006）。为应对粮食危机，1935 年国民政府实业部颁发《中国米麦自给计划》，成立全国稻麦改进所，负责落实计划。改进所推广良种、改进栽培、增进地力、防治虫害，全面抗战爆发后这个计划被迫搁置（郑宇和徐畅，2016）。抗战进入相持阶段后，大后方和抗日根据地军需民食供应匮乏。为支持抗战和稳定社会，中国共产党采取减租减息政策、发动大生产运动。而国民党把粮政纳入战时轨道，实施田赋收归中央和田赋征实、征购、征借政策。通过粮政调整，国共两党都渡过了难关。但共产党粮政依靠人民群众、自力更生，改善了党政军民关系，促进了根据地各项事业的发展；而国民党却在解决粮食问题的同时在管理环节滋生腐败，加深了与农民的对立（史会来等，2004）。

面对民不聊生的困局，孙中山、毛泽东都发出了时代强音。"要四万万人都有饭吃"是孙中山民生事业的根基。孙中山提出："要增加粮食生产，便要在政治、法律上制出种种规定来保护农民……对农民的权利有一种鼓励、有一种保障，让农民自己可以多得收成""改良人工，利用机器"，轮耕换种，使"土壤可以交替休息"（中国社会科学院近代史研究所，1986）。将"浚深河道、筑高堤岸"等治标方法和"种植森林"等治本方法相结合，防范水旱灾（孙中山，2012）。"建立公仓制度，由发行局发行纸币，作货物的代价，货物交入公仓"（徐田，2017；周建树，2013b）。毛泽东的农业经济思想可概括为"农业是国民经济的基础，粮食是基础的基础"。1934 年在《我们的经济政策》的报告中，毛泽东提出："在目前的条件下，农业生产是我们经济建设工作的第一位，它不但需要解决最重要的粮食问题，而且需要解决衣服、砂糖、纸张等项日常用品的原料即棉、麻、蔗、竹等的供给问题"（毛泽东，1991a）。抗日战争时期，在《经济问题与财政问题》中指出："应确定以农业为第一位，工业、手工业、运输与畜牧业为第二位，商业则放在第三位"（毛泽东，1991b）。1948 年《在晋绥干部会议上的讲话》中指出："消灭封建制度，发展农业生产，就给发展工业生产，变农业国为工业国的任务奠定了基础"（毛泽东，1991c）。1957 年初，强调："农业关系国计民生极大，要注意不抓粮食很危险，不抓粮食，总有一天要天下大乱"（易钢，1998）。

总之，20 世纪前半叶，中国社会连年战乱，饥荒肆虐，饥饿记忆印刻在中国社会和老百姓的骨子里。这是中国人民对粮食极度重要性认识的历史基础，也是此后"以粮为纲"粮食安全观形成的历史基础。这个阶段，除了领袖人物对我国粮食安全有过精彩、深刻的论述外，科技的作用微乎其微。

计划经济时期自然灾害和政策失误导致粮食短缺
（1949～1979 年）

1.2.1　1949～1979 年中国粮食安全的发展历程

新中国成立后的计划经济时期（1949～1979 年），国内粮食安全思想经历了从形成（1949～1956 年）到发展（1957～1978 年）的转变（谢莲碧，2012）。我国经济社会发展过程起起伏伏，由于自然和人为灾祸，如"三年困难时期"、土地所有制的不完善，导致国民长期受温饱问题困扰，"饥饿记忆"在中国人民心中挥之不去。以计划体制为特征的"以粮为纲"的经济发展方针——单纯粮食生产观，贯穿于该时期整个农业生产过程中。天灾人祸导致国民长期受温饱问题困扰。中国人口从 1949 年的 5.4 亿迅速增长到 1979 年的 9.8 亿，增长了 81.5%（图 1-1）。除 1960～1961 年人口下降外，其余年份均持续增长。而同期粮食产量呈波动增加趋势，1958～1961、1967～1969、1971～1972、1976～1977 年粮食产量还有所下降。尤其是"大跃进"期间（1958～1960 年），粮食年均减产达 17%。

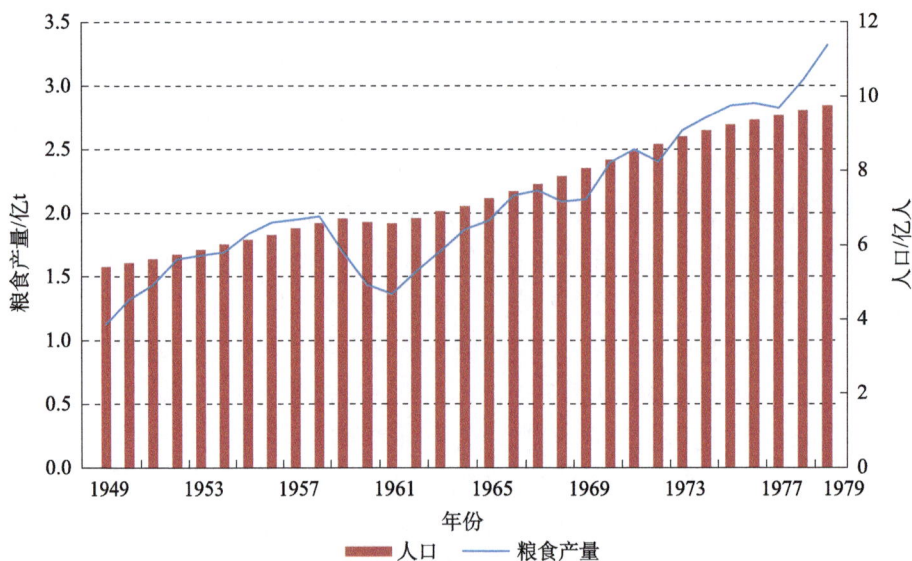

图 1-1　1949～1979 年中国人口和粮食产量变化趋势
数据来源：国家统计局（http://www.stats.gov.cn/）

国家高度重视农业和农业科技发展。周恩来提出建设"现代化的农业"，毛泽东提出"农业八字宪法"（即土、肥、水、种、密、保、管、工），推动科学种田。但"大跃进"期间，鼓吹"高产卫星""人有多大胆，地有多大产""全民大炼钢铁"，农民无暇耕作，粮食大幅减产。工农产品价格剪刀差大，公购粮任务重，加上自然灾害，曾出现饿死人的现象。"文化大革命"期间，在"以粮为纲""全国学大寨"的号召下，确定了"上纲要，过黄河，跨长江"的粮食增产目标。一方面，国家集中大量人力、物力和财力大修水利、建设农田、发展粮食生产，为后来粮食持续增产奠定了坚实基础。另一方面，由于片面强调"以粮为纲"，到 20 世纪 70 年代末，全国 85% 以上的耕地种植粮食，加之激励机制缺乏，粮食生产目标未能实现（谭震林，1960）。

　　30 年间，我国粮食流通体制经历了从自由购销到统购统销的转变。1949～1952 年实行自由购销体制，粮食市场多种所有制经济成分并存。一方面，中央政府自上而下成立了国有粮食经营系统和管理组织体系，逐步收紧对粮食的集中统一管理；另一方面，私营粮食企业经营合法，但对它们施行了"利用、限制、改造"的政策。主要措施包括：调整公私经营范围，调整批零差价和地区差价。1950 年，中央人民政府决定成立中国粮食公司和粮食管理总局，分别隶属中央贸易部和中央财政部。1952 年，中央人民政府决定在中国粮食公司和粮食管理总局合并基础上，成立中央粮食部，统一领导全国粮食工作。1953～1979 年实行统购统销制度，1953 年中共中央作出《关于粮食统购统销的决议》，政务院发布《关于实行粮食的计划收购和计划供应的命令》，标志着粮食流通体制从此进入长达 39 年的统购统销时期。

1.2.2　农业科技尤其是育种、栽培技术进步明显

　　在育种领域，矮秆水稻、半矮秆抗锈小麦、玉米单交种培育等方面进展突出。丁颖（1888—1964）首创野生稻与栽培稻杂交育种。黄耀祥（1916—2004）开创水稻矮化育种，育成"珍珠矮"、"广陆稻 4 号"和"桂朝 2 号"。杨守仁（1912—2005）在水稻籼粳杂交育种方面取得突破。周拾禄（1897—1979）开创水稻地方品种鉴定。中国现代小麦科学奠基人金善宝（1895—1997）育成"南大 2419"和"矮立多"等小麦品种（李燕，2011）。赵洪璋（1918—1994）育成"碧蚂 1 号"、"丰产 3 号"和"矮丰 3 号"。蔡旭（1911—1985）育成"农大 183"、"东方红 3 号"和"农大 139"。庄巧生（1916—2022）育成"北京 8 号"、"北京 10"和"丰抗 8 号"等。肖步阳育成"克丰 3 号"和"新克旱 9 号"（李振声等，2005），为发展国内春小麦生产做出了贡献。李竞雄（1913—1997）开展玉米自交系间杂交育种，育成"中单 2 号"。20 世纪 50 年代初吴绍骙（1905—1998）倡导玉米品种间杂交种和综合种的选育，育成"洛阳混选 1 号"。杨允奎（1902—1970）利用细胞质雄性不育系配制玉米杂交种。景奉文（1919—1980）育成 330 自交系和"丹玉 6 号"。在大豆科技方面，王绶（1897—1972）育成"金大 332"大豆。王金陵（1917—2013）在东北育成"东农 4 号"、"东农 36"等大豆杂交种，把中国大豆种植向北推进 100 km 以上。盛家廉（1917—1998）开创有性杂交甘薯育种，育成"华北 117"、"栗子香"、"丰收白"和"徐薯 18"等品种。栽培与耕作学及植保等学科也得到较快发展。沈学年（1906—2002）20 世纪 50 年代以来奠定了国内耕作、栽培学基础。杨开渠（1902—1962）倡导种植双季稻。马世均（1918—2007）对北方地区间套复种、作物低温冷害防御作出了贡献。张锦熙（1919—1984）提出小麦叶

龄指标促控法，制定不同条件下的栽培技术措施。余松烈（1921—2016）首创冬小麦精播高产栽培技术，为黄淮海小麦高产开创了新途径。曾省（1899—1968）在害虫生物防治上取得突破。魏景超（1908—1976）对粮油作物病害防治作出了重要贡献。陈永康（1907—1985）1957 年提出水稻"三黑三黄"看苗诊断法。方中达（1916—1999）发现水稻白叶枯病传播媒介、侵染途径、水稻品种抗病性机理等。何家泌选育出 16 个抗白粉病的小麦品系。曾士迈（1926—2014）在小麦条锈病流行学方面有突出贡献。

1.3　改革开放带来粮食安全保障能力迅速提高（1979～2013 年）

1.3.1　改革开放以来粮食安全的发展历程

"首先解决农村问题"是邓小平在改革开放初期对传统重农重粮思想的新发展。1982 年邓小平提出"不管天下发生什么事，只要人民吃饱肚子，一切就好办了"（中共中央文献研究室，1983）。1983 年邓小平提出"农业要有全面规划，首先要增产粮食。2000 年总要做到粮食基本过关，这是一项重要的战略部署。"1986 年提出："到 2000 年，以十二亿人口每人八百斤计算，粮食年产量要达到九千六百亿斤。从现在起，每年要增产一百多亿斤才能达到这个目标。"1979～2013 年，政府对粮食价格和流通的管制扰乱了粮食市场的稳定，尤其是政府多次管制的做法，虽然能短期应急式地解决矛盾或问题，但往往又与长期的粮食市场化改革目标相冲突，也往往以粮食市场化改革的倒退或停滞为代价。各种补贴政策随意性较大，虽然对保护农民种粮积极性有一定效果，最终却阻碍了我国粮食市场化的进程。

1978 年小岗村率先实行土地承包并取得成功；十一届三中全会总结了中华人民共和国成立以后国内农业发展的经验教训，通过了《中共中央关于加快农业发展若干问题的决定（草案）》（简称《决定》），《决定》提出："确定农业政策和农村经济政策的首要出发点，是充分发挥社会主义制度的优越性；我们的一切政策是否符合发展生产力的需要，就是要看这种政策能否调动劳动者的生产积极性"，明确了新时期农业政策走向。此后，围绕服务国家"四化"建设目标，党和国家根据不同阶段世情和国情适时动态调整农业发展方针和政策。1980 年秋印发《关于进一步加强和完善农业生产责任制的几个问题》的通知肯定了农村基层"包产（干）到户"，在全国范围内推广家庭联产承包责任制。1982 年 1 月 1 日，中共中央发文，在全国范围内实行以家庭联产承包责任制为核心的农村土地制度改革，拉开了粮食生产体制改革的大幕。在粮食流通领域，1985 年中共中央、国务院发布《关于进一步活跃农村经济的十项政策》，取消了长达 30 多年的粮食统派购，实行合同定购新政策。为解决粮食流通"双轨制"存在的问题，1992 年"粮改"政策提出"粮食商品化、经营市场化"，试图从计划定价和市场定价的"双轨制"到市场定价的"单轨制"转变。1998 年，国务院颁发《关于进一步深化粮食流通体制改革的决定》，明确了实行"政企分开、中央与地方责任分开、储备与经营分开、新老财务账目分开，完善粮食价格机制"的改革措施。以上改革探索，出现几次反复，在市场与政府之间摇摆不定。随着改革的深入，国内粮食总产量从 1978 年的 3.05 亿 t 增加到 1984 年的 4.07 亿 t、1996 年的 5.05 亿 t、2013 年的 6.02 亿 t，连上 3 个台阶，对保障粮食安全和社会稳定起了重大作用（周向阳，2015）。近 30 年来中国粮食发展的实践，对美国学者莱斯特·布朗"谁来养活中国"的疑虑，作出了"中国人自己能够养活自己"的有力回应，实现了"把饭碗牢牢端在自己手里"的战略目标。

改革开放以来，中国逐步构建粮食安全保障体系。在农业生产资金投入方面，《决定》（1979）提出："为了适应发展农村信贷事业的需要，中国农业银行应当积极做好农村的信贷工作。"此后以保障农业生产投入为目标的制度设计不断出台，为农业生产发展提供了条件。在农业生产组织方面，《决定》（1979）提出："实现农业现代化，整个农业必须有一个合理的布局，逐步实行区域化、专业化生产，不断提高农业生产的社会化水平。"《中共中央关于一九八四年农村工作的通知》（1984）进一步提出"鼓励土地逐步向种田能手集中"。在农业补贴政策方面，2005 年，国家开始实行"保护价收购"，并开始对粮食生产和储粮企业甚至加工企业进行各种政策性补贴。在耕地保护方面，1994 年国家颁布《基本农田保护条例》，建立起农村基本农田法律层面的保护性措施；2006 年"保障 18 亿亩耕地红线"首次被写入国家"十一五"发展规划，成为约束耕地性质转变的一个底线。此外，国家在粮食补贴、粮食购销储运、国际贸易与农业走出去等方面不断出台新举措。需要指出，改革开放以来国家粮食的市场化不断推进，尽管这个改革曾几度反复，但大方向没有变。

需要指出，这一时期我国粮食生产带来许多严重的资源环境问题，某种程度上看，粮食的连续增产是以牺牲资源环境为代价的。"襁褓式"的粮食补贴政策和"一手大粮仓、一手大粮商"的国家储备粮制度受到全球化、市场化、城市化、工业化、人口老龄化、营养与健康等严峻挑战。

1.3.2　杂交水稻、杂交玉米和矮秆小麦育种以及耕作栽培等农业科技取得突破

袁隆平（1930—2021）研发出"三系法"杂交水稻、"两系法"杂交水稻、超级杂交稻一期、二期。谢华安（1941—）育成"汕优 63"杂交水稻。陆懋曾（1928—2022）选育推广了"泰山 1 号"和"济南 2 号"等小麦良种。中国小麦远缘杂交育种奠基人李振声（1931—）通过小麦与偃麦草杂交，培育出抗病强的小偃系列品种。颜济（1924—2021）培育出"大头黄"和"雅安早"等小麦品种。程顺和（1939—）育成小麦新品种（品系）11个。赵振东（1942—）育成济麦系列品种。"中国紧凑型杂交玉米之父"李登海（1949—）选育玉米新品种 80 余个，6 次刷新中国夏玉米的高产纪录。戴景瑞（1934—）首次在中

国实现玉米双交种三系配套，育成玉米自交系综 3、综 31 和杂交种"农大 60"等。王连铮（1930—2018）培育了超高产高蛋白"中黄 13"大豆品种。在栽培耕作与持续农业方面，王树安（1929—）建立的小麦—玉米两茬平播亩产吨粮技术体系在华北平原广泛应用。卢良恕（1924—2017）提出以培养地力、减轻湿害和合理密植为中心的南方小麦增产配套技术体系。刘巽浩（1931—）坚持中国特色的耕作学和耕作制度，提出集约多维用地、叶－日积理论、多熟高产高效同步、用地养地结合、以无机促有机、自然生态与人工生态结合、集约持续农业等科学思想，对解决我国粮食问题和宏观农业发展具有重要的科学意义。这一时期，国外特别是西方学术思想涌入，国内农学界开展了长达数十年的中国农业发展道路的讨论和学术争鸣，为我国后来的农业和粮食发展奠定了重要的思想基础。

1.4 粮食安全进入新阶段（2013 年～至今）

在我国粮食生产"十二连增"，粮食收购"连年提升"的背景下，传统的粮食增产与资源环境、主产区和主销区、国内市场和国外市场、农民种粮低效与国家粮食目标、粮食低端供应与营养消费升级、优良品种和低端品种等"六大"深层次矛盾，导致了我国粮食市场价格扭曲、"粮食市场失灵"，宏观调控效力日渐丧失，单纯依靠敞开收购、提高托市收购价格来保护农民种粮积极性的空间越来越小，社会风险和经济风险越来越大；全国政策性粮食库存连年增加，造成了财政负担加重等一系列的问题。

经过对粮食体制改革的不断探索，2013 年 11 月，十八届三中全会《中共中央关于全面深化改革若干重大问题的决定》指出："经济体制改革是全面深化改革的重点，核心问题是处理好政府和市场的关系，使市场在资源配置中起决定性作用和更好发挥政府作用。"首次明确了市场在资源配置中的主导地位。2017 年 2 月，《中共中央 国务院关于深入推进农业供给侧结构性改革加快培育农业农村发展新动能的若干意见》首次明确提出深入推进农业供给侧结构性改革，粮食供给侧结构性改革是其关键所在。"深化粮食等重要农产品价格形成机制和收储制度改革"成为当前粮食供给侧结构性改革的重中之重。

2017 年 9 月，《国务院办公厅关于加快推进农业供给侧结构性改革大力发展粮食产业经济的意见》指出："牢固树立创新、协调、绿色、开放、共享的发展理念，全面落实国家粮食安全战略，以加快推进农业供给侧结构性改革为主线"。加快了我国粮食产业转型升级。《关于创新体制机制推进农业绿色发展的意见》明确提出"把农业绿色发展摆在生态文明建设全局的突出位置，全面建立以绿色生态为导向的制度体系，基本形成与资源环境承载力相匹配、与生产生活生态相协调的农业发展格局，努力实现耕地数量不减少、耕地质量不降低、地下水不超采，化肥、农药使用量零增长，秸秆、畜禽粪污、农膜全利用，实现农业可持续发展、农民生活更加富裕、乡村更加美丽宜居"的目标任务[①]，标志着新时代我国粮食安全从强调粮食增产到强调绿色发展以及进一步向可持续发展转变的趋势。2018年1月，《中共中央 国务院关于实施乡村振兴战略的意见》指出[②]，推动农民增收、农业增效、农村增绿的现代化建设进度。

从粮食生产宏观社会背景看，随着经济社会持续发展，特别是城市化水平逐步达到70%或更高，与人口继续增长相伴随，我国人口结构将发生重大变化，老龄化社会或（超）老龄社会到来，食物消费结构将发生巨大变化，进而给粮食问题带来新的变数。另外，随着中国地缘政治实力和影响力的持续增强以及全球化趋势的发展，世界粮食市场与中国粮食市场将高度融合。

从粮食生产技术来看，作为确保国家粮食安全的基础支撑，我国农业科技经过多年的努力，已取得长足的发展。我国先后在东北平原、华北平原和长江中下游平原的13个粮食主产区部署117个农业科技园，通过实施重大科技项目，建立创新示范基地，为粮食产量的"十二连增"做出了重要的贡献，推动"藏粮于地、藏粮于技"的实现[③]。日益增加的资源环境压力和日趋激烈的国际竞争，对农业科技在节本、高效、智能、绿色、营养、安全等方面提出更高的要求。2017年1月《"十三五"农业科技发展规划》提出"坚持绿色发展理念，围绕解决农产品生产效率、质量安全以及环境可持续发展等问题，推动生物技术、信息技术、材料技术等在良种培育、高效生产、食品安全、资源化利用和装备制造等领域广泛应用，逐步实现农业发展由依靠资源要素投入向依靠科技进步的转变，科技进步贡献率逐步提升"的战略目标[④]；2018年2月《国家农业科技园区发展规划（2018—2025年）》提出"发展农业高新技术产业，提高农业产业竞争力，推动农业全面升级"的发展目标，其重点任务之一是培育科技创新主体，发展高新技术产业[⑤]。

新世情、新国情、新粮情、新改革昭示我国粮食发展在传承传统粮食观的同时，进入了一个新视野、新探索、新观念和新战略的时期。树立新的粮食安全观既是时代之问，也是时代之答。

①　国务院办公厅，2017. 国务院办公厅关于加快推进农业供给侧结构性改革大力发展粮食产业经济的意见 . http://www.gov.cn/zhengce/content/2017-09/08/content_5223640.htm [2018-4-22].

②　中国政府网，2018. 中共中央 国务院关于实施乡村振兴战略的意见 . http://www.gov.cn/zhengce/2018-02/04/content_5263807.htm [2018-4-22].

③　中华人民共和国科学技术部，2018. 科技部 农业部 水利部 国家林业局 中国科学院 中国农业银行关于印发《国家农业科技园区发展规划（2018—2025年）》的通知 . http://www.most.gov.cn/mostinfo/xinxifenlei/fgzc/gfxwj/gfxwj2018/201801/t20180130_137945.htm [2018-4-23].

④　农业部科技教育司，2017. 农业部关于印发"十三五"农业科技发展规划》的通知 . http://jiuban.moa.gov.cn/zwllm/ghjh/201702/t20170207_5469863.htm [2018-4-24].

⑤　中华人民共和国科学技术部，2017.《国家农业科技园区发展规划（2018—2025年）》解读 . http://www.most.gov.cn/kjbgz/201802/t20180202_137992.htm [2018-4-25].

1.5 未来粮食安全展望

1.5.1 回顾中国粮食安全历程的启示

（1）重农重粮具有合理性，但不应走向重农轻商的歧途。据《墨子·非儒》记载，从农事可"生九谷""长地财""农事缓则贫"。《管子·五辅》指出："明王之务在于强本事，去无用，然后民可使富。"《氾胜之书》说："虽有石城汤池，带甲百万，而又无粟者，弗能守也。夫谷帛实天下之命。"中国传统的重农重粮思想与生产力水平和地理环境相适应，有其合理性（吴宾和党晓虹，2008c），但面对日益开放的世界和市场经济的繁盛，重农轻商，甚至抑商、拒商，或用传统小农经济思维，把"自给自足"绝对化，则明显与时代格格不入，不利于国家粮食安全。

（2）人口增长是粮食发展的根本动力，但人口增速过快会对粮食需求带来过大的压力。如何实现人粮平衡是保障粮食安全的主要目标，也是粮食安全战略必须考虑的首要问题。秦汉以后，人口增长缓慢，人粮关系长期处于相对协调状态。明末清中期间，人口增长加快，特别是清末至民国期间，战争与饥荒不断，人粮关系日趋紧张。改革开放40年来，中国经济社会快速发展，人民生活水平不断提高，加之严格的人口计划生育政策，使得中国人口增长一直处于一个低增长模式。值得关注的是2021年，我国净增人口仅48万，到2022年，人口净减少了85万，历史上首次出现负增长。2022年我国人口是否成为历史性拐点，或者未来人口是否还能实现必要的增长，尚需继续观察，但纵观历史，总结经验，在新时代社会发展状况和经济背景下，国家粮食安全战略要充分遵循人地关系协调发展原则，需要充分考虑人口数量与粮食产量和质量的动态平衡。

（3）合理的土地制度是粮食安全的基石。西汉实施授田制，隋唐实施均田制，保障农民小块土地占有，鼓励垦荒、轻徭薄赋、兴修水利，推动了农业发展，开创了"文景之治""贞观之治"等。孙中山主张"以平均地权的和平方式"（史会来和连永新，2004）激发农民粮食生产的积极性。进入新时代，我们要综合考量当前土地制度的实施及其成效，同时要结合地域差异，有选择、有针对性地对土地制度进行必要的改革，构建中国特色的土地制度。

（4）科学技术是保障粮食安全最根本的手段。传统农业精耕细作、用养结合和地力常新壮等措施是粮食持续增产的基础，也是农业持久发展的中国密码，任何时候我们都不能丢弃老祖宗留下来的宝贵遗产。现代农业对科技提出新要求，高产抗逆品种、病虫害防治、现代精准信息技术、设施农业、农业机械等对农业发展具有重要意义。合理运用现代科技带来的便利，发展新时代农业，对于合理提高粮食产量，保障粮食安全具有积极推动作用。

（5）粮食生产必须与粮食消费统筹考虑。过去，我们重视粮食生产和供给，一味地强调"增产、增产、再增产",片面认为粮食库存越多越安全,自给率越高越安全,进口越多越不安全。实际上,粮食生产的最终目的是保障消费。一旦消费需求发生结构性变化,粮食生产结构(包括品种结构、品质结构等)也必须跟着改变。这也是新时代我国农业供给侧结构性改革的必然缘由。

(6)主权完整、国家强盛是保障粮食安全最根本的因素。清末以来,半殖民地半封建社会的历史证明,解决中国近代以来的农业危机,既需要现代科学技术,更需要一个良好的社会政治环境。在外族入侵、社会动荡的环境下,何来粮食安全?

1.5.2　面临问题与未来需求

21 世纪以来,随着中国经济社会快速发展、国内外影响力持续扩大,农业生产领域出现了一些新的问题。第一,在灾毁、环境污染、建设用地扩张、弃耕撂荒、预期收益不高等影响下,农地利用非农化、非粮化趋势明显。这是国内粮食生产成本增速高于粮食收益增速,农民种粮积极性下降的体现(曾福生,2015)。第二,国内粮食产量提高、粮食进口增长、粮食储存高企和粮食浪费严重并存的现象值得警惕。国内粮食连年增产,总产量已突破 6 亿 t。同时,大豆、玉米等进口剧增,到 2015 年,粮食进口量已达 1.2 亿 t。受供大于求的影响,国内粮食库存激增。据中华粮网,2016/2017 年国内粮食期末结转库存约为5.7 亿 t。随着国内居民生活水平的提高,粮食浪费日益严重。据项目组 2013 年的研究显示,国内城市餐饮业每年餐桌浪费的食物高达 1700 万～1800 万 t,相当于 3100 万～3300 万 t谷物。第三,有限的水、耕地等资源,脆弱的农田生态系统和严重的农业环境污染(土壤、地下水等)对农业生产的硬约束不断增强,高投入、高产出、高消耗、高污染的农业发展道路难以为继。第四,粮食生产的国内外环境发生历史性变化,过去以自给自足和增产再增产为特点的传统粮食安全观已经不适应当代社会需求。第五,对食物的营养健康消费需求正在改变膳食结构,在老百姓日益丰富的饭碗里,粮食的绝对重要性正在悄然下降。党的十九大为中国乃至世界发展描绘了光明前景,特别是对"新时代"和"我国社会基本矛盾"的历史性判断,为我国粮食发展提供了基本历史坐标和发展目标。整体来看,我国粮食"患寡"的时代基本结束,今后的问题是"患不均""患不优""患不持续"。从现在起至2030 年,是经济社会发展的重要战略机遇期,中国将从全面小康社会走向富裕、民主、美丽、文明、和谐社会。国内经济社会的快速发展、种养业结构的调整、人口结构和膳食结构的变化以及国际农产品市场的波诡云谲,为中国粮食安全带来新的机遇和挑战,我们需要洞悉国际农业与粮食发展趋势,把握国内农情和粮情动向,重构适应新时代特点的粮食安全新战略。

随着我国经济的快速发展,城乡居民膳食结构发生显著变化。根据国家统计局数据,1981～2015 年,国内人均口粮年消费量从 219.2 kg 下降到 134.5 kg,降幅达 38.6%。1981年肉、蛋、禽、水产品的人均消费量仅为 13.6 kg,2015 年增加至 55.3 kg,2018 年仅牛羊肉类人均消费量达 57.6 kg。此外，水果、蔬菜、坚果、食用油等消费量也在增加。一方面，由于对食物多样性和营养健康的重视，国内居民人均口粮消费不断下降，口粮需求总量明显减少。2015 年国内小麦与水稻的生产量（3.4 亿 t）高于口粮需求；另一方面，国内居民人均肉类食物摄入量增加，饲料用粮需求增加。据估计国内饲料用粮需求在 3.8 亿～4.0 亿 t，而目前饲料用粮产量仅为 2.7 亿 t，饲料粮缺口较大。为预测 2030 年我国饲料用粮的需求，将我国与世界各国（或地区）人均肉类消费进行比较发现，大陆与台湾地区餐饮文化和膳食结构最为相近，且台湾地区膳食结构已基本稳定。若以台湾地区目前人均肉类消费量（80 kg）作为大陆 2030 年膳食结构基本稳定时的参考标准，我国饲料用粮总需求量可能在 3.8 亿～4.2 亿 t。综合口粮与饲料用粮需求，中国 2030 年粮食产量 6.5 亿 t 基本安全，而目前国内粮食生产能力已能够满足这一需求。单纯的数量安全已难以涵盖中国粮食安全的科学内涵。

第2章

消费端：食品安全与营养健康问题突出

2.1　食物消费结构变化明显

2.1.1　我国居民消费的食物种类

由于消费数据的缺口较大，为全面地反映我国居民膳食结构变化以及目前我国居民饭碗里到底装了哪些食物，这里用1996～2015年来农林牧渔产品人均占有量变化来反映我国居民饭碗里的食物种类变化（表2-1～表2-3）。

我国粮食生产量持续增大，2015年人均粮食占有量为452 kg。根据FAO定义，粮食安全的标准为一个国家人均粮食占有量400 kg。因此，我国人均粮食占有量超过了粮食安全标准。

肉类和水产品人均占有量的变化，既反映了我国动物性食物生产规模的扩大，也反映了居民膳食结构多样化的演变特征。1996～2015年，人均肉类占有量从12.2 kg增加到62.8 kg。目前人均占有猪肉40 kg，禽肉14.5 kg，牛肉5.1 kg，羊肉3.2 kg。其他畜禽产品的生产和供给发生了同样的变化，禽蛋产量在1982年为280.82万t，到2015年增加到2999万t，增长了将近11倍，人均占有量从2.8 kg增加到21.8 kg。牛奶产量从1980年的114万t增加到2015年的3754.7万t，增长了32倍，世界排名第三，人均占有量从1.2 kg增加到27.3 kg。1996年人均淡水产品占有量是10.42 kg，到2015年人均占有量则达到23.93 kg。

其他产品如人均水果、蔬菜、林产品和食用菌类等产品占有量的不断增加，既丰富了居民饭碗中的食物种类，也对粮食产品起到了替代作用，促使粮食消费量下降。

表2-1 我国人均粮食、食用油及糖料占有量变化

[单位：kg/（人·年）]

年份	粮食总量		谷物	粮食类 谷物					大豆		薯类	食用植物油		糖料
	生产量	进口量	总量	稻谷	小麦	玉米	谷子	其他谷物	生产量	进口量	生产量	生产量	进口量	
1996	412.21	9.80	368.72	159.41	90.34	104.15	2.92	7.26	14.63	0.91	28.89	7.74	2.16	68.31
1997	399.73	5.70	358.74	162.37	99.73	84.37	1.87	7.45	15.17	2.26	25.82	7.23	2.31	75.93
1998	410.63	5.67	365.70	159.27	87.95	106.57	2.50	6.13	16.04	2.56	28.89	4.83	1.65	78.47
1999	404.17	6.14	360.17	157.80	90.53	101.83	1.84	5.59	15.06	3.43	28.94	5.84	1.65	66.26
2000	364.66	10.71	319.72	148.26	78.61	83.63	1.68	5.50	15.86	8.22	29.08	6.59	1.41	60.24
2001	354.66	13.62	310.66	139.14	73.55	89.39	1.54	4.92	16.08	10.92	27.92	10.84	1.29	67.82
2002	355.82	11.03	309.83	135.88	70.29	94.44	1.69	4.94	17.45	8.80	28.54	11.92	2.48	80.13
2003	333.29	17.67	289.64	124.32	66.93	89.63	1.50	5.04	16.46	16.05	27.19	12.26	4.19	74.61
2004	361.16	17.68	316.62	137.77	70.74	100.23	1.39	4.70	17.17	15.56	27.37	9.50	5.20	73.63
2005	370.17	25.13	327.14	138.11	74.52	106.58	1.36	4.61	16.50	20.34	26.53	12.33	4.75	72.29
2006	378.89	24.24	343.10	138.24	82.52	115.33	1.25	4.10	15.24	21.48	20.55	15.11	5.10	79.57
2007	379.63	24.50	345.36	140.80	82.72	115.27	1.14	3.98	13.02	23.33	21.25	17.55	6.34	92.24
2008	398.12	31.11	360.29	144.50	84.69	124.93	0.98	3.81	15.39	28.19	22.44	18.22	6.15	101.05
2009	397.77	39.14	360.86	146.20	86.26	122.87	0.92	3.35	14.46	31.88	22.45	24.58	6.11	91.99
2010	407.54	49.93	370.17	145.99	85.90	132.18	1.17	3.10	14.14	40.87	23.22	29.20	5.12	89.55
2011	423.95	47.43	385.49	149.18	87.13	143.08	1.16	3.41	14.16	39.07	24.29	32.15	4.88	92.90
2012	435.42	59.27	398.32	150.83	89.38	151.85	1.33	3.04	12.78	43.12	24.32	38.23	6.24	99.59
2013	442.37	63.53	406.18	149.64	89.60	160.57	1.28	2.96	11.72	46.58	24.47	45.70	5.95	101.02
2014	443.79	73.42	407.52	150.98	92.27	157.66	1.32	3.18	11.88	52.20	24.39	47.77	4.75	97.68
2015	452.08	90.77	416.32	151.48	94.71	163.41	1.37	3.27	11.57	59.43	24.20	48.99	4.92	90.93

表 2-2　我国人均肉类和水产品占有量

[单位：kg/（人·年）]

年份	肉类	猪肉	牛肉	羊肉	禽肉	禽蛋	牛奶	水产品	海水产品	养殖产品	淡水产品	养殖淡水产品
1996	37.45	25.80	2.91	1.48		16.1	5.2	26.87	16.45	6.24	10.42	8.98
1997	42.62	29.09	3.57	1.72		15.4	4.9	25.23	15.27	5.59	9.95	8.63
1998	45.88	31.13	3.85	1.88		16.3	5.3	27.11	16.39	6.03	10.73	9.14
1999	47.29	31.84	4.02	2.00		17.0	5.7	28.38	17.05	6.77	11.33	9.75
2000	47.45	31.29	4.05	2.08	9.58	17.3	6.6	29.24	17.39	7.32	11.85	10.33
2001	47.84	31.75	3.98	2.13	9.69	17.4	8.1	29.74	17.50	7.75	12.24	10.78
2002	48.53	32.10	4.06	2.21	10.02	17.7	10.2	30.79	17.89	8.26	12.90	11.38
2003	49.86	32.80	4.20	2.39	10.35	18.1	13.6	31.55	18.05	8.48	13.50	11.85
2004	50.84	33.40	4.31	2.56	10.35	18.3	17.4	32.67	18.50	8.86	14.17	12.56
2005	53.07	34.84	4.34	2.68	11.06	18.7	21.1	33.80	18.86	9.26	14.94	13.25
2006	53.93	35.38	4.39	2.77	11.18	18.5	24.4	34.87	19.09	9.62	15.78	14.10
2007	51.96	32.45	4.64	2.90	10.95	19.2	26.7	35.93	19.31	9.89	16.62	14.92
2008	54.81	34.79	4.62	2.86	11.55	20.4	26.8	36.86	19.57	10.09	17.30	15.61
2009	57.32	36.65	4.76	2.92	11.95	20.6	26.4	38.34	20.09	10.53	18.25	16.61
2010	59.11	37.82	4.87	2.97	12.35	20.7	26.7	40.07	20.86	11.05	19.21	17.50
2011	59.12	37.56	4.81	2.92	12.68	20.9	27.2	41.59	21.58	11.51	20.00	18.35
2012	61.94	39.46	4.89	2.96	13.46	21.2	27.7	43.63	22.40	12.14	21.23	19.53
2013	62.72	40.37	4.95	3.00	13.15	21.3	26.1	45.36	23.07	12.78	22.29	20.60
2014	63.65	41.46	5.04	3.13	12.81	21.2	27.3	47.24	24.10	13.25	23.14	21.46
2015	62.74	39.91	5.09	3.21	13.28	21.9	27.4	48.74	24.80	13.64	23.93	22.28

[单位：kg/（人·年）]

表 2-3　我国人均水果和蔬菜占有量

年份	蔬菜	水果	香蕉	苹果	柑橘	梨	葡萄	菠萝	红枣	柿子	西瓜	甜瓜	草莓	干果	森林食品	食用菌
1996	246.13	38.02	2.07	13.93	6.91	4.74	1.54	0.40	0.64	0.84	22.93	2.97	0.00			
1997	290.90	41.17	2.34	13.93	8.17	5.19	1.64	0.43	0.76	0.87	26.61	3.33	0.00			
1998	308.53	43.71	2.82	15.61	6.89	5.83	1.89	0.52	0.88	1.05	35.69	3.88	0.00			
1999	322.08	49.59	3.33	16.54	8.58	6.15	2.15	0.70	0.88	1.18	36.70	4.58	0.00			
2000	0.00	49.12	3.90	16.12	6.93	6.64	2.59	0.68	1.03	1.26	0.00	0.00	0.00			
2001	379.41	52.17	4.13	15.68	9.09	6.89	2.88	0.68	1.03	1.24	44.80	5.82	0.00			
2002	411.52	54.12	4.33	14.98	9.33	7.25	3.49	0.64	1.23	1.36	48.71	6.73	1.09			
2003	418.12	112.34	4.57	16.33	10.41	7.58	4.01	0.64	1.33	1.39	44.88	6.38	1.31			
2004	423.61	118.02	4.66	18.21	11.51	8.19	4.37	0.62	1.55	1.54	44.25	6.20	1.43			
2005	431.73	123.28	4.98	18.36	12.17	8.66	4.43	0.65	1.90	1.67	45.81	6.75	1.50			
2006	410.45	130.10	5.25	19.82	13.62	9.12	4.77	0.68	2.32	1.77	47.05	7.23	1.43			
2007	427.25	137.26	5.90	21.09	15.58	9.76	5.07	0.69	2.29	1.95	46.95	7.83	1.42	1.59	1.74	12.73
2008	446.08	144.73	5.90	22.47	17.55	10.19	5.39	0.70	2.74	2.04	47.30	8.99	1.51	2.12	2.12	13.76
2009	463.27	152.83	6.62	23.74	18.89	10.69	5.95	0.78	3.18	2.12	48.55	9.11	1.65	2.55	1.97	15.14
2010	485.49	159.60	7.13	24.81	19.73	11.23	6.38	0.80	3.33	2.14	50.85	9.15	1.74	2.92	1.91	16.86
2011	504.17	168.98	7.72	26.71	21.85	11.72	6.73	0.88	4.03	2.37	51.13	9.49	1.85	3.51	2.17	19.08
2012	523.49	177.67	8.54	28.43	23.40	12.61	7.79	0.95	4.35	2.52	52.22	9.83	2.04	3.74	2.27	20.89
2013	540.24	184.41	8.87	29.16	24.41	12.71	8.49	1.02	4.66	2.60	53.61	10.54	2.20	4.08	2.41	23.30
2014	555.67	191.12	8.62	29.92	25.53	13.13	9.17	1.05	5.37	2.73	54.72	10.79	2.28	4.56	2.48	23.91
2015	571.26	199.15	9.07	31.00	26.63	13.60	9.94	1.09	5.87	2.76	56.12	11.11	2.26	5.46	3.08	24.29

2.1.2　城乡居民食物消费结构变化

1. 口粮消费明显减少

改革开放以来，随着我国城乡居民生活水平不断提高，食物供给多样化和膳食结构多样化促使谷物的直接消费总量呈显著下降趋势，肉禽蛋奶、水产品以及果蔬类产品等消费均呈现持续增长的趋势。

在食物供给种类愈加丰富的情况下，我国口粮消费在不断减少。口粮是指直接消费的粮食，在我国主要是指稻谷和小麦及少量杂粮。随着居民收入水平的不断提高，膳食结构多样化的时代已经到来，动物性产品消费的增加尤为显著，因而城乡居民口粮消费呈现出明显的下降趋势。

根据《中国住户调查年鉴》[①]，农村居民口粮原粮消费量下降趋势明显，从 1996 年256 kg/ 人下降到 2015 年的 160 kg/ 人左右，近 20 年人均口粮消费量减少了将近 100 kg（图2-1）。城镇居民成品粮消费量从 1996 年的 94 kg/ 人下降到 2015 年的 79 kg/ 人，呈小幅下降趋势并趋于稳定。根据 2013～2015 年城镇住户口粮原粮消费的调查，城镇人均口粮消费在 110～120 kg/ 人，比农村原粮消费平均低 30～40 kg。

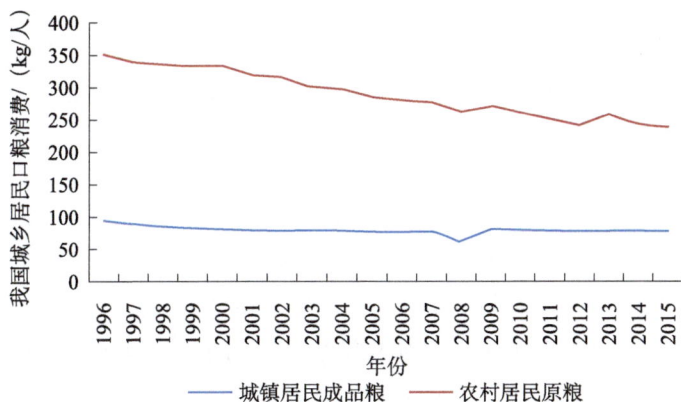

图 2-1　基于城乡住户调查的口粮消费量变化趋势（1996～2015 年）

FAO 谷物消费数据亦显示（图 2-2），自 20 世纪 60 年代以来，中国大陆人均谷物消费量呈"浅抛物线"形态变化，20 世纪 80 年代中期达到波峰，峰值将近 180 kg/ 人，此后消费量开始逐渐下降，2013 年中国大陆人均谷物消费量约 150 kg。

2013 年中国香港和中国台湾人均谷物消费量分别为 106 kg/ 人和 109 kg/ 人，与之相比，中国大陆人均谷物消费量高出 40 kg 以上。

日本人均谷物消费量从 1961 年的 168 kg/ 人下降到 2013 年的 113 kg/ 人。同期，韩国从 177 kg/ 人下降至 149 kg/ 人，欧盟则从 142 kg/ 人减少为 127 kg/ 人。美国 2013 年谷物消

[①]　《中国住户调查年鉴》中所指的粮食包括大米、小麦和粗杂粮以及各种粗、细粮制品，不包括薯类及豆类。

费量为 106 kg/ 人。目前，中国大陆和韩国人均谷物消费量相当，均高于日本、美国和欧盟。

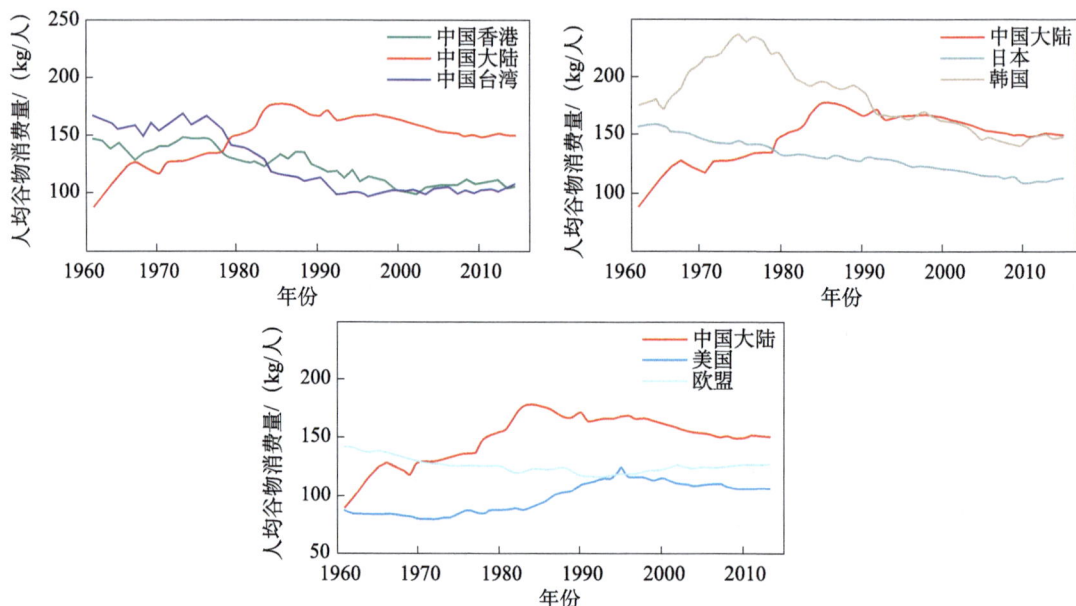

图 2-2　中国人均谷物消费量与相关国家及地区比较

　　从饮食结构与生活习惯来看，中国大陆与中国台湾最为接近。因此，若以中国台湾目前人均谷物消费量为依据，可以推断，未来中国大陆人均谷物消费量仍有下降空间，最低可能达到 105～110 kg/ 人。

2. 畜禽产品消费量显著增大

　　尽管我国城乡居民之间由于收入水平等因素影响，消费水平差异较大，但城乡居民消费结构的变化趋势总体一致，即动物性食物的消费量在稳步增长。

　　由于数据来源与统计口径差异，目前我国居民消费数据存在较大的不确定性。这主要是因为目前的住户调查数据对城乡居民外出就餐的消费量估计不足。本节以历年《中国住户调查年鉴》《中国农村住户调查年鉴》的城乡居民消费数据为基础，对我国城乡居民的肉蛋类产品消费进行重新估算。

　　根据专栏 1 的相关专家研究，城镇居民肉蛋类消费数据上调 20%～30%，本节取 30% 的上限进行估算。鉴于农村居民的消费水平，肉蛋类消费数据上调 15%。

专栏 1　我国城乡居民畜禽产品消费数据的重新估算

　　研究表明（辛良杰等，2015；谢法利·夏尔马，2016），目前基于家庭住户调查统计的居民消费数据普遍偏低，主要是因为对城乡居民在外就餐消费量估算不足，尤其是肉类消费。因此，建议将现有肉类消费数据上调 20%～30%。鉴于城镇居民外出就餐远高于农村居民，本节对现有城镇居民人均肉蛋类消费上调30%；农村居民肉蛋类消费上调15%，以此获得新的肉蛋类消费现状数据。

参考文献：

辛良杰等.2015.基于居民膳食结构演变的中国粮食需求量研究.资源科学，37（7）：1347-1356.

谢法利·夏尔马.饲料饥饿：中国的工业化肉制品需求及其影响.农业与贸易政策研究所（Institute for Agriculture and Trade Policy），2016 年 12 月中译版，周晚晴译.

估算结果表明，1985 年，我国城镇居民人均肉类（猪牛羊及禽肉）、蛋类、奶类及水产品的消费量分别为 23 kg/人、7 kg/人、2 kg/人和 7 kg/人，到 2015 年分别为 44 kg/人、14 kg/人、17 kg/人和 19 kg/人（图 2-3）。与 1985 年相比，2015 年城镇居民的肉类消费增长了 97%，蛋类增长了 104%，奶类增长了 755%，水产品增长了 183%。

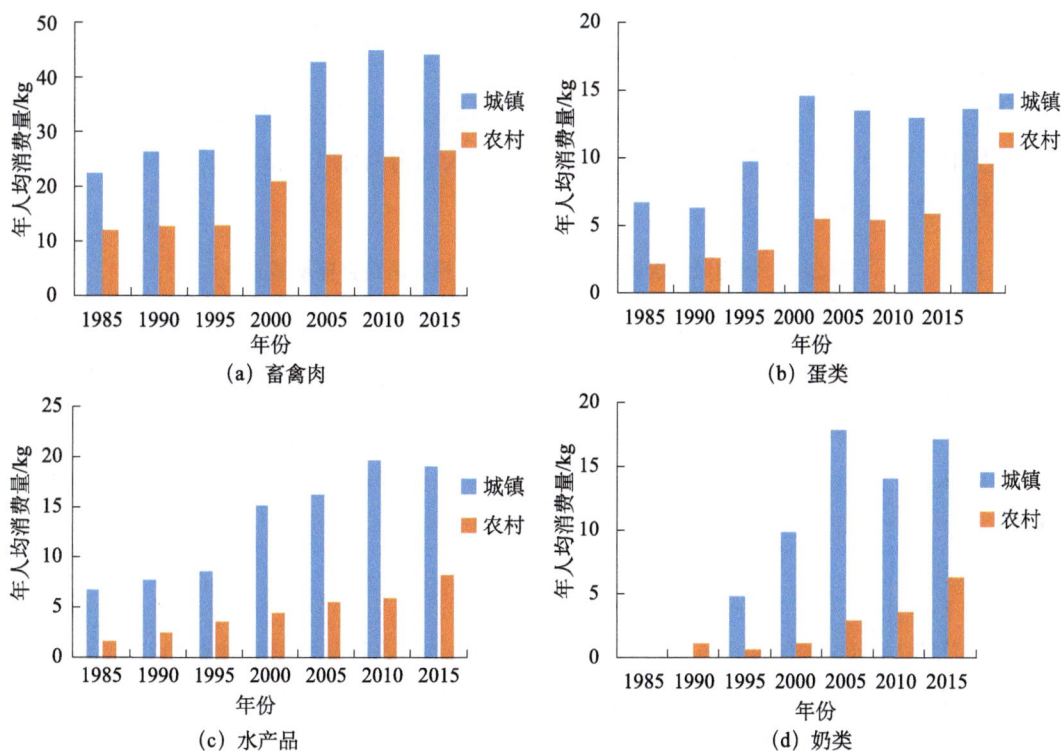

图 2-3 我国城乡居民人均肉蛋奶及水产品消费量变化

数据来源：1985～2016 年历年《中国住户调查年鉴》《中国农村住户调查年鉴》汇编

农村居民人均肉蛋奶及水产品消费从 1985 年的 12 kg/人、2 kg/人、0.5 kg/人和 1.65 kg/人增加到 2015 年的 27 kg/人、10 kg/人、6 kg/人和 8 kg/人，分别增长了 121%、330%、1160% 和 403%。

畜禽产品消费显著增长意味着我国居民的膳食结构发生了巨大变化，即从以植物性食物为主向植物性食物和动物性食物并重的膳食结构演变，动物蛋白质摄入量的增加表明我国居民的生活质量有了明显改善。

3. 基于营养需求的肉蛋奶消费目标尚未达到

根据《中国食物与营养发展纲要（2014—2020年）》提出的食物消费量（摄入量）目标，到2020年，人均口粮消费量135 kg、肉类29 kg、蛋类16 kg、奶类36 kg、水产品18 kg。由于我国住户统计的消费数据，是以肉禽蛋奶购买量来估算。因此，考虑到不可食部分和中间及消费环节损耗，为满足上述摄入量目标，人均肉类消费量要达到58 kg、蛋类23 kg、奶类43 kg、水产品类55 kg[①]。

根据转换后的目标消费量，可以看出：①转换后的数据中肉类目标消费量（58 kg/人）与我国2015年表观消费量（62 kg/人）相当。如果按照表观消费量来看，目前人均肉类消费量基本达到《中国食物与营养发展纲要（2014—2020年）》提出的肉类消费目标，要满足营养需求，蛋奶及水产品消费量有待进一步提高。②蛋、奶、水产品类消费量与住户消费调查数据上调后的数据尚存在较大差距（表2-4），说明目前城乡居民畜禽产品实际消费量与基于营养需求的目标消费量之间尚存较大差距。要达到食物与营养发展纲要提出的摄入量目标，畜禽产品消费量仍需进一步提高。③与典型国家和地区相比，人均肉类消费尚有较大差距。FAO的肉类消费数据（表观消费量或人均占有量）显示，2013年中国大陆人均肉类消费量为61 kg（图2-4）。

表2-4　我国城乡居民实际消费与营养规划消费目标及其差距

种类	2015年住户调查消费量		2020年规划目标		2015年与2020年目标差距	
	城镇居民	农村居民	摄入量	消费量	城镇居民	农村居民
肉类 /（kg/人）	44	27	29	58	−14	−31
蛋类 /（kg/人）	14	10	16	23	−9	−13
奶类 /（kg/人）	17	6	36	43	−26	−17
水产品 /（kg/人）	19	8	18	55	−36	−47

中国大陆人均肉类消费已经超过日本。日本过去20年来人均肉类消费量在40~50 kg；韩国人均消费量则从40 kg左右增加到64 kg，目前中国大陆与韩国人均肉类消费量相当。中国大陆与日本和韩国的饮食结构存在一定差异。日韩由于地理环境因素，水产品消费量相对较高，肉类消费相对偏低。

---

① 依据日本农林水产省2011年食物供需平衡表，肉类、水产品、蛋类、奶类的可食部分比率分别为65.9%、55.6%、85%和100%；2011年FAO发布的全球食物损耗与浪费报告公布的数据显示，亚洲工业化国家（包括中国）肉类、水产品、奶类生产和流通环节的损耗分别为15%、34%、6%，谷物最低损耗为2.5%，蛋类生产加工损耗率依据《中国养殖业可持续发展战略研究》为10%。据此将《中国食物与营养发展纲要（2014—2020年）》中2020年食物摄入量目标转换为消费量。该数据由中国农科院营养研究所程广燕等研究人员完成。

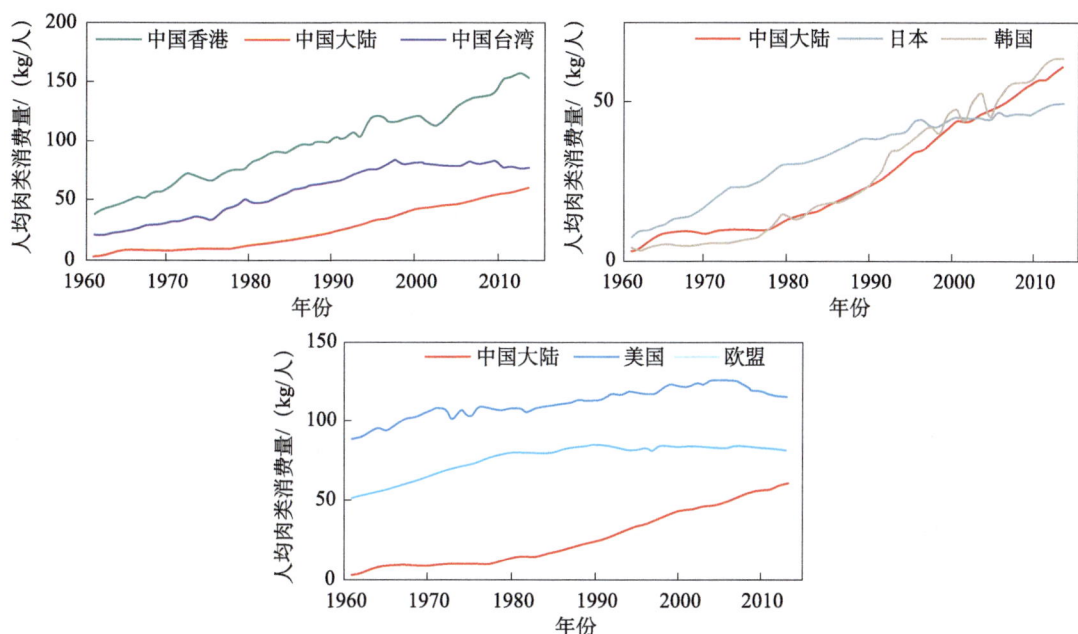

图 2-4　中国人均肉类表观消费量与相关国家及地区比较

欧盟自 1980 年以来人均肉类消费基本稳定在 80～85 kg，美国人均肉类消费则保持在 110～125 kg。鉴于中国大陆与欧美国家饮食习惯差异较大，美国与欧盟的肉类消费变化规律对中国的参照性不强。

中国大陆与中国香港及中国台湾相比，肉类消费有较大差距。中国香港人均肉类消费高达 150 kg 左右，是世界上人均肉类消费量最高地区，属于特例。

综合来看，中国大陆与中国台湾的膳食结构最为相似。近 20 年来，中国台湾地区人均肉蛋消费趋于稳定（图 2-5 和图 2-6），这与中国台湾经济发展阶段密切相关，进入较为富裕的阶段之后，食物消费进入优化阶段，人均肉蛋消费相对稳定，肉类消费在 80 kg/ 人左右，蛋类消费将近 20 kg/ 人，乳品及水产类消费有小幅回落（图 2-7 和图 2-8），但也分别达到 42 kg/ 人和 37 kg/ 人。

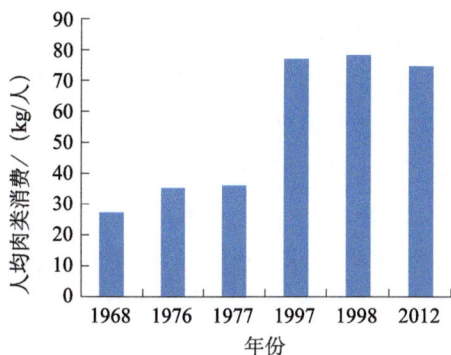

图 2-5　中国台湾人均肉类消费变化

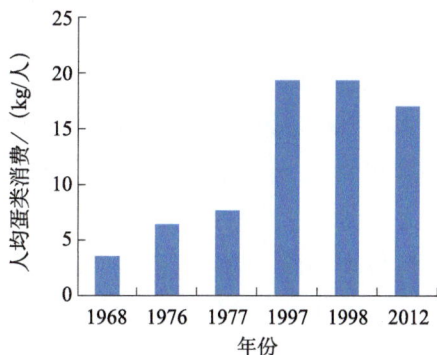

图 2-6　中国台湾人均蛋类消费变化

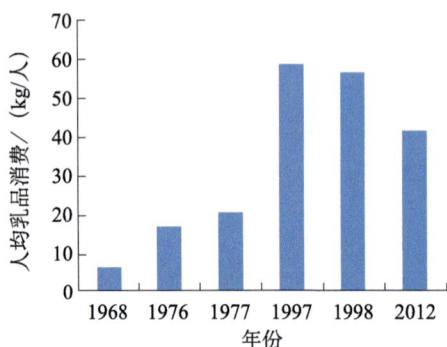

图 2-7　中国台湾人均乳品消费变化

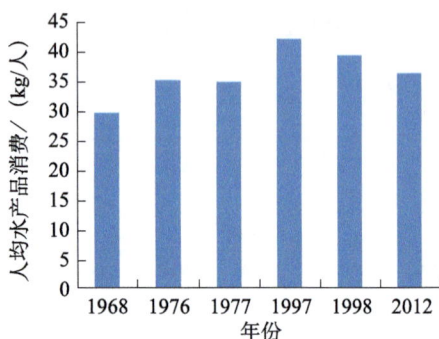

图 2-8　中国台湾人均水产品消费变化

基于中国台湾目前人均肉类表观消费水平，预测未来中国大陆肉类表观消费量峰值可能达到 80 kg 左右，与 2015 年的表观消费量相比，人均可能仍有 20 kg 的消费增长空间。

如前分析，现阶段在我国人均口粮不断减少并渐趋稳定的情况下，未来我国粮食需求主要取决于饲料粮的增长变化。

2.2　食品安全问题及其成因

2.2.1　食品安全形势堪忧

民以食为天，食以安为先。食品是人类生存发展的物质基础，食品安全则是事关人民群众营养健康的头等大事。因此，食品安全是世界各国共同关注的焦点问题。

食品安全包括食品数量安全和食品质量安全。改革开放以来，随着中国经济快速发展和人民生活质量的改善，温饱问题得以解决之后，吃得更好、吃得更健康已成为城乡居民的共同需求。因而在食品供给数量总体能满足居民需求的前提下，全社会更加关注食品质量安全，提高食品质量安全是我国农业供给侧结构性改革的核心内容之一。但在食物原料的培育过程中，化肥、农药、动植物激素等生产要素的大量引入，使得农业面源污染加剧、土壤毒化、地下水超采、土地荒漠化与水土流失继续恶化，粮食供给不可持续；同时，粮食安全问题逐渐以食品安全的形式表现出来（倪国华等，2012）。尤其进入 21 世纪以来，我国食品安全问题频发，从 2008 年的"三聚氰胺"事件，到 2010 年的"地沟油"事件，再到 2013 年的含"镉"大米事件等，甚至发生了多起食品中毒事件，危害范围广，受害者众多，食品安全形势堪忧。

有数据显示，自 2005 年以来，食品安全事件逐年上升，2011 年达到历史最高值，为38 513 起，2012 年和 2013 年食品安全事件的高发势头虽然有所缓和，但 2014 年开始出现反弹（图 2-9）。2005～2014 年这 10 年共发生食品安全事件 227 386 起，平均每天全国约62.3 起食品安全事件发生（图 2-10）。其中，与消费者日常生活密切相关的肉与肉制品、蔬菜与蔬菜制品、水果与水果制品、酒和饮料类是爆发食品安全事件最多的食品类别，与这几类食品有关的食品安全事件数量占食品安全事件总数的 40.54%（徐文成，2017）。食品不安全引起的心理恐慌和焦虑严重地影响了人们的生活品质，甚至扰乱了正常的社会秩序（孙兴权等，2015）。

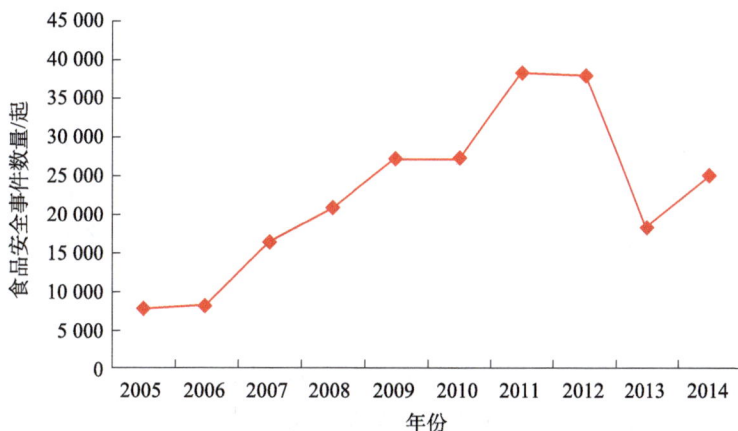

图 2-9　2005～2014 年中国发生的食品安全事件统计

数据来源：江南大学江苏省食品安全研究基地《中国食品安全发展报告（2015）》，http://www.lwinfo.com/shzx/huli/20151201/412094.html

从空间分布来看，中国食品安全事件总体呈现出由东南沿海向中部地区扩散的趋势。也就是说，经济发达地区食品安全事件发生频率普遍较高。其中，北京、山东、上海、浙江和广东五个省（直辖市）发生食品安全事件最多。其原因大致有二：一是由于东部沿海地区经济较内陆地区发达，无论是食品的品种还是样式都较内陆多且复杂，各环节可能产生的食品安全问题也相对较多；二是沿海地区的人民对食品安全的关注度也较内陆地区高，因而其曝光率也较高（徐文成，2017）。

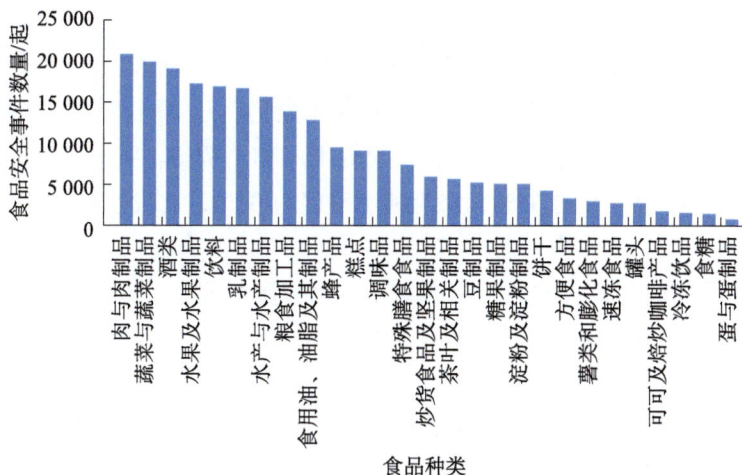

图 2-10　2005～2016 年中国各食品种类发生的食品安全事件统计

数据来源：江南大学江苏省食品安全研究基地《中国食品安全发展报告（2015）》，http://www.lwinfo.com/shzx/huli/20151201/412094.html

食品安全事件的出现不仅影响我国食品产业的健康发展，损害了我国食品外贸出口的国际竞争力乃至中国的国际形象，更重要的是给消费者带来长久的健康问题。

2.2.2 食品安全问题的成因分析

在 2018 年年初举行的 2017 年食品安全热点科学解读媒体沟通会上，中国食品科学技术学会理事长孟素荷指出，2017 年中国食品安全的主要风险有食品微生物污染（30.4%），超量、超范围使用食品添加剂（24%），农残和药残问题（21.9%）[①]。由此看来，目前我国食品安全形势仍很严峻。食品安全问题十分敏感，食品质量问题引发的消费者信任危机会直接影响食品的生产与消费。认识和分析食品安全问题成因，对于寻求解决我国食品安全对策具有重要的意义。

食品安全问题主要发生在三个环节：一是源头污染引发的食品质量问题。例如，食品生产过程中使用的农药、兽药、抗生素等有害化学品的残留等问题；二是生产加工环节引发的质量问题，如在食品加工过程中为了保质期或者色香味等而过度添加食品添加剂；三是批发零售和储存等环节存在的问题，如粮食储存条件不好导致粮食霉变等。

1. 食品生产端的质量安全问题

生产端作为食品供给的源头，是造成食品质量问题的关键环节。

高耗能农业发展模式与化学投入品的低效利用和集约化耕作、大型畜禽养殖场带来的空气、水体、土壤交叉环境污染与食品安全问题相互交织。农业生态环境遭到破坏，残留的化学投入品导致食用农产品中硝酸盐、亚硝酸盐、重金属等有害物质残留量严重超标，直接危害食品安全和人体健康（温铁军等，2010；Mozumder et al.，2011）。因此，我国生产端的食品质量问题主要来源于生产过程中过度使用的化肥、农药、兽药、抗生素等化学品的残留物。

2016 年全国化肥和农药使用量分别为 5984 万 t（折纯）和农药 50 万 t（折百），虽然是自 1974 年以来首次出现负增长，但单位面积使用量仍然是美国和欧盟国家的 2 倍多。目前中国已成为世界上第一大化肥、农药和农膜的生产和消费国。我国耕地面积仅占世界的 7%，年化肥使用量却占世界的 35%，农药利用率仅为 35%，比发达国家低 10~20 个百分点（钱克明，2015）。

化肥和农药使用的高投入和低利用率加剧了水资源的恶化，并导致水体富营养化，地下水硝酸盐超标，有机物和重金属污染（Zhang et al.，2015）。同时土壤重金属等污染加剧。

2014 年发布的《全国土壤污染状况调查报告》显示，全国土壤环境状况总体不容乐观，部分地区土壤污染较重，耕地土壤环境质量堪忧，工矿业废弃地土壤环境问题突出。全国

---

① http://news.163.com/18/0113/06/D80T2KRG000187VE.html.

土壤总的点位超标率为 16.1%，其中轻微、轻度、中度和重度污染点位比例分别为 11.2%、2.3%、1.5% 和 1.1%。从土地利用类型看，耕地、林地、草地土壤点位超标率分别为 19.4%、10.0%、10.4%。从污染类型看，以无机型为主，有机型次之，复合型污染比重较小，无机污染物超标点位数占全部超标点位的 82.8%。从污染物超标情况看，镉、汞、砷、铜、铅、铬、锌、镍 8 种无机污染物点位超标率分别为 7.0%、1.6%、2.7%、2.1%、1.5%、1.1%、0.9%、4.8%；六六六、滴滴涕、多环芳烃 3 类有机污染物点位超标率分别为 0.5%、1.9%、1.4%。从耕地的污染状况来看，2013 年我国耕地总污染面积为 2328 万 hm^2，中重度污染耕地约为 348 万 hm^2。耕地污染主要来自重金属污染，2013 年我国受重金属污染的耕地达 2000 万 hm^2，约占耕地总面积的 1/5。

有研究表明，过去 50 年中，大约有 2.2 万 t 的铬、93.9 万 t 铜、78.3 万 t 铅排入土壤中，造成土壤重金属污染（Singh et al., 2003）。土壤被重金属污染后，会不断地进行扩散、稀释或是迁移、降解，渗透到农作物当中或者进入其他动物体内，这从源头上影响食品的安全性。工业"三废"、生活垃圾、大气污染物等的大量排放，使得许多有毒有害物质进入河流和地下水，进而导致农业灌溉用水含有超标的微生物及有毒重金属。专家对湖南镉大米事件的分析结果显示，大米中超标的镉主要是通过土壤重金属污染而产生的（李国庆，2013）。因此，土壤重金属污染是对粮食质量安全的一大威胁。

畜禽养殖过程中使用的兽药也会给食品安全带来威胁。随着国民经济的快速发展，动物性产品在我国居民食品中占的比例越来越大。据统计，相较于 1983 年，2016 年我国肉类食品消费增长了 20 倍（曹芹等，2018）。在畜禽产品的养殖过程中，为了防止牲畜生病并且促使其快速生长，饲养者不可避免地使用兽药。根据世界卫生组织食品添加剂联合专家委员会（JECFA）的报告，食品中的兽药残留达 120 种，主要为抗生素类、激素类、驱虫药类等。目前畜禽肉中兽药残留的主要是抗生素类和激素类。

城市餐饮企业产生的餐厨垃圾多被养殖场（户）收集，作为养殖饲料直接使用。未经过任何消毒处理的餐厨垃圾通过饲养的牲畜重新进入食物链，不但容易使牲畜感染病毒，还可能会造成肝炎等疾病在人群中传播；同时餐厨垃圾中含有的重金属物质以及苯类化合物等，会大量积累在牲畜的肾脏等部位且无法排出，并经过食物链最终停留在人体内，造成免疫力下降，提高癌症的发病率（代玲玲等，2017）。

2017 年，农业部监测了猪肉等主要畜禽产品的药物残留，包括抗生素在内的 14 类 70 种药物的残留合格率达到 99.7%[①]。但是，由于新型药物层出不穷，养殖场（户）使用的兽药品种早已经更新换代了，而检测机构的检测能力却没有及时跟进，无法将药物残留及时检测出来。另外，检测机构具备相关兽药的检测能力，但因为缺乏相应的检测标准而导致检测结果无法说明任何问题，同样无法将农产品中的残留药物检测出来。因此，畜禽肉类产品中残留兽药的情况仍不容乐观。

---

① https://finance.qq.com/a/20180307/023772.htm.

2.储存环节的粮食质量安全问题

2004年一则关于"致癌粮"的新闻引发全社会的广泛关注。据报道,辽宁省辽中区杨土岗镇佑户坨村,有50多家大米加工厂,年产陈化粮30万t。这些陈化粮销往北京、天津、河北、山东等地,大多被建筑工地的农民工"消化"。这些陈化粮中所含黄曲霉素超标,致癌性比化学品亚硝胺类强75倍,致癌时间最短为24周,30万t"致癌粮"可能会威胁到300万人乃至3000万人的生命健康[①]。黄曲霉素等致癌物是在粮食储存过程产生的。可见,粮食在储存过程中产生质量安全问题的风险高且危害大。

在储存过程中,粮食质量安全主要受到三方面的影响。

第一,储粮害虫(昆虫及螨类)及杀虫剂污染。我国储粮昆虫大约270种,其中储粮害虫为226种(马晓辉等,2008)。我国每年因害虫危害造成的粮食损失达150万~500万t(王晶磊等,2014)。为了防治虫害,粮食存储通常使用磷化氢熏蒸剂或其他剧毒农药杀虫,长期使用杀虫剂使得储粮害虫耐药性增强,杀虫剂的用量和次数也随之增加,造成粮食的农药残留超标,带来粮食质量问题(雷银生,2015)。

第二,黄曲霉毒素、呕吐毒素、赤霉烯酮等微生物的侵袭。微生物容易导致粮食产生毒素和变质,丧失食用价值,危害人类健康。据统计,中国每年由于霉变、虫害和鼠害造成的粮食损失约为总产的3%,折合150亿kg。其中,霉烂粮食达75亿kg,按人均每年250kg口粮计算,相当于6000万人一年的口粮(姜靖,2014)。

第三,粮食陈化的影响。粮食陈化是粮食在储存保管环节的自然现象。通常将陈化粮定义为超过正常储存年限,内在品质和食用口感下降,急需出库的粮食。粮食陈化是判断储备粮是否能继续存储的重要依据,并不能说明陈化粮是有毒有害的粮食,只能说明粮食质量下降[②]。不同粮食品种的陈化程度不一,成品粮比原粮更容易陈化。

在国家实施托市收购政策的支持下,我国粮食生产"十二连增",粮食收购"连年提升"。与此同时,由于国内外粮食价格出现倒挂,全国政策性粮食库存连年增加,库存量高居不下。粮食大量库存积压,导致陈化粮规模不断增大。在此背景下,不少地方粮库采用转圈粮的方式,将陈粮或陈化粮代替新粮入库,造成储备粮巨大的质量安全隐患。

据估计,2017年我国仅陈化玉米储备量就已经超过2亿t。这些陈化粮最终需要通过拍卖进入饲料、食品加工、淀粉和工业酒精生产等行业。2016年,中储粮通过拍卖出售了大量的陈化玉米,我国不少饲料企业买到了低价的陈化玉米。2016年至2017年上半年,由于中国部分饲料企业使用陈化玉米,导致了区域性黄膘肉(生猪屠宰加工后发现猪肉皮下脂肪变黄的现象,这种肉被称为"黄膘肉"或"黄脂肉")的发生,使得猪肉的市场销售受到较大影响(孙得发,2017)。

---

① 30万吨"致癌粮"卖全国.新京报,2004-06-30.
② 中国国务院新闻办公室举行2016年粮食工作有关情况新闻发布会上,任正晓回答北京青年报记者问。详情见网站 http://www.scio.gov.cn/xwfbh/xwbfbh/wqfbh/33978/34475/wz34477/Document/1475576/1475576.htm.

食品储存过程中存在诸多安全质量问题，必须加强质量安全问题监管、消除质量安全隐患来保障食品质量安全。

3. 粮食加工环节的质量问题

粮食加工是连接粮食生产和食物消费的重要环节，对保障国家粮食质量安全和国民健康具有重要作用。但是在粮食加工过程中，食品添加剂泛滥和过度加工问题影响了食品安全，应该得到重视。

粮食加工过程中食品添加剂滥用造成严重的食品安全问题。目前，我国允许使用的食品添加剂有 2300 多种，此外还有 200 多种营养强化剂，食品添加剂使用得当不仅能够改善和提高食品的色、香、味及口感等感官指标，还能够提高食品质量和营养价值，促进人体健康（张辉等，2016），使用不当则会影响食品质量。例如，配合饲料生产时往往添加一些酸性物质，以改善饲料适口性、防霉、提高饲料质量等。而酸性物质会使机器表面镀锌、镀镉溶出，造成饲料重金属锌、镉污染，含量过多则会导致动物急性中毒（何其辉等，2017）。

食品添加剂的滥用主要体现在以下三个方面：一是过量使用食品添加剂。目前一些商家为了提升产品销量，通过过量加入食品添加剂来提升食品口感和促使食品颜色更加鲜艳来吸引消费者，但是这种行为却危害了粮食质量安全和人体健康。例如，增白剂的使用使食品外观更为诱人，但是其过量使用会破坏食品的营养成分而且将残留在食品中对人体造成危害，尤其对消费量较大的面制品的安全性危害较大（李旭，2016）。二是在食品加工过程中使用劣质食品添加剂。一些商家为了降低生产成本而在食品中添加成本低且对人体有害的食品添加剂，甚至已经超过保质期的添加剂，仍被添加到食品中。例如，铅、汞等也属于食品添加剂，但是它的质量早已远远低于我国食品添加剂的规定标准。三是使用非食品添加剂。一些商家为了牟取更多利益，使用一些国家法律法规禁止的添加剂来提升食品口感，甚至将一些工业用剂充当食品添加剂加入食品中。例如，前几年发生的影响极其恶劣的"三聚氰胺""苏丹红"事件，就是使用了不属于食品添加剂范畴的工业原料，这种行为严重危害了人民的人身安全。

粮食过度加工造成食物中的营养流失，使粮食质量受到损害。稻谷和小麦加工形成了我们的主食——米饭和馒头，随着经济社会发展和生活水平提高，喜食精细米面的消费者逐渐增加。为了迎合这部分消费者的需求，加工企业开始不断地提高加工精度，有些甚至超过国标特等米面标准。

2014 年，中共中央办公厅国务院办公厅印发的《关于厉行节约反对食品浪费的意见》中明确规定要切实解决粮油过度加工问题；国家粮食局、工业和信息化部、国家质量监督检验检疫总局也发布了《关于促进粮油加工业节粮减损的通知》。但据 2017 年中国科学院和农业部食物与营养发展研究所对小麦和水稻主产区的 34 家企业访谈发现，粮食过度加工问题仍然很突出，也极为普遍。国家粮食局科学研究院的研究结果表明，大米的食味值与加工精度并非正相关关系，适度加工的大米，反而口感品质更佳。从营养学角度讲，稻谷的成分中，除淀粉外，60%以上的营养素集中在胚和皮层当中。经过多次抛光加工而成的精米，虽然色泽光亮，但其皮层、糊粉层和胚均已被除净，其中含有的脂肪、蛋白质、维生素、矿物质和膳食纤维等天然营养成分也已全部流失。这种过度加工的精米，维生素B含量比糙米减少60%以上，赖氨酸、苏氨酸含量也大量减少。小麦营养成分的70%集中在糊粉层，而小麦糊粉层在小麦粉加工过程中和种皮一起剥离成了麸皮，膳食纤维、微量元素等流失。若长期食用高精度的米面，又没有足够的副食品补充，发生慢性疾病的概率就会增加，如缺铁性贫血症，维生素B缺乏导致的脚气、角膜炎、神经炎等病，长期膳食纤维摄取不足导致的肥胖病、糖尿病、心脑血管病等慢性疾病等，对人体健康产生严重影响。

2.2.3　食品质量问题产生的影响

2013年，广州市药监局查出多批次米及米制品中重金属"镉"含量超标，而这些"镉"大米主要来自湖南。有数据显示，自2013年2月媒体曝出湖南上万吨镉超标大米流入广东以来，截至2013年4月19日，湖南省商品粮库存已超过320万t，相当于2012年湖南全年粮食产量的十分之一还多[①]。消费者"谈湖南米色变"，后来出现无人购买产地为湖南的大米的现象，虽然并非所有湖南产的大米都含有重金属"镉"。由此可见，粮食质量一旦出现问题，必将影响粮食的生产和消费。

2011年爆出的"瘦肉精"事件直接影响饲料粮的生产。2011年3月15日，央视"3·15"晚会特别节目报道了《"健美猪"真相》，河南省孟州等地养猪场使用违禁动物药品"瘦肉精"，导致有毒猪肉流向双汇，最终被消费者食用。据不完全统计，1999~2005年国内共有2455人因食用"瘦肉精"猪肉中毒（刘祥林，2011），可见"瘦肉精"对人体的严重伤害。因此，在双汇集团爆出"瘦肉精"事件之后，不仅影响双汇肉类产品的销量，还直接导致了整个肉制品行业的销量下降。事件爆发一周后，全国猪肉价格应声下跌、补栏受抑，并波及大宗饲料原料的需求，豆粕价格大幅回落。粗略估算，事件爆发一周内仅全国养猪业损失已达3亿元以上[②]。

"三聚氰胺"事件不仅影响我国奶制品行业发展，同样也对我国饲料粮的生产和消费产生了影响。2008年，三鹿集团发生"三聚氰胺"事件，由于在奶粉中添加了大量化工原料"三聚氰胺"，使得食用奶粉的婴儿出现多种病症，甚至死亡，这次事件对我国奶产业和奶制品消费市场造成沉重打击。工业和信息化部的统计数据显示，一方面，2008年10月我国奶制品市场消费量下降到50%（王二朋，2012），造成一些地方奶粉严重积压，2009年2月受监测的企业积压奶粉达2402.33t；另一方面，为了满足消费者需求，2009年进口的奶

[①] http://news.163.com/13/0525/04/8VMMO26600014AED.html.

[②] http://www.feedtrade.com.cn/livestock/pigforecast/201103/20110321145430_4.html.

粉达到 25 万 t，是 2008 年的 2.5 倍（张薇，2011）。这两方面的原因造成我国原料奶供应量急剧下降，引发饲料粮生产和消费量随之下降。同时，国产原料奶价格受三聚氰胺事件影响也急剧下降，原料奶价格指数从 2008 年第三季度的 124.73，跌到 2009 年第一季度的 87.87，奶农经济损失巨大（王二朋，2012）。2009 年进口奶粉达到 25 万 t，奶制品耗粮系数按 0.4 计算，有 10 万 t 饲料粮受到积压，影响饲料粮的生产消费，进一步造成农民、奶农的经济损失。

由上述这些食品安全事件可以看出，一旦某个行业的食品出现问题，就会使消费者对整个同类食品产生怀疑，进而影响该食品行业的粮食生产与消费。

粮食质量问题不仅影响我国食品生产企业的发展，还威胁我国食品消费者的健康，致使消费者对我国食品安全的信心严重受挫。2008 年"三聚氰胺"事件之后，几乎所有的奶业知名品牌都被检测出严重的食品安全问题，奶制品销售量急剧下降，同时政府食品安全监管部门及地方政府的公信力都受到严重质疑。直至 2011 年中央电视台《每周质量报告》调查发现，仍有 7 成国内消费者不敢购买国产奶（王二朋，2012）。由此可以看出，如果一个食品行业出现问题，那么再想取得消费者的信任是不容易的。近年来，我国食品安全问题频繁发生，如果不对其加以治理，那么消费者对于我国食品安全的信任度将会继续降低。

2.3 不合理食物消费的营养健康困扰

作为衡量一个国家或地区的人民生活水平和身体健康素质的重要标志，居民食物消费与营养状况不仅与一个国家或地区社会经济发展水平、资源开发利用程度以及科学技术进步密切相关，而且与社会文明程度密切相关。从人类历史文明的发展历程看，食物消费与膳食营养状况的变化是人类发展历史的最重要特征，在 18~20 世纪里，这种变化正在加快（Barry，1993），并且这种变化对人们的营养健康有重要影响。良好的居民营养和健康状况既是国家经济发展的基础，也是社会发展的重要目标。党的十九大指出，中国社会主要矛盾已经转化为人民日益增长的美好生活需要和不平衡不充分的发展之间的矛盾。关注膳食结构与营养健康是满足人民追求美好生活的基础。

2.3.1 膳食结构发生显著变化但仍不合理

在国民经济发展过程中，居民食物消费结构随着收入水平、消费习惯等因素的变化而发生变化，而膳食模式的演变又对居民的营养健康变化产生重大影响。无论是发达国家还是发展中国家，都存在着食物消费不合理的问题，由此导致的营养失衡、产销失衡、资源浪费甚至资源短缺问题日趋明显。如果不予重视，不仅影响国民健康水平，而且还会影响居民食物消费的可持续性，进而影响到政治安定和国家形象（马凤楼和许超，1999）。

随着社会经济的发展，居民的膳食结构正在发生转变。尤其是改革开放以来，中国国民经济发展取得了举世瞩目的成绩，人民生活水平不断提高，居民食物消费结构也随之发生显著变化。食物消费结构由单一型粮食消费向多元化发展，由以植物性食物为主向植物性食物与动物性食物并重的食物消费模式转变。李哲敏（2007）根据食物生产发展的四个阶段将我国膳食营养的变化划分为贫困期→温饱过渡期→结构调整期→营养健康期四个阶段。虽然居民营养健康状况持续改善，但仍面临着营养不良与营养过剩的双重挑战（陈竺，2014）。

中国居民的食物消费向多元化方向发展，但是食物消费结构仍不合理。2016年国家卫生和计划生育委员会发布了《中国居民膳食指南》（简称《膳食指南》），这是为了提出符合我国居民营养健康状况和基本需求的膳食指导建议而制定的法规。《膳食指南》提出了每人每日的膳食结构及其摄入量（表2-5），换算成年人人均摄入量应包含的主要食物种类及其数量。

表 2-5 《膳食指南》建议的人均食物摄入量

食物种类	日均摄入量 /g	年均摄入量 /kg
全谷物和杂豆类	50～150	18.25～54.75
薯类	50～100	18.25～36.5
蔬菜	300～500	109.5～182.5
水果	200～350	73～127.75
奶制品	300	109.5
鱼	40～75	14.6～27.375
畜禽肉	40～75	14.6～27.375
蛋类	40～50	14.6～18.25

1. 谷物和畜禽肉消费高于《膳食指南》标准，其他副食品总体摄入量不足

本节对照《膳食指南》建议的日均食物摄入量阈值，分析了1985年、1995年、2005年和2015年四个年份不同食物的人均年消费量（图2-11）与《膳食指南》标准的差距，以此判断我国居民膳食结构的演变特征并分析其合理性。

尽管1985～2015年中国居民的年人均粮食消费量逐渐降低，但是仍高于国家卫生和计划生育委员会制定的粮食膳食标准高值。1985年、1995年、2005年和2015年粮食年人均消费量分别比《膳食指南》标准高值高51.55%、38.45%、31.21%和12.95%。可见，我国居民粮食摄入量普遍过高，但与《膳食指南》标准高值之间的差距在缩小。

年人均畜禽肉消费量在1985～2015年增长趋势显著，尤其是进入21世纪以来，畜禽肉类消费量增幅较大。1985～1995年人均畜禽肉年摄入量符合《膳食指南》标准，但在2005年以后，摄入量已经高于《膳食指南》标准的高值，2015年超标将近三分之一。很明显，

按照《膳食指南》标准，我国居民的畜禽肉消费量已经超标，而且超标的幅度仍在扩大。

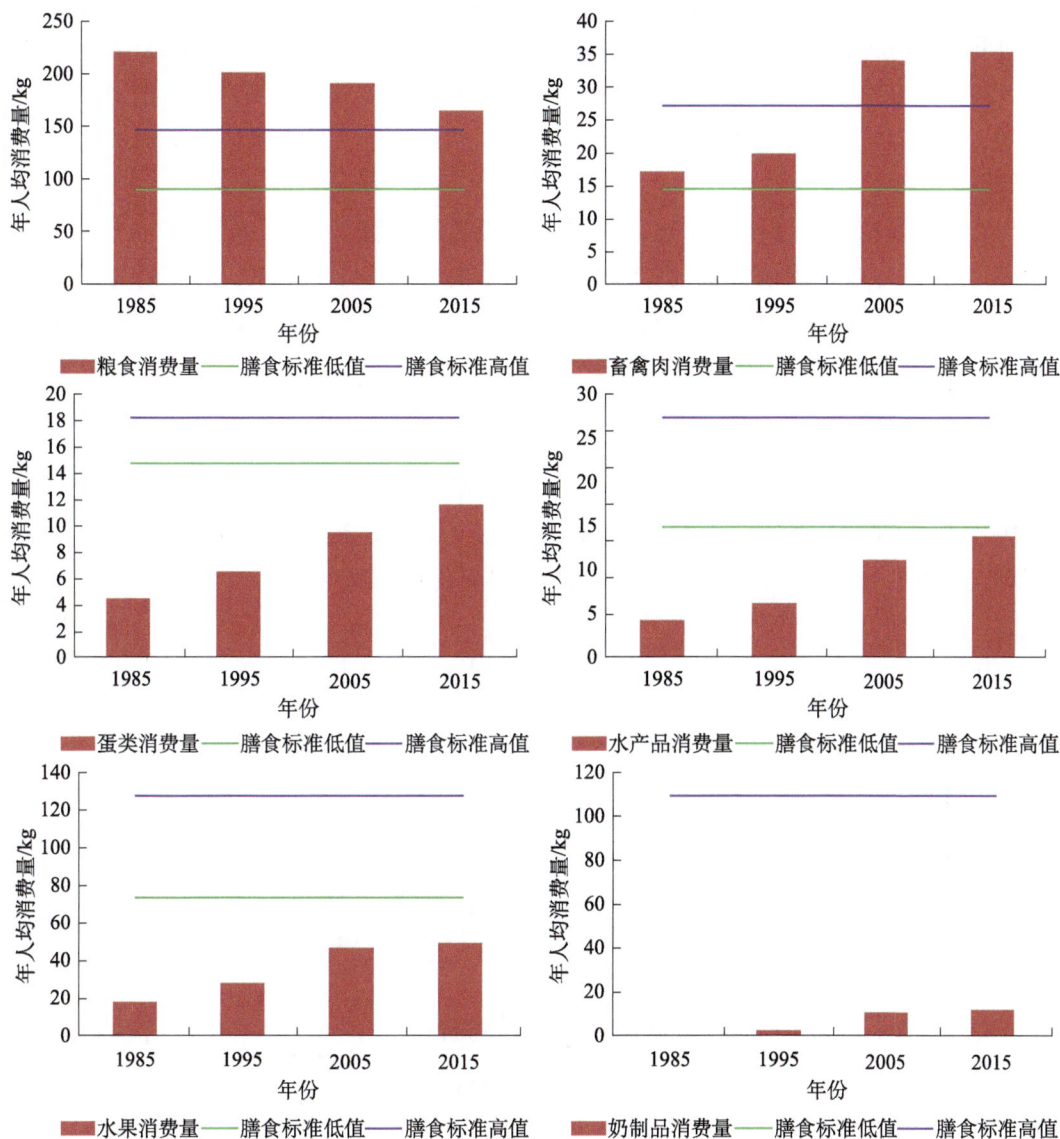

图 2-11 1985～2015 年中国居民年人均食品消费量与膳食标准对比
数据来源：国家统计局（http://www.stats.gov.cn/）

就禽蛋消费而言，虽然 1985～2015 年年人均消费量在逐渐增加，但消费量仍然低于《膳食指南》标准低值，四个不同年份的人均消费量分别是标准低值的 31%、44%、65% 和 79%，也就是说到 2015 年，人均禽蛋类消费量与《膳食指南》标准相比仍然存在差距，未来禽蛋消费量需要有较大幅度的提高。

年人均水产品消费量在 1985～2015 年呈现增加趋势，但直到 2015 年，虽然接近但仍未达到《膳食指南》标准低值。1985 年、1995 年、2005 年和 2015 年的水产品消费量分别是膳食标准低值的 29%、42%、75% 和 94%。鱼类作为优质蛋白质来源，不仅蛋白质含量高且富含氨基酸和不饱和脂肪酸，增大摄入量更有益于人体健康。因此，未来需要继续促进我国居民水产品消费不断增长。随着居民生活水平的提高，年人均水果消费量在1985～2015 年持续增加，1985 年、1995 年、2005 年和 2015 年水果消费量分别是膳食标准低值的 25%、38%、64% 和 68%，也就是说，截至目前，年人均水果消费量仍未达到膳食标准低值。

与《膳食指南》标准低值相比，我国人均奶制品消费量的差距仍然很大。1995 年、2005 年和 2015 年年人均消费量只有膳食标准低值的 2%、9% 和 11%，虽然消费量也呈增加趋势，但是增加幅度较小。为了达到营养均衡的目标，必须继续提高居民奶制品的消费水平。

2. 城镇居民畜禽肉消费量明显偏高，农村居民谷物消费偏高

改革开放以来，我国城乡居民的食品消费结构发生了不同程度的变化。本书将 1985 年、1995 年、2005 年和 2015 年的城镇和农村居民年人均食品消费量与《膳食指南》标准进行对比（图 2-12），分析城乡居民膳食结构的异同及其合理性。

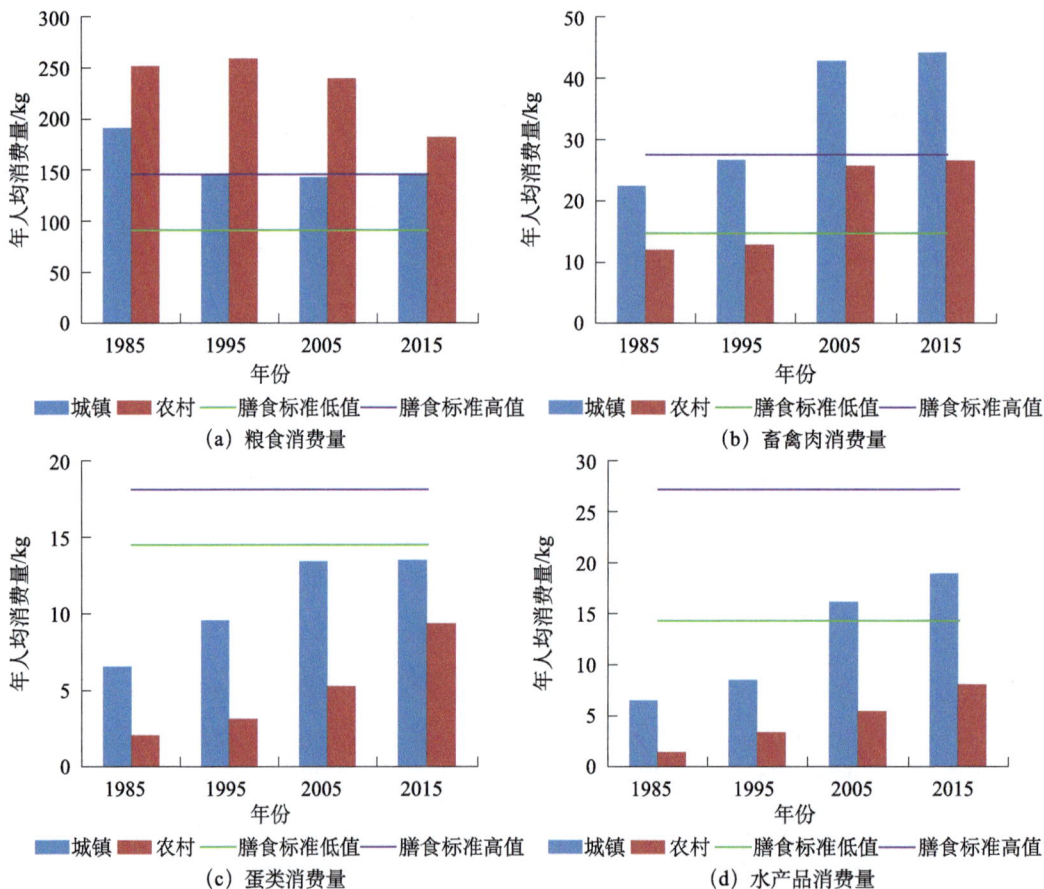

图 2-12

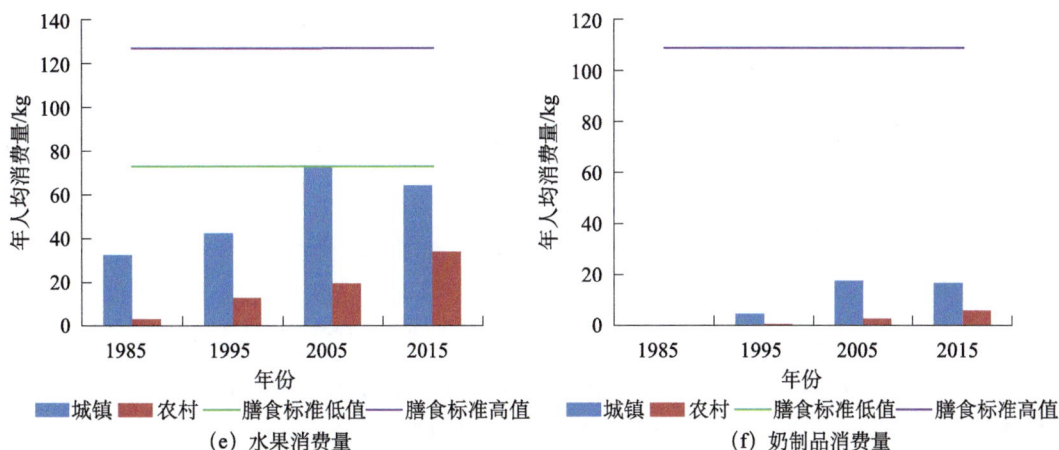

图 2-12　1985～2015 年中国城镇和农村居民年人均食品消费量与膳食标准对比

数据来源：国家统计局（http://www.stats.gov.cn/）

1985～2015 年，城镇和农村居民的人均粮食消费量均呈现递减趋势。与《膳食指南》标准的高值相比，1985 年城镇居民粮食消费量比膳食标准高值高了 31.14%，而 1995 年、2005 年和 2015 年的城镇居民粮食消费量都符合《膳食指南》标准；农村居民粮食消费量虽然逐渐减少，但是仍然高于膳食标准。显然，就粮食消费而言，城镇居民的摄入量更为合理。

同期，城镇和农村居民人均年畜禽肉消费量保持增长态势，但 2005～2015 年，增速放缓，总体相对稳定。1985 年和 1995 年的城镇居民畜禽肉消费量符合膳食标准，而 2005 年和 2015 年的消费量分别高出《膳食指南》标准高值 66.03% 和 66.38%；农村居民人均畜禽肉消费量在 1985 年和 1995 年低于《膳食指南》标准低值，到 2005 年和 2015 年，消费量在膳食标准值区间内。也就是说，目前我国城镇居民畜禽肉类消费量已经超过标准值的三分之二左右，农村居民的消费量总体符合《膳食指南》标准要求。

虽然我国城镇和农村居民年人均蛋类消费量逐渐增加，但是均未达到《膳食指南》标准低值，四个年份中，城镇居民消费量分别是膳食标准低值的 46%、66%、93% 和 93%，而农村消费量分别是膳食标准低值的 15%、22%、37% 和 65%，城镇居民的蛋类消费量已接近《膳食指南》标准低限，农村居民的消费量则仍存在较大差距。

城镇和农村的水产品消费量均呈增加趋势，除了 2005 年和 2015 年城镇的水产品消费量达到《膳食指南》标准之外，其余年份的城镇和农村居民消费量都未达到膳食标准，因而城镇居民的水产品消费更趋合理。

城镇和农村的水果消费量，仅在 2005 年城镇的水果消费量达到膳食标准，其余年份的城镇和农村消费量都未达到标准。

1985～2015 年的奶制品消费量也呈增加趋势，但是四个年份的消费量都未达到膳食标准低值，而且与膳食标准的差距较大，但是城镇居民的奶制品消费量与《膳食指南》标准的差距要小于农村居民。

通过前述分析表明，目前我国居民的食物消费结构并不合理。全国尺度而言，谷物和畜禽肉消费量高于《膳食指南》标准高值，但其他农副产品如蛋类、水产品、水果和奶制品的消费量大多未达到《膳食指南》标准。

从城乡尺度来看，城镇居民各类食物消费量明显高于乡村居民。与《膳食指南》标准相比，城镇居民畜禽肉消费量明显偏高，农村居民谷物消费量偏高。其他农副产品消费量均低于《膳食指南》标准。因此，我国城乡居民的膳食结构均有待于进一步调整。

中国历来有"病从口入"的说法，慢性非传染性疾病与居民的食物消费有着密切联系（陈竺，2014）。尤其是城镇居民畜禽肉消费量过高造成我国居民超重和肥胖率迅猛上升，同时也直接导致了高血压、高血糖和高血脂等慢性非传染性疾病人数的增加。因此，合理的食物消费结构对于居民的身体健康有重要作用。中国居民《膳食指南》也明确表明"管住嘴，迈开腿"，即合理膳食与适当运动是改善人们营养健康的有效途径。

2.3.2　肥胖患者持续增加

肥胖是指身体脂肪的过度增多而使人的体重增加和体型发生改变的现象。早在1948年，WHO将肥胖定义为一种疾病，但是直到近年来，人们才逐步意识到其严重性（崔家玉等，2016）。WHO的数据显示，2014年全球共有超过19亿成人超重，其中超过6亿人为肥胖[①]。

随着我国经济社会的发展及生活水平的提高，饮食结构和生活方式发生改变，导致我国成人的超重率和肥胖率呈明显上升趋势。2002年我国营养调查数据显示（图2-13），我国居民超重率达17.6%，肥胖率为5.6%，相较于1992年，我国城乡居民的超重和肥胖率呈明显上升趋势，全国人群超重率比1992年上升了38.6%，人群肥胖率上升了80.6%。而到2015年，我国成人超重率为30.1%，肥胖率为11.9%，相较于2002年的数据，我国居民的超重率和肥胖率分别上升了71.02%和112.5%。超重率和肥胖率不断上升，已成为影响我国居民健康的重要隐患。

同时，青少年肥胖问题也越来越突出。从20世纪90年代初到90年代末，我国青少年学生肥胖患病率，女生从3.38%上升至7.18%，男生从2.75%上升至8.65%（张秀珍，2003）。肥胖已成为危害青少年健康的主要疾病之一，肥胖可导致智力低下，性发育受影响，成人后发展成肥胖症、高血压、高血脂、冠心病、糖尿病、脑血管病等疾病（温瑞英等，2006）。有研究发现，婴儿、儿童期和青春期肥胖患者多数延续到成年期，而且从幼儿开始的肥胖比成人发生的肥胖更顽固、更难治愈。因此，防止儿童、青少年期肥胖是预防成年后发胖的重要措施。

---

① http//:www.who.int/mediacentre/factsheets/fs311/en/.

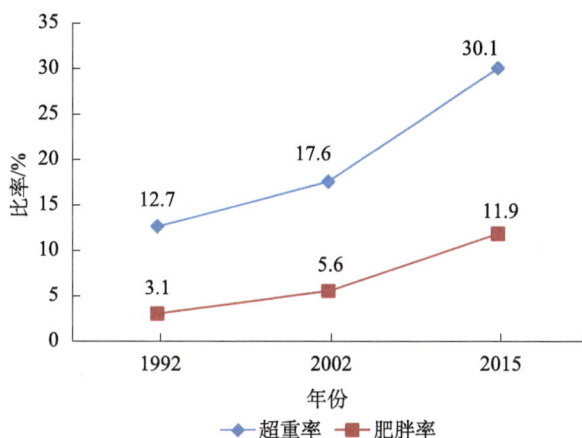

图 2-13　1992～2015 年中国居民的超重率和肥胖率
数据来源：中国营养学会（https://www.cnsoc.ory/）

超重、肥胖情况的发生与饮食密切相关。WHO 报告曾指出，过量的能量摄入与成人逐渐减少的体力活动之间存在着一种基本的相互作用，进而造成肥胖。随着社会的进步，交通工具越来越发达，家务劳动机械化与电气化的不断普及以及城市化发展，人们的体力劳动日益减少，因此人们可以减少进食量以达到与劳动强度相对应，降低肥胖发生率。

2.3.3　"三高"等慢性疾病患病率急剧增加

"三高"是指高血压、高血糖（糖尿病）和高血脂，三者之间互为因果，相互影响。它们是现代社会派生出来的"富贵病"，可能单独存在，也可能相互关联。例如，糖尿病人很容易患上高血压或高血脂，而高血脂又是动脉硬化形成和发展的主要因素，动脉硬化患者血管弹性差加剧血压升高。所以，出现这三种疾患中的任何一种，后期都易形成"三高症"。高血压、高血糖、高血脂是现代社会人群主要的慢性病，给人民的身体健康带来威胁。

随着我国居民食物消费结构的变化，居民的营养健康状况也发生了较大变化，三高患病率持续走高。我国 15 岁以上居民在 1959 年、1979 年、1991 年、2002 年和 2012 年的高血压患病率分别是 5.11%、7.73%、13.58%、17.65% 和 25.2%（图 2-14），高血压患者数量不断上升且增幅明显，其中 2012 年的高血压患者数量占到全国总人数的 1/4。据表 2-6 可知，只有 2003 年的慢性病患病率相较于 1998 年有所下降，下降幅度仅为 3.82%，其余年份的慢性病和糖尿病患病率都有所上升，其中 2013 年的慢性病患病率相较于 2008 年上升了 55.78%，而糖尿病患病率上升幅度达到 228.04%，其上升幅度之大不容小觑。据卫生部统计，2010 年全国慢性非传染性疾病死亡人数达到 413 万人，已占我国总死亡人口的 85% 以上。目前，我国正进入慢性病的高发期，未来十年约有 8000 万人将死于慢性疾病（陈竺，2014），这已经成为我国居民健康的第一威胁。

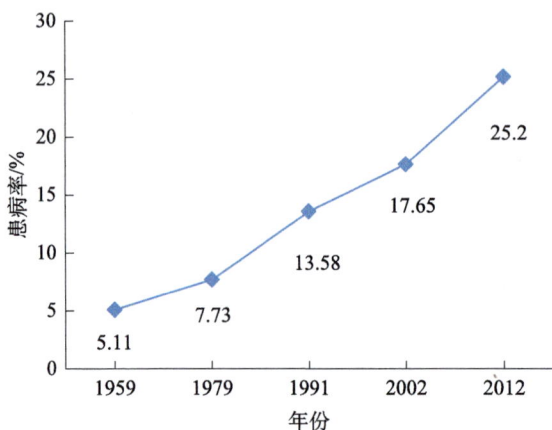

图 2-14　1959～2012 年中国 15 岁以上居民高血压患病率变化趋势

数据来源：《中国居民营养与健康状况调查报告之一 2002 综合报告》

表 2-6　中国居民慢性病和糖尿病患病率变化　　　　　　　　（单位：‰）

项目	1998 年	2003 年	2008 年	2013 年
慢性病患病率	128.2	123.3	157.4	245.2
糖尿病	3.2	5.6	10.7	35.1

"三高"还是造成心脑血管病的主要因素。WHO 曾明确提出，防止心脑血管病的第一道防线就是减少"三高"和控制"三高"。有大量研究也表明，高血压、糖尿病、血脂异常是导致我国心脑血管病攀升的三大重要危险因素（陈伟伟，2017；怀玉水等，2017；韩巍等，2017）。近年来，随着我国社会经济发展和国民生活方式的改变，合并 3 个危险因素的患者比例正在迅速上升，有超过 40% 的患者同时合并高血压、糖尿病和血脂异常，进而导致我国居民的心脑血管患病率呈逐渐上升趋势（图 2-15），但在 2013 年我国城市居民的心脑血管患病率下降到 12.1‰，而农村居民的心脑血管患病率持续上升达到 12.3‰。

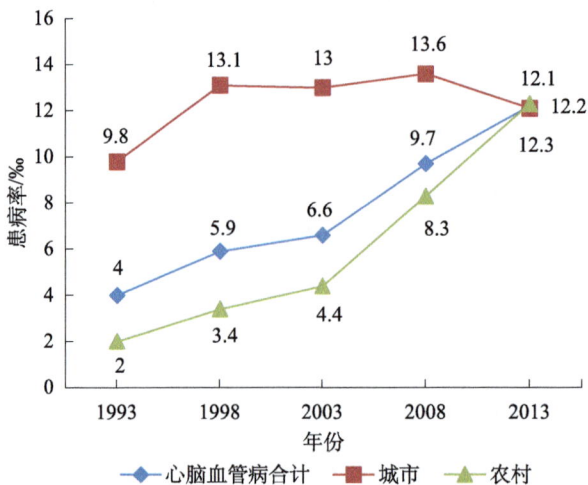

图 2-15　1993～2013 年中国城乡居民心脑血管患病率变化趋势

数据来源：《中国心血管病报告 2016》

第3章

供给端：发展与风险并存

食物生产结构：从单一向多样化演变

3.1.1 从粮食生产为主转向农林牧渔生产齐头并进

人类食物主要有两大类，一类是植物性食物，包括粮食、油料、糖料、蔬菜和水果五类；另一类是动物性食物，主要包括畜禽肉、禽蛋、水产品和奶类四类。改革开放之前，我国农业生产能力低下，农业发展以解决温饱为目标，粮食生产是首要任务，生产结构相对单一。对比1980 年和 2015 年九大类食物产量规模状况以及生产规模占比可以充分反映出我国从粮食生产为主到农林牧渔生产全面发展。

改革开放 40 年来，我国九大类食物生产规模成倍增长（图 3-1）。其中水果和奶类生产规模分别增长了 40 倍和 33 倍。总体来看，动物性食物生产规模比植物性食物生产规模扩大更快。

1980 年我国植物性食物和动物性食物生产总量为 5.48 亿 t（表 3-1），人均食物占有量为 555.19 kg。其中，植物性食物生产总量 5.28 亿 t，占食物总量的 96.26%，动物性食物产量 0.21 亿 t，占食物总量比重不足4%。在食物生产总量中，粮食产量 3.2 亿 t，占食物生产总量的 58.5%（图 3-2），人均占有量 324.76 kg；其次为蔬菜，总产量 1.63 亿 t，占比29.81%，人均占有量 165.49 kg。粮食和蔬菜产量占食物总量的比重达88.3%。显然，1980 年粮食是我国生产供给的重中之重，除蔬菜之外，其他食物产品的生产供给非常有限。

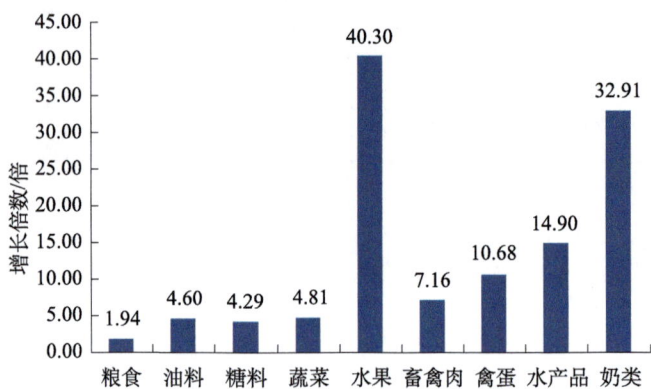

图 3-1　1980～2015 年主要食物生产规模增长倍数

表 3-1　1980 年和 2015 年我国主要食物种类产量及人均占有量

食物	种类	1980 年		2015 年	
		产量 / 万 t	人均占有量 /kg	产量 / 万 t	人均占有量 /kg
植物性食物	粮食	32 055.50	324.76	62 143.92	452.08
	蔬菜	16 335	165.49	78 526.1	571.26
	水果	679.3	6.88	27 375	199.15
	油料	769.06	7.79	3 536.98	25.73
	糖料	2 911.27	29.49	12 499.96	90.93
动物性食物	畜禽肉	1 205.40	12.21	8 625.04	62.74
	禽蛋	280.85	2.85	2 999.22	21.82
	水产品	449.7	4.56	6 699.65	48.74
	奶类	114.10	1.16	3 754.67	27.31
总计		54 800.18	555.19	206 160.54	1 499.76

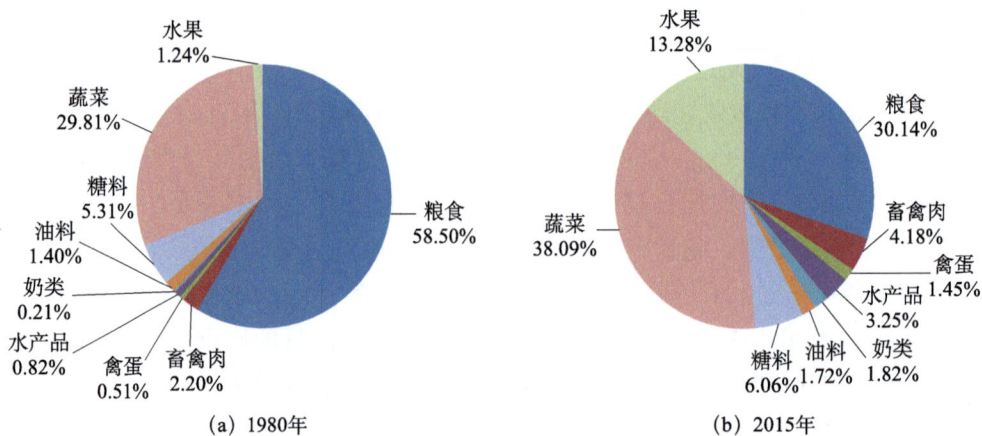

(a) 1980年　　　　　(b) 2015年

图 3-2　1980 年和 2015 年主要食物生产结构变化

2015 年，食物生产总量达到 20.62 亿 t，比 1980 年增长了 276%，人均食物占有量达 1499.76 kg，是 1980 年的 2.7 倍，表明我国食物生产能力已经大幅度提高。其中，植物性食物生产总量为 18.41 亿 t，占食物总产量的比重为 89.29%，动物性食物总量达到 2.21 亿 t，占比 10.71%。粮食产量达到 6.2 亿 t，占食物生产总量的比重为 30.14%，与 1980 年相比，占比下降了 28.35%；蔬菜产量达 7.85 亿 t，占比达 38.09%，增长了 9% 左右；水果产量增长迅速，2015 年达到 2.74 亿 t，是 1980 年的 40 倍。粮食生产占比的大幅度减少以及动物性食物生产规模的显著增大表明，我国食物生产结构已经从以粮食生产为主向农林牧渔多样化生产的方向转变，正在为居民提供更加丰富、更加多样化的食物种类。

3.1.2 蔬菜和林果产品生产规模持续增大，生产结构更加精细化

改革开放以来，食物生产能力的提升和生产结构的多样化，为我国居民从吃饱到吃得营养的膳食结构变化奠定了良好的基础。设施大棚建设技术和蔬菜栽培技术的不断改进，使得我国果蔬生产超越了时令和季节的限制，植物性食物生产中蔬菜和林果产品生产比重显著增大，居民餐桌上的食物更加丰富和新鲜健康。

2015 年我国蔬菜总产量将近 7.85 亿 t，是我国食物生产规模最大的食物类，人均占有量 571.26 kg，是 1980 年的 3.45 倍。

据中国食用菌协会对全国 27 个省（自治区、直辖市）（不含西藏、宁夏、青海、海南和香港、澳门、台湾等）的统计调查，2015 年全国食用菌总产量为 3476.27 万 t，人均食用菌占有量达到 25.29 kg，名列世界第一。

水果包括园林水果（苹果、梨、柑橘、葡萄、菠萝等）和非园林水果即瓜类（西瓜、甜瓜和草莓等）。近年来，我国水果生产规模和种类在不断增加。2015 年我国园林水果产量达 1.75 亿 t，瓜类水果达 0.99 亿 t（图 3-3）。

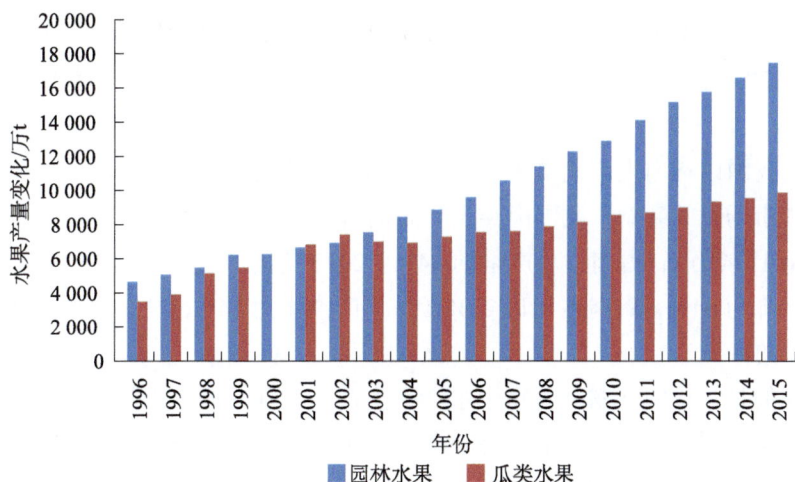

图 3-3　我国园林水果和瓜类水果产量变化

近年随着经济林建设，干果类林产品的生产规模在快速扩大（表 3-2）。2007 年核桃、板栗等干果的总产量为 210 万 t，2015 年则达到 751 万 t，年均增长率达 18% 左右。因而使我国人均干果占有量从 2007 年的 1.59 kg 增大到 2015 年的 5.46 kg。

表 3-2　近年来主要干果产量变化　　　　　　　　　　　　　　　　（单位：万 t）

年份	核桃	板栗	仁用杏	山杏仁	银杏果	榛子	松子	其他干果
2007	63.00	126.65	3.19	9.21	5.08	2.67		
2008	82.86	145.05	4.52	9.75	6.67	3.25		29.32
2009	97.94	162.77	6.70	9.77	8.60	5.33		48.61
2010	128.44	170.17	6.90	12.51	7.10	6.10	6.89	53.47
2011	165.55	189.66	8.07	15.63	7.29	7.96	12.04	66.97
2012	204.69	197.96	10.23	16.53	8.96	8.95	8.08	50.77
2013	232.50	213.23	11.53	17.24	12.00	11.50	8.85	48.43
2014	271.37	227.82	8.07	22.00	12.58	13.71	13.05	54.61
2015	333.17	234.21	11.62	17.69	11.59	12.58	10.59	118.17

蔬菜、食用菌、水果等植物性产品生产规模的增大，为城乡居民提供了更多富含维生素、矿物质和膳食纤维的食物，一方面使居民的膳食结构更加营养健康，另一方面也有助于减少谷物和肉类消费。

3.1.3　动物性食物生产结构多样化

随着我国经济快速增长，动物性食物生产规模也在持续扩大（图 3-4 和图 3-5），我国迅速成为世界上肉类及水产品的生产和消费大国。2015 年我国肉类总产量达 8625 万 t，比 1980 年的 1205 万 t 增加 6 倍多，排名世界第一，占世界比重从不足 11% 增大到 23% 左右。

传统上，我国以猪肉生产消费为主，牛羊肉以少数民族生产消费为主。随着畜牧业生产规模扩大和市场化的影响，我国肉类生产和消费结构在迅速改变。1980 年我国肉类生产中，猪肉产量 1134 万 t，占肉类总产量的 94%。2015 猪肉产量增加到 5487 万 t，但猪肉占肉类的比重下降为 64%，禽肉占比达 22%，牛羊肉占比为 14%，从中可以看出我国肉类生产结构多样化的特征。

值得关注的是，我国动物性食物中水产品生产，尤其是淡水产品生产快速增长对我国食物结构的改善及其对我国饲料粮需求的影响。1980 年我国水产品总量 450 万 t，其中淡水产品 124 万 t，占比将近 27%，到 2015 年水产品总量达 6700 万 t，其中，淡水产品占

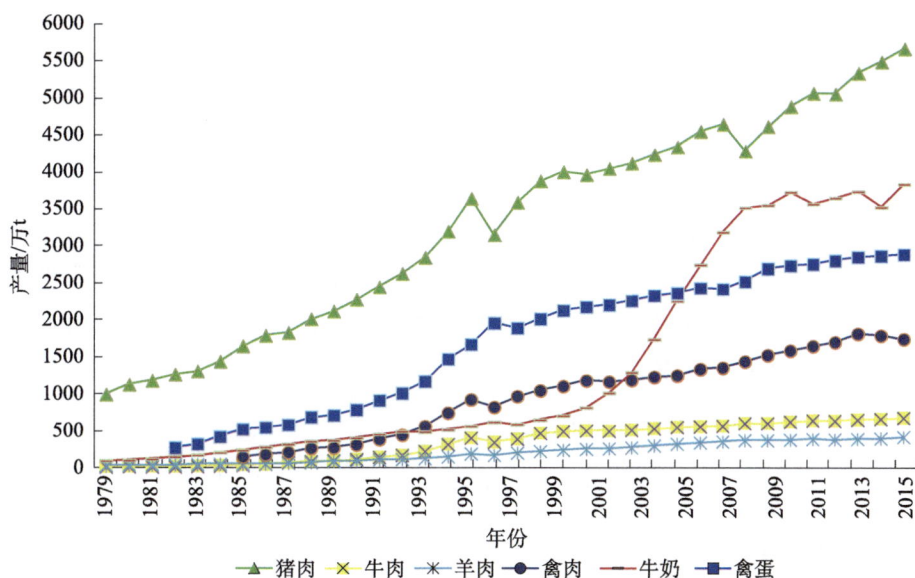

图 3-4 主要畜禽产品产量变化（1979～2015 年）
数据来源：历年农业统计资料汇编

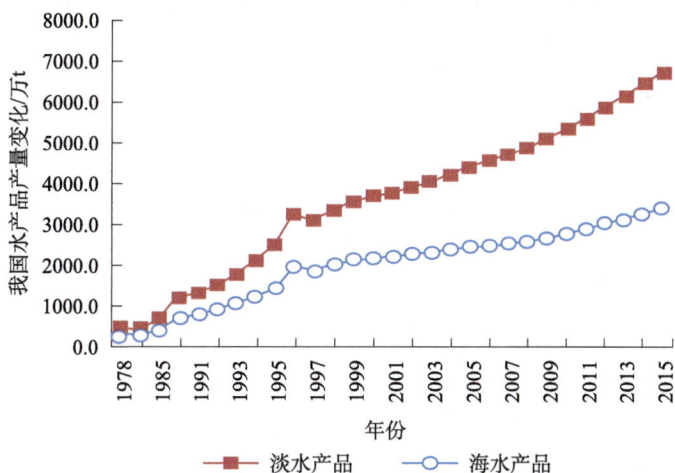

图 3-5 水产品产量变化（1978～2015 年）
数据来源：1978～2015 年历年农业统计资料和国家统计局数据（http://www.stats.gov.cn/sj/）

比将近 50%。水产品能提供优质的动物蛋白，是非常有益于人类健康的食物。更为重要的是，与牛肉、猪肉以及禽肉生产相比，淡水产品生产对饲料粮的消耗最低，对于人口众多、耕地资源和水资源刚性约束强的中国而言，淡水产品养殖是一种高效率获得动物蛋白的手段。扩大淡水产品生产不仅可以减少谷物消耗，而且有助于改善目前我国高脂肪的膳食结构。因此，淡水产品生产规模的扩大，促进我国动物性食物的生产供给结构更趋合理健康。

3.2 　粮食领域凸显"四多一重"怪圈

如何保障充足的粮食供给是中国农业发展和粮食生产的根本所在。为此，国家和政府采取各种政策措施，以确保粮食的生产与供给安全。进入 21 世纪以来，随着我国农业生产水平的提高，粮食总产量不断增长。然而，在粮食总产量增多的同时，也出现了进口量增多、库存量增多以及浪费损失增多的怪象。与此同时，国家在粮食生产方面的补贴增多，导致政府的财政负担越来越重。

3.2.1　粮食总产规模不断扩大

中华人民共和国成立 60 多年来，我国政府一直重视粮食安全，粮食产量大幅提高，从 1949 年的 11 318 万 t 增加到 2020 年的 66 949 万 t，增长了近 6 倍（图 3-6）。值得注意的是，我国粮食变化趋势与我国城市化率变化趋势基本一致。某种意义上说明，粮食生产发展支撑了城市化发展，反过来也说明城市化发展背后蕴藏的经济社会实力发展是粮食增产的重要保障。

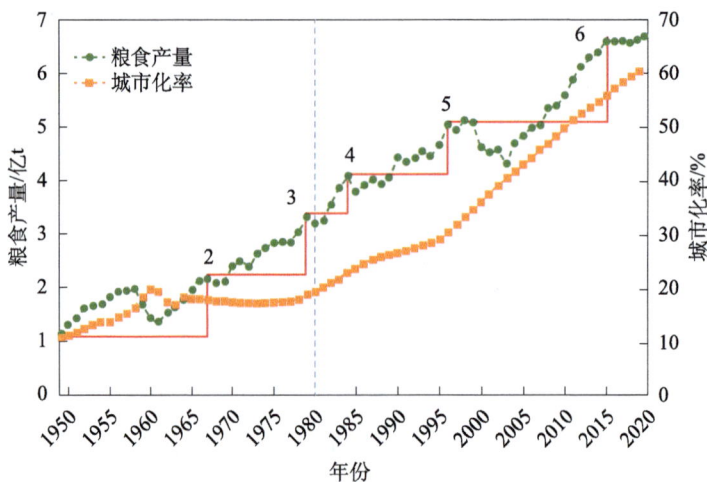

图 3-6　中国粮食产量及城市化率变化

中国粮食总产量呈现在波动中增长趋势。1949～1979 年，我国粮食产量从 11 318 万 t 增加到 33 212 万 t，年均增产 730 万 t，年均增长率为 3.6%。其中，1949～1958 年是粮食生产恢复发展阶段，粮食总产量增加到 19 766 万 t，粮食产量的增加得益于粮食种植面积和单产水平的提高；1959～1979 年是粮食生产徘徊发展阶段，期间受"大跃进"等政策变革和严重的自然灾害影响，粮食产量经历了三年的低潮，1961 年粮食产量较 1958 年降幅高达 6115 万 t，之后随着粮食单产水平的提高总产又逐步回升，粮食产量在 1966 年超过

2 亿 t，到 1978 年突破 3 亿 t。

20 世纪 80 年代以来，随着家庭联产承包责任制的实行，粮食生产快速增长，从 1980 年的 32 056 万 t 增加到 2010 年的 54 648 万 t，年均增产 753 万 t，年均增长率为 1.8%，粮食产量在 2013 年首次突破 6 亿 t，2014 年达到 60 703 万 t。这一时期粮食播种面积呈现下降趋势，粮食总产量主要依靠单产水平的提高来增加。其中，1999 年由于国家开始调整农业种植结构，退耕还林的实行以及自然灾害等原因导致粮食产量持续明显下降，到 2003 年降到 43 070 万 t，接近 1991 年的水平。

自 2004 年起，中央连续发布以"三农"为主题的一号文件，逐步加强对农民种粮的支持力度，确保粮食稳定发展，因此取得了粮食产量的"十三连增"。其中，2007 年超过 5 亿 t，到 2015 年达到 6.2 亿 t，年均增长率约为 3.3%。从粮食品种来看，玉米、稻谷和小麦的产量分别达到 2.2 亿 t、2.1 亿 t 和 1.3 亿 t，均创历史新高。2015 年我国谷物产量为 5.72 亿 t，占世界谷物总产量的 19.8%，我国成为世界谷物第一生产大国。

粮食总产规模增长的同时，人均粮食占有量也不断提高。与 2000 年相比，2016 年粮食总产量增加了 33%，年均增长率 2.1%；人均粮食产量增加 9.4%，年均增长率 1.4%（图 3-7）。2000 年以来，包括稻谷、玉米、小麦、豆类和薯类的粮食产量也同样经历短暂下降后恢复持续增加。2015 年，我国这五类粮食人均粮食产量（占有量）达到 521 kg，远高于 FAO 提出的 400 kg/人的粮食安全线。

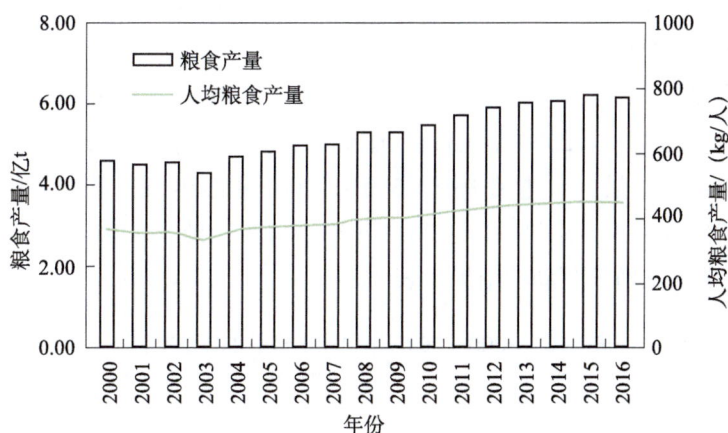

图 3-7 2000～2016 年我国粮食产量变化
数据来源：国家统计局（http://www.stats.gov.cn/）

由于我国城乡居民膳食结构的变化，我国对粮食品种的需求也发生了显著变化。供需不平衡等问题突出，致使随着我国粮食连年增产，粮食供给侧接近饱和或呈过剩状态。

3.2.2 粮食进口增多，对外依存度逐渐增大

我国粮食进口呈现增长趋势。我国粮食进出口贸易的发展大致可以划分为 3 个阶段。

第一，计划贸易阶段。这一阶段我国粮食的进出口由国家统筹计划，粮食进出口的主要目的在于弥补供求缺口和换取外汇支援工业发展，进出口的规模及其波动较小。第二，改革开放至加入 WTO 期间的波动上升阶段。改革开放后，在"半计划、半市场"的调节机制下，我国粮食进出口的规模趋于扩大，且波动更为显著。第三，加入 WTO 后的快速发展阶段。加入 WTO 后，我国粮食出口规模不断缩小，进口规模持续扩大。整体而言，除少数年份外，我国粮食进口量均大于出口量，而且近年的逆差规模仍呈加大趋势，粮食进口量占国内消费量的比重也已由加入 WTO 前的 5% 左右上升到了近年 15% 左右。

进入 21 世纪以来，我国粮食进口量呈显著的增长趋势。尤其是 2003 年以后，我国完全从一个粮食净出口国转变为粮食净进口国。粮食进口量由 2000 年的 1397 万 t，增加到 2015 年的 1.2 亿 t，粮食进口量首次超过亿 t。我国粮食进口规模的不断扩大主要受大豆进口量主导。谷物进口量所占比重虽然较小，但也呈现持续增长态势。随着我国社会经济的发展，居民对肉、蛋、奶的需求量不断增加，在我国农业资源有限的情况下，国家放开大豆进口，以满足国内饲料业发展对豆粕的需求，同时也增加了国内植物油的供给，所以大豆进口量持续大幅度增加。

随着我国居民食用油数量的增加和膳食结构的改变，对饲料粮的需求量持续大幅增加，因而大豆和豆粕的需求量逐年增长。由于我国大豆种植面积不断减少，大豆进口量越来越多。2000 年以来，我国大豆的进口量突破 1000 万 t，成为世界上最大的大豆进口国。此后我国的大豆进口量持续增长，到 2015 年，我国大豆的进口数量增长到 8169 万 t，占世界大豆贸易量的比重超过 65%。

谷物进口品种中，玉米进口量的增长最为迅速。近年来，受饲料粮消费增长的驱动，我国玉米进口量不断增长。2009 年之前我国还是玉米净出口国，只是净出口量波动幅度较大，2003 年净出口量最大，达到 1639.95 万 t；2009 年净出口量最少，只有 4.6 万 t。自 2010 年开始，我国成为玉米净进口国，2012 年净进口量达到 494.98 万 t。玉米进口量增加是国内饲料粮消费需求增长驱动的结果（表 3-3）。

表 3-3　2000～2015 年中国玉米进出口量变化　　　　　　　　　（单位：万 t）

年份	进口	出口	净进口量
2000	0.03	1046.56	−1046.53
2001	3.61	599.80	−596.19
2002	0.63	1167.35	−1166.72
2003	0.01	1639.95	−1639.93
2004	0.24	231.82	−231.58
2005	0.40	861.10	−860.70
2006	6.52	307.05	−300.53

续表

年份	进口	出口	净进口量
2007	3.52	491.64	−488.12
2008	4.92	25.25	−20.34
2009	8.36	12.95	−4.60
2010	157.24	12.73	144.51
2011	175.28	13.60	161.68
2012	520.71	25.73	494.98
2013	326.49	7.76	318.73
2014	259.80	2.00	257.80
2015	472.86	1.11	471.75

数据来源：国家海关统计（http://stats.customs.gov.cn/），本部分以下数据来源相同。

　　2000 年以来，我国逐渐从原来的小麦出口国转变为净进口国。2015 年净进口小麦 296.93 万 t。进口的主要是特种优质小麦，用于饼干、面包等产品的生产，以满足市场对不同品质小麦的需求。与此同时，我国从稻米净出口国也转变为净进口国（表3-4）。

表3-4　2000~2015 年中国稻米进出口变化　　　　　（单位：万 t）

年份	进口	出口	净进口量
2000	87.60	0.25	87.35
2001	69.01	45.48	23.53
2002	60.46	68.76	−8.30
2003	42.42	223.75	−181.33
2004	723.29	78.39	644.90
2005	351.01	26.03	324.98
2006	58.41	111.41	−53.00
2007	8.34	233.66	−225.32
2008	3.19	12.59	−9.40
2009	89.37	0.84	88.53
2010	121.87	0.00	121.87
2011	124.88	3.98	120.90
2012	368.86	0.00	368.86

续表

年份	进口	出口	净进口量
2013	550.67	0.25	550.42
2014	297.14	0.10	297.04
2015	297.18	0.25	295.93

小麦和水稻进口量的增长一方面是为了调节和满足市场的不同需求，另一方面是为了保护农民利益和种粮积极性、保持市场稳定，不断提高玉米、小麦和稻谷的托市收购价格，导致国内小麦和稻谷等价格明显高于进口价格，价格倒挂导致粮食进口量大幅度增加。

粮食贸易是保障粮食安全的重要途径。1996年《中国的粮食问题白皮书》首次提出我国粮食自给率不低于95%的目标，2008年《国家粮食安全中长期规划纲要》再次明确我国粮食自给率要稳定在95%以上。近些年，在"以我为主、立足国内、确保产能、适度进口、科技支撑"的国家粮食安全战略的指导下，我国进一步强调要坚守"确保谷物基本自给、口粮绝对安全"的战略底线。确保较高的自给率或者较低的对外依存度已经成为我国粮食安全的核心目标。然而，长期以来，由于大国效应的存在，我国正常的大宗农产品贸易行为往往被过度解读，引发人们对于我国粮食供需的片面认识甚至误解。居高不下的对外依存度引发国内外舆论的持续关注，"谁来养活中国人"这类言论甚嚣尘上，我国现行的粮食安全体系和制度也饱受质疑。在国内外社会经济和地缘环境形势发生显著变化的新时代，正确理解粮食对外依存度及其与国内外粮食体系的关联是树立科学合理的粮食安全观以及构建健康可持续粮食安全体系的关键。

全球粮食进口趋于分散，我国对部分国家依赖较大。与相对集中的全球粮食出口比较，全球粮食进口参与国较多，且进口量也较为分散。例如，2013年全球小麦进口国中，仅埃及小麦进口量较大，超过1000万t，而进口量在100万~1000万t的国家多达四十多个。稻米进口量较大的中国、尼日利亚及伊朗在2013年进口量也仅在200万t左右，大多数进口国进口量在50万~100万t左右。

全球玉米进口量较大的国家为日本、韩国、墨西哥、埃及、西班牙等，其中2013年日本玉米进口量超过1000万t，其他四国进口量在500万~1000万t，包括中国在内的二十多个国家进口量在100万~300万t。

与谷物类粮食作物相比，全球大豆进口量相对较为集中。其中我国是全球最大的大豆进口国，2013年大豆进口量为6337.8万t，占全球大豆进口总量（1.03亿t）的61.5%，其他进口量较大的国家包括德国、墨西哥、西班牙、日本及荷兰，进口量在300万t左右。

值得注意的是，总体来看，我国粮食进口的地域分布与全球粮食贸易格局相比仍有不匹配之处（表3-5～表3-7）。我国当前的小麦进口主要集中在美国、加拿大和澳大利亚，而自其他出口量较大的欧盟、俄罗斯、乌克兰及哈萨克斯坦等国家和地区的进口则较少；稻米进口主要来自东南亚的越南、泰国及巴基斯坦，而缅甸、印度和澳大利亚也有水稻生产和出口的潜力，但当前同我国的贸易量较少；玉米进口更是集中来自美国，而与同样出口潜力较大的南美及乌克兰等国的贸易量则较少。

表 3-5　中国自全球主要小麦出口国的小麦进口量及其比重（2013 年）

国家	出口总量 / 万 t	出口占全球出口比重 /%	出口到我国的量 / 万 t	占我国进口总量比重 /%
美国	3319.8	20.4	382	69.4
加拿大	1980.8	12.2	86.7	15.7
法国	1963.8	12.1	11.5	2.1
澳大利亚	1800.2	11.1	61.1	11.1
俄罗斯	1379.6	8.5		
德国	822.4	5.1		
乌克兰	776.2	4.8		
印度	650.4	4.0		
哈萨克斯坦	502.3	3.1	9.1	1.7
罗马尼亚	477.3	2.9		

表 3-6　中国自全球主要稻米出口国的稻米进口量及其比重（2013 年）

国家	出口总量 / 万 t	出口占全球出口比重 /%	出口到我国的量 / 万 t	占我国进口总量比重 /%
印度	1130.0	30.4		
越南	394.0	10.6	148.0	66.2
泰国	678.8	18.3	30.0	13.4
巴基斯坦	382.2	10.3	41.7	18.6
美国	318.4	8.6		
巴西	81.6	2.2		
乌拉圭	88.7	2.4		
意大利	71.9	1.9		
阿根廷	55.0	1.5		
缅甸	48.4	1.3		

表 3-7　中国自全球主要玉米出口国的玉米进口量及其比重（2013 年）

国家	出口总量 / 万 t	出口占全球出口比重 /%	出口到我国的量 / 万 t	占我国进口总量比重 /%
巴西	2662.5	21.4		
美国	2417.8	19.5	296.8	90.9
阿根廷	2007.0	16.2		
乌克兰	1673.0	13.5	10.9	3.3
法国	627.8	5.1		
印度	475.0	3.8		
罗马尼亚	323.3	2.6		
巴拉圭	282.6	2.3		
南非	260.5	2.1		
俄罗斯	256.0	2.1		

总体看，我国口粮进口趋于稳定，但大豆进口大国效应显著。中华人民共和国成立以来，长期需要进口谷物来解决国内的粮食需求。但也通过对外援助等方式，出口一定量的大米。粮食进口量从 1961 年的 500 万 t，逐渐降低为 20 世纪 70 年代末期的 200 多万 t，随后开始出现大幅波动，到 90 年代中期，粮食净进口大幅增加，粮食净进口最高达近 2000 万 t。随后，国家重视粮食生产，到 21 世纪前几年，粮食产量大幅增加，玉米也开始出口。到 2004 年后，粮食出口出现一定萎缩，粮食进出口出现短暂的平衡后，进口量开始逐年攀升。自 2009 年开始，中国从净出口国变为净进口国（图 3-8）。

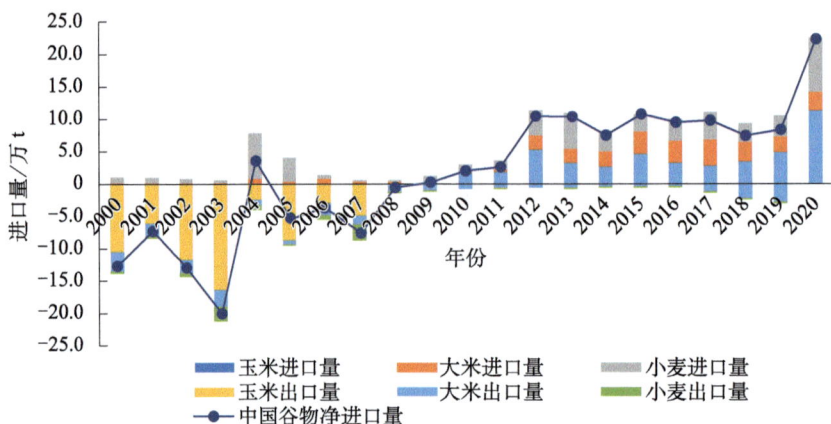

图 3-8　2000 年来三大主粮进出口态势（叠加柱状）及谷物净进口量（折线）

从这个变化趋势中可以了解到，受粮食价格传导和市场机制影响，粮食生产是一个容易大起大落的行业。但从过去 50 多年的数据来看，中国谷物进口量最大也就 2000 万 t 左右。

而且这个峰值往往很短暂，第二年就能实现大幅度回调。这个同农业生产的周期特征是有密切联系的。另外，从数据来看，中国从建国初期的小麦短缺，到21世纪初基本解决小麦需求，玉米也开始出口；在出现几年净出口后，开始转向全面进口。

从2004年开始，随着我国粮食进口激增，粮食自给率不断降低。目前，我国已是全世界第一大小麦和水稻消费国以及第二大玉米消费国，还是全球超过60%大豆的进口国。2016年，中国小麦、玉米、大米三大谷物的进口量分别为337.4万t、353.39万t和317万t，总量合约1230万t，相当于全国总产量的2%，也相当于陕西省当年的粮食总产量。2017年我国的粮食对外依存度高达17.5%。

同时，我国粮食进口来源国过于集中的现状不可忽视，大豆及主粮的进口来源国的集中程度甚至超过石油。此外，中国粮食贸易方面的大国效应非常明显，一旦增加相当于国内需求1~2个百分点的粮食，都会引起国际市场的巨大波动。

3.2.3　粮食库存积压问题严重

2004年以来，随着国内粮食市场和价格全面放开，国家陆续出台稻谷、小麦最低收购价格政策和玉米、大豆、油菜籽临时储存收购政策。较高的政策性收购价格不仅保障了农民的种粮收益，且无市场销售风险，推动了我国三大主粮种植面积与产量自2004年开始的12年连续增长。

粮食收购价格不仅高于国内市场价格，而且高于国际市场价格，这种国内外粮食价格倒挂以及三大主粮为主的政策品种供给与需求结构不匹配，加之粮食进口量连年攀升，导致我国出现了粮食库存居高不下，库存积压的严重问题。

根据当年期末国内主要粮食产品的库存数据（赵长和，2016），自2000年以来，我国粮食库存经历了高—低—高的变化过程。2001年玉米、小麦、稻谷和大豆的库存总量为2.37亿t，到2010年则降低为1.07亿t，此后快速反弹，到2015年库存量达到2.57亿t。2001~2015年，三大主粮的库存积压经历了高—低—高的变化过程（图3-9）。2001年，当年期末库存量中，玉米、小麦、稻谷和大豆的库存量分别为6172.9万t、7465.3万t、9806.1万t和243.4万t；到2015年库存量则分别为1.7亿t、5559.7万t、3623.4万t和1385万t。实际上，我国粮食库存量可能远高于当年期末库存量。

据2008年以来《粮油市场报》发布的各年度粮食收购进度数据计算，从政策收购启动开始至2016年9月底，全国三大主粮政策性库存已高达3.88亿t左右。其中政策性玉米库存量25 313万t，库存消费比约137%；政策性稻谷库存约9500万t，库存消费比约50%；政策性小麦库存约3850万t，库存消费比约35%，均创历史最高水平。加上国家与地方专项储备和少量社会库存，总库存量和库存消费比会更高，远超联合国粮农组织提出17%~18%的粮食安全系数。

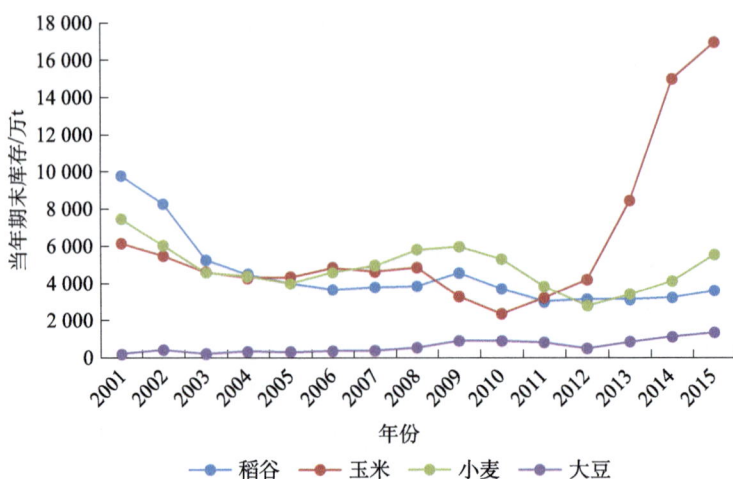

图 3-9　中国主要粮食产品当年期末库存量

数据来源：赵长和，2016

3.2.4　粮食浪费状况堪忧

食物浪费是一个全球性的问题，中国是全球食物浪费的重灾区。据有关媒体报道，中国每年浪费粮食约 500 亿 kg，占总产量的 1/10。消费领域的浪费已成为粮食安全面临的巨大威胁。目前我国粮食供给和消费各环节损失和浪费状况堪忧。

詹玉荣等通过问卷调查与人员访谈相结合的方式对我国供应链各环节粮食作物的损失和浪费情况进行了比较分析，得出水稻的损失率为 18.69%，玉米为 16.24%，小麦为 17.82%，其他粮食为 19.76%，粮食综合损失率为 18.125%。唐为民等认为我国粮食产后损失主要环节中，种子粮损失约占粮食总产量的 5.8%，收获损失占 4.9%，储粮环节占 6%～9%，加工厂粮食损失率高达 3.75%，民营加工企业损失率达 4.7%，国库储粮损失率为 1%～2%。粮食运输途中的损失为 0.725%。国营粮店销售损失为 0.325%。粮食消费浪费比例高达 6.3%。许世卫估算了主要农产品供应链各阶段的损失情况，并在不同加工方式、地域分布、技术水平下进行了对比，同时对损失原因进行了简要分析。在消费端，王灵恩等分析了旅游业对拉萨市餐饮业食物浪费造成的影响。段佳丽、翟凤英等人对北京市中小学生食物营养的摄取和浪费情况进行了评估，得出近 30% 的营养因食物浪费而流失，对提高学生体质造成巨大障碍。

随着城市化进程的加快，居民的饮食结构发生了改变，肉蛋奶的消费增加，饮食消费习惯也随之发生转变，外出就餐的频率增加，奢侈消费、攀比消费、炫耀消费等铺张浪费现象越加凸显。中国科学院研究显示，我国城市餐饮业餐桌浪费的食物高达 1700 万～1800 万 t，相当于 3000 万～5000 万人一年的食物量。食物浪费不仅意味着土地资源、水资源、能源等资源的无效消耗，而且伴随着额外的严重环境排放等问题。

3.2.5 粮食财政负担加重

除上述粮食领域"四多"怪象外，粮食领域的各种补贴繁多，导致国家财政负担较重。根据项目组对 2014～2015 年的粮食生产补贴研究，仅粮食生产的直接补贴就多达十来项，财政支出多达数千亿元。粮食储备也是国家财政负担加重的另一因素。由于种种复杂原因，我国国库粮食在 2015 年前后达到或接近粮食总产量的 80% 以上。2015 年玉米国库积压 2 亿多 t，仅此一项国家要给相关企业数百亿元储粮补贴。

除以上因素外，粮食领域管理的"条块化"是造成"四多一重"怪圈的深层次原因。粮食生产部门、储备部门、加工部门、消费部门各自为战，管理上部门利益为先。因此，如何在政策或制度上打通管理鸿沟，建立从生产到消费的全产业链联通的粮食管理体制机制，是我国粮食系统高质量持续发展的关键。

"四多一重"怪圈反映出我国粮食生产供给和消费领域存在系统性问题，出现这样的情况有其必然性，但根本原因还是新形势下我国粮食生产供给、消费的政策体系和体制机制难以适应现阶段市场和消费新需求。从生产视角看，粮食国内与国外、生产与加工之间的价格倒挂，是我国粮食产量多、进口多和储存多并存现象的最终"谜底"，折射出我国粮食低端供应的现实。由于国内农业生产成本逐年攀升，为提高农民种粮积极性，国家逐年提高最低收购价格，这与其他因素共同催生了国内与国外、生产与加工领域间的价格倒挂，其根本原因在于我国农业生产成本高、小农户劳动生产效率低。而浪费（损失）多尤其是消费领域的浪费多则折射出更加复杂的问题，必须从更为系统全面的视角重新审视我国的粮食安全问题。

3.3 粮食供给侧结构失衡

3.3.1 阶段性总量失衡与品种结构失衡并存

解决吃饭问题一直是中国农业生产的首要任务。改革开放 40 年来，我国粮食生产规模不断扩大，总体上解决了粮食总量长期短缺或不足的问题，实现了从"吃不饱"到"吃得饱"的转变，同时也形成了"以粮为纲"的农业发展指导思想以及从宏观层面追求粮食产量增长的传统粮食安全观。进入 21 世纪以来，我国粮食生产能力和生产总量大幅提升，随着城乡居民生活条件的改善，"吃得好""吃得健康"成为农业供给侧面临的巨大挑战。因此，新时期，粮食生产与供给已经从总量不足转变为结构性矛盾。

过去十多年来，我国粮食产量、进口量和库存量"三量齐增"，这一现象是国内外粮食价格倒挂驱动的结果，同时也意味着我国粮食供需结构性失衡的矛盾正在加剧。目前我国粮食供需失衡主要表现为阶段性的总量供大于求与高品质粮食供不应求并存。

粮食供给包括粮食生产、进口和储备。如前所述，近年来我国粮食总产量持续增加，粮食进口量和库存量亦不断扩大，形成了"三量齐增"的现象。2015 年我国粮食生产总量为 6.2 亿 t，其中三大主粮（玉米、稻谷和小麦）总产量达到 5.6 亿 t。粮食进口量达到了 1.25 亿 t，增长了 24.2%，其中，大豆进口量最高，高达 8169 万 t，同比增长了 14.4%。我国水稻、小麦、玉米三大主粮品种也已连续 4 年出现净进口，而玉米的替代品高粱、DDGS（酒糟及其可溶物）的进口亦出现大幅度增长。与此同时，我国三大主粮品种库存规模不同程度地扩大，尤以玉米的库存规模变化最为显著，大宗农产品库存水平普遍处于高位。其中，2015 年末三大主粮库存量约为 2.6 亿 t，玉米库存量占 65% 左右（赵长河，2016）。粮食供给总量达 10 亿 t 左右，而目前我国粮食需求量约为 5.29 亿 t，供大于求的情况较为突出。

随着我国粮食产量增长，自 1990 年以来，我国年粮食产量超过消费量的情况增多。自 2012 年开始我国主要粮食种类供大于求。其中，玉米自 2011 年开始供大于求，且在 2014 年和 2015 年分别超出需求量 7000 万 t 和 9000 万 t，超出量约为当年需求量的 53% 和 59%，出现阶段性的产量过剩现象。小麦除 2011 年和 2006～2016 年均供大于求外供求关系相对稳定。稻谷自 2012 年以来供大于求。实际上，我国粮食生产的持续增长是在"托市收购"政策支持下实现的。随着我国未来粮食收储以市场为主导，市场定价成为常态，市场将对粮食生产发挥重要作用。

我国长期以粮食产量增长为目标，粮食品种大多以高产型为主，很少考虑粮食产品的品质问题，因而形成了高品质粮食产出比重低、高端消费主要依赖进口、供需结构失衡的被动局面。

稻谷是我国粮食价格倒挂体现最为突出的粮食品种，我国稻谷价格处于全球"高地"，呈现产区与销区、原粮与成品粮、国内市场与国际市场三个价格"倒挂"的局面。近年来我国稻谷产量持续增长，2011 年总产量已经超过 2 亿 t。与此同时，大米库存量则从 2011 年的 4000 万 t 增加到 2016/2017 年的 10 000 万 t。2000～2010 年我国稻谷均为净出口，2011 年首次出现净进口，而且进口量从 2011 年的 56 万 t 增加到 2015 年的 334 万 t。显然，一方面，稻谷供大于求的矛盾突出；另一方面，国内长期处于低端的稻谷生产供给方式，导致优质稻谷产品供应不足，优质稻谷品牌培育困难。在目前市场对绿色优质大米需求较大的形势下，为了满足市场需求，企业通过对品质不佳的稻谷进行过度加工以追求精白细等不健康的标准，致使稻米营养损失严重，并造成了稻谷巨大的浪费；同时，也通过进口优质大米满足市场对高品质品种的需求。

在我国现有收储制度下，市场对粮食生产的引导性较弱，很难实现优质优价的市场交易。因此，解决粮食供给侧的结构性矛盾需要协调生产、贸易和流通的各个领域和环节，制定质效导向型政策，发挥市场作用，发展具有我国特色的解决路径。

3.3.2 饲料粮供给结构性过剩与短缺并存

随着我国城乡居民生活水平的提高，膳食结构从以谷物为主逐渐演变为肉蛋奶及果蔬等食物品种多样化，使得口粮消费量下降明显。1996～2015年，农村居民口粮消费量下降了38%左右，城镇居民口粮消费量下降了6%左右。口粮消费减少的同时，畜禽产品消费不断扩大，导致中国饲料粮的需求量大幅度提升，并且呈现刚性增长态势。显然，饲料粮已经成为我国粮食生产与供给的重要组成部分。

玉米和大豆是主要的能量饲料和蛋白饲料。纵观近年来玉米和大豆的供需变化，可以清晰地看到，我国饲料粮供给的结构性过剩与短缺并存现象十分突出。

玉米供给过剩主要表现为"三量齐增"，即产量持续增长、进口量不断扩大、库存量屡创新高。2008～2015年，玉米产量从1.1亿t增大到2.2亿t，增长了50%。玉米生产规模的持续扩大与我国2008年起实施的玉米临时收储政策密切相关。为了保障农民利益、刺激农民种粮积极性、稳定国内玉米市场，在东北三省和内蒙古地区实施临时收储的托市收购政策，促进了玉米生产快速稳定增长，但也推高了国内玉米价格。2012～2015年，国家连续启动了大规模的玉米临时收储，4年收储总量超过3亿t，其中2015年收储量达到1.25亿t，但出库量却很少，库存积压严重。2015年国家临储玉米库存结余高达2.79亿t，东北产区更是库容爆满，形成了"收不进、调不动、销不出、储不下"的局面，国家财政负担沉重。受国内外玉米价差驱动，从2010年我国成为玉米净进口国，玉米进口量也不断攀升，2015年玉米进口量达到473万t。另外，具有价格优势的国外玉米替代品进口量也迅速扩大。2015年，我国进口DDGS、高粱、大麦分别为：682.1万t、1070万t和1074万t，合计进口量达到2826.1万t。进口扩大加剧了国内玉米库存积压，致使我国能量饲料供给过剩问题颇为严重。

随着2016年国家改玉米临时收储为市场化收购加补贴的新机制，并适时优化调整玉米生产结构，玉米生产供给过剩的问题才逐步得到解决。

大豆作为重要的蛋白饲料原料，在饲料工业中具有无可替代的作用。随着我国畜禽生产规模扩大，对大豆的消费需求也在快速增长。但我国大豆单产低，生产成本高，大豆价格缺乏市场竞争力。尤其在加入WTO以后，进口关税低，国际市场大豆价格较低，使得我国大豆进口量迅速增加，导致国产大豆生产呈现萎缩态势。2000年我国大豆产量为1540万t，到2015年下降为1178万t；与此同时，大豆进口量从2000年的1000多万t增大到2015年的8000多万t（图3-10），近5年来我国大豆的对外依存度已超过80%，未来我国大豆的消费需求还将不断增加。

尽管玉米生产过剩与大豆短缺并主要依赖进口，导致我国饲料粮供给侧结构性失衡，但由于玉米和大豆的生产及贸易受国际国内市场影响较大，完全可以在国内深化农业供给侧结构性改革的背景下依靠市场力量，调整农业种植结构，加快解决玉米生产供给过剩问题。在激励农民大豆生产积极性的同时，也可充分利用国外资源和国际市场，保障大豆供给安全，破解我国资源环境承载力不足的问题。

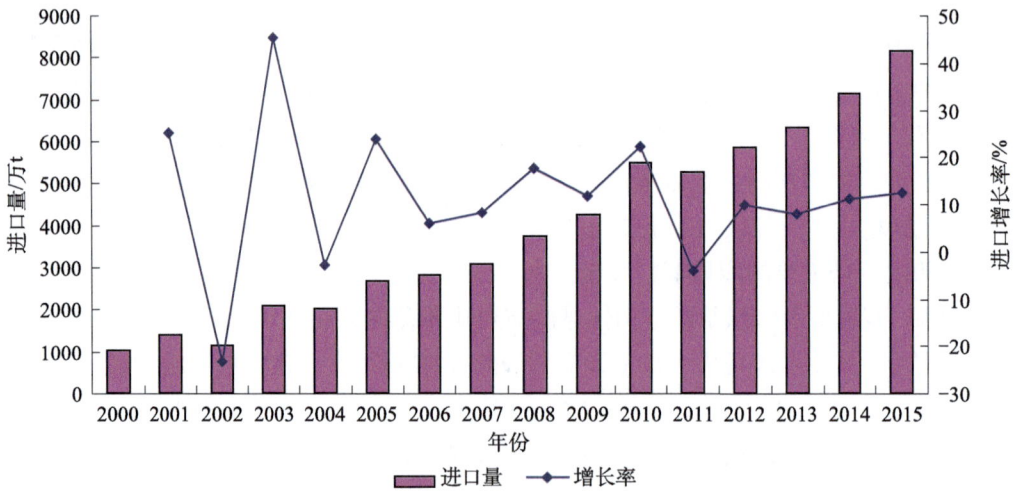

图 3-10　2000～2015 年中国大豆进口量和进口增长率变化图

3.3.3　粮食生产的空间结构失衡

中国水资源南多北少，南方水热资源匹配优于北方，农田复种潜力高、单位面积产出高。历史时期，南方地区生产的粮食远远多于北方，形成了"南粮北运"的格局。因此，长期以来有"湖广熟，天下足"之说。

自从改革开放以来，随着工业化发展和产业结构调整，南方地区农业生产规模不断调整，粮食生产减少，"南粮北运"的格局发生重大改变，南方区由原来的粮食净调出转为净调入。而北方区与此相反，中国的粮食生产和流通出现了"北粮南运"的大逆转，直至2008 年，北方粮食生产量已超过南方，全国粮食流通总量约 2 亿 t，而"北粮南运"就占据 1/2 左右。从省区来看，黑龙江、内蒙古、吉林和河南等北方省区粮食生产量占全国产量比重呈增大态势；而广东、川渝、浙江、江苏、湖南等南方省区粮食产量占比则显著减少。粮食生产空间北移在东北平原尤为突出，东北三省对我国的粮食贡献率从 1980 年的11% 提高到目前的 19% 左右。粮食生产的空间变化表明，我国粮食生产从长江流域和珠江三角洲的南方主产区向东北平原和黄淮海平原北移的特征颇为显著。

中国水资源禀赋南多北少。长江流域及其以南地区所拥有的水资源量占全国水资源总量的 82%，人口占全国的 54%，耕地面积却仅占全国耕地面积的 36%。"北粮南运"新格局与水资源分布的严重错位，加剧了北方地区的水资源压力。华北平原、三江平原等粮食主产地由于地表水资源不足，不得不超采地下水来维系农业生产，使得地下水位显著下降，进而引发地下水漏斗、地裂缝等一系列生态环境问题。

"北粮南运"粮食生产模式对中国的生态环境构成威胁，增加了资源环境成本，加剧了区域间资源配置的冲突与矛盾。东北等北方地区大规模和高强度的粮食种植使当地生态环境严重受损，黑土地土壤肥力下降，土壤有机质含量降低；华北地区地下水位下降，水环境恶化。西北地区部分区域退林退草土地复垦，增加粮食种植面积，使原本在好转的生态环境又趋恶化。

粮食生产的空间结构失衡给我国粮食安全与农业资源的可持续利用带来巨大威胁。因此，迫切需要基于水资源承载力，实施南方地区粮食生产恢复与扩大的区域再平衡战略，破解粮食生产中的资源环境矛盾与冲突。

3.4 粮食高库存堰塞湖问题高悬

近些年来，我国粮食库存量巨大，如同"堰塞湖"一样，威胁着国家粮食安全。对此，2016～2017年，中国科学院"新时期国民营养与粮食安全战略研究"项目组先后奔赴黑龙江、吉林、内蒙古、河北、山东、湖北、湖南、云南、广西等地开展调研，与当地普通农户、规模农户、粮库、粮食加工企业、粮食批发市场等开展座谈和交流。通过对收集的数据和资料进行系统地分析，认为在我国进入新时代大背景下，消除粮食高库存危险，深化粮食收储制度改革，是进一步完善农业供给侧结构性改革和助力乡村振兴的当务之急，必须引起高度重视。

3.4.1 我国粮食存储现状调查

（1）小麦。我国小麦产量逐年增加，而消费量基本维持在1.1亿t左右，每年盈余约1000万t，自给率超过100%。小麦库存量增长迅速，2005～2006年度库存量仅4013万t，2016～2017年达7025万t，库存消费比达66%。而相同时期内，世界其他主要国家的小麦库存量基本在2000万t以下，平均库存消费比为26%。我国小麦库存量占世界总库存量的比例也由2005～2006年的27%增加到2016～2017年的36%，长期居高不下。

（2）稻谷。近年来，我国稻谷产量和消费量基本保持稳定，每年产量大约2亿t，较消费量高1000万t左右，自给率超过100%。我国大米库存量持续增长，2005～2006年库存量为3639万t，2016～2017年增至16105万t，库存消费比达83%。而世界其他主要稻谷生产国的稻米库存量全部在2000万t以下，国际平均库存消费比为22%。我国稻谷库存量长期占世界总库存量的一半左右。

（3）玉米。我国玉米产量近年来基本维持在2.2亿t，消费量呈逐年增加趋势。2015～2016年消费量超过1.9亿t，自给率超过100%。为保护农民收入，国家施行保护价收购政策，造成我国玉米长期库存积压，库存量已经从2009～2010年的4022万t增加到 2016～2017 年的 2.6 亿 t，库存消费比超过 100%，形势异常严峻。除美国玉米库存量为 5360 万 t 外，其他主要国家玉米库存全部在 1000 万 t 以下，国际平均库存消费比为 17%。我国陆续出台了系列政策对玉米种植和收储等进行调控，包括调整种植结构、取消收购价等，已初步见效，预计玉米库存量将逐渐降低。

（4）大豆。我国每年大豆产量维持在 1300 万 t 左右，而压榨需求量呈逐年增加趋势，2016～2017 年需求达 8650 万 t，自给率只有 15% 左右。我国每年大豆进口量为 7500 万～8500 万 t，库存量稳定保持在 1500 万 t 左右，库存消费比为 18%。国际平均大豆库存消费比为 23%，我国库存量略低于国际平均水平。由于我国大豆供应和压榨行业均被外国企业控制，存在一定战略安全隐患。

由于我国粮食存储数据不公开，以上结果均来源于中华粮网、美国农业部等公布的相关数据。尽管由于数据来源不同，数值存在一定差别，但均显示了相同趋势。除大豆外，我国主要粮食作物能保证自给，粮食储存量快速增加，储存形势异常严峻。几大主要粮食作物的存储总量已超过 5.1 亿 t，占全球总库存一半左右。

3.4.2 粮食高库存"堰塞湖"的影响

1. 国库独大，其他主体渐弱

目前我国粮食库存数量一直属于保密数据，公开渠道无从获取。项目组通过对国家粮食局、农业部、中华粮网等多个公开数据源进行整理并测算得出：2016 年我国粮食库存量约为 5.2 亿 t，其中玉米 2.6 亿 t，稻谷 1.6 亿 t，小麦 0.7 亿 t。国家粮库储粮逐年攀高，大大抑制或削弱了农民、粮食加工和销售企业的储粮积极性，储粮主体失衡问题严重。2015 年农业部数据显示，农户储粮下降了 18.4%；2017 年 11～12 月，项目组在山东济南、德州、潍坊市开展的种粮农户和规模户储粮问题专门调研结果显示，80% 以上的小农户不储粮，83% 的规模户不储粮。

2. 国库储粮消耗巨大财政资金，带来沉重财政负担

目前我国粮食从生产到流通全程依赖补贴，国家财政负担巨大。以玉米存储两年为例，中央财政直接补贴每吨 488 元（包括收购费用 50 元，保管费 86 元/年 ×2 年，利息补贴 133 元/年 ×2 年），另外还有内部跨省移库费 80 元/t，加工企业调运需补贴运费 140 元/t，如需新建仓容，需补助 112 元/t。如果不计后三项，仅玉米库存的直接补贴就达 1268 亿元。

以稻谷为例，当前存储 1.6 亿 t 稻谷需要近 5000 亿元的收购资金，每年利息补贴和保管费用为 500 亿～600 亿元。如需新建仓容或调运，每吨稻谷还需建仓投资补助 110 元和跨省移库费 80 元等。今年销售的 2013 年产超期储存稻谷平均成交价为 2000 元/t，约为 2013 年托市收购价的三分之二。若将 2013 年收购的临储稻谷全部转为超期储存稻谷销售，仅购销价差损失就达 25 亿～300 亿元。

另据不完全统计，2016 年我国仅用于稻谷与小麦的最低收购和临时收储的资金就超过 2286 亿元；同时"粮食收储供应安全保障工程建设"（"粮安工程"）2015 年投资 53.7 亿元；我国粮油物资储备支出 2190 亿元，轮换出库补贴估算为 35.5 亿元。以上三大粮食库存财政支出至少在 5000 亿元。同时，由于粮食储存由国家买单，致使地方各类储粮主体千方百计挤进国家储粮体系，并采取"以陈顶新、以次充好"等欺骗手段，骗取大量国家补贴。

3. 严重干扰市场健康运行

我国粮食收购实行"敞开收购、顺价销售、资金封闭运行"的政策，重心指向"储"，导致"产""销"不畅。其初衷在于以最低价格保障农民收入，以敞开收购解决农民"卖难"问题，从而达到保护农民种粮积极性、确保粮食安全的目标。但近 10 多年保护性收购政策的实施对市场产生了严重的干扰，主要体现在三个方面：第一，最低收购价格偏高，扭曲了粮食价格形成机制；第二，现行收储政策没有考虑品质差异性和市场需求，导致急需的优良粮食品种被"挤出"，产生粮食供给结构性不足问题；第三，紊乱了市场调节价格功能，严重影响了市场经营主体的日常运营。目前，我国粮食产业明显面临"稻强米弱""麦强面弱"的不利局面。

4. 引发"新粮入库、洋粮入市、陈粮入口"怪象

自 2004 年以来国家连续执行保护性收储政策，短期调节政策逐步变成长期政策，最低收购价一涨再涨，与市场供求形势相背离，导致"最低价"收购成为市场"高价"收购。由于供需结构不匹配，国际粮食市场价格持续走低，国内外价差逐渐拉大，粮食进口量连年攀升，而国库粮食却不断积压，导致陈粮、"陈化粮""问题粮"问题凸显，某种程度上导致"新粮入库、洋粮入市、陈粮入口"的怪象。

5. 超量储备造成严重粮食浪费

我国粮食企业有储量近 1.2 亿 t 的仓库属于危库老库，由于管理不严、粮食存储设施不完善、粮食质量控制不严格等因素，大量粮食陈化霉变，甚至发生火灾等事故。例如，2013 年 5 月 31 日，中储粮黑龙江林甸直属库发生大火，过火粮食达 4.7 万 t。中国储备粮管理集团有限公司（简称中储粮）河南南阳向东直属库 1.62 万 t 小麦七年无人管理，发生严重霉变。据统计，我国粮食企业每年损失约 750 万 t 粮食，相当于 2000 万人一年口粮。

3.4.3　粮食高库存"堰塞湖"形成的原因

1. 储备目标定位不清晰是根本原因

以国有储粮企业为主的我国国家粮食储备体系的战略目标，经过不断演进逐步多元化，

既要保障国家粮食安全，又要维持粮食价格稳定，还要确保种粮农民增收，企业更要自己盈利。国家层面的目标执行主体包括中央和地方两套系统。中央储备负责全国性粮食供求问题，地方储备解决辖区问题。但具体执行中，中央与地方储备系统责任划分不清、功能重叠，由此导致两种局面出现：一是双方共同完成一个目标，造成储备成本上升、公共财政资源浪费；二是互相推诿、责任主体虚化，2017年河南南阳国库1.62万t小麦霉变就是例子。以中储粮为例，作为集政策性业务与经营性业务于一体的国家储粮主体，其目标不仅包括维护国家安全的战略储备、确保农民增收和维护市场稳定，同时还兼顾企业经营发展的商业性储备，由此产生这样的现象：一方面可以享受政策性收购的利益，另一方面实际上可以利用其垄断地位谋取超额利润。

2. 保护收购价偏高是最直接原因

我国粮食保护收购政策定价的基本原则是"生产成本加少许合理利润"，其隐含的假设是据此制定的托市价格仅会保证农户满足其种粮的生产成本，在市场价格偏低时，启动保护收购价托市收购，不会损伤农民的种粮积极性，也不会刺激其扩大生产。这里的"成本"应该是反映低效率生产者的生产经营情况。2017年11月项目组对小麦主产区山东省的422户小农户进行了深入调研，结果发现，最低收购价比小农户的成本价要高70%。最低收购政策使得国内生产的粮食绝大部分通过中储粮收购系统进入了国库，而粮食拍卖因价格高于市场价格造成成交率低，这两个方面直接导致粮食库存逐年增加。

3. 部门利益是深层次的诱因

中央储粮企业是国家政策性粮食收储主体，其经营范围包括政策性与商业性经营，即"一手大粮仓、一手大粮商"。从收入来看，国家储粮企业收入来自托市收购补贴、储备补贴和自营收入三部分，其中托市收购收益最大，其次是储备补贴。在利益驱动下，国家储粮企业愿意多收、多储粮食，抬价抢收、出库拖延现象更是时有发生，最终导致库存越拖越多，仓库越拖越大。从企业经营模式看，以国家储粮企业为核心的现行收储系统像孤立的组织，与上游生产、中游加工、下游消费的利益关系严重割裂，导致我国粮食产、加、销、储、消分离甚至对立，受利益驱动，难免出现逆市场而动、逆农民利益而动的现象。毫无疑问，中央储粮企业凭借其双重身份已在国内粮食市场形成事实上的"垄断专营"，成为我国粮食市场化改革一道难以逾越的"高墙"。

4. 数据保密与监督缺失是重要外因

中国粮食储备量历来都是国家机密，从不对外公布，甚至多数政府部门也难以掌握准确的粮食库存数据，导致信息不对称、市场信号不全、决策无据等诸多问题。另外，粮食收储系统涉及多个系统，政出多门、职能交叉、权责不清等问题严重，有关部门"有利争上，无利退避，出事扯皮"，导致"越位""缺位""错位"等现象屡屡发生，夸大或放大部门利益，把部门利益等同国家利益，造成学界、企业及相关部门难以进行科学预警、监督和决策，相关部门难以有效落实和追究责任。

3.4.4 应对粮食高库存的适应性策略

1. 厘清粮食储备的战略定位，建立分工明确、目标清晰的多元化储备体系

明晰中央储备与地方储备的目标与范围，中央储备只承担战略储备任务，负责应对战争、重大自然灾害和事关全局突发性事件的粮食储备，省级储备作为补充，负责维护区域内粮食供求平衡的职责。要明确界定中央粮食储备体系与地方粮食储备体系之间的权限和利益关系。

我国粮食储备的上限为库存消费比25%，结合国际惯例与我国国情，中央可维护8%～10%的后备粮食储备，地方政府维护15%～17%的周转储备。

政府减少粮食储备后，充分调动社会储备的积极性，鼓励规模户、合作社、新型农场、民营粮企、加工企业和销售企业等多元主体进入粮食储备市场，逐步形成中央政府—地方政府—市场经营主体—农户（规模户为主）的多元化粮食储备体系，各司其职。

2. 改革"多龙治水"体系，力推粮食收储市场化改革

改革现行粮食收储管理体制，打破多部门各自为政、多头管理的局面，建立垂直化管理体系；完善粮食收购市场准入制度，积极培育和促进多元化粮食市场主体的发展；充分发挥市场作用，使粮食价格回归合理水平，逐步构建科学、合理的价格形成机制，缓解粮食品种结构上的失衡。

3. 逐步形成动态、有序、高效的粮食物流体系

完善物流基础设施建设，打通从主产区到主销区的粮食收购、仓储、运输、加工等各个环节；加强粮食流通信息共享平台建设，及时分享各环节、各地区的粮食信息，实现对粮食收购、加工配送、库存和运输优化等环节的全程管理和有效监督；鼓励和支持第三方物流企业发展，提高物流效率和竞争力，逐步形成动态、有序、高效的粮食物流体系。

4. 推进粮食储备数据公开与监管平台建设

进入新时代，粮食库存数据公开共享实属必然。公开粮食库存数据是制定适度储备规模、开展科学决策和加强粮食库存监督的重要基础和依据。建议从以下三个方面开展工作：首先，规范粮食储备统计制度和数据共享制度，定期公布粮食储备数据。根据各储备主体及其在中国粮食储备体系中的定位和作用，分国家、省（自治区、直辖市）两个级别，一定范围定期公布中央政府、地方政府主体粮食储备数据。其次，构建基于大数据的粮食库存运行和监管平台。开展国家、省（自治区、直辖市）粮食储备数据信息化建设工作，覆盖中央政府、地方政府、企业（商业）和农户四类粮食储备主体，构建以此为基础的粮食储备库数据平台，引导更多的社会力量对粮食储备，尤其是对中央储备和地方储备进行监

督。最后，定期开展粮食储备运行效果第三方评估，为社会公众提供各类粮食储备报告，助力制定适度粮食储备规模和社会各类经济主体开展科学决策。

3.5 粮食过度加工导致营养损失

粮食加工是连接粮食生产和食物消费的重要环节，对保障国家粮食安全、促进国民健康具有极其重要的作用。随着经济社会发展和人民生活水平提高，喜食精细米面的消费者逐渐增加。为了迎合这部分消费者的需求，使得大米和小麦粉更加透、亮、白，加工企业开始不断地提高加工精度，有些甚至超过国标特等米面标准。2014 年，中共中央办公厅国务院办公厅印发的《关于厉行节约反对食品浪费的意见》明确规定：要切实解决粮油过度加工问题；国家粮食局、工业和信息化部、国家质量监督检验检疫总局以及农业部也相继发布了关于促进粮食加工节粮减损的通知。中国科学院"新时期国民营养与粮食安全"项目组专家先后走访吉林、黑龙江、湖南和江西等地的 18 家大米加工企业和河北、山东、内蒙古等地的 16 家小麦粉加工厂进行调研，发现粮食的过度加工问题仍然很突出，也极为普遍，必须引起高度重视并采取有效应对措施。

3.5.1 粮食过度加工现状

1. 粮食过度加工现象较为普遍

按照国标大米的加工精度［《粮油检验　米类加工精度检验》（20064181-T-449），米粒表面留皮面积越小，精度越高］，我国大米一共分为四个等级，分别是糙米、标二米、标一米和特等米。20 世纪 90 年代以前，标二米是市场主要供应的标准米。标二米一般是稻谷经过脱壳后再碾一到两次，碾去了果皮部分，保留了大部分种皮及其内部结构，出米率在 75% 左右。自抛光工艺发展起来后，我国大米加工的精细化程度日益提高。现今市场上常见的等级大米是标一米和精制米，需要配备 1～2 道抛光工序，而抛光仅仅是为了增加大米的光泽度。通过走访大米加工企业发现，80% 以上大米加工企业加工精度高，抛光工序一般为 3 道，个别厂家的抛光次数达到了 4 道，导致稻谷的出米率只有 55%～65%。

小麦粉加工精度是以小麦粉中麸皮碎片的程度，以粉色和麸星的大小及分布的密集程度表示［粮油检验　小麦粉加工精度检验（GB/T 5504—2011）］。粉色越白、麸星越少、灰分越低，面粉等级越高。按照国家标准，小麦粉一般分为普通粉、标准粉、特二粉和特一粉四个等级。标准粉出品率一般为 82%～85%，特一粉出粉率一般在 60% 左右。通过调研发现，加工厂销售的小麦粉分级指标是行业内随意制定，加工精细程度均高于标准粉。如今市场上常见的是标榜"特精小麦粉""麦香粉""雪花粉""高档麦芯粉"的小麦粉，出粉率一般在60%以下，雪花粉的出粉率更是低至30%。

2. 营养成分流失，威胁国民健康

从营养学角度来看，稻谷60%以上的营养素集中在胚和皮层。经过多次抛光加工而成的精米，虽然色泽光亮，但其皮层、糊粉层和胚均已被除净，脂肪、蛋白质、维生素、矿物质和膳食纤维等天然营养成分流失很多。这种过度加工的精米，维生素B含量通常会比糙米低约60%，赖氨酸、苏氨酸含量也大幅减少。对小麦而言，70%的营养成分集中在糊粉层。但在小麦粉加工过程中，糊粉层和种皮大部分被剥离出去，造成膳食纤维、维生素及矿物质元素等流失。根据国家每年对市场普通食物进行检测并分析其营养成分情况发现（表3-8），维生素、矿物质、蛋白质、膳食纤维的含量随着面粉等级的提高而减少，脂肪变化不大、碳水化合物随着面粉等级的提高而增加。从"特二粉"改为"特一粉"，会降低10 g/kg膳食纤维、5 mg/kg维生素E、3 mg/kg铁和30 mg/kg钙。

表3-8　稻米和面粉营养成分表

名称	蛋白质/g	脂肪/g	膳食纤维/g	碳水化合物/g	维生素A/μg	维生素B₁/mg	维生素B₂/mg	烟酸/mg	维生素E/mg	钠/mg	钙/mg	铁/mg
特级稻米	7.3	0.4	0.4	75.3	0	0.08	0.04	1.1	0.76	6.20	24.0	0.9
标一稻米	7.7	0.6	0.6	76.8	0	0.16	0.08	1.3	1.01	2.4	11.0	1.1
标二稻米	8.0	0.6	0.0	77.7	0	0.22	0.05	2.6	0.53	0.9	3.0	0.4
标三粳米	7.2	0.8	0.4	77.2	0	0.33	0.03	3.6	0.38	1.3	5.0	0.7
标四粳米	7.5	0.7	0.7	77.4	0	0.14	0.05	5.2	0.39	1.6	4.0	0.7
特一粉	10.3	1.1	0.6	74.6		0.17	0.06	2.0	0.73	2.7	27.0	2.7
特二粉	10.4	1.1	1.6	74.3		0.15	0.11	2.0	1.25	1.5	30.0	3.0
标准粉	11.2	1.5	2.1	71.5		0.28	0.08	2.0	1.8	3.1	31.0	3.5
麸皮	15.8	4.0	31.3	30.1	20	0.30	0.30	12.5	4.47	12.2	206.0	9.9
麦胚粉	36.4	10.1	5.6	38.9		3.50	0.79	3.7	23.2	4.6	85.0	0.6

长期食用加工过于精细的米面，会带来四方面的健康风险：第一，造成某些维生素和矿物质摄入不足，慢性疾病发生概率增加，如缺铁性贫血症，维生素B缺乏导致的脚气、角膜炎、神经炎等病症；第二，影响血糖生成指数。精米细面容易消化吸收，血糖升高速度快，不利于血糖控制；第三，容易引起肥胖。精白米和精白面纤维素含量低，减弱人的饱腹感，容易造成食用过量；第四，多次抛光会给品质差的大米、陈米可乘之机，带来食品安全隐患。通过多道工艺"洗白"，原本不符合市场流通要求的低品质甚至劣质大米，就可以堂而皇之地进入市场，带来食品安全隐患。另外，面粉在加工过程中使用的增白

剂——过氧化苯甲酰，会使对人体有营养价值的胡萝卜素、叶黄素及其他几种维生素遭到破坏。我国目前有超过 2 亿高血压患者、1.2 亿肥胖患者、9700 万糖尿病患者，若这种"追精求细"的错误消费观念不加转变，将对国民健康带来进一步的伤害。

3. 过度加工背后巨大的资源浪费

2016 年我国稻谷产量为 2.07 亿 t，可加工三级米大约 1.4 亿 t。经计算，如果全部加工成特制精米，大米产量将减少 2000 余万 t，相当于 1 亿多人一年的口粮或 4000 万亩[①] 稻田的产量。调研发现，如果将大米色选和抛光工艺均由 2 次减少为 1 次，稻谷出米率可由原来的 55% 提高到 65%，若按 2016 年稻谷产量 2.07 亿 t 计算，可减少大米损失 2069 万 t。每增加一道抛光，生产 1 t 大米增加 10~15 度电，每增加 1 道碾米，生产 1 t 大米增加 10度电。如果按 2016 年大米产量 1.465 亿 t 计算（FAO），如果每个企业都减少一次抛光，就会为国家节约 14 亿度电，相当于整个三峡发电站 5 天的发电量。

4. 超期储备威胁食品安全

巨量的稻谷库存，造成中国有相当部分稻谷成为超期存储稻谷。而超期存储的稻谷易发生霉变、生芽等现象，从而造成陈化变质。其中，霉变的稻谷将产生黄曲霉素等致癌物、毒素，以及超标的细菌、病毒等，如果食用会严重危害人体健康。其中，黄曲霉素是目前发现的最强致癌物之一。

此外，由于呼吸作用，粮食在储存期间不仅存在着自然损耗和减量，而且品质、营养和食味也逐年下降，时间长了还会失去食用价值，只能转作饲料或肥料。一旦发生虫害，则品质下降和损耗将更快。

3.5.2　过度加工的原因

1. 消费者观念与企业行为

大米和面粉是我们饮食中不可或缺的谷类食物。消费者对于外观、口感和风味比较在意，"精细白"逐渐成为企业加工的目标。例如，带有胚芽的大米会呈现乳黄色，通常情况下会被消费者误认为陈粮，销路和价格均不被看好。据调研，在北京的大型超市中，特二级米、标准粉约占同类产品的 10%。相比之下，商家更乐于推荐过度加工产品。近年来，有小麦粉厂商推出"麦芯小麦粉"，色白、有韧性、有嚼劲，销量可观，但其在加工过程中去掉了麸皮和胚芽，这类产品营养价值损失殆尽。

粮食加工是一个传统的行业，又是一个利润微薄的行业。受国家政策、原粮价格、物流成本、进出口等因素影响，加上成品粮终端销售市场竞争激烈，一些经营不善、抗风险能力较弱的企业往往处于亏损状态，甚至倒闭。问题的症结在于，粮食企业规模普遍较小，

---

① 　1 亩 ≈ 666.67 m²。

产业链条短，深加工能力不足，粮食产品的附加值不高导致缺乏市场竞争优势。若要盈利，只能通过增加产品的美观度来获取利润。在"麦强面弱"与"稻强米弱"的冲击下，加工企业普遍表示，若只生产普通小麦粉和大米，基本无利可图。于是一些包装精致的所谓特制小麦粉和高档大米开始挤占市场，导致过度加工现象愈加严重。

2. 行业执行标准以加工精度为主要指标

国外小麦粉指标更加重视其固体污染物和营养品质。例如，日本面粉标准考虑基本特性要求和功能特性要求，其中基本特性包括营养性（比如化学成分、可食用性）和安全卫生特性（如微生物指标、污染程度）；而日本大米则根据米粒大小、损伤程度、色泽、外形等划分等级。目前，我国《大米》（GB 1354—2009）和《小麦粉》（GB 1355—2005）执行的国家标准中，把加工精度作为主要指标。大米以大米背沟和粒面留皮程度为主要指标，米粒表面留皮面积越小，等级越高；通用小麦粉采用灰分、粉色指标以及粗细度指标，麸皮含量越低，等级越高。这在一定程度上刺激了企业的过度加工行为。

3.5.3　对策与建议

1. 培育国民科学健康消费理念

引导新的消费观需要生产者、消费者、政府等多方共同努力，需要开展从中央策划、地方动员、销售推广到民众信任等全方位工作，进一步做好健康饮食文化的传播、继承和发扬。加强舆论宣传力度，并组织不同形式的营养消费知识普及活动。通过政策帮扶等手段，培育一批以全麦食品、胚芽米、糙米等营养产品为主的品牌，使顾客了解食物营养知识，培养科学健康的消费习惯。开展中小学食物营养健康普及教育，弘扬爱粮节粮的美德。进一步加强对粮食安全观和健康饮食文化的传播、继承和发扬。

2. 构建基于营养健康的新型粮食分级标准

我国现有加工精度是通过与实物标准样品进行对照确定的，检验的方法和加工精度标准大多是直接比较法，主观因素较大，如小麦粉的精度是以小麦粉中留存麸皮碎皮的程度来表示，判定则是将小麦粉试样与标准样品置于同一条件下，通过目测的方法来确定，存在一定的主观性和不稳定性。建议应基于我国国民营养和健康需求，完善粮食评估标准体系，优化粮食分级标准，推进发芽糙米、留胚米、小麦糊粉层加工面粉等技术标准的制定，开发更为明晰的、带有营养成分识别的米面产品认证和标识规范，逐步规范市场行为。

3. 加强高效低耗技术的研发与应用

企业年龄和企业规模越大，企业采取过度加工行为的概率越低；而生产设备类型相对落后的企业，采取过度加工行为的概率越高。建议建立规范性的加工工艺和设备配置标准，支持和鼓励粮食企业研发更为高效节能的加工机械装备，提高出品率，降低单位产品能耗，促进我国粮食加工行业由粗放型向集约型转变。与此同时，通过政策支持、品牌扶持、税收和贷款优惠等措施，支持留胚米、免淘米、全麦粉等既营养健康又节约粮食的新产品研发和成果转化。

第4章

生产端：资源环境压力巨大

　　水土资源日益紧张，农业面源污染问题依然严峻与日益增长的粮食产量与食物需求之间的矛盾是造成我国粮食生产资源与环境压力的主要原因。客观来讲，30来年的粮食增产是以牺牲资源环境为代价的。总体表现为，由于城市发展和基础设施建设、"土地财政"等，耕地资源被占用；由于种植效益对农民的吸引力不够，耕地出现了撂荒、弃耕等现象；水资源短缺加上农业水资源浪费与低效利用，地下水资源严重超载；水土资源与粮食生产布局不匹配。"北粮南运"的粮食生产流通新格局已经形成，但"水减粮增"局势更加严峻，这种模式从长远来看不可持续。第一次农业污染源普查资料显示，我国农业面源污染已超过工业污染，农业化肥、农药等化学物质的持续高投入带来土壤酸化、土壤肥力下降及水土流失等问题；南方稻区由于矿冶污染，造成土壤重金属污染；粮食的连续增产给资源环境造成巨大压力，社会各界对粮食安全的关注也不仅是数量安全，还包括耕地质量安全、粮食质量安全、生态环境安全等。因此，我国粮食安全问题需要从资源可持续利用和农业生态环境保护的角度重新被审视，要保障粮食生产不能再继续盲目地以牺牲资源环境为代价。

4.1　后备耕地资源不足，耕地质量劣化

　　1994年美国世界观察研究所的布朗发表了"谁来养活中国人"一文，认为中国耕地资源的短缺将会导致粮食供需的巨大缺口，这对人口大国

的我们是一个值得思考的命题。2014 年中央经济工作会议提出粮食安全的底线：18 亿亩耕地红线仍须坚守。2016 年国家"十三五"规划提出"坚持最严格的耕地保护制度，全面划定永久基本农田，实施藏粮于地战略"。可见，耕地是粮食生产的命根子，只有先保证了耕地的面积与质量，才能后谈利用耕地来生产粮食。本章节从耕地资源数量、质量及生态环境三个方面来分析粮食生产对耕地资源的需求与压力。

4.1.1 耕地资源总量总体增加，人均耕地面积持续减少

总体来讲，自建国至今我国耕地资源数量呈上升趋势。1949～2016 年我国耕地面积增加了 3704 万 hm^2，年均增加 55.28 hm^2。但根据中国统计资料（耕地资源数量）显示，我国耕地资源面积并非一直上升，而是增减交替的。1949～1957 年是耕地面积增长期，从 1949 年的 0.98 亿 hm^2（14.7 亿亩）增加至 1957 年的 1.12 亿 hm^2（16.8 亿亩），年均增长达 333.9 hm^2；1958～1995 年耕地面积有所减少，由于"大跃进"及三年困难时期，耕地面积从 1958 年的 1.07 亿 hm^2（16.03 亿亩）减少至 1995 年的 0.95 亿 hm^2（14.25 亿亩）。1996～2011 年我国耕地数量进入了迅速减少期。2012 年我国耕地面积 1.22 亿 hm^2（18.25 亿亩），比 1996 年减少了 837 万 hm^2（1.26 亿亩），减少率为 6.41%。一方面是由于我国经济社会的快速发展，工业化和城镇化的步伐加快，占用了一部分耕地。"十一五"期间全国城乡建设占用耕地 109.4 万 hm^2；另一方面是由于生态退耕。全国累计生态退耕减少耕地 537.7 万 hm^2；面对 18 亿亩耕地保护红线，我国实行占补平衡的耕地保护制度，2012～2016 年我国耕地面积总量未出现大幅度的变化，基本维持在 20.2 亿亩左右（图 4-1）。

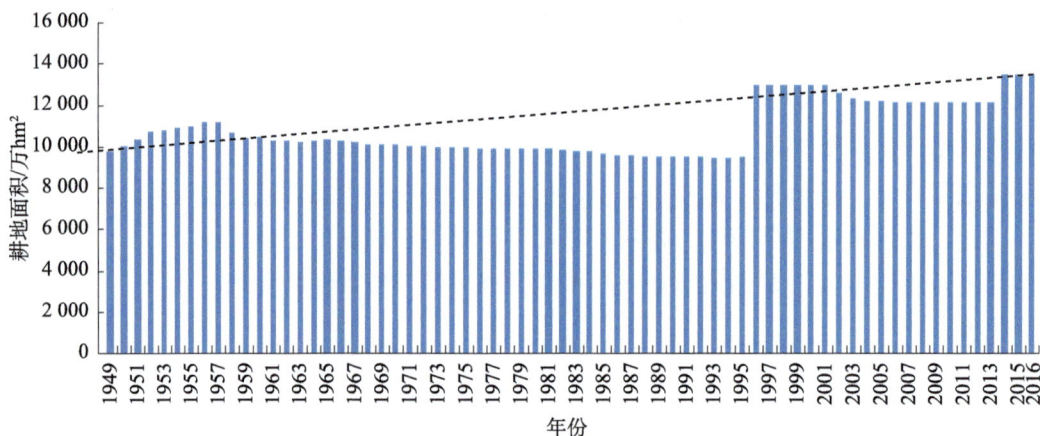

图 4-1　1949～2016 年中国耕地面积的历史变化

为了获得相对准确的土地面积数据，1984～1996 年，中国开展了中华人民共和国成立以来第一次大规模的国家土地调查，结果表明，1996 年中国的耕地面积为 1.30 亿 hm^2（19.5 亿亩）。然而，由于土地利用变化速度快、专业技术人员不足、变更调查数据登记不

规范、对土地利用状况已经发生了变化的地块调查不及时、地方政府对变更调查结果的人为干预等原因，导致数据逐渐失真（樊志军，2004）。历史和制度等原因造成的少报和瞒报问题导致一部分耕地数量没有纳入统计。为了进一步掌握真实准确的全国土地基础数据，自 2007 年 7 月 1 日起，我国开展第二次全国土地调查，主要数据成果公报显示，2009 年中国的耕地面积为 $13\,538 \times 10^4\,\mathrm{hm}^2$，约 20.31 亿亩，比 2008 年增加了 2.07 亿亩，增长率达到 11.34%（谭永忠等，2017）。而我国统计数据显示，2009 年我国耕地面积只有 $12\,225.87 \times 10^4\,\mathrm{hm}^2$，比第二次普查数据少了 10.8%。

由图 4-2 可以看出，我国人口总数也一直保持着增长的态势，人均占有土地资源尤其是耕地资源日趋紧缺。我国人口从 1949 年的 5.42 亿人上升到 2016 年的 13.82 亿人，增加了 154%，而人均耕地面积在 60 多年间减少了近 50%。人均耕地面积从 1952 年初的 $0.188\,\mathrm{hm}^2$（2.82 亩）减少到 1996 年的 $0.106\,\mathrm{hm}^2$（1.60 亩），到 2016 年已经减少为 $0.097\,\mathrm{hm}^2$（1.46 亩）。我国人均耕地面积不足 $0.1\,\mathrm{hm}^2$，不到世界人均耕地面积的三分之一。随着二胎政策的放开，我国人口数量会持续增加，人均耕地供需矛盾更加突出，耕地资源的压力可见一斑，因而保护耕地资源刻不容缓。

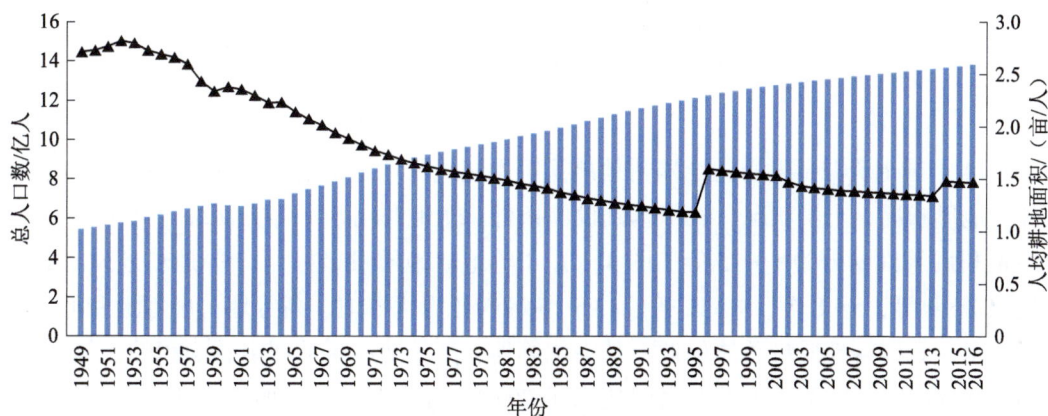

图 4-2　1949～2016 年我国总人口数和人均耕地面积的变化

4.1.2　耕地资源空间变化问题值得关注

从空间格局来看，我国耕地资源呈现北多南少、中部多东西部少的分布状态。从表 4-1 的南北地带分布可知，我国北方耕地资源的数量比南方地区高出 15% 左右。从年际变化来看，北方耕地资源占全国耕地资源总量的比例减少了 1.24%，南方耕地资源的增加十分有限。从中东西部三个地带来看，我国耕地资源形成了中部多东西部少的空间格局。广大的中西部地区分布着我国 70% 的耕地资源，水热条件良好的东部地区只分布着 30% 的耕地资源。据谭永忠等（2017）的最新研究数据显示，水热条件相对较好的东部地区，耕地面积 39 446 万亩，仅占 19.4%；而西部地区和东北地区耕地面积所占比重近 60%，其中西部地区耕地比重达 37.3%。从耕地增加的空间分布来看，增加的耕地主要分布在东北和华北，占全国增加耕地面积的 61.6%。刘彦随等（2009）研究发现，改革开放以来，我国东部地区耕地所占比重有所下降，我国耕地重心移动方向表现为"北进中移"的态势。在空间上表现为东部沿海地区、长江沿岸、黄土高原以及从东北到西南大致沿第二级阶梯山地一线地区的耕地减少最为明显，而东北平原、黄淮海平原以及内蒙古河套平原等传统产粮区耕地面积呈现增加态势。水资源丰富的南方耕地资源减少，开始转移到水资源匮乏的北方地区，这种格局的变化就要求更多的开发北方水资源，影响了粮食生产的稳定性和持续性。

表 4-1　我国不同地区耕地资源所占比例及变化　　　　　（单位：%）

地理空间分布		1985 年	1990 年	1996 年	2000 年	2005 年	2008 年
I	北方地区	58.69	58.83	57.14	57.22	57.19	57.45
	南方地区	41.31	41.17	42.86	42.78	42.81	42.55
II	东部地区	30.02	29.76	28.42	28.49	28.68	28.45
	中部地区	43.07	43.11	43.16	43.07	43.75	43.96
	西部地区	26.91	27.13	28.43	28.44	27.57	27.59

4.1.3　优质等级耕地占比少，土壤地力下降

2014 年国土资源部发布的全国耕地质量等别调查与评定主要成果的公告指出，从气候条件、地形状况、土壤状况、农田基础设施条件、土地利用水平等方面综合评定，我国耕地质量利用等别划分为 1～15 等（图 4-3），1 等地耕地质量最好，15 等地耕地质量最差，并按照 1～4 等、5～8 等、9～12 等、13～15 等划分为优等地、高等地、中等地和低等地。结果显示，我国耕地质量总体偏低，其中优等地、高等地占耕地评定总面积的比例分别为2.9%、26.5%，而中低等地所占比例达到了 70.6%，比 2009 年增加了 4.6%。农业部也于2014 年 12 月 17 日首次发布了《全国耕地质量等级情况公报》（简称《公报》），根据《公报》，全国的耕地一共分为 10 等，其中，1～3 等耕地面积约为 4.98 亿亩，占耕地总面积的27.3%；4～6 等的耕地面积约为 8.18 亿亩，占耕地总面积的 44.8%；7～10 等的耕地面积约为 5.1 亿亩，占比为 27.9%。从整体上看，我国耕地质量不容乐观，耕地的退化现象比较明显。在东北地区，耕地质量状况也是总体偏低，中等和低等地合占耕地总面积的 99.5%，高等地仅占 0.5%（杨瑞珍和陈印军，2014）。虽然第二次土地调查的耕地数量增加，但耕地的质量不容乐观。水田、水浇地和旱地这三种耕地类型的数量都增加了，但旱地占全国耕地增加面积的一半多，而水田仅为 1/10（谭永忠等，2017）。另第一次全国水利普查数据显示，因水土流失，全国年均损失耕地 100 万亩，黄土高原严重区每年流失表土 1 厘米以上，东北黑土地变薄，一些地方的黑土层流失殆尽，耕地"占优补劣"导致局部区域耕地质量下降。

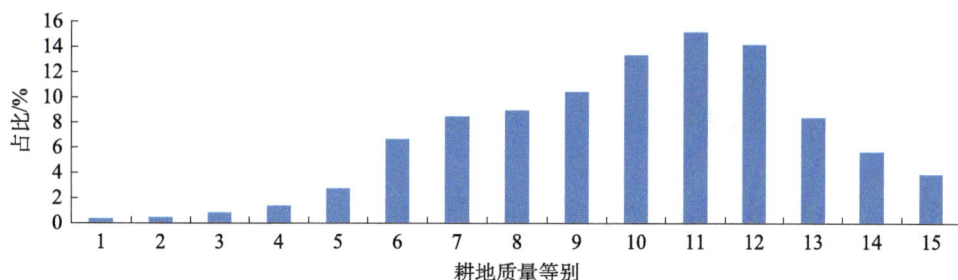

图 4-3 我国耕地质量等别分布

2015 年的统计数据表明，我国用全世界 8% 的耕地面积，生产了世界 21% 的粮食，同时化肥消耗量占全世界的 35%，化肥投入量相当于美国和印度两国的总和。从我国化肥施用量的历史变化来看，中国的化肥施用量呈现出十分明显的增加态势。改革开放初期我国化肥施用量仅为 884 万 t，到 2016 年增加至 5981 万 t，增长近 5 倍，年均增加化肥投入 134 万 t。国际公认的化肥施用安全上限是 225 kg/公顷，但中国化肥施用强度为此标准的 1.6 倍。我国亩均化肥用量高出世界平均水平 60%，而单产量却低于欧美国家。当前化肥投入仍是我国粮食生产增收的主要驱动力。化肥投入过量，不但损耗耕地的基础地力，还大幅增加了粮食生产的成本。同时，"肥越用越多，地越种越贫瘠"现象突出，土壤板结、地力下降、耕作层变浅等问题一直困扰着粮食生产的可持续发展。中国农业科学院张维理研究员认为，虽然化肥投入对土壤养分状况提升起到一定的作用，但由于我国各主要农区广泛存在不合理耕作、过度种植、农用化学品大量投入，农田土壤耕层普遍变薄，养分非均衡化严重，土壤板结，土壤生物性状退化，土壤酸化、盐渍化增加，防旱排涝能力变差，耕地土壤基础地力不断下降（张维理等，2004）。中国工程院院士、沈阳农业大学教授陈温福经过长期的研究发现，黑土层由开垦之初的 100 cm 下降到现在的 20～30 cm，有机质含量从开垦之初的 6%～10% 下降到 2%～3%，这与化肥滥用及长期土壤污染有直接关系（刘肖兵和杨柳，2015）。可见，中国粮食的生产对化肥施用量存在严重的依赖关系。

长期以来，我国耕地"重用轻养""只用不养"，造成耕地基础地力支撑能力下降。目前我国水稻、小麦、玉米三大粮食作物主产区耕地基础地力对粮食生产的贡献率分别为 60.0%、46.3% 和 44.9%，低于欧美等发达国家 10～20 个百分点（马常宝等，2012）。耕地质量下降的直接表现就是耕地土壤酸化和有机质下降。据专家介绍，与 30 年前第二次土壤普查相比，土壤 pH 值平均下降了 0.8 个单位，尤其是在南方，土壤本身酸度高，由于化肥大量施用，土壤 pH 值下降更快。我国酸性土壤主要分布在长江以南的广大热带、亚热带地区和云贵川等地，面积约为 2 亿 hm²，主要集中在湖南、江西、福建、浙江、广东、广西、海南等地，大部分土壤的 pH 值小于 5.5，其中很大一部分小于 5.0，而且面积还在扩大，土壤酸度还在升高（余海英等，2006）。土壤酸化会造成作物生长变慢，茎叶发黄，品质降低，产量下降。据统计，土壤酸化可导致农作物减产 20%，甚至更高（张喜林等，2008）。

我国现有耕地中，有机质含量一般为 1%～2%，全国有 9% 的耕地有机质含量低于

0.6%，而中华人民共和国成立初期土壤有机质的含量可达 8%。赵其国在 2004 年发表的《必须高度重视我国土地资源的保护、建设与可持续利用问题》文章中指出，我国耕地的土壤质量呈下降趋势：全国耕地有机质含量平均已降到 1%，明显低于欧美国家 2.5%～4.0% 的水平；东北黑土地带土壤有机质含量已由刚开垦时的 8%～10% 降为目前的 1%～5%。刘国辉等（2015）在黑龙江的研究结果显示，1982 年全国第二次土壤普查以后 30 年间耕地土壤黑土有机质的含量下降了 41%，全氮、速效钾的平均含量分别下降了 8.7% 和 40.7%，土壤 pH 值也有所下降。

4.2 水土资源空间错位形势加剧，"北粮南运"步履维艰

水是人类及一切生物赖以生存的必不可少的物质基础，是工农业生产、经济发展和环境改善不可替代的极为宝贵的自然资源。我国水资源总量虽然不少，但人均占有水资源量却很贫乏，只有世界人均值的 1/4。我国人口持续增长、社会经济的高速发展和农业活动的加强，使原本短缺的水"雪上加霜"，从而成为我国农业可持续发展的"瓶颈"。随着粮食连年增产、食物需求的持续增长及农业用水被工业发展和城市生活用水挤压，农业水资源供需矛盾日益尖锐。我国水资源南多北少，而粮食生产的重心却逐渐转移至水资源稀缺的北方，加剧了北方水资源的压力，尤其是地下水资源。水是农业生产的命脉，如何可持续利用水资源从而保障粮食安全，已成为当前亟须解决的重大关键问题。

4.2.1 粮食生产重心北移西进，加剧水土资源空间错位形势

2016 年，我国水资源总量为 32 466.4 亿 m^3，仅次于巴西、俄罗斯、加拿大，居世界第四位。但人均水资源占有量为 2348 m^3，约为世界平均水平的 1/4，是世界上淡水资源严重紧缺的国家之一。中国的水资源开发利用程度较高。根据《2016 年中国水资源公报》，中国水资源开发利用率为 18.6%，北方地区接近 50%，其中松花江区 33.7%、西北诸河区 41.8%、辽河区 40.3%、黄河区 64.8%、淮河区 61.5%、海河区 93.6%。南方地区水资源开发程度低于全国平均水平，只有 12.2%。北方有些地区的水资源开发已经超过合理利用的程度，造成河流断流、湖泊湿地萎缩、天然植被破坏等一系列生态环境后果。有些过度开采地下水的地区，出现了地下水水位下降、海水入侵、地面沉降、水质恶化等环境问题。

中华人民共和国成立后，全国农业用水总量快速增长，到 1990 年达到最高值，4367 亿 m^3；此后农业用水量则缓慢下降，直至 2003 年降到最低值 3433 亿 m^3；随后农业用水量持续上升，直至 2013 年升到最高值，3921.5 亿 m^3；2016 年农业用水总量为 3768 亿 m^3，比 2013 年下降了 4 个百分点。同时，农业用水比例呈下降趋势，由 1949 年的 97.1% 下降

到 2016 年的 62.4%。然而，全国用水总量总体上升，工业和生活用水量及其比例也呈上升趋势。1999~2016 年，工业用水和生活用水占总用水量的比例平均每年增长分别约为 1.7% 和 2.1%。随着中国城镇化、工业化进程的加快，农业用水必将被挤占，导致农业用水只能是"零"增长，甚至呈现"负"增长态势。而由于人口的增加（到 2030 年人口将达到 16 亿，比 2016 年增加 2.2 亿人），对粮食及食物的需求将继续增长。因此，"水减粮增"的矛盾将越来越突出（王庆锁和梅旭荣，2017）。

我国水资源南方多而北方少，地区分布差异较大。南方区（长江流域及其以南）的降水量大多在 1000 mm 以上，而北方区的降水量则多小于 750 mm，其中绝大多数地区小于 400 mm。根据《2016 年中国水资源公报》可知，我国华东、华中及华南地区的水资源总量占全国水资源总量的 85%，而华北、东北及西北地区的水资源总量仅占全国水资源总量的 15%（图 4-4）。我国北方地区水资源总量为 9.84×10^{11} m^3，占全国水资源总量的 30%，南方地区水资源总量为 2.26×10^{12} m^3，占全国水资源总量的 70%；北方地区人均水资源仅为全国人均水资源量的 74.2%，为南方地区人均水资源量的 15.3%。南方地区耕地资源占全国耕地资源总量的 39%，而北方地区占全国耕地资源总量的 61%。

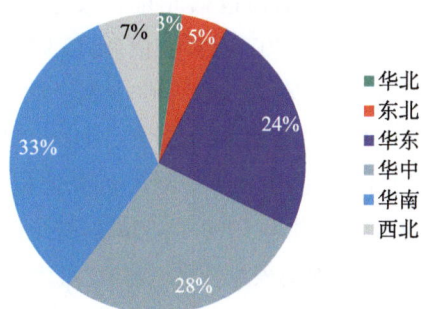

图 4-4　2016 年我国不同行政区划水资源量占比

我国南方自古有"江浙熟，天下足"和"湖广熟，天下足"之美誉，足见其粮食产量之大，并且可以运出大量的粮食供应其他地区，解决全国人民的吃饭问题。但自 1978 年改革开放以来，我国粮食生产不断从长江流域向经济欠发达的中西部地区和缺水的北方地区转移和集中（Yang et al.，1998）。自 1990 年开始我国从传统的"南粮北运"转变为"北粮南运"，且调运量呈不断上升的趋势。1990~2008 年，从北方区调入南方区的粮食总量年平均为 2689 万 t，约占北方区历年粮食平均产量的 12%（吴普特等，2010）。粮食生产离不开水资源，"北粮南运"相当于将粮食和水资源同时从经济欠发达、水资源缺乏的地区输入到经济相对发达、水资源相对丰沛的地区。自 1990 年以来，随"北粮南运"调到南方的水量呈现持续增加态势，2008 年为 523.5 亿 m^3（吴普特等，2010），2010 年和 2011 年分别达到 774.9 亿 m^3 和 752.8 亿 m^3（吴普特等，2013），相当于"南水北调"东、中线调水总量 278 亿 m^3 的 2.7 倍。为了分析我国粮食生产格局变迁对水资源的影响，好多学者从虚拟水的角度进行研究。王玉宝等（2015）在假设输出区粮食虚拟水输出为 0 的前提下，认为粮食虚拟水输出会使粮食输出省份的水资源压力指数〔（水资源开发利用总量－过境水利用量－跨流域调入水量）/可利用水资源量×20%〕由1.61上升到2.04，在未来一定时期会造成该地区水资源缺乏的程度加强。邹君等（2010）通过分析我国近十年粮食生产和消费中的虚拟水含量空间分布动态变化规律发现：从水资源的角度看，我国当前的粮食生产和消费格局存在较大问题，需要对其进行适当调整。北方粮食生产虚拟水量呈上升趋势，南方粮食生产虚拟水量则呈下降趋势，粮食生产和消费的虚拟水资源"北水南调"现象稳定存在，且有增强趋势。东北是虚拟水资源"北水南调"的实质性调出区，黄淮海、华北、东南和华南为实质性调入区。除此之外，宋先松等（2005）研究认为，北方产区水资源的严重匮乏，加之农村水利、灌溉等基础配套设施建设的相对滞后，将在很大程度上制约我国粮食综合生产能力的提高。

4.2.2　地下水过度开采，形成华北平原地下水漏斗

华北平原位于中国东部，东临渤海，西抵太行山，北起燕山，南至黄河，地理位置为112°30″～119°30″E、34°46″～40°25″N，包括北京、天津、河北平原全部和黄河以北的豫北、鲁北平原区，共计21个地市、207个县，面积13.92×10^4 km^2。水资源有限且气候呈暖干化趋势。1956～2010年平均降水540～600 mm，低于全国平均水平20%多；年降水分配不均，多集中在7～9月，占全年降水量的70%～80%；多年平均水面蒸发量为1100～2000 mm（杨丽芝等，2013）。《2016年中国水资源公报》数据显示，华北平原主要河流海河、黄河及淮河流域的水资源量为1999.2亿m^3，占全国水资源总量的6.15%。其中地表水资源量为1417.6亿m^3，占全国地表水资源总量的4.53%，地下水资源为1043亿m^3，占全国地下水资源总量的11.78%（图4-5）。华北平原是全国人口最密集、经济最发达的地区之一，拥有3.5亿人口，人均水资源占有量456 m^3/年，不足全国的1/6，世界的1/24。

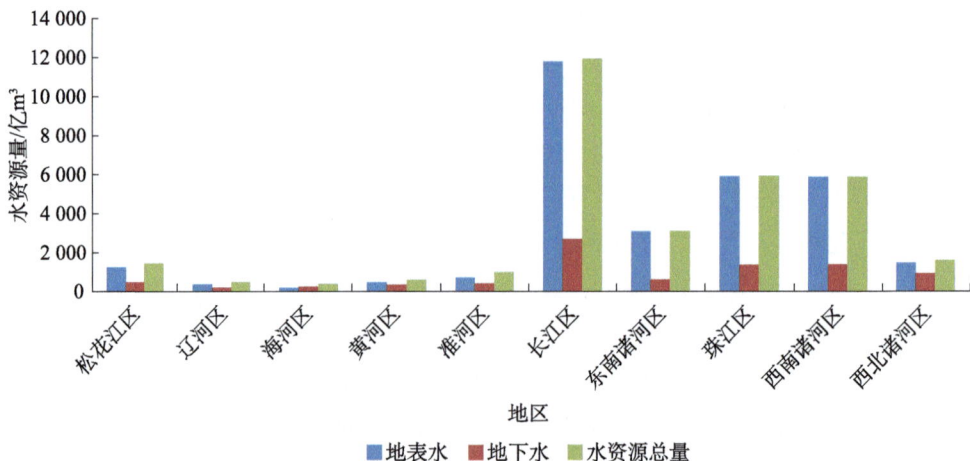

图4-5　2016年我国各水资源一级区水资源量

首都北京、直辖市天津、河北省会石家庄位于区内，山东省会济南、河南省会郑州位于区域边界处。随着环渤海经济圈的迅速崛起，人口集中涌入对水资源环境的压力持续增大，对于供水水源主要为地下水的华北平原来讲，水资源严重缺乏引发的供需矛盾已成为限制未来华北平原地区经济社会可持续发展的重要因素（张兆吉等，2012）。

同时，华北平原是我国重要的粮食生产基地。全区耕地面积有 3419.2 万 hm^2，占全国耕地面积的 18.3%。粮食总产量达 10 937 万 t，占全国的 22%。粮食播种面积约占全部作物播种面积的 80%，其中冬小麦和夏玉米的种植面积较广，分别占全区粮食播种面积的 50% 和 46% 左右（张宇等，2015；Li et al.，2005）。而粮食的高产量却长期依赖灌溉地下水的投入，农业用水占地下水开采量的 70% 以上。徐刘芬（2016）构建的全国粮食产量回归模型结果说明：我国粮食总产量和有效灌溉面积之间存在显著相关性，粮食产量的提高主要来自有效灌溉面积的扩张，有效灌溉面积每增加 1%，粮食产量将增加 1.13%。灌溉用水量不断增加，加之平原区可用地表水资源日趋减少，直接驱动地下水开采量不断增大，地下水超采现象严重。华北平原地下水开采量占总用水量的 69.81%，农业用水开采量占地下水总开采量的 78.82%。占华北平原面积 52.52% 的河北平原，地下水开采量占当地总用水量的 83.72%，其中，河北衡水地区农业开采量占当地总开采量的 90.20%、邯郸为 86.73%、保定 84.59%、石家庄 83.71%、唐山 82.20%。河南安阳地区的农业开采量占当地总开采量的 85.32%、鹤壁为 83.83%、濮阳为 89.40%、新乡 82.52%，山东聊城、德州、滨州和济南地区的农业开采量占当地总开采量的 69.53%~77.27%（张兆吉等，2009）。张光辉等（2013）的研究结果表明，华北平原中部的大部分地区农林灌溉用水强度处于严重不适应状态，河北平原大部分地下水超采区农林灌溉用水强度处于"极严重不适应"状态，小麦等夏粮作物灌溉用水强度占 50% 以上。农业灌溉用水强度超过水资源的可承载能力是造成地下水位下降并形成地下漏斗的主要原因。在华北平原的中部平原和滨海平原区已经形成了跨北京、天津、河北、山东 4 省（市）的深层地下水位下降漏斗，漏斗区深层地下水水位较 20 世纪 60 年代下降了 40 m 以上，最大水位下降超过 100 m（吴爱民等，2010）。据位于华北平原的中国科学院栾城农业生态系统试验站监测结果，1972~2009 年，该监测站的地下水埋深已经从 11.06 m 下降至 36.12 m，平均每年下降 0.81 m（刘昌明，2014）。

如果地下水开采程度过高，长期处于超采状态，地下水位将会大幅下降，形成大范围的地下水位下降漏斗，使开采土层或岩层中空隙加大，甚至使部分含水层大面积被疏干，支撑力减小，造成地面沉降。华北平原地面沉降发生于 20 世纪 60 年代后期，60~70 年代，地面沉降仅发生在少数漏斗中心，到 80 年代初期，累积沉降量大于 500 mm 的面积约有 29 km^2。何庆成等（2008）的调查监测结果显示，在华北平原范围内，地面沉降量大于 2000 mm 的面积为 930.4 km^2，大于 1000 mm 的面积为 6236.5 km^2，大于 500 mm 的面积为 30 202.9 km^2，大于 200 mm 的面积为 64 296.6 km^2，造成直接经济损失 404 亿元，间接经济损失 2900 多亿元，累计经济损失超过 3300 亿元。2006~2010 年，衡水市发生了十多起地裂现象，其中，武邑至阜城的地裂缝长达 8 km（许月卿等，2005）。河北省是全国最大的地下水漏斗区，其地下水超采量和超采面积均占华北地下水漏斗区的 60% 以上，导致该地区含水层疏干、地面沉降、海水入侵、咸水界面下移等诸多难以逆转的严重后果（朱峰，2012）。朱菊艳等（2014）利用 GIS 空间分析方法，对整个华北平原和沧州市的深层地下水开采量和沉降量的相对关系进行对比分析发现，截至 2010 年，华北平原年均沉降体积为 10.73 亿 m^3，同期深层水年均开采量为 24.5 亿～26.75 亿 m^3，大部分是储存水资源。由于沧州含水层及弱透水层岩性较细，深层地下水的开采对该地区的地面沉降影响会更大。

粮食生产是高耗水的生产活动，地下水的开发利用支撑了华北平原粮食产业的发展，也引发了地下水水位下降，导致了地面沉降、地裂缝、海水入侵、地下水污染等一系列生态环境问题。南水北调工程可以增加水资源的可利用量，但也只是起到缓解地下水超采的作用，根本扭转不了华北平原水资源短缺的局势。从水资源的可持续利用角度出发，发展节水农业，合理开发利用地下水资源，同时满足日益增长的人口的食物需求是值得思考的重大科学问题。

4.2.3 东北"旱改水"普遍，警惕成为第二个华北平原

改革开放以来，东北三省稻谷播种面积和稻谷总产量均出现了快速增长态势（图 4-6），尤其自 2004 年以来，受稻谷最低收购价格政策推动，稻谷产量从 2004 年的 1969 万 t 增加到 2016 年的 3381 万 t（不包括开荒不在册的，图 4-6），占全国水稻总产量的 21%。然而水资源短缺、地下水水位下降及湿地生态破坏等问题也日益突出。研究表明，有"北大仓"之称的三江平原的农场周围地下水位正以每年 0.3～0.5 m 的速度下降。一些天然草甸湿地被承包用于开垦、耕翻和造田，容易造成地下水系统与湿地的水量交换，袭夺湿地水量补给，从而导致湿地功能萎缩、地表植被破坏和生态环境退化。

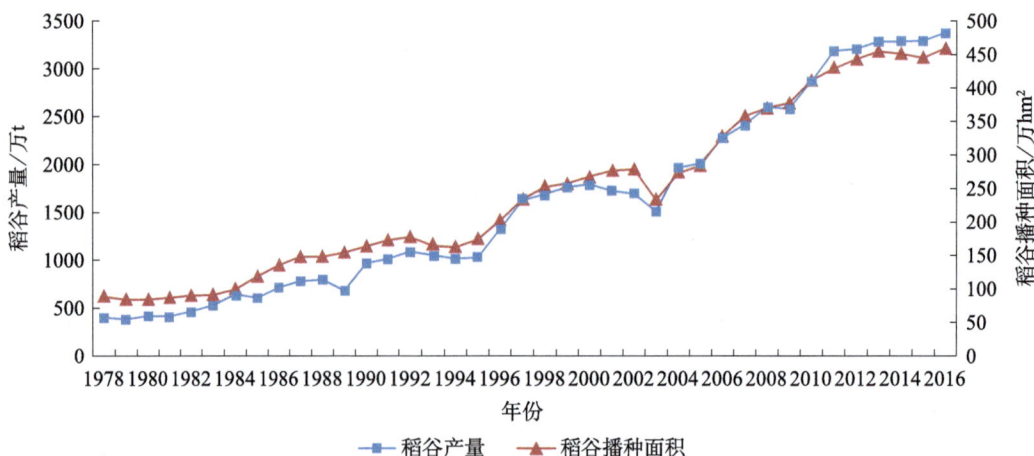

图 4-6 东北三省稻谷种植情况的历史变化

数据来源：根据 1979～2016 年《中国统计年鉴》、2016 年东北三省国民经济与社会发展公报整理

在国家取消玉米托市收购、玉米市场价格走低的背景下，因东北大米市场畅销、加上

稻谷最低收购价政策的继续推行，东北地区旱田改水田（简称"旱改水"）的积极性高涨。中国科学院团队承接财政部"新时期国民营养与粮食安全"项目后，于2017年6月18日至6月30日对东北地区粳稻主产区进行了深入的综合考察。研究发现，"旱改水"现象非常普遍，新增水田大都为井灌，给区域水资源安全带来了巨大隐患。

调研发现，2017年东北三省"旱改水"的面积共近400万亩，其中在黑龙江省齐齐哈尔、嫩江、黑河、佳木斯、建三江以及吉林省舒兰、洮南等地，凡是积温达标、地势平坦、具备水田改造条件的，基本上都已经或者正在进行改造。位于黑龙江省鸡东县下亮子乡综合村的丰源玉米种植专业合作社，2014年400 hm²耕地全部种植玉米，而2017年玉米种植面积只有70 hm²，水稻种植面积扩增到230 hm²。如此大力推进"旱改水"背后付出的水资源和生态环境代价值得深思。从水资源可持续利用角度，随着时间的推移，东北地区水稻种植终会遭遇水资源的"红牌"。

"旱改水"势必会造成东北地区水资源日益紧张。2016年黑龙江全省水田面积比2015年增加近300万亩。根据水稻和玉米生育期内单位灌溉面积作物的需水量计算，每调减1亩玉米种植水稻，耗水量增加210 m³，那么2016年的"旱改水"对水环境压力增加了6.3亿 m³。2017年黑龙江省内意向调减玉米种植面积1000万亩，如果按照15%比例调整，水稻种植面积将增加150万亩，对水资源的需求量将增加3亿 m³，而据实地考察推测，黑龙江全省有近250万亩的"旱改水"，黑龙江省农业用水量90%以上消耗于稻田灌溉，近几年"旱改水"加剧了上中游灌区的过量取水，已经造成挠力河、呼兰河、蚂蚁河等的渴水和断流现象。在调研的黑龙江泰来县了解到，由于种植水稻开采了大量的地下水，加上干旱部分水井出现干枯现象，造成了西部地区人畜用水短缺；而降水量不够，边缘地区水抽不上来，导致约几千亩水田被迫撂荒。

洮南市位于吉林省西北部，是一个干旱贫水的地区，年均降雨量和水资源总量均远低于全国平均水平。2017年洮南水稻种植积由2015年的24万亩增加到47万亩，增加了近一倍，且新增的水田没有渠灌条件，全是井灌。洮南市的地下水资源总量在4亿 m³，每年开采量在2.2亿多 m³，而新增水田需要再抽取近1亿 m³的地下水，这种模式的发展必定会导致洮南地下水位的下降。近年来洮南市地下水位平均下降了2 m，北部有些干旱区的地下水位已经下降到40 m。2017年吉林全省至少有80万～100万亩的"旱改水"，如果三分之二的水稻田是地下水灌溉，将增加1.3亿 m³的地下水开采量，这对农业水资源的可持续利用提出了更高的要求。

近年来南方对优质籼米和东北粳米的需求快速增长，东北地区稻谷成为仅次于玉米的主要外运粮食品种。现在我国大米已经形成"北粮南运"的格局，其中东北地区已成为我国最大的稻谷净流出地区。2015年东北三省稻谷播种面积和稻谷总产量为445万 hm²、3297万 t，分别占全国稻谷总播种面积和稻谷总产量的14.7%、15.8%，占全国粳稻种植面积的46%、占全国粳稻总产量的50%以上，已经成了全国重要的"水稻黄金带"。调研了解到，扣除自需外东北地区，生产的稻谷60%以上外调至北京、天津、上海、广州、武汉等地，预计外调数量将继续保持增加的态势。据统计，仅黑龙江，通过铁路出省的稻谷达 1244 万 t，输出的虚拟水资源约为 12.44 亿 m³。现阶段在水资源不足的北方地区大力鼓励"旱改水"，然后再"玩儿命地倒腾到南方"，必将会带来东北地区虚拟水资源的继续流失，进一步加剧当地水资源短缺的压力。如果地下水的过度开采不能得到有效遏制，东北粮仓的基础地位就得不到夯实，东北农业的可持续发展就得不到保障。

另外，在东北地区，农田灌溉水有效利用系数平均仅为 0.4～0.5，水资源利用效率不高，大水漫灌、水资源浪费现象普遍存在。调研了解到，每公顷"旱改水"的土地整治费用为 1300 元，政府补贴 1200 元，打一口井的费用为 2000～3000 元，政府补贴 1000 元，一口井可灌溉 75 亩田，加上汽油成本综合折算，种植一季水稻的水利投入成本为每亩 70 元左右，与化肥、农药的几百甚至上千的成本相比要少得多，因此农民往往忽视水资源的有偿使用问题。由于缺乏科学划分的区域性节水制度、节水技术及管理，尤其是缺乏针对地下水的水价改革和严格税收等制度，水资源监管出现漏洞，从而出现许多乱开井、超采地下水等现象。

其实早在 2002 年，农业部印发的《关于农业结构调整的分区指导意见》已指出，东北地区要"适当控制水稻发展规模，压缩干旱缺水地区的水稻种植面积"。然而，在一些地表水资源匮乏、干旱缺水的地方，地方政府也跟风盲目鼓励"旱改水"，斥资改造流域引水工程和"政策井"项目。如果管理监督或者后续改进维修不到位，一方面，会产生一些施工质量不过关、配套设施不完善、"政策井"成摆设及潜在的地方部门利益等问题；另一方面，还会造成地下水资源的区域性"超载"，引发流域缺水甚至农户饮水系统的瘫痪。

除华北和东北之外，我国西北地区的粮食生产系统处在一个脆弱生态环境中，也正经受水资源短缺的压力。西北地区年降水量从东部的 400 mm 左右往西减少到 200 mm，甚至 50 mm 以下。气候属于干旱或半干旱气候，干旱是本区的主要自然特征。2016 年该地区诸河流域的水资源总量为 1619.8 m³，只占到全国水资源总量的 4.99%。而我国西北地区占全国土地总面积的 29%，耕地面积占全国耕地总面积的 10.58%。西北也是我国重要的粮食生产基地之一。1980 年西北五省粮食总产量 1854 万 t，占全国总产量的比重将近 6%；到 2015 年粮食总产量达到 4395 万 t，占全国的比重达 7%。由于降水量和地表水较少，该地区的农业生产活动几乎全部依靠灌溉，长期以来由于水资源的过度开发，导致生态系统受损和植被退化。例如，黑河尾闾湖泊东、西居延海相继干涸，荒漠化过程加剧，成为沙尘暴的策源地之一；石羊河地区地下水位大幅度下降，生态环境加剧恶化；塔里木河下游 321 km 河道长期断流。河道断流引起下游绿洲萎缩乃至消失，取而代之的是盐碱地、沙尘暴和生态难民（陈亚宁等，2012）。根据第五次全国荒漠化和沙漠化监测结果，2014 年，我国荒漠化和沙漠化土地面积分别为 26 115.93 万 hm² 和 17 211.75 万 hm²。荒漠化和沙漠化土地集中分布在西部的新疆、内蒙古、西藏、青海和甘肃 5 省（自治区），分别占全国荒漠化和沙漠化土地面积的 95.64% 和 93.95%（屠志方等，2016）。西北地区土壤次生盐渍化问题也十分严重。宁夏和新疆的盐渍化耕地曾经占各省耕地的 10.7%、28.7%（李福兴，2002）。

4.3　土壤污染问题严重

环境保护部、国土资源部近期发布的"全国土壤污染调查公报"显示，2014 年全国耕地面积为 20.3 亿亩，耕地点位超标率为 19.4%，污染总面积约为 3.9 亿亩，如果按照每亩耕地处理成本为 1 万～2 万元，则土壤修复市场空间为 3.9 万亿～7.8 万亿元，数据惊人。其中，南方重金属污染的问题比较突出。2002 年国家环境保护总局南京环境科学研究所主持的"典型区域土壤环境质量状况探查研究"项目对广东、江苏、浙江、河北和辽宁 5 个省进行土壤污染调查。结果显示，珠三角部分城市有近 40% 的农田菜地土壤重金属污染超标，其中 10% 严重超标。长三角有的城市连片农田受多种重金属污染，其中，受镉污染和砷污染的比例最大，约分别占受污染耕地的 40% 左右，超过 0.4 亿 hm^2 良田，致使 10% 的土壤基本丧失生产力。同时，农业环境质量定位监测结果表明，湘江流域农产品产地受重金属污染的面积已逾 7.87 万 hm^2，其中重度污染的约 1.27 万 hm^2，占 16%；中度污染的约 2.6 万 hm^2，占 33%；轻度污染的超过 4 万 hm^2，占 50% 多（蔡美芳等，2004）。2011 年，农业部对湖北、湖南、江西、四川四省重点污染区的 88 个县 237.2 万亩水稻田调查发现，重金属超标率达 67.8%。陈京都等（2012）通过对江苏省某典型区的农田小麦籽粒重金属含量监测发现，小麦粒样品中铅、铬、汞、镍和砷超标率分别为 100%、58.97%、33.33%、10.26% 和 2.56%，而铜、锌和镉未超标。从全国层面来讲，根据我国 138 个典型区域耕地土壤重金属污染数据库，推断出我国耕地重金属污染的面积占耕地总量的 1/6 左右（宋伟等，2013）。2014 年 4 月 17 日《全国土壤污染状况调查公报》显示，我国耕地土壤重金属等污染物点位超标率达 19.4%，其中主要的重金属污染物为镉、镍、铜、砷、汞、铅。

耕地土壤重金属污染不仅会造成严重的环境影响，还威胁到食品安全。据报道，全国每年因重金属污染而减产的粮食达 1000 多万 t，被重金属污染的粮食也多达 1200 万 t，合计损失至少 200 亿元人民币。谈到重金属污染带来的食品安全问题，我们首先想到的就是"镉大米"。2013 年，广州市药监局查出多批次米及米制品超标，而这些大米主要来自湖南，导致出现只要产地在湖南的大米就无人购买的现象。Liu 等（2016）年在我国东北平原、长江流域和东南沿海地区采集的水稻土壤监测结果显示，水稻土镉平均浓度分别为 0.19 mg/kg、0.26 mg/kg 和 0.21 mg/kg；全国 22 个水稻种植省份土壤镉的平均含量为 0.45 mg/kg，其中湖南水稻土镉平均含量最高为 1.12 mg/kg，远远超过我国农田土壤质量标准（GB15618—1995）镉二级标准（0.6 mg/kg）。早在 2007 年，南京农业大学农业资源与环境研究所的潘根兴教授，针对中国六个地区（华东、东北、华中、西南、华南和华北）县级以上市场的 170 多个大米样品进行了随机采购和科学调查，结果发现，有 10% 的市售大米存在着镉超标的问题[①]。浙江大学环境与资源学院通过对长江中下游某县级市农田

---

① http://www.360doc.com/content/11/0219/21/5249648_94425911.shtml.

土壤－水稻系统中重金属近10年来的定位监测，发现2006年、2011年和2016年采集的稻米中镉的点位超标率分别为9.3%、2.2%和20.7%，10年间稻米镉超标率显著增加（徐建明等，2018）。2017年10月，江西九江也出现镉大米事件，一家农户的稻谷镉含量超过《食品中镉限量卫生标准》（GB 15201—1994）限定标准值（0.2 mg/kg）的8倍[①]。由此可见，土壤重金属污染治理迫在眉睫。

目前我国已经能够做到粮食供给，也就是我们能够"吃的起"。然而人类的粮食消费需求已经跨越温饱阶段，进入追求营养、质量、健康消费的发展阶段，但现今在"吃的安全"方面不容乐观。"镉大米""黑米馒头"、农产品农药残留超标导致出口受限等事件敲响了我国粮食质量安全的警钟。要保障食品安全，首先要从源头抓起，要提高农产品质量安全，不仅在生产阶段，还包括储存、运输、加工等流通阶段。新常态下我国粮食安全必须贯彻数量和质量并重的方针。首先，耕地是国家粮食安全的重要资源保障，耕地资源得不到保障，粮食生产和安全就无从谈起。2015年我国耕地面积为20.25亿亩，减少了90万亩，年内净减少了耕地面积99万亩，相当于一个粮食生产大县的面积。未来生态休耕、退耕还林、城市化进程加快等可能还会导致耕地面积萎缩，尤其在东部沿海地区，由于城市高速发展及建设规划导致优质耕地被侵占，加上我国人均耕地面积不足世界平均水平的1/3。因此，务必要加强耕地管理监控，实施占补平衡，严守耕地红线，实施"藏粮于地"。其次，要保障粮食质量安全。耕地质量不安全的粮食安全是不长久的，是不可持续的。

4.4　农业化学品投入过量，造成严重面源污染

农业面源污染是指农业活动中，化肥、农药、地膜等化学物质通过农地渗漏、地表径流、空气扩散而造成的土壤、水、大气生态环境问题。2011～2015年《全国环境公报》数据显示，我国农业源废水化学需氧量和氨氮的年均排放量分别为1127.34万t和77.48万t，分别占全国废水化学需氧量和氨氮总量的47.8%和31.7%。2010年农业部公布的《第一次全国污染源普查公报》也表明农业面源污染对农业生态环境的影响较大。其中农业源化学需氧量、总氮和总磷的排放量分别占全国总量的43.71%、57.19%、67.27%。不同于点源污染，农业面源污染具有不确定和随机性大、危害范围广、防治难度大特点。而粮食生产过程中的农用化学物质投入是农业面源污染的重要来源之一，其不仅破坏农业生态环境，还会威胁我国食物安全。因此，控制农业面源污染已成为保护生态环境的首要任务之一。

---

① http://www.sohu.com/a/204782866_760587.

4.4.1　农用化肥过量投入，利用率偏低

我国农用化肥施用量增长快速。2016年我国化肥施用总量达到5704万t，比2015年减少了38万t，但比改革开放初期增长了5.5倍多，年均增长速度为5.8%（图4-7）。据调查，山东、河北小麦－玉米轮作体系氮肥平均用量高达500～600 kg/hm²，远远超过作物氮素需求，过量施肥现象十分突出，磷肥施用量也超过了当前作物产量水平的磷肥需求量（潘家荣，2001）。目前，我国已成为世界第一大化肥消费国，我国以约占世界8%的耕地面积消费了约35%的世界化肥消费总量，这种过量和不合理的化肥投入行为对我国生态环境造成了显著的影响。1983～2010年，我国化肥年均施用量是粮食增速的3.5倍；化肥施用的环境成本以年均7.4%的速度增长；化肥施用量每增加1个百分点，粮食产量增加0.32个百分点，化肥施用的环境成本增加1.74个百分点。更为严重的是，我国的化肥综合利用效率只有30%，化肥的过量施用已成为我国现阶段农业面源污染的主要成因，化肥中的大部分氮磷都流失至土壤和水体中，造成严重的农业面源污染（周亮等，2014）。根据《第一次全国污染源普查公报》，水体污染中农业污染源排放的总氮量为270万t，占全国氮排放总量的57.2%；总磷量为28.47万t，占全国磷排放总量的67.4%。

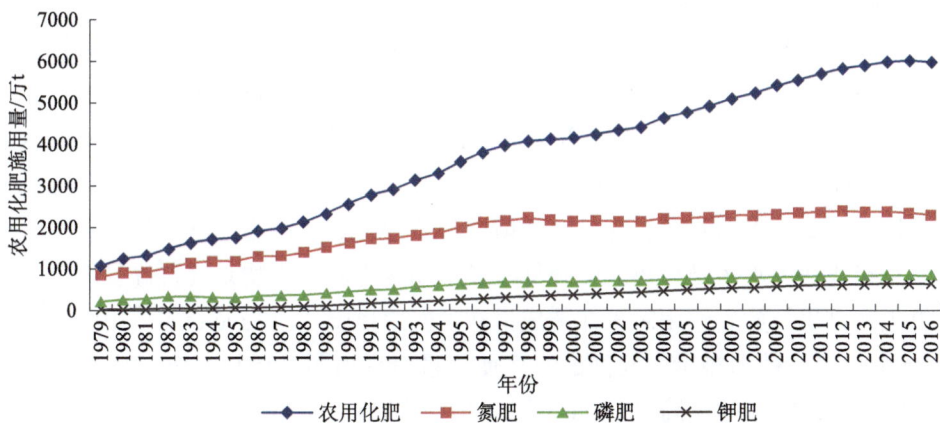

图4-7　1979～2016年我国农用化肥施用量

根据氮素平衡原理，在北方旱作条件下，施入的多余铵态氮肥和酰胺态氮肥在土壤中残留，1～2周会转化成NO_3^--N，不断地积累和向土壤深层迁移后，会随着灌水和降雨淋洗到地下水中。长期施用高量氮肥是造成地下水、饮用水硝酸盐污染的重要原因之一。自20世纪90年代起，我国学者们开始对化肥造成的地下水硝酸盐污染进行调查。张维理等（1995）的调查结果显示，我国北方粮田地下水超标率为11%，这主要与80年代以来化学氮肥用量的成倍增长有关。赵同科等（2007）调查表明，我国北方环渤海七省（市）包括北京、河北、河南、山东、辽宁、天津以及山西地区的粮田地下水硝酸盐含量超过世界卫生组织制定的饮用水标准（10 mg/L）的34.5%。而对山东省2009～2010年度水井的调查表明，2/3以上采样井水的硝态氮含量为10 mg/L，1/3以上的采样井水超过20 mg/L（李文

华等，2017），地下水硝酸盐污染极其严重。这说明我国北方地区地下水硝酸盐污染的情况更为严峻。农业投入的盈余磷绝大部分会积累在土壤中，虽然作为磷养分库的一部分储存起来，在一定意义上提高了土壤磷素的供应潜力，但是这种积累也存在一定的潜在环境危险（冀宏杰等，2015）。我国农田的灌溉方式仍以大水漫灌为主，会加强磷和氮素的累积和淋洗，导致其迁移到附近水体，增加发生水体富营养化的生态风险。种植系统的生命周期定量研究表明，华北地区生产 1 t 小麦施用化肥的综合环境影响表现为水体富营养化潜力最大（83.5%～97.0%），其次是环境酸化潜力（2.0%～7.1%）和全球变暖（0.6%～2.5%）（周冉，2012）。从资源可持续利用和环境保护的角度，在未来一段时期内，提高粮食生产的化肥利用率任重道远。

4.4.2　农药和地膜使用，有机污染严重

农药在粮食生产中发挥着重要粮食损失挽回作用，但同时也必须清楚地认识到农药残留污染问题日益严重。早期，我国的农药以有机氯类为主，在农林害虫防治等方面发挥过重大作用，但其毒害性强、降解缓慢且蓄积性强，造成了严重的土壤环境污染（张慧等，2008；史双昕等，2007）。尽管我国于 1983 年 4 月 1 日起停止了有机氯农药的生产和使用，但我国已累计施用滴滴涕（DDTs）约 40 万 t、六六六（HCHs）约 490 万 t，分别占全球同期生产总量的 20% 和 33%（林建新，2010）。另粗略估计，目前有 1300 万～1600 万亩的农田土壤受到农药污染，从主要污染类型来看，滴滴涕、多环芳烃（PAHs）和六六六较为突出，其点位超标率分别为 1.9%、1.4%、0.5%。有机氯农药属于持久性有机污染物（POPs），具有理化性质稳定、难以降解、容易在环境中积累等特点，可通过垂向扩散进入深层土壤与地下水，造成地下水污染，还能够降低农业活动区土壤 - 生物系统自修复能力，并可通过食物链生物富集与放大作用对人体造成潜在的健康风险（Loague et al.，1998；Arantzazu et al.，2000）。统计数据显示，我国的农药使用量表现出明显增加态势，从 2005 年的 146 万 t 逐渐增加至 2014 年的最高值 180.69 万 t，增长率高达 23.76%。根据同期横向比较结果，我国农药用量是世界平均水平的 2.5 倍。从农药使用结构来看，中国农药工业协会数据显示，2001～2011 年，我国农药中杀菌剂和除草剂的增长幅度较大，分别由 2001 年的 41.2 万 t 和 13.8 万 t 增加到 2011 年的 70.9 万 t 和 117.5 万 t，而 2011 年杀虫剂的生产量为 15 万 t。农药多以喷雾剂的形式喷洒于农作物上，其中仅有 15%～30% 附着在农作物上，剩余的大部分要么随风飘散在空气中，要么下沉进入到水体中，造成农业生态环境的污染。

除此之外，地膜残留对土壤环境质量影响较大。中国使用地膜的传统由来已久，农膜使用量也大幅度上升。统计表明，我国农膜使用量从 1991 年的 31.9 万 t 增加到 2016 年的 147 万 t，增加了 3.6 倍（图 4-8），以每年 15% 的速度增加。随着地膜使用量的不断扩大以及使用年数的增加，农田中残留地膜不断累积，"白色革命"又滋生出了"白色污染"（何文清，2009）。据统计，我国地膜年残留量高达 35 万 t，残留率达 42%（孙铁珩等，2005）。

根据农业部调查结果，目前农膜残留量一般为 60～90 kg/hm²，最高可达到 165 kg/hm²，并且随着使用年限而增加（刘青松，2003）。当农膜残留量由 0 提高到 225 kg/hm² 时，土壤容重增加 18.2%，土壤孔隙度降低 13.8%，土壤含水量降低 11.7%，从而导致耕地质量下降（赵素荣等，1998）。当每亩土壤中地膜残留量达到 10 kg 时，粮食产量下降 15%～20%。大量废弃的农膜遗留在土壤中，破坏土壤结构、影响土壤有益微生物代谢，妨碍作物生长。由于超薄地膜的泛滥，残留在耕地里的地膜已形成白色污染，严重影响我国农业赖以持续发展的土壤质量。因此，无论从稳粮增收还是从农业环境污染治理的角度，增加地膜回收力度，减少"白色污染"，都是粮食生产不可忽视的重要环境问题。

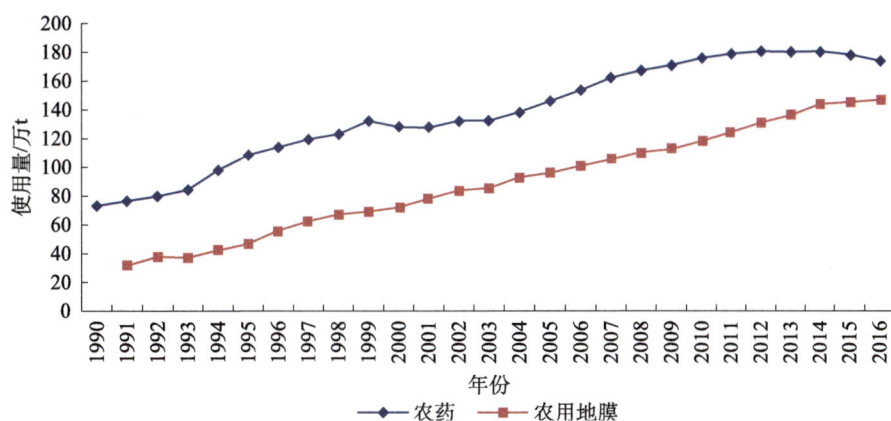

图 4-8　1990～2016 年我国农药与农用地膜使用量

中　篇

新时代粮食安全观

第5章

传统粮食安全观及其历史局限

传统粮食安全观及其时代特征

5.1.1 粮食与粮食安全内涵

我国的粮食内涵与国际上略有差别。《中国农村统计年鉴（2016）》中指出，"粮食除包括稻谷、小麦、玉米、高粱、谷子等其他杂粮外，还包括薯类和大豆"。我国的粮食概念较国际上通行的谷物口径大，相当于谷物、薯类和大豆之和。根据 FAO 的统计规范，食物的范围包括谷物、薯类、糖类、豆类、油料、蔬菜水果、肉蛋奶类、水产品等 18 大类。

粮食安全包括三个主要概念：粮食安全（grain security）、食物安全（food security）与食品安全（food safety）。食物安全是国际上较为认可的概念，以 FAO 的定义影响最大。我国较为常用的概念是粮食安全，其含义与国际上的食物安全较为相似，粮食安全概念也主要是对国际上食物安全概念的翻译。

国内的食品安全概念更偏重于食物品质。《中华人民共和国食品安全法》第十章附则第九十九条规定："食品安全，指食品无毒、无害，符合应当有的营养要求，对人体健康不造成任何急性、亚急性或者慢性危害。"

本报告主要针对 FAO 的食物安全与我国的粮食安全概念进行辨析。

5.1.2　食物安全概念演变

1974 年 11 月，FAO 在罗马第一次世界粮食首脑会议上通过了《世界粮食安全国际协定》，首次提出了食物安全，即"世界上有足够的食物供应满足消费需求的持续发展，也能应对产量与价格的波动"。这个概念在空间范围上重点强调了食物供应数量。

1983 年，FAO 扩展了食物安全的概念，即"食物安全的最终目标应该是确保所有人在任何时候既能买得到又能买得起他们所需的食品"，这个概念增加了贫困人群获取食物的安全性，成为国际上普遍接受与认可的概念。这里的食物安全包含三个方面：一是食物供应足够；二是食物供应稳定；三是所有人均有一定的经济能力可以获得足够的所需食品。

1996 年在《世界粮食安全罗马宣言》中，FAO 拓展了食物安全概念的内涵，即"所有人在任何时候都能买得到足够的、安全的、富有营养的食物，能满足维持积极和健康生活的膳食需要及食物喜好"。

FAO 中，与"食物安全"概念相对的是"食物匮乏"，指"在一年的时期内一个人不能获取充足食物来满足日常的最低膳食能量需求"。

5.1.3　粮食安全测度指标

在国家层面上，主要有 5 个指标测度粮食安全。

（1）粮食自给率。粮食自给率是指一个国家自己生产的粮食产量占国内粮食总需求的比例。一般理论上认为粮食自给率越高越安全。

（2）粮食储备水平。粮食安全储备系数是指一个国家或地区的粮食储备量占全国或地区粮食消费量的比例。FAO 认为一个国家或地区粮食安全系数最低范围是 17%～18%，其中，6% 为后备库存，11%～12% 为周转库存，周转库存相当于两个月左右的口粮消费量，以便衔接下一季度的谷物收成。FAO 认为一个国家或地区库存安全系数低于 17% 为不安全，低于 14% 为紧急状态。

（3）粮食生产波动程度。粮食生产波动程度主要反映粮食在年际间生产的稳定程度，生产波动越大，表示粮食安全水平越低。

$$V_i = (Y_t - \widehat{Y}_t) / \widehat{Y}_t \times 100\%$$

式中，V_i 表示粮食生产波动系数；Y_t 表示年粮食产量；$\widehat{Y}_t$ 表示粮食生产的应该产量（或趋势产量）。

（4）人均粮食占有量。理论上，人均粮食占有量越高，国家或地区的粮食状态越安全。FAO 认为，一个国家人均粮食年占有量达 400 kg 为安全水平。

（5）贫困人群的粮食保障水平。在粮食供应量一定的情况下，国家或地区粮食安全水平的高低主要决定于低收入阶层粮食安全的满足程度。

5.1.4　我国传统的粮食安全概念

1992 年我国政府对我国的粮食安全给出定义，指"能够合理有效的对全体国民供应质量达标、结构合理、数量充足的粮食及食物"。2004 年国家粮食局调控司认为，从本质上讲，粮食安全是指一个国家满足出现的各种不测事件的能力，同时和国家经济发展水平及外贸状况有着密切的联系。这构成了我国传统"粮食安全"的思维主体。《国家粮食安全中长期规划纲要（2008—2020 年）》中指出粮食自给率应维持在 95% 以上。2013 年 12 月 10 日至 13 日的中央经济工作会议明确指出，要坚持把保障国家粮食安全作为首要任务，确保谷物基本自给、口粮绝对安全。农业部的表述是：从资源条件、需求结构以及国内外经验看，做到"谷物基本自给"，就要保持谷物自给率在 95% 以上；"口粮绝对安全"就是稻谷、小麦的自给率基本达到 100%。这是保障国家粮食安全的硬指标，也是硬约束。

从上面几个表述来看，我国传统的"粮食安全"观有以下三个特征。

1）限于粮食和主粮

强调口粮（小麦和稻谷）自给率达到 100%，谷物（小麦、稻谷、玉米、大麦、谷子、高粱等）自给率在 95% 以上，注重粮食生产，单一粮食思维，单一数量思维，单一主粮思维。忽视食物多样性和食物替代，忽视食物营养。

2）囿于国内，强调高的粮食自给率

强调国内自给，忽视市场，忽视国际粮食贸易，基本拒绝粮食进口等。

3）强调国家政府大包大揽

形成上述特征的粮食安全战略主要有两方面考虑：一是在战争时期，其他国家对我国实行贸易封锁时，我国粮食生产可以满足国内需求，不至于因过度依赖国际市场而影响到国家安全；二是在和平时期，避免粮食价格出现大的波动，影响百姓生活，进而影响国家稳定。

5.1.5　传统粮食安全观的历史渊源

一般来讲，粮食本身具有三个特性：一是粮食不仅是生活资料，更是战略物资，历史时期多次的朝代更迭都是由饥荒造成的，现代也多将其作为外交工具，被频繁使用；二是粮食生产具有较强的周期性与波动性，且政策调控手段具有一定的滞后期与盲区；三是粮食生产的价格弹性大，需求弹性小。有鉴于此，国外"马尔萨斯陷阱"理论曾一度产生了世界范围的影响。"马尔萨斯陷阱"理论宣称，人口是按照几何级数增长的，而生存资料仅仅是按照算术级数增长的，多增加的人口总是要以某种方式被消灭掉，人口不能超出相应的农业发展水平。虽然西方发达国家的发展事实证明，科技进步足以保证生产足够的粮食满足人口增长的需求，"马尔萨斯陷阱"理论没有被证实，但中国历届政府一直没有放松粮食生产，一直执行世界上最为严格的"耕地保护制度"，坚持"手中有粮，心中不慌"，主要有三个原因：一是饥饿思维深入人心。中华人民共和国成立之后经历了长期的贫困时期，或是由于战争，或是由于天灾人祸，严重的饥荒事件，尤其是"1959～1961 年三年困难时期"事件造成的饥饿思维已经融入了那个年代的每个人心中。二是封闭思维作祟。我国虽然是文明古国，历史悠久，文化璀璨，但真正开始融入世界舞台是改革开放以来的事情，而改革开放以前，我国与西方资本主义国家长期对立与斗争，由此产生的封闭思想也是我国坚持粮食安全、自力更生的一个重要原因。三是对国际市场稳定性缺乏信心。我国人口众多，国际粮食市场经常出现波动，如果我国粮食消费过度依赖国际市场，将会造成国际市场粮价的飞涨，从而引起国际性粮荒。这也是我国坚持粮食自给的一个重要的影响因素。

5.2　新形势下传统粮食安全观存在明显历史局限性

一是认为粮食增产越多越安全。实际上，粮食安全保障是国家对粮食的综合供给和保障能力，当粮食生产能力达到一定水平后，对粮食供给结构的优化和调整才是提高粮食安全水平的关键。过于追求粮食增产会带来资源配置的低效和浪费，扭曲农业种植结构，同时对水土和生态环境承载力造成巨大损害。

二是认为粮食库存越高越安全。在粮食生产政策的刺激下，我国粮食库存连年增加，目前远超过国际公认的储存标准。过量的库存不仅带来巨大的粮食储存管理和维护成本，增加了粮食损耗程度，同时也阻碍了粮食市场的正常流通和运行，降低了国内农产品的市场竞争力。

三是认为粮食自给率越高越安全。粮食自给率高不等于粮食安全系数高。实际上，现在世界上许多国家粮食自给率都维持在较低水平，也并未发生过粮食短缺危机。例如，从1990～2011 年，日本的粮食自给率从 22% 下降到 20.3%，韩国的粮食自给率从 35.6% 下降到 25.8%，意大利、西班牙等国的粮食自给率也比较低。在市场经济条件下，维持市场准入和购买力才是保证粮食安全的关键。

四是认为价格调整得越稳越安全。粮食市场价格波动可以促进粮食生产和流通等各个领域资源要素的优化配置，有利于提高农业综合竞争力和粮食安全体系的综合保障能力。政府依靠行政手段对粮食价格进行硬性干预，实际上扰乱了市场秩序，也阻碍了市场在粮食资源配置中决定性作用的发挥。

我国传统粮食安全观在某种程度上秉承了中国千年"重粮"思想观念，但更多的是受过去"战争与饥饿"的惯性思维影响，固执于单纯粮食观念，不愿面对全球化和市场化以及迎面扑来的营养健康需求等日新月异的变化。我们不否认重粮思想对我国几千年农业社会发展的贡献，而且即使进入现代化发展的新的历史时期，重粮思想仍然值得传承、发扬和光大，但面对百年未有之大变局，面对我国经济社会发展新阶段所呈现的新国情、新粮情和新需求，必须在传统粮食安全观基础上构建新时代粮食安全观。

5.3 两种粮食安全观：战时粮食安全与常态粮食安全

在讨论粮食安全观之前，有必要区分一下两种粮食安全观：一是战时粮食安全观，二是常态粮食安全观（表5-1）。战时粮食安全观面临的风险是在国家战争条件下，敌方会对我方进行贸易封锁，我国经济发展受阻，极端贫困，百姓主要是依靠粮食谋求生存。在这种条件下，短时间需要限制需求，扩大库存，长时间需要集中力量，促进粮食生产，消费方面限制高端消费，如减少饮酒、降低食肉量等。在这种情况下，粮食安全需要保证100%的国内自给，粮食需求限制在温饱水平上，按照1990年初的消费标准，大约为360 kg/（人·a）。如果有长时间的不测事件，则需要依靠刺激国内生产，结合国际贸易进行应对。而常态下，发生大的战争、自然大灾害的概率较小，即使发生了局部性的战争或自然灾害，完全可以依靠库存进行应对。在这种背景下，粮食安全值宜维持在17%～18%的库存量水平，不宜过高。

表5-1 常态粮食安全与战时粮食安全的比较

安全观	战时粮食安全	常态粮食安全
面对的风险/危机	战争、贸易封锁、极端贫困	自然灾害、市场波动（粮食出口国在危机时限制出口）
暂时解决途径	限制需求、扩大库存	依靠库存
长期解决途径	动员资源、限制需求；国内自给	国内生产+国际贸易
量化指标	100%国内自给率	库存17%～18%
需求限制	温饱水平［360 kg/（人·a）］	不限制（酒肉宠物任自由）
策略	藏粮于土、休养生息、基本农田保护	两个市场两种资源

长期以来，我国的粮食安全观一直是战时粮食安全观，其思想一直延续至今，最具体的表现是：坚持高的粮食自给率。长期以来，我国一直坚持粮食自给率保持在95%以上，即使是我国参与国际贸易的广度与深度都在日益扩展的今天，我国仍然将高的粮食自给率作为粮食安全的指标，并用以指导农业生产。农业部部长韩长赋在2014年指出，我国要坚守"谷物基本自给、口粮绝对安全"的战略底线，做到"谷物基本自给"，就要保持谷物自给率在95%以上；做到"口粮绝对安全"，就是稻谷、小麦的自给率基本达到100%。这是保障国家粮食安全的硬指标，也是硬约束。

以"粮食国内自给率"来确定"国家粮食安全"目标和政策，是战时粮食安全观的集中反映。面对今天的新形势，有必要重新审视这种粮食安全观的背景、含义。

中国是世界上人口最多的国家，且在过去较长的时期内，一直处于战争纷乱、经济贫困、民众饥饿的状态，在 20 世纪 60 年代初甚至发生过人类历史上最严重的饥荒事件。在那个年代，保障国民的温饱成为最重要、根本的政治任务。毛主席也曾提出"深挖洞、广积粮、不称霸"的战略口号。我国传统的粮食安全观就是在这种背景下形成的，具有典型的战时粮食安全观烙印。

5.3.1 战时粮食安全观的特征

1. 战时粮食安全观的特征

一是封闭，表现为饥饿和战时思维长期主导。历史上，我国长期处于农业社会阶段，农业生产技术落后，粮食产量保障水平差。因此，"民以食为天""无农不稳"等观念深入人心。新中国成立后，我国长期面临复杂严峻的国内外政治环境，"深挖洞、广积粮"，单纯追求粮食产量和保障粮食自给率成为各个阶段我国粮食安全政策的重心。国际粮食市场的供给调节能力被忽视，粮食储备、补贴和加工流通体制等落后闭塞，缺乏动态性、透明性和市场性。

二是单调，具体体现在粮食供需调节方式、供给内容和消费结构等方面。粮食供需调节依靠单一的行政手段和价格手段，如粮食最低收购价补贴、农业生产者补贴等，忽视了市场对粮食资源的配置作用，忽视了我国粮食供需的地域差异，"一刀切""一张纸"解决问题的现象屡见不鲜。粮食安全政策主要着力于提高粮食产量，满足饱腹需求，尚未能兼顾粮食需求的多样性。

三是分散，生产端趋于分散，产业链相互割裂。一方面，粮食生产仍以小农户为主，集约化水平低，机械化运用有限，生产成本高，粮食功能区划定不明确，空间布局有待进一步优化。另一方面，受流通政策、产业规模和市场发展不完善等因素影响，粮食产业链相互割裂，粮食供给和流通效率不高。

2. 战时粮食安全观造成的严重后果

一是财政负担加重。据初步统计，2016 年我国实行的涉农支持与保护补贴达 67 项，其中与粮食生产直接相关的补贴约 17 项。2010～2012 年，中国农业支持总量平均为 10 388 亿元（1600 亿美元），其绝对水平已经高于美国（1453 亿美元）、欧盟（1214 亿美元）、日本（699 亿美元）、韩国（216 亿美元）等所有 OECD 国家，以及巴西、南非、俄罗斯等非 OECD 国家。过高的农业补贴给中央财政带来沉重的负担。

二是扰乱粮食市场机制。受粮食托底价收购和其他相关粮食补贴政策的影响，我国粮食的市场价格形成机制已经发生扭曲。财政补贴越多，粮食价格越高，而最终的实惠却并没有完全进入农民的口袋，而是转化成为企业粮食价格的一部分，或者由于库存的积压而消耗殆尽。粮食价格受制于政府管控，导致价格信号不明，抵抗市场波动能力弱，价格无法完全反映市场供需关系。

三是导致资源错配。长期单一的粮食供给保障模式影响了粮食生产力的区域和品种的多样化配置，导致粮食供给的结构性过剩和严重的资源浪费。长江中下游、华北平原和东北平原目前是我国的三大粮食主产区，但我国的粮食主销区主要是京津冀、长三角和珠三角，产销不匹配使得"北粮南运"情况越来越普遍。此外，我国水资源分布的区域差异显著，北方地区普遍缺水，而南方则雨水充沛，"北粮南运"更进一步加剧了水资源的不平衡，引发严重的资源环境错配。

四是生态环境问题加剧。过度追求粮食产量导致化肥、农药和塑料薄膜等的过度使用，从而导致土壤肥力递减、农药残留超标、水体等环境污染越来越严重。东北地区黑土退化、华北平原地下水漏斗和南方稻区的重金属污染等问题已经严重阻碍了我国农业的可持续发展。可持续的粮食安全一定要以资源环境的健康为保障，不能竭泽而渔。

5.3.2　常态粮食安全观的特征

1. 形成常态粮食安全观的现实背景

目前中国已经摆脱粮食极端匮乏的威胁。近年来随着我国粮食生产量与进口量的不断增长，我国居民的人均粮食占有量逐年提高，已经超过了世界平均水平，粮食安全处于历史最高水平。

2003～2015年，我国粮食总产量从4.31亿t直线上升到6.21亿t，12年间我国粮食总产量增长了1.91亿t，增长率为44.28%。其中三大主粮（水稻、玉米、小麦）的总产量均呈现明显的增长趋势，玉米表现尤为明显。粮食产量连年增长的同时，我国从国际市场进口的粮食也明显增加。2015年我国粮食净进口量已经达到了12 313万t，粮食进口量占粮食生产量的比重为19.8%。随着我国粮食生产量与进口量的大幅增长，我国人均粮食占有量（表观消费量）也明显提高，2003～2015年，我国人均粮食占有量从334.0 kg/人增加到541.7 kg/人，12年间增长了208.0 kg/人。我国粮食人均占有量正处于历史最高水平。从这个角度讲，我国已经远离了粮食极端匮乏的威胁，战时粮食安全观形成的土壤已经发生了明显变化。

2. 常态粮食安全观的应有图景

在世界正常运转的情景下，费力维持不合理的粮食自给率没有必要，适当进口粮食不仅不会降低本国的粮食安全，反而有助于提高粮食安全水平。目前世界上诸多发达国家的粮食自给率均处于非常低的水平，但粮食安全指数均位于世界前列。例如，日本与韩国的粮食自给率目前均低于30%，但经济学人智库计算的2016年全球粮食安全指数显示，日本的粮食安全水平全球排位 22 位，韩国 28 位，远高于许多高粮食自给率的国家，也明显高于中国（42 位）。

鉴于我国有限的水土资源与非常严重的农业生产环境污染与退化问题，应该充分认识到：目前我国的水土资源现状难以满足我国日益增长的农产品需求，适度、有序地放开国际市场，充分利用国际国内两个市场、国内国外两种资源，是必然要求。

5.4　粮食生产发展与保障应重视和秉持"底线思维"

耕地资源禀赋与环境质量是粮食安全战略的重要依托与保障，国民营养健康是粮食供需决策的出发点，而农民则是保障粮食生产的一线人员，同时国家财政资金对保证粮食稳定不可或缺。这是新形势下，基于粮食发展体系现状做出的客观判断，也是对社会矛盾转变的具体反映与阐释，更是在制定粮食生产发展规划和政策时应坚守的内心底线。现阶段以至未来一段时期（2018～2030 年），粮食发展应秉持四个"底线思维"，即不以牺牲资源环境为代价，不忽视国民营养健康需求，不损伤种粮农民利益，不浪费国家财政资金。

1. 不以牺牲资源环境为代价

应该清醒地看到，当前我国粮食产量增长的资源环境成本呈现明显外部化。以日趋严重的耕地面源污染为例，国家重大水专项、国家重点研发计划等治理资金多达数百亿，这正是对资源环境成本呈现外部化后再治理的体现。粮食发展过程中的资源环境效应这个底线不应放松，正如习近平总书记在党的十九大报告中提到的"像对待生命一样对待生态环境"，如何着重强调都不过分，应在科学评估耕地地力与环境负荷、资源消耗的基础上，将耕地环境污染和资源消耗成本纳入粮食生产成本体系中。

2. 不忽视国民营养健康需求

居民膳食结构由数量温饱型向质量营养型转变，对粮食产品多样化、优质化要求越来越高。国民的营养健康需求是粮食供给的重要导向，应在粮食生产的宏观统筹中受到重视。在粮食供给充分、食物保障充足的当前，更加重视质量和品质，提供营养、优质、安全的粮食产品供给。在消费端，应正确引导国民营养健康理念，呼吁健康的食物消费观念，普及绿色消费行为，倡导减少食物浪费；同时，合理地引导构建饲料用粮体系，也将从侧面为保障我国的口粮安全提供有力支持。

3. 不损伤种粮农民利益

在全社会经济发展的红利资源分配中，要确保公平，不能亏待在粮食生产第一线的农民。全社会的现代化离不开农业现代化，更离不开提升种粮农民的收获感。只有心怀对农业、农村和农民的深沉情感，坚持农民收益不受损这个原则，才能理顺和处理好种粮一线的农民群体与全社会共同发展协调一致的问题，这也是实现乡村振兴战略的重要目标之一。

4. 不浪费国家财政资金

从粮食生产和流通、消费的总体结构来看，补贴政策的制定应该更为合理，并具有导向性，促进粮食供给侧的改革。适当调减口粮生产种植的补贴，由过去对粮食生产"量"的重视向对粮食"质"的方向倾斜，逐渐加大对特色农产品、有机农产品、田园综合体等新型农业形态的支持力度。积极推进粮食收储制度改革，适当减少粮食储备的补贴力度，部分饲料用粮可适当由国际粮食市场解决；加快新旧粮食交替频率，减轻库存粮食的压力与负担，实现财政资金的公益效应最大化。

综上所述，"底线思维"的确立，不仅利于粮食生产耕地的休养生息，实现藏粮于地；也有利于符合新时期国民营养健康需求的粮食生产体系政策的调整。同时增强对底线思维的认知，还能有效发挥财政补贴资金的支持性作用，增强对农民种粮收益的保障，这是粮食供给的保障条件和生产主力，加强对种粮农民财政补贴与收入的稳定性，其意义不言而喻。随着我国粮食安全战略的合理性动态调整，加强对粮食"底线思维"的重视、反思与认知，并深入到未来粮食发展政策制定中去，必将进一步推动我国粮食体系供给侧结构性改革向良性方向发展。

5.5 以"藏粮于地"的战略应对战时粮食安全风险

判断国内的土地生产能力是否能够保障"战时粮食安全"（粮食绝对匮乏情景）至关重要，也是我们粮食安全保证的底线。应对战时粮食安全，需要严格保护耕地，实行"藏粮于地、休养生息"战略。

推算思路和过程如下。

土地人口承载力，通常定义为土地资源发挥最大生产能力所能供养的人口数量。这里有两个问题值得注意：①人均食物消费水平定为多高？②在哪个空间尺度上估算？这是两个紧密联系的问题，认真思考这两个问题的联系，对于重新认识时下热议的中国粮食安全问题至关重要。在和平时期，高消费水平下的粮食供给可以由国际贸易解决，这时的宏观"粮食安全"只能在全球尺度上评价；一个国家的粮食安全出现问题，一般是指在贸易封锁情况下国内总需求超过国内总供给，而这时候，食物消费水平必然降低到温饱水平上，不可能再维持高消费水平。因此，评估国家粮食安全情况下的土地人口承载力，应按温饱水平来确定人均粮食消费量。一般认为，20 世纪 80 年代中后期，我国已基本解决温饱问题。在本研究中，1990 年我国人口平均食物消费水平，被确定为"温饱水平"。这一时期的食物结构及其所对应的作物种植结构，被作为估算粮食播种面积的依据。由于这个食物消费水平及其对应的作物结构都是历史上曾经出现的情况，不需要预测，因此降低了估算的不确定性。

1990 年以来的资料表明，中国的粮食供需基本平衡。然而，这种平衡是在近年来土地利用发生了显著变化的情况下维持的，伴随着食物结构的变化，蔬菜、水果种植面积持续扩大。此外，农业劳动力机会成本上升，粮食生产的集约度持续下降，部分省区复种指数下降明显。这说明，中国土地的粮食生产能力还没有完全发挥出来。周小萍等学者将这部分生产能力称为"藏粮于地"的生产力，并用省级数据对此进行了估算，考虑了复种指数、退耕抛荒、结构调整等因素，认为 2004 年前后我国耕地尚有 8% 的生产能力没有发挥出来。基于这一思路，对这部分"潜力粮"进行估算。然后与 2016 年的粮食总产量加总，形成中国耕地的现实生产力，进而对照温饱水平下的人均粮食消费量，推算出人口承载量。

"潜力粮"主要考虑 3 部分：单产下降形成的潜力、作物结构调整形成的潜力、蕴藏在果园中的潜力。以 1990 年的农作物播种面积结构作为"温饱消费水平"下的"合理作物结构"，即反映了合理的食物需求结构；以 1990 年的粮食消费水平 362 kg/a 作为推算人口承载量的依据。

我们将作物结构简单地调整回 1990 年的结构，按照目前的播种面积，计算得到隐藏在种植结构中的粮食潜在产能；取 1990～2016 年我国各省粮食单产的最高水平，作为我国粮食可能的生产力水平，减去 2016 年的单产水平，作为我国粮食潜藏在单产中的产能；根据国土资源部的统计数据，新增果园面积中平均 55% 来自耕地，根据 2016 年与 1990 年果园面积的差额，经 55% 的系数校正，按照 2016 年的单产水平，计算得到隐藏在果园中的粮食产能。黑龙江、吉林等省农业生产逐步向粮食作物倾斜，重点表现为粮食种植比例提升，果园面积减小，简单地将这些地区的粮食生产潜能归为 0。各省（直辖市、自治区）产能估算见表 5-2。

表 5-2　中国粮食产能估算　　　　　　　　　　　　　（单位：万 t）

省（自治区、直辖市）	结构潜力	单产潜力	果园产能	合计
北京市	22.7	2.4	1.2	26.3
天津市	14.1	0.0	1.4	15.5
河北省	243.7	0.0	186.2	429.9
山西省	0.0*	0.0	35.1	35.1
内蒙古自治区	343.8	75.5	9.1	428.4
辽宁省	178.2	98.4	0.0	276.6
吉林省	0.0*	5.7	0.0	5.7
黑龙江省	0.0*	286.6	3.4	290.0

续表

省（自治区、直辖市）	结构潜力	单产潜力	果园产能	合计
上海市	38.9	0.9	4.8	44.6
江苏省	307.4	100.6	61.9	469.9
浙江省	262.8	30.2	40.2	333.2
安徽省	19.1	126.9	23.2	169.2
福建省	324.5	4.4	128.9	457.8
江西省	0.0*	0.0	186.0	186.0
山东省	443.1	24.2	6.2	473.5
河南省	608.9	131.7	121.5	862.1
湖北省	635.5	131.5	144.3	911.3
湖南省	629.7	42.7	243.0	915.4
广东省	484.8	104.0	267.5	856.3
广西壮族自治区	667.8	0.0	416.7	1 084.5
海南省	103.0	0.0	38.0	141.0
重庆市	304.0	5.2	130.2	439.4
四川省	653.2	0.0	182.4	835.6
贵州省	330.8	42.4	78.1	451.3
云南省	550.4	0.0	118.1	668.5
西藏自治区	27.3	0.0	0.5	27.8
陕西省	228.1	0.0	226.0	454.1
甘肃省	232.2	15.9	54.4	302.5
青海省	48.3	3.3	0.3	51.9
宁夏回族自治区	123.6	10.7	28.4	162.7
新疆维吾尔自治区	763.9	12.9	338.3	1 115.1
合计	8 589.9	1 256.2	3 075.2	12 921.3

*表示计算结果为负值，作者归为 0。

　　从计算结果来看，我国隐藏在农业结构中的粮食产能约为 8589.9 万 t，因单产水平未完全发挥隐藏的粮食产能为 1256.2 万 t，因改为果园隐藏的产能为 3075.2 万 t，三者合计 12 921.3 万 t，2016 年我国粮食总产量为 61 623.9 万 t，加上隐藏的粮食产能共计 74 545.2 万 t。按照 1990 年我国人均消费 362 kg 粮食（温饱水平）计算，我国自身农业生产可支撑的人口数量为 20.59 亿人，如果按照 400 kg/ 人消费水平计算，我国自身农业生产可支撑的人口数量为 18.64 亿人，如果按照较为富裕的消费标准 500 kg/ 人计算，我国自身农业生产可支撑 14.91 亿人。

当然，我们的假设是在牺牲国民日益增加的水果、蔬菜等消费量的基础上，水果、蔬菜消费量的增加会大幅挤占粮食的生产空间，从而导致我国粮食产量下降；同时，由于城镇化与工业化的巨大影响，我国农业可能会在空间上收缩，种植方式也会由传统的精耕细作向规模经营转化，这也有可能会造成粮食产量下降。相反，技术进步带来单产水平的提高，政策扶持扩大粮食播种面积可能均会带来我国粮食产量的上升。

第6章

确立新时代粮食安全观

保障粮食安全是我国任何时候都不能放松的头等大事。目前，我国膳食结构发生根本性变化，国民饭碗中口粮的比重已明显下降，营养与健康应成为保障粮食安全的着力点。在粮食的供给侧，口粮绝对安全，但供远大于求，并有 50% 以上的冗余；饲料用粮需求增大，却产能不足，尚有 22% 的缺口。供需关系脱节导致我国粮食体系中存在"产量多、进口多、库存多、浪费多，财政负担重"的矛盾现象，成为我国农业发展不能承受之重。

当前，我国农业资源环境和投入已难以承载新的连续增产；全球化推动的开放性世界粮食市场的形成以及我国地缘影响力的持续增强，为我国统筹利用国内国外两个市场、两种资源提供了广阔空间和保障。随着我国社会经济发展和国内外环境的巨大变化，粮食发展迎来新时期。面对新需求和新挑战，迫切要求我们深刻洞悉世界农业与粮食发展新趋势，高度把握国内农情和粮情新动向，构建适合新时期新特点的粮食安全新战略。

6.1 粮食供需形势已发生重大变化

粮食安全的目标是保证任何人在任何时候都能得到为了生存和健康所需要的足够食物。粮食安全是从全球层次到国家层面再到家庭及个人层次的多层面问题，在全球层面，需要保障全球粮食可获得能力；在国家层面，需要保障国家粮食可获得能力；在家庭及个人层面，需要保障家庭和个人粮食可获得能力；在个人层面，需要保障个人的营养安全（李国祥，2014；黄季焜等，2012）。可见，粮食安全在个人层面就是营养安全，在国家层面就是国家粮食的可获得能力，国家粮食可获得能力包括粮食生产能力和粮食进口能力。

一直以来，中国走的是一条依靠国内资源满足国内粮食需求的道路。原因主要为：①人口众多，粮食供给依赖于国际市场在粮食安全、经济安全和政治安全方面都有风险；②中国经济实力长期薄弱，外汇储备有限；③中国粮食生产能力长期处于满足不了国内需求的状态，提高农业综合生产能力是中国经济社会发展中的重大问题；④中国粮食贸易方面的大国效应非常明显，一旦增加相当于国内需求 1%～2% 的粮食，都会引起国际市场的巨大波动；⑤在长期冷战的状态下，粮食禁运有可能成为重要的制裁手段。

目前，我国粮食安全存在四大问题，构建新时期粮食安全战略势在必行。一是我国粮食供给呈现出总产量多、进口量多、库存量多和浪费多的四多"怪圈"现象。二是我国居民膳食结构、食物供给途径已发生巨大变化，供给端和需求端已发生错位。三是我国粮食生产正面临巨大资源环境压力和经济社会风险。四是国内粮食生产成本普遍高于国际市场，原因在于农业生产依赖于土地、水资源等，相比于世界平均水平，我国人均耕地面积小、人均水资源短缺，粮食生产规模偏小，结果表现为我国稻谷、小麦、玉米、大豆和棉花等大宗农产品的生产成本已经全面高于美国、欧盟、巴西等主产国。例如，水稻每亩成本比美国高 91.7 元；玉米每亩成本比美国高 321.4 元；小麦每亩成本比欧盟高 224.6 元、比美国高 596.3 元。我国农产品生产高成本的主要原因一是我国农产品生产中人工成本远高于其他主产国，二是为保证农民种粮收益，我国实行了粮食最低收购价等一系列种粮保护政策，使得国内粮食价格明显高于国际市场价格（王欧等，2014；黄季焜等，2011；藏文如等，2010；侯明利等，2008）。

在国内农业资源开发潜力已接近极限的前提下，中国粮食安全的总体思路正在重构。目前来看，我们正在进入一个粮食供需多元化的新时期（2016～2050 年），在该阶段，预计城市化和互联网技术的快速扩散会驱动我国粮食供需出现如下特征：食物需求更加营养化和多样化、食物流通快速化、食物供给渠道多元化，在这样的新形势和新环境下重构我国粮食安全战略，对于实现富强民主文明和谐的社会主义现代化强国具有重要的意义，同时也是可持续发展面临的重大任务和挑战。

（1）消费侧需求发生重大变化。新时期我国经济将保持中速发展，城市化进程仍然会不断推进。目前，我国的城市化率达到 57%，意味着超过一半的人口已经生活在城市，预计到 2030 年，城市化率将达到 68%（国家人口发展战略研究课题组，2006）（表 6-1）。与此同时，城镇居民人均可支配收入和农村居民人均纯收入大幅增加，居民的生活水平不断提高，膳食结构也将不断发生变化，谷物的直接消费总量会呈现下降趋势，肉禽蛋类消费呈现持续增长的趋势。居民膳食结构的改变和对动物性产品需求的不断增加，会刺激饲料粮需求的持续增加。我国老龄人口规模的扩大也会对粮食需求产生影响。诸多因素的变化都意味着新时期粮食的需求结构会发生巨大的变化。

表 6-1　中国总人口数量及城市化率的预测

项目	2015 年	2020 年	2025 年	2030 年	2035 年	2040 年	2045 年	2050 年
人口 / 亿人	13.75	14.32	14.52	14.57	14.54	14.44	14.25	13.93
城市化率 /%	55	60	65	68	71	73	75	76

（2）生产侧供给能力有限，分散化与高成本并存。我国农产品生产的主要模式仍然是一家一户的小农生产，每户的土地规模十分有限，这一方面导致了单位农产品的价格远远高出国际市场水平，另一方面导致种粮农民无法通过粮食种植获得规模效益，达到预期的收入以维持生计。

（3）国内粮食市场体系复杂化，有效供应只能依靠市场机制。一端是千家万户构成的小规模分散化粮食生产者，一端是千家万户构成的消费者，城市化过程中，人口不断由农村迁徙到城市，从农田到餐桌的距离越来越远，大都市的形成要求短时间内大量农产品的供给，这种复杂的供给、流通、消费网络，只有通过市场机制才能发挥调控作用。

（4）全球化背景与国际粮食市场的接轨与融合。信息网络的高度发达，运输能力和速度的不断提高，各国资源禀赋和比较优势的存在，导致全球彼此依赖形成了国际粮食市场，相对而言，中国已经逐渐演变成了一个世界其他农产品生产剩余大国销售农产品的目标市场，中国是一个巨大的潜在农产品消费国，关键是能否保持购买能力。

6.2　新时期粮食供需平衡的态势

对新时期我国 2015～2050 年粮食供给与需求平衡态势分析表明，粮食具有保障平衡的基本能力，口粮具有保障充分平衡的能力，只有饲料粮的保障程度不足。这一有所宽裕的粮食供需平衡态势为允许市场小幅度波动来实现粮食供需动态平衡提供了容忍空间，也为国家粮食政策调整提供了契机和条件。

6.2.1　食物需求分析

基于营养需求的城乡居民食物消费趋势分析。依据《中国食物与营养发展纲要（2014～2020 年）》，人均口粮摄入量 135 kg，肉类、蛋类、奶类、水产品分别为 29 kg、16 kg、36 kg、18 kg，考虑到不可食部分和中间及消费环节损耗，按当前产品耗粮率计，对应基本营养需求的粮食需求总量为 384.4 kg。随着未来养殖业规模化程度的提高，单位肉、蛋、奶、水产品的耗粮还会有所增加，对应基本营养需求的人均粮食需求量将相应提高（辛良杰等，2015）。

基于营养需求的人均粮食需求中，口粮为 147.6 kg/ 人，占 38.4%，与肉类、蛋类、奶类和水产品需求相对应的饲料粮为 236.8 kg/ 人，占 61.6%。2015 年，我国粮食需求总量为 5.29 亿 t，其中口粮需求 2.03 亿 t，饲料粮需求 3.26 亿 t；到 2030 年人口达到峰值时，粮食需求总量为 5.6 亿 t，其中口粮需求 2.15 亿 t，饲料粮需求 3.45 亿 t，此后粮食需求会逐渐下降；到 2050 年粮食需求总量为 5.35 亿 t，其中口粮需求 2.06 亿 t，饲料粮需求 3.30 亿 t（表6-2）。需要指出的是，这里的粮食需求仅指基于营养需求的粮食需求，现实中实际粮食需求要高出此值。

表 6-2　基于营养需求的人均粮食需求参数

食物类型	人均摄入量 /（kg/a）	可食部分比率 /%	产品耗粮率 /（kg/kg）	损耗率 /%	粮食需求量 /（kg/ 人）	粮食需求结构 /%
口粮	135	93.8	1.0	2.5	147.6	38.40
肉类	29	65.9	2.54	15	131.5	34.21
蛋类	16	55.6	1.68	10	53.7	13.97
奶类	36	85.0	0.37	6	16.7	4.34
水产品	18	100	1.28	34	34.9	9.08
合计					384.4	100.00

注 1：依据日本农林水产省 2011 年食物供需平衡表，肉类、水产品、蛋类、奶类的可食部分比率分别为 65.9%、55.6%、85% 和 100%；2011 年 FAO 发布的全球食物损耗与浪费报告公布的数据显示，亚洲工业化国家（包括中国）肉类、水产品、奶类生产和流通环节的损耗分别为 15%、34%、6%，谷物最低损耗为 2.5%，蛋类生产加工损耗率依据《中国养殖业可持续发展战略研究》为 10%。

注 2：依据 2014 年《全国农产品成本收益年鉴》，2013 年中等养殖规模猪肉、鸡肉单位产品耗粮数量分别为 2.70、2.03，牛、羊散养单位产品耗粮数量分别为 1.51、2.13，参考中国工程院重大咨询项目《中国养殖业可持续发展战略研究》，牛、羊规模化养殖单位产品耗粮数量均为 4.51，牛羊规模化养殖比重按 33% 计，牛、羊综合单位单位产品耗粮分别为 2.50、2.92，猪、牛、羊、禽按 2013 年产量结构 64：7.9：4.8：23.3 计，肉类加权单位产品耗粮为 2.54。依据 2014 年《全国农产品成本收益年鉴》，蛋类、奶类中等规模单位产品耗粮分别为 1.68、0.37。据中国农业大学李德发研究团队测算，水产品单位产品耗粮 1.28。

6.2.2　食物生产能力和供给能力分析

我国目前的粮食生产能力为 6.21 亿 t，其中，谷物 5.72 亿 t，占 92.1%，豆类和薯类合计 0.49 亿 t，占 7.9%。在谷物中，小麦生产能力为 1.3 亿 t，占 20.95%，水稻 2.08 亿 t，占 33.51%，小麦和水稻主要用于口粮，玉米为 2.25 亿 t，占 36.14%，主要用于饲料粮。根据现有播种面积、单位面积产量，我国的粮食产量已经达到较高水平，未来不可能再有显著增长（表6-3）。

表 6-3　目前中国的粮食生产能力（2015 年）

粮食类型	播种面积 /10³ hm²	单位面积产量 /（kg/ hm²）	总产量 /10⁴ t	人均 /（kg/ 人）	构成 /%
谷物	95 648.9	5 982.9	57 225.3	416.18	92.09
小麦	24 141.3	5 392.7	13 018.7	94.68	20.95
水稻	30 213.2	6 892.5	20 824.5	151.45	33.51
玉米	38 116.6	5 891.9	22 458.0	163.33	36.14
豆类	8 851.6	1 794.0	1 588.0	11.55	2.56
薯类	8 840.0	3 767.1	3 330.1	24.22	5.36
合计	113 340.5		62 143.4	451.95	100

6.2.3　粮食需求与供给平衡分析

从粮食总体来看，当前我国粮食需求量为 5.29 亿 t，供给量为 6.21 亿 t，供给比需求多出 0.92 亿 t，粮食保障程度达到 117.49%。到 2030 年人口高峰期，粮食需求量为 5.60 亿 t，粮食供给能力保持现有水平，供给量比需求量多出 0.61 亿 t，粮食保障程度达到 110.88%；到 2050 年，粮食需求量会逐渐降低到 5.35 亿 t，粮食安全保障程度为 115.97%。这些数据说明在未来 30 多年中，只要我们维持现有粮食生产能力，就可以依靠我国的资源和农业生产能力实现粮食安全，并且有 10% 以上的粮食安全冗余。10%～17% 的粮食安全冗余为我国粮食生产、消费、流通环节的政策调整以及生态环境修复提供了空间和余地。

从口粮来看，当前我国口粮需求量为 2.03 亿 t，供给量为 3.41 亿 t，供给比需求多出 1.38 亿 t，口粮保障程度达到 168.02%。到 2030 年人口高峰期，口粮需求量为 2.15 亿 t，口粮供给能力保持现有水平，供给量比需求量多出 1.26 亿 t，口粮保障程度达到 158.57%；到 2050 年，口粮需求量会逐渐降低到 2.06 亿 t，粮食安全保障程度为 165.85%。这些数据说明在未来 30 多年中，只要我们维持现有小麦、水稻生产能力，就可以依靠我国自己的资源和农业生产能力实现口粮安全，并且有 50% 以上的口粮安全冗余。50% 以上的口粮安全冗余为我国口粮（小麦、水稻）生产、消费、流通环节的政策调整以及生态环境修复提供了很大的空间和余地。

从饲料粮来看，当前我国饲料粮需求量为 3.26 亿 t，供给量为 2.74 亿 t，供给比需求少 0.52 亿 t，饲料粮保障程度为 84.15%（表 6-4）。到 2030 年人口高峰期，饲料粮需求量为 3.45 亿 t，饲料粮供给能力保持现有水平，供给量比需求量少 0.71 亿 t，饲料粮保障程度仅为 79.42%；到 2050 年，饲料粮需求量会逐渐降低到 3.30 亿 t，饲料粮安全保障程度为 83.06%。这些数据说明在未来 30 多年中，如果维持现有粮食生产格局和生产能力，我们基本无法依靠我国自己的资源和农业生产能力实现饲料粮安全，并且有 20% 以上的饲料粮安全赤字，这为我国饲料粮和畜产品生产带来了较大的安全压力。

表 6-4　中国粮食需求保障程度

项目	2015 年	2020 年	2025 年	2030 年	2035 年	2040 年	2045 年	2050 年
粮食需求量 /10^8 t	5.29	5.50	5.58	5.60	5.59	5.55	5.48	5.35
粮食保障程度 /%	117.49	112.81	111.26	110.88	111.11	111.88	113.37	115.97
口粮需求量 /10^8 t	2.03	2.11	2.14	2.15	2.15	2.13	2.10	2.06
口粮保障程度 /%	168.02	161.33	159.11	158.57	158.89	159.99	162.13	165.85
饲料粮需求量 /10^8 t	3.26	3.39	3.44	3.45	3.44	3.42	3.37	3.30
饲料粮保障程度 /%	84.15	80.80	79.69	79.42	79.58	80.13	81.20	83.06

注：粮食供给能力按目前达到的生产能力计算，为 6.21×10^8 t；口粮的供给能力按当前我国小麦和稻谷生产量计算，为 3.41×10^8 t；饲料粮供给能力按目前我国玉米、豆类和薯类的生产量计算，为 2.74×10^8 t。

6.2.4　粮食储备体系的作用

建立国家粮食储备制度，是国际上通用的保障粮食安全的制度建设。我国建立专项粮食储备制度已有多年，建造了一批现代化储备库，建立起垂直管理体系，并且已发挥出重要作用。从需求来看，2015 年，国家粮食储备库存量为 0.95×10^8 t，到 2030 年，国家粮食储备库存量为 1.01×10^8 t，到 2050 年，国家粮食储备库存量为 0.96×10^8 t（表 6-5）。然而，我国实际粮食库存量较大，2015 年我国玉米、小麦与水稻三大主粮的期末库存为 2.5×10^8 t，远超联合国粮农组织规定的安全水平（17%～18%）（蒋和平等，2016）。粮食库存量越来越大和国家用于粮食生产、储存和进口的财政补贴负担愈益加重的原因主要是由于我国粮食价格普遍高于国际市场，一方面政府通过各种补贴保护数以亿计的农民种粮积极性，另一方面又通过大量补贴储粮机构以高于市场价格的保护价收购农民的粮食，价格倒挂的因素导致这些储存的粮食长期积压。

表 6-5　中国库存粮食需求

项目	2015 年	2020 年	2025 年	2030 年	2035 年	2040 年	2045 年	2050 年
粮食库存需求量 /10^8 t	0.95	0.99	1.00	1.01	1.01	1.00	0.99	0.96
口粮库存需求 /10^8 t	0.41	0.42	0.43	0.43	0.43	0.43	0.42	0.41
饲料粮库存需求 /10^8 t	0.49	0.51	0.52	0.52	0.52	0.51	0.51	0.49

注：粮食库存量按国际标准 18% 计算，口粮库存标准按 20% 计算，饲料粮库存标准按 15% 计算。

6.2.5 粮食进口的作用

第一，粮食供需现状决定了我国粮食需要适度进口。在市场经济条件下，粮食依存度总体上是由国内的粮食供给状况决定的。我国是世界上自然资源比较丰富，但人均资源相对贫乏的国家，利用占全世界 7% 的耕地，养活 20% 的人口，已经是农业发展史上的奇迹。纵观 1961 年后我国的粮食进口，大致可分为两个阶段：第一阶段在 2004 年前，粮食每年都有进口，但总量都不大，不同品种间的差别也较小；第二阶段在 2004 年后，随着中国加入 WTO 以及乌拉圭农业协定的签署，中国的粮食进口量持续增加，但也都在与 WTO 商定的配额之内，在世界进出口市场中的占比较小。但随着居民食物消费升级，国内粮食需求量，特别是肉类消耗量剧增，人均食用油、肉、蛋、奶、水产品、水果、蔬菜的消费逐渐增加，带来了旺盛的粮食需求，尤其是对玉米和大豆等饲料用粮的需求显著增加，给粮食生产带来了较大的压力。在生产端，囿于耕地减少、水资源短缺、粮食产销分布差异，我国粮食供需一直处于"紧平衡"状态：我国具有"人口稠密地区、经济发达地区与优质耕地分布区域三者高度复合"的特点，未来城镇化、工业化发展仍将给我国耕地面积带来严峻挑战，而宜农后备耕地资源多集中于西北等水土流失严重地区，耕地面积扩张非常有限；非农部门需水量的持续增长也将导致农业水资源短缺加剧。由于城市化和老龄化进程加快，我国从事农业劳动的劳动力人口逐年减少，可耕种土地面积也逐年降低，再加上粮食的比较优势逐步降低，农民种粮意愿低，威胁粮食供给。除此之外，还有大量的农业资源被用于种植具有比较优势的农产品，甚至出口。截至 2016 年，中国已成为世界第一大蔬菜、第四大花卉和第六大水果出口国。生产这些农产品也需要占用大量的农业资源。在这样的情况下，完全依赖播种面积或者单产的增加，并不能缓解我国粮食供需的结构性矛盾。充分利用国际农产品市场，补充国内粮食需求不足，或者调剂品种余缺，都属于正常的市场和贸易行为，也是 WTO 框架所允许并为进口来源国家和地区欢迎的。适当从国际市场进口粮食已经成为现阶段我国增加食物供给水平和多样性、调节国内粮食供需平衡和价格波动的必要补充。

第二，进口是弥补我国粮食供给结构性失调的重要手段。由于目前的粮食对外依存度包含了谷物、豆类、薯类等全部粮食品种。如果单独计算口粮，或者谷物，则依存度结果会大为不同。2017 年三大主粮进口量为 11.28×10^6 t，仅占全部粮食进口量的 8.6%，口粮则仅占全部粮食进口量 1.31×10^8 t 的 6.4%。2017 年我国大豆进口量超过 95.00×10^6 t，成为粮食进口的主力。粮食进口品种差异反映出我国粮食供给的结构性失调。按照 2017 年进口数据，口粮（大米和小麦）和三大主粮的对外依存度均为 2%。符合谷物基本自给，口粮绝对安全的正常区间。特别值得注意的是，目前进口的粮食，除了大豆是国内产能不足之外，三大主粮在很大程度上都是为了调剂品种余缺或者由价格波动导致的进口，属于正常的市场和贸易行为。特别是，随着国内粮食消费结构的升级，对于优质强筋小麦的需求激增，而我国主要小麦品种为普通小麦，无法满足国内需求。近些年，随着小麦托底收购价格的调整和农业部门的引导，优质小麦的种植面积迅速增加，有望在一定程度上缓解对于国外小麦的需求。同样的，东北大米也可以有效替代从日本、泰国等地进口的优质大米，从而降低对国外大米的依赖度。

从进口结构和品种来看，近年来我国粮食进口增加主要是基本口粮需求之外的油料及饲料粮等消费需求迅速增加的结果。随着我国粮食需求的刚性增加，利用现有耕地实现农产品供需平衡越来越难的前提下，我国需对农产品的生产布局进行更为明确的规划。我国已经提出"以我为主、立足国内、确保产能、适度进口、科技支撑"的国家粮食安全战略，其中，明确提出"谷物基本自给、口粮绝对安全"，对口粮和谷物的供应方式进行了划定。但对"基本"、"绝对"、"自给"和"安全"的各方理解并不一致，对于各类粮食的进口量也没有标准答案。实际上，我国生产等量的大豆等相应产品，不仅耗费比进口国更多的水土资源，而且价格也会显著高于国际市场。利用国外的比较优势资源生产的粮食，来补充国内的粮食缺口，等于变相降低了国内的生产成本，减少了生产要素消耗。同时，在耕地资源有限的情况下，进口油料和饲料粮，才能保障我国合理调整种植结构，腾出足够的农业资源来生产水稻、小麦等口粮产品或者进行工业生产。

第三，我国地缘环境逐步向好，但粮食贸易风险增多。中华人民共和国成立 70 多年后，我国在各个方面逐步回归国际舞台，无论从外交政治、经济社会，还是科技教育等方面都发生了翻天覆地的变化。截至 2017 年 6 月，我国已经同 175 个国家和地区建立了外交关系，并且同其中超过 50 多个国家建立了各种类型的伙伴关系，遍布亚欧非拉等区域。在中国提出的"一带一路"倡议中，100 多个国家和国际组织表达了积极支持和参与的态度，我国已同 60 个国家和国际组织签署共建"一带一路"合作协议和商贸协定。

尽管如此，中国周边仍然存在一些不安定因素。首先是朝鲜半岛争端影响到我国及东北亚地区的和平与稳定；其次，台湾、东海和南海问题也是我国沿海发展与和平统一所面临的重要挑战。此外，在西南周边地区，印度对我国领土的觊觎和挑衅会影响边疆地区的和平环境，而缅甸中央政府与"民地武"的战争也会影响到我国云南边陲和"一带一路"的发展。在这些事件的背后，都有美国对中国的战略制衡。这些政治军事冲突一方面会加大我国同全球其他地区进行贸易往来的风险，另一方面也会在一定程度上影响区域的经济社会稳定和繁荣，并对经济活动形成抑制作用。包括粮食和油气资源在内的国际贸易和运输，在某种程度上都会受这些冲突的影响。

同时，全球粮食出口国逐步集中和进口国分散的贸易格局，意味着单个出口国家或国家集团遭受气候变化等减产因素或者采取的行动，都会对全球供应和市场价格产生巨大的溢出效应，进而可能对进口国的粮食安全造成巨大威胁。

作为各国政府为调整贸易而采取的干预措施，贸易政策干预也仍将是影响全球粮食贸易变动的主要因素之一。例如发达国家采用的出口补贴过去曾是一项加剧全球价格低迷、导致很多发展中国家价格和进口量缺乏稳定性的重要因素。2008～2009 年粮价飞涨使一些发展中国家开始采用出口限制来稳定本国价格。同时，全球贸易中有越来越多的比例按照双边和区域贸易协定开展。1990～2014 年，全球区域贸易协定的数量从不到 20 项增加到

262 项。

此外，随着全球价值链的兴起和纵向联合的不断发展，企业内部贸易也正成为推动全球粮食贸易格局变化的重要因素，尤其是跨国粮商的发展壮大，在推动全球粮食贸易量和贸易条件等方面将发挥越来越重要的作用，全球粮食贸易中，80% 已由四大跨国粮商所垄断，且全球化经营及全产业链覆盖的战略模式，使其对全球粮食市场及价格的掌控也将达到前所未有的程度。

第四，粮食进口不会成为威胁我国国家安全的手段。作为一类特殊的商品，粮食的进出口贸易对于贸易双方和世界农产品市场有着特殊的含义。粮食自给率的降低必然导致粮食对外依存度的上升，但粮食对外依存度的上升并不完全意味着粮食安全水平的降低。

粮食问题是社会经济和政治外交的综合体。因此，一些国家曾有过利用农产品作为手段，进行国与国之间的贸易战以实现其经济贸易或者政治外交目的的历史。然而，许多担心粮食进口会威胁我国国家安全的人，往往忽视了另一个问题，即粮食贸易是把双刃剑，参与贸易的双方都会受到贸易的影响。这是因为农业是国民经济的基础，而且参与人数较多，影响程度也较深。特别是在农业生产高度发达的今天，限制别人获得粮食的同时，也影响自己手中的粮食出售，并引发一连串的社会反应。在中美、中加、中澳等大国双边关系中，农产品贸易都已成为重要的议题，受到各方的重视。例如，在 2017 年底的时候，中方就曾利用大麦的进口管制，来反制美国对中国电子产品的"双反"调查。近些年来，中国已经开始拓展同乌克兰、哈萨克斯坦、老挝、巴基斯坦等国的粮食贸易，并在一定程度上引发美国、巴西、加拿大和澳大利亚等国农业相关机构和民众的担忧。实际上，中国强劲的农产品需求已经造就了美国、巴西和澳大利亚农业区的繁荣。美国农业部监测数据显示，2007～2017 年，美国休耕面积由 14.88×10^6 hm^2 减少为 9.48×10^6 hm^2，减少了 36.3%；与之相对应的是，2007～2015 年，美国出口的大豆量上涨了 62%，巴西则增长了 129%。随着"一带一路"倡议的持续推进和农业伙伴国的增加，粮食进口贸易管制有可能成为我国政府的一张牌，来应对地缘和经贸压力，配合我国外交和地缘安全布局。

目前，我国人均粮食净进口量为 87.27 kg，占人均粮食需求的 22.7%，这说明我国的粮食消费中，有 1/5 以上依赖国际市场，这一依赖程度要高于我们平时预期，主要原因是我国粮食种植结构中，饲料粮不足，大豆作为饲料蛋白的主要来源，进口量逐年快速增加，2015 年，我国大豆净进口达到 81.69×10^6 t，人均进口大豆达到 59.41 kg，这说明尽管我国谷物尤其是口粮的进口依存度非常低，但维持畜产品生产的饲料粮来源已经高度依赖于国际市场（表 6-6）。

表 6-6 中国粮食进口状况（2015 年）

项目	净进口总量 /10⁴ t	人均净进口 /（kg/ 人）	占需求的百分比 /%
粮食	12 000.00	87.27	22.70
谷物进口	1 500.00	10.91	2.84

续表

项目	净进口总量 /10^4 t	人均净进口 /（kg/ 人）	占需求的百分比 /%
玉米进口	471.75	3.43	0.89
小麦净进口	296.93	2.16	0.56
稻米净进口	306.40	2.23	0.58
大豆净进口	8 169.00	59.41	15.46

6.3 构建新时代国家粮食安全观

观念决定行动的方向，新世情、新国情、新粮情昭示我国粮食发展需要新视野、新观念和新战略，树立面向今后 30 年的新时代粮食安全观，替代原有以口粮为中心的粮食安全观，已是当务之急。

根据我国粮食发展的国内外环境变化，特别是膳食营养的刚性需求以及目前粮食安全困局，亟需转变传统粮食安全观念，即从传统"粮食安全"转向"食物安全"，从"政府主导"转向"市场主导"，从"藏粮于仓"转为"藏粮于地、藏粮于技，藏粮于市"，从"高投入高产出"生产模式转向"环境友好型"的绿色生产模式。

为保证我国农业稳定、健康和可持续发展，需要建立新时代更为科学、全面的粮食安全观，即以"营养、绿色、多元、开放"为内涵的新时代国家粮食安全观。这里"营养"强调的是营养供给和摄入均衡，"绿色"强调的是降低资源消耗，减缓乃至改善生态环境影响，"多元"强调的是膳食结构、生产结构和经营主体结构的多元化，"开放"则强调政策和市场适度开放。

在此新时代粮食安全观基础上，我国应以合理需求为目标，以市场为主导，建立"藏粮于地，绿色生产；适度进口，适量储备；合理消费，营养均衡"的新时代国家粮食安全战略。

（1）藏粮于地，绿色生产。粮食生产要严格遵从生态环境底线，突出优质、安全、绿色导向；通过科学的区域布局、合理的种植结构和高效的田间管理，提高农药化肥的利用效率，保护耕地和水资源，防止农业污染，并切实加强产地环境保护和源头治理；在重点地区开展绿色食品标准农田建设，优化水土资源配置，全面提升农产品质量和粮食安全水平。藏粮于地，绿色生产是以保障口粮安全为基础的。鉴于目前我国口粮自给率远大于100%，可考虑适当减少产能，但口粮自给率要基本维持 100% 的水平。

（2）适度进口，适量储备。充分发挥市场的决定性作用，重新定位粮食储备制度，适度放开粮食储备限制，合理降低粮食储备率，构建公平竞争的市场机制，促进资源的合理流通和有效配置；适度放开进口管控，统筹国际农业资源开发和利用，实现国内和国际市场有效融合。从指标来讲，考虑到品种调剂，口粮进口率近期可设定在 5%，中远期可设定为 10%；粮食进口率近期可设定为 20%，中远期可设定在 25%。至于适量储备的指标，考虑到我国国情，我们建议储备率近期可设定为 50%，中期可设定为 30%。

（3）合理消费，营养均衡。作为人们膳食结构中最为重要的部分，粮食不仅要满足温饱问题，还要能满足人们对膳食纤维、蛋白、维生素和微量元素的需求以及为畜禽业和加工业提供合格原料的需求；不仅要实现营养元素的生产与储存，还要依靠合理的流通渠道和加工方式，保证营养元素能够充分进入人体，避免不合理的损失和浪费。同时，提倡健康节俭的饮食习惯，遏制食物浪费，推动形成节约、绿色、低碳、健康、文明的生活方式和消费模式。

总之，保障粮食安全是我国任何时候都不能放松的头等大事。尽管现在我国粮食产能稳定、库存充裕、供给充足、市场平稳，粮食安全形势较好，然而，随着近几年我国粮食出现结构性、阶段性供过于求，国家粮食安全已经过关的思想开始抬头，一些地方出现了放松粮食生产的倾向。当前，我国粮食总体上供大于需，国际粮食贸易潜力较大，为粮食市场化改革提供新的机遇。为此，要以"营养、绿色、多元、开放"为内涵的新时期粮食安全观为指导，从国民营养需求端倒逼农业供给侧结构性改革，对包括农业资源环境保护政策、粮食生产与布局政策、粮食价格形成机制与补贴政策、粮食收储制度等有关粮食政策进行全方位调整和改革。

发生在 2020 年并仍在肆虐的全球新型冠状病毒感染，为我国粮食安全和食物安全敲响了警钟，也带来了新的思考维度。总体看，随着我国综合实力的进一步厚实，地缘政治影响力的进一步强化，保证我国粮食安全和食物安全的能力和手段也随之增强。如何构建国内、国际粮食和食物双循环，端牢中国人自己的饭碗，是我们需要认真思考并解决的问题。

下 篇

方略与对策

第7章
粮食生产空间格局变化

粮食安全在维护经济平稳发展和社会稳定中发挥着重大作用。多年来，中央政府发布的 1 号文件从确保粮食生产与农民增收、保证农产品的有效供给、完善粮食安全保障体系、确保口粮绝对安全、实现绿色生态可持续发展、确保粮食质量等角度强调了保障粮食安全的重要性。粮食安全涉及粮食生产、运输、储存、贸易、消费等不同环节，其中"确保粮食安全供给"是粮食安全决策的重心。《2015 中国国土资源公报》显示，依据全国土地利用数据预报结果，截至 2015 年末，全国耕地面积为 1.35×10^8 hm^2，大约占国土面积的 14%。随着社会经济发展，城镇交通用地占用的耕地面积日益增加，同时通过退耕以保护和修复生态环境也会导致耕地面积的下降。与此同时，随着社会经济的发展，粮食需求的种类和数量也发生着显著的变化。那么，如何在有限的耕地资源下实现农业生产的最优布局，满足社会对不同粮食的需求，将是我们面临的一个关键问题。本项目组通过分析目前农田及农业生产时空格局，梳理主要粮食品种生产布局方法，结合地理空间数据和社会经济统计与调查数据，构建基于粮食需求的主要粮食品种生产布局方案。

7.1　农田时空格局变化

我国农田分布广泛，因地理位置不同，作物生长所需的土壤、光照、温度、湿度、水分等条件都存在较大差异，同时人类饮食习惯的不同，形成了各具特色的农业生态系统，种植了不同的作物，并实行不同种植制度。一般根据地域条件将我国的农业生产分为北方和南方两部分：北方是指秦岭淮河以北的地区，耕地以旱地为主，是各种旱作物的主产区；南方则是秦岭—淮河以南的地区，耕地以水田为主，是以水稻为主的粮食产区。北方地区的农业生产又可以分为：东北区，可耕地广阔，气候湿润或半湿润，是可大量提供商品粮的地区，种植作物主要为玉米、稻谷、大豆等；内蒙古及长城沿线区，是半湿润地区向干旱地区过渡的农牧兼营地区，作物包括玉米和小麦；黄淮海区，广阔的平原，农垦历史悠久，是小麦、玉米、棉花和油料作物的主产区；黄土高原区，大部分为黄土覆盖的丘陵和高原，作物以小麦、玉米、土豆等为主，但水土流失严重，是亟待退耕还林、进行综合治理的地区。南方地区的农业生产包括：长江中下游区，地处亚热带，平原、丘陵、山地交错分布，热水土均较优越，主要作物包括水稻、油菜等，部分地区水稻能达到一年两熟或三熟；西南区，地处亚热带，丘陵和山地为主，作物包括水稻、油菜等，水稻一般为单季稻；华南区，地处亚热带和热带，是热带粮油作物的宜植地区，大部分地区水稻能达到一年两熟或三熟。

1980 年全国农田面积为 1.77×10^8 hm^2，其中 26.40% 为水田，29.85% 为水浇地，43.75% 为旱地；2000 年全国农田面积为 1.79×10^8 hm^2，其中 26.15% 为水田，29.89% 为水浇地，43.95% 为旱地；2010 年全国农田面积为 1.77×10^8 hm^2，其中 25.58% 为水田，30.55% 为水浇地，43.86% 为旱地（表 7-1）。可见，在过去 30 年间，全国农田面积总体上没有太大变化，农田集中分布在四川盆地、长江中下游地区、黄淮海平原、东北平原等区域。

2015 年与 1980 年相比，农田总面积增加了 44.13×10^4 hm^2，农田面积增加较多的是新疆、黑龙江、内蒙古、辽宁和吉林。此外，四川农田面积减少最多（主要是由于重庆成为直辖市），另外山东、江苏、安徽和广东农田面积减少较多。水田面积减少了 10×10^4 hm^2，其中减少较多的是四川、江苏、广东、浙江、辽宁、湖北和安徽；水田面积增加较多的是黑龙江、吉林、宁夏和河北。2015 年旱地面积比 1980 年旱地与水浇地之和增加了 145×10^4 hm^2，其中增加较多的是新疆、内蒙古、辽宁和吉林，而减少较多的是四川、山东、陕西和河北。2015 年与 2000 年相比，农田面积减少了 113.14×10^4 hm^2，其中减少较多的是山东、江苏、安徽、陕西和四川，农田面积增加较多的是新疆、黑龙江、辽宁和内蒙古。水田面积减少了 98×10^4 hm^2，其中减少较多的包括江苏、浙江、广东、安徽、湖南和湖北，而增加较多的主要是黑龙江。2015 年旱地面积比 2000 年旱地与水浇地之和减少了 15×10^4 hm^2，其中减少较多的是山东、黑龙江、陕西和山西，而增加较多的主要是新疆、辽宁和内蒙古。2015 年与 2010 年相比，农田面积增加了 45×10^4 hm^2，其中增加较多的是辽宁、黑龙江、新疆和河南，减少较多的是山东和广西。水田面积增加了 44×10^4 hm^2，以黑龙江水田面积增加为主，面积减少的是内蒙古和湖南。2015 年旱地面积比 2010 年旱地与水浇地之和略增加 0.89×10^4 hm^2，其中增加较多的是辽宁和新疆，而减少较多的是山东和黑龙江（图 7-1～图 7-4）。

表 7-1　全国各地区农田面积

（单位：$10^4\ hm^2$）

地区	1980年 水田	1980年 水浇地	1980年 旱地	1980年 小计	2000年 水田	2000年 水浇地	2000年 旱地	2000年 小计	2010年 水田	2010年 水浇地	2010年 旱地	2010年 小计	2015年 水田	2015年 旱地	2015年 小计
北京	2.38	48.29	9.48	60.15	2.28	42.06	7.29	51.63	1.77	36.82	6.97	45.56	1.33	43.17	44.5
天津	15.36	61.19	0.99	77.54	14.92	60.15	0.97	76.04	5.51	63.44	0.94	69.89	6.07	59.19	65.26
河北	42.55	486.77	454.87	984.19	43	483.53	441.98	968.51	42.22	477.78	436.93	956.93	45.44	920.9	966.34
山西	0.39	434.92	178.83	614.14	0.44	435.68	179.03	615.15	0.41	425.95	175.39	601.75	0.48	599.68	600.16
内蒙古	17.36	443.97	598.5	1 059.83	22.18	455.98	650.56	1 128.72	23.51	460.57	657.34	1 141.42	12.11	1 131.31	1 143.42
辽宁	118.97	118.09	369.21	606.27	101.42	128.16	390.82	620.4	92.6	130.26	393.13	615.99	94.25	550.68	644.93
吉林	98.01	78.94	544.16	721.11	113.7	85.26	554.28	753.24	105.61	86.15	566.69	758.45	112.07	643.6	755.67
黑龙江	185.13	163.14	1 145.53	1 493.8	237.54	175.19	1 183.53	1 596.26	266.71	178.44	1 171.95	1 617.1	323.17	1 317.41	1 640.58
上海	44.05	0.87	1.42	46.34	40.37	0.84	1.37	42.58	32.79	0.47	1.37	34.63	34.23	3.56	37.79
江苏	466.64	139.72	115.21	721.57	447.53	138.08	111.34	696.95	416.91	134.92	107.48	659.31	411.12	251.35	662.47
浙江	244.96	0.86	35.73	281.55	238.08	0.95	31.5	270.53	214.31	0.8	30.37	245.48	219.39	32.76	252.15
安徽	450.75	357.34	17.06	825.15	444.86	354.25	17.41	816.52	433.11	349.39	16.7	799.2	429.55	362.36	791.91
福建	149.71	1.48	69.01	220.2	148.42	1.48	68.47	218.37	139.99	1.39	65.83	207.21	141.54	66.41	207.95
江西	324.5	2.3	122.92	449.72	323.49	2.31	121.82	447.62	320.78	2.39	122.53	445.7	323.63	122.32	445.95
山东	19.27	759.45	307.5	1 086.22	20.54	755.51	300.27	1 076.32	19.72	739.47	292.25	1 051.44	17.04	996.49	1 013.53
河南	74.98	675.68	318.69	1 069.35	75.54	674.44	319.76	1 069.74	72.57	667.68	312.98	1 053.23	75.9	989.39	1 065.29
湖北	399.36	103.65	192.07	695.08	391.83	104.77	189.6	686.2	380.28	103.3	185.12	668.7	377.32	295.38	672.7
湖南	453.31	6.24	153.13	612.68	450.87	6.23	151.69	608.79	445.8	6.23	149.61	601.64	435.62	163.95	599.57
广东	282.36	62.72	114.36	459.44	270.12	61.65	110.82	442.59	254.58	60.3	103.04	417.92	253.9	172.72	426.62
广西	255.23	128.31	141.12	524.66	253.81	131.2	142.02	527.03	252.61	129.9	141.27	523.78	249.11	261.34	510.45
海南	29.84	34.5	29.73	94.07	29.78	34.63	28.6	93.01	29.35	34.21	28.28	91.84	30.43	56.79	87.22
重庆	—	—	—	—	117.97	49.06	216.36	383.39	114.95	48.63	208.6	372.18	111.75	260.98	372.73
四川	558.72	131.98	907.86	1 598.56	435.54	83.34	690.73	1 209.61	425.48	77.97	685.01	1 188.46	425.21	764.21	1 189.42
贵州	146.41	74.17	269.97	490.55	146.39	74.21	271.24	491.84	144.21	74.47	271.14	489.82	142.56	344.67	487.23
云南	172.53	1.5	517.18	691.21	172.53	1.5	517.29	691.32	166.9	1.46	510.78	679.14	172.46	506.44	678.9
西藏	1.87	25.97	19.79	47.63	1.87	25.96	19.7	47.53	1.87	25.87	19.67	47.41	1.95	43.96	45.91
陕西	81.37	140.15	497.21	718.73	81.69	141.67	497.27	720.63	80.97	139.52	477.63	698.12	82.17	614.94	697.11
甘肃	2.02	148.74	498.59	649.35	1.97	150.4	505	657.37	1.93	150.15	503.6	655.68	1.86	651.48	653.34
青海	0.01	49.21	31.07	80.29	0.01	50.88	31.96	82.85	0.01	51.51	31.78	83.3	—	82.28	82.28
宁夏	42.08	20.2	98.55	160.83	48.3	21.87	112.61	182.78	47.11	21.8	104.72	173.63	47.52	131.36	178.88
新疆	5.45	597.63	4.85	607.93	5.81	621.18	4.9	631.89	5.95	741.1	5.14	752.19	5.62	766.39	772.01
合计	4 685.57	5 297.98	7 764.59	17 748.14	4 682.8	5 352.42	7 870.19	17 905.41	4 540.52	5 422.34	7 784.24	17 747.1	4 584.8	13 207.47	17 792.27

注：表格内数据根据土地覆盖数据统计得出，由于包括田埂面积，该数据高于国土资源公报数据。1980~2010 年土地覆盖数据来源于中国科学院资源环境科学数据中心（http://www.resdc.cn）（刘纪远，2009）；2015 年土地覆盖数据来源于张增祥等，2009。

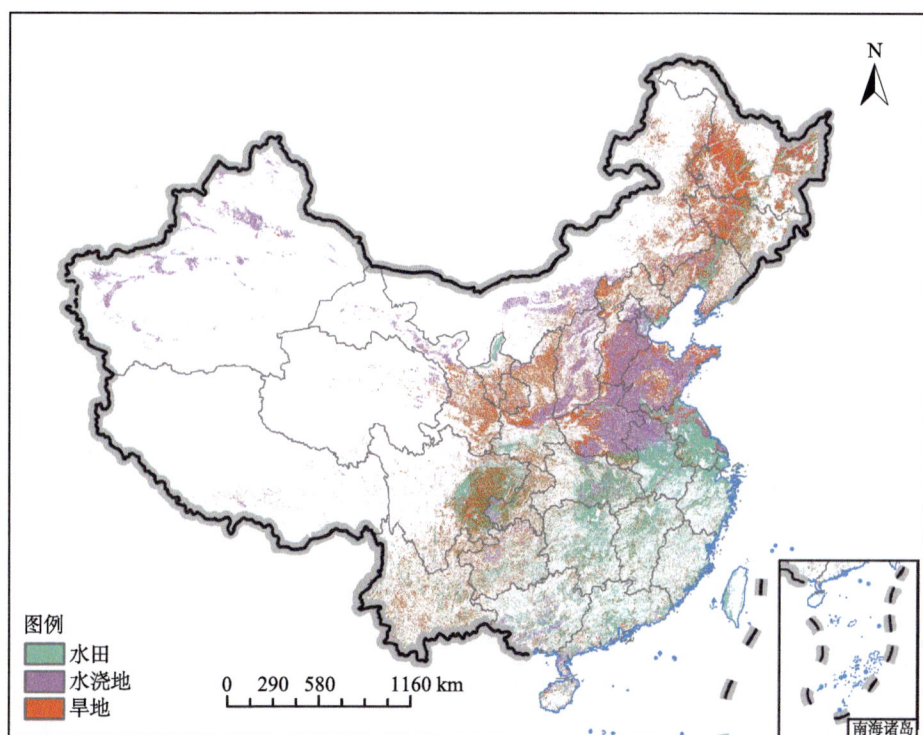

图 7-1　1980 年全国农田空间格局（张增祥等，2009）

图例
水田
水浇地
旱地

0　290　580　　1160 km

南海诸岛

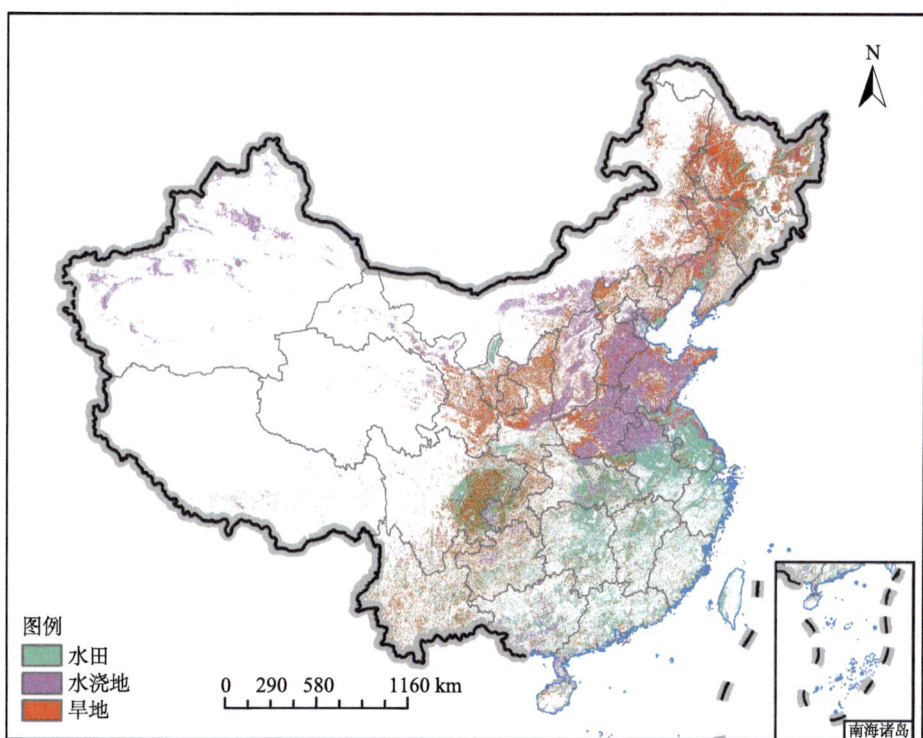

图 7-2　2000 年全国农田空间格局（张增祥等，2009）

图例
水田
水浇地
旱地

0　290　580　　1160 km

南海诸岛

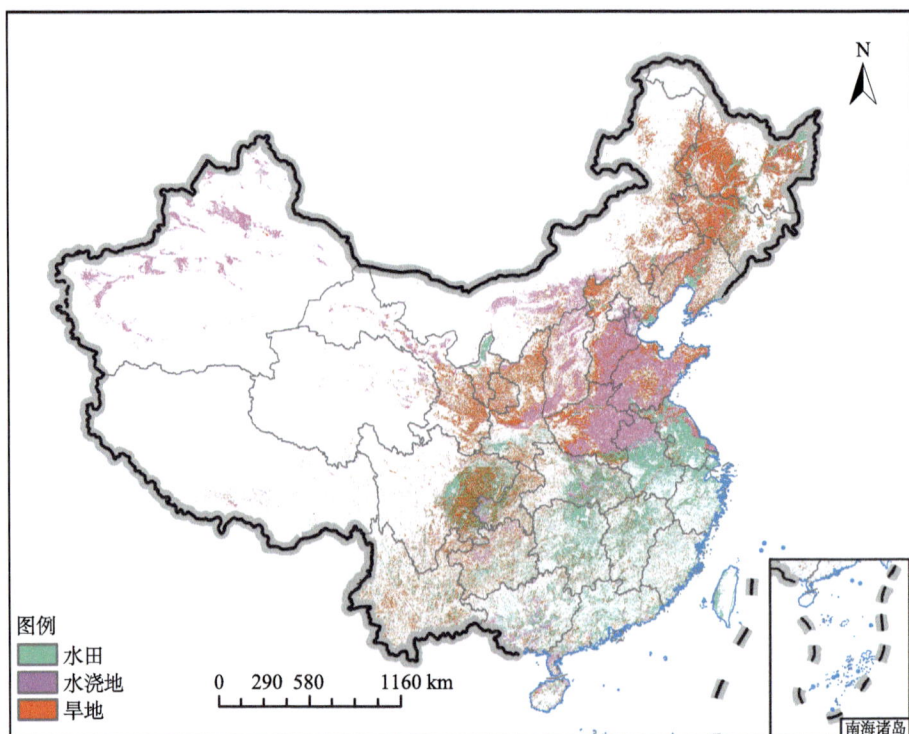

图 7-3　2010 年全国农田空间格局（张增祥等，2009）

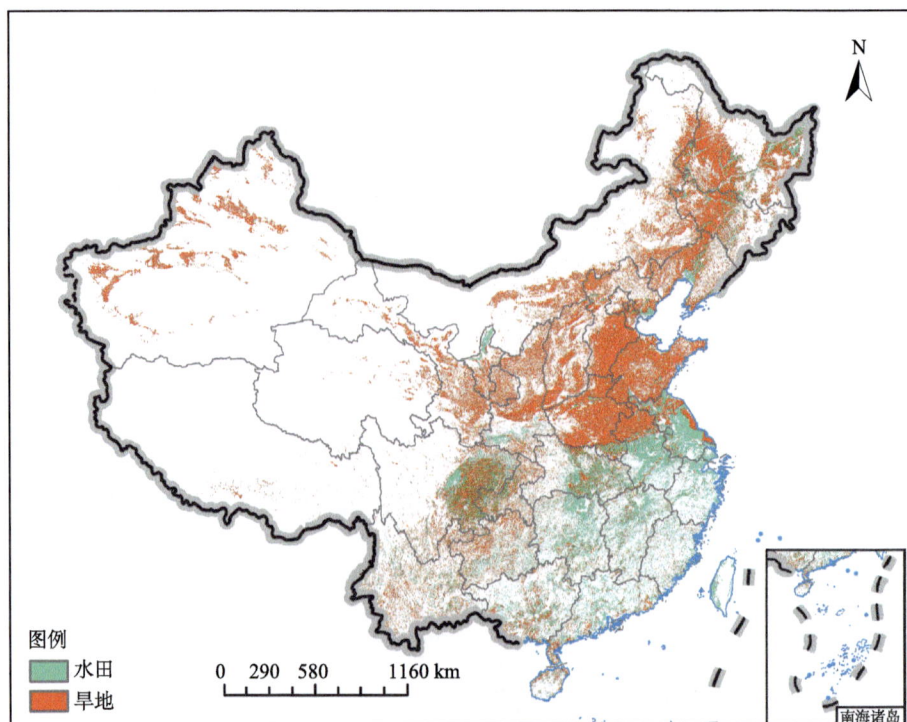

图 7-4　2015 年全国农田空间格局

数据来源：资源环境科学与数据中心（http://www.resdc.cn）

可见，从 1980 年以来，农田变化主要有两个特点：东部地区经济较为发达的省区农田被转化为其他用途，大部分省区农田面积减少；东北和西北地区由于土地面积大而人口相对稀疏，更多的土地被开发为农田，农田面积有一定增加。因此，由于东北和西北农田逐渐增加，我国农业生产重心已经逐渐向北转移。

7.2　粮食生产时空格局变化

7.2.1　分省粮食生产时空格局

1. 农作物播种面积和产量

我国农作物类型多样，粮食作物主要包括稻谷、小麦、玉米、大豆、马铃薯等，经济作物包括棉花、花生、甘蔗等，另外还有数量众多的蔬菜。1980 年我国农作物播种面积约为 1.47×10^8 hm^2，2000 年增加到 1.56×10^8 hm^2，2010 年为 1.60×10^8 hm^2，到 2015 年增长为 1.67×10^8 hm^2。农作物播种面积较多的省（自治区）包括河南、黑龙江、山东、四川、安徽、河北、湖南、湖北、江苏和内蒙古，这 10 个省（自治区）的农作物播种面积超过全国的一半。河南除了 1980 年农作物播种面积略低于四川之外，2000 年、2010 年和 2015 年农作物播种面积一直保持全国第一；黑龙江农作物播种面积在 1980 年低于河南、山东和四川，在 2000 年低于河南和山东，从 2010 年开始成为全国农作物播种面积第二的省份；山东省在 1980 年、2000 年、2010 年和 2015 年农作物播种面积始终保持稳定，目前农作物播种面积占全国第三。其他省份中，1980～2015 年农作物播种面积有明显增加的省（自治区）还包括云南、新疆和贵州，而农作物播种面积有显著下降的主要是浙江、广东和江苏，四川农作物播种面积下降是因为重庆 1997 年成为直辖市（图 7-5）。

2. 水稻

1980 年我国稻谷播种面积约为 3387×10^4 hm^2，2000 年下降到 2996×10^4 hm^2，2010 年为 2987×10^4 hm^2，到 2015 年增长为 3022×10^4 hm^2。稻谷播种面积较大的省（自治区）包括湖南、江西、黑龙江、江苏、安徽、湖北、四川、广西、广东和云南，2015 年这 10 个省（自治区）的稻谷播种面积占全国的 80%。湖南在 1980 年、2000 年、2010 年和 2015 年稻谷播种面积一直保持全国第一；江西稻谷播种面积 2000 年以来一直是全国第二；黑龙江稻谷播种面积在 1980 年在全国所占比例非常少，在 2000 年有显著增加，到 2010 年和 2015 年已经成为全国稻谷播种面积第三的省份。其他省（区、市）中，1980～2015 年稻谷播种面积有明显减少的省份包括广东和浙江，四川稻谷播种面积下降是因为重庆 1997 年成为直辖市，其他省份稻谷播种面积没有显著变化（图 7-6）。

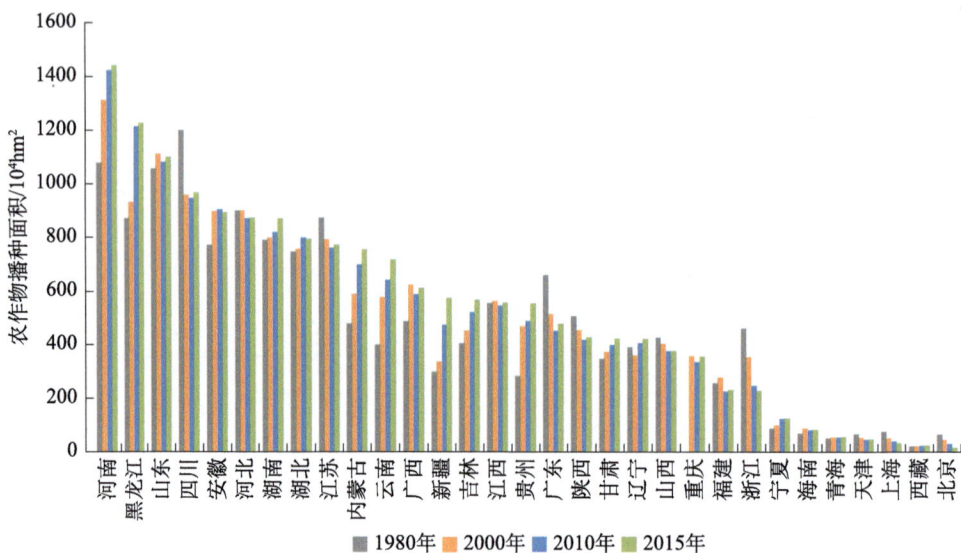

图 7-5　1980 年、2000 年、2010 年和 2015 年分省（区、市）农作物播种面积

数据来源：国家统计局（http://www.stats.gov.cn/）

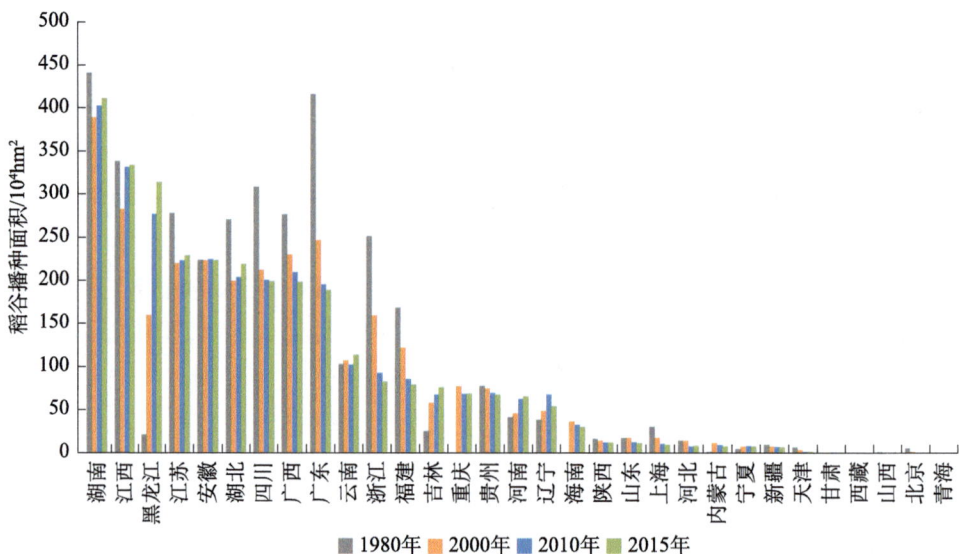

图 7-6　1980 年、2000 年、2010 年和 2015 年分省（区、市）稻谷播种面积

数据来源：国家统计局（http://www.stats.gov.cn/）

根据《中国统计年鉴》数据，1980 年全国稻谷产量为 1.41×10^8 t，2000 年比 1980 年增加了 33.36%，而 2010 年比 2000 年增加了 4.18%，2015 年稻谷产量达到 2.06×10^8 t，在 1980～2015 年的 35 年间平均每年增加 195×10^4 t。可见，1980～2015 年我国稻谷产量在不断增加。稻谷产量较多的省（自治区）包括湖南、黑龙江、江西、江苏、湖北、四川、安徽、广西、广东和云南，2015 年这 10 个省（自治区）的稻谷产量占全国的 79%。湖南一直是我国稻谷产量最高的省份，黑龙江稻谷产量从 1980 年以来持续增加，目前已经成为全

国稻谷产量第二的省份，江西和江苏稻谷产量位于全国第三和第四。1980～2015 年稻谷产量持续增加的省份除了黑龙江，还包括湖北、安徽、吉林和云南，稻谷产量下降的省份包括广东、浙江和福建，四川稻谷产量下降是因为 1997 年重庆成为直辖市（图 7-7）。可见，长江中下游地区、东北、四川盆地是主要稻作产区，其稻谷生产优势持续保持，并不断加强。水稻生产逐步向优势产区集中，长期以来形成的"大而全、小而全"的生产格局开始打破，区域化布局、专业化分工的趋势逐步显现。

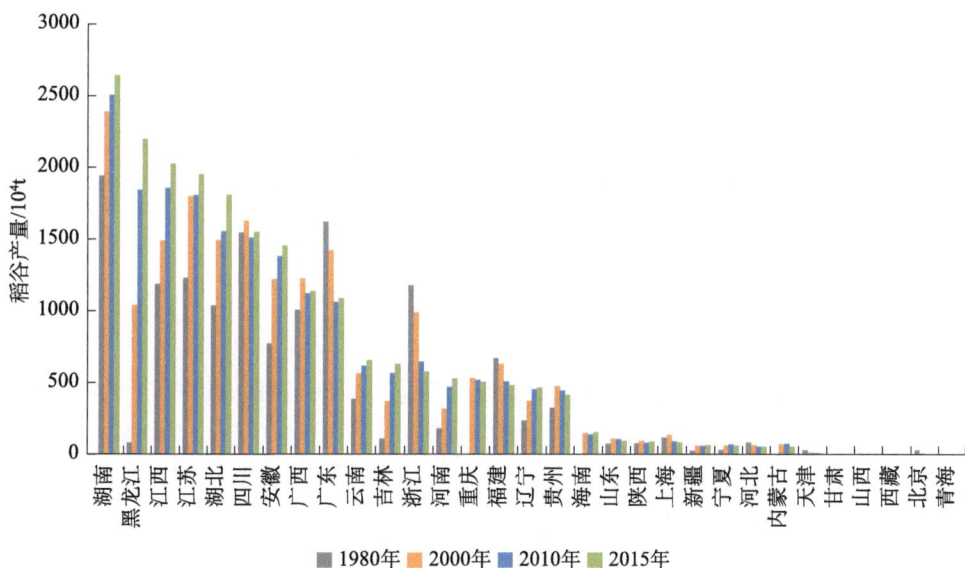

图 7-7　1980 年、2000 年、2010 年和 2015 年分省（区、市）稻谷产量
数据来源：国家统计局（http://www.stats.gov.cn/）

3. 小麦

1980 年我国小麦播种面积约为 2884×10^4 hm²，2000 年下降到 2665×10^4 hm²，2010 年为 2426×10^4 hm²，到 2015 年进一步下降到 2437×10^4 hm²。小麦播种面积较大的省区包括河南、山东、安徽、河北、江苏、新疆、四川、湖北、陕西和甘肃，2015 年这 10 个省（自治区）的小麦播种面积占全国的 89%。河南在 1980 年、2000 年、2010 年和 2015 年小麦播种面积一直保持全国第一，且持续增加；山东小麦播种面积 1980 年以来一直是全国第二，相对保持稳定；安徽和河北小麦播种面积位列第三和第四，但安徽播种面积在逐渐增加，而河北播种面积在逐渐下降。其他省区中，1980～2015 年小麦播种面积有明显减少的省区包括黑龙江、陕西、甘肃和内蒙古等省区，四川小麦播种面积下降除了因为重庆 1997 年成为直辖市之外在 2000 年以后也在逐渐下降，其他省份小麦播种面积没有显著变化（图 7-8）。

根据《中国统计年鉴》数据得出，1980 年全国小麦产量为 0.55×10^8 t，2000 年比 1980 年增加了 80.48%，而 2010 年比 2000 年增加了 15.60%，2015 年增加到 1.40×10^8 t，1980～2015 年年均增加 214×10^4 t。可见，1980～2015 年的 35 年，我国小麦产量也在不断增加。小麦产量主要来自河南、山东、安徽、河北、江苏、新疆、四川、湖北、陕西和甘肃等省（自治区），

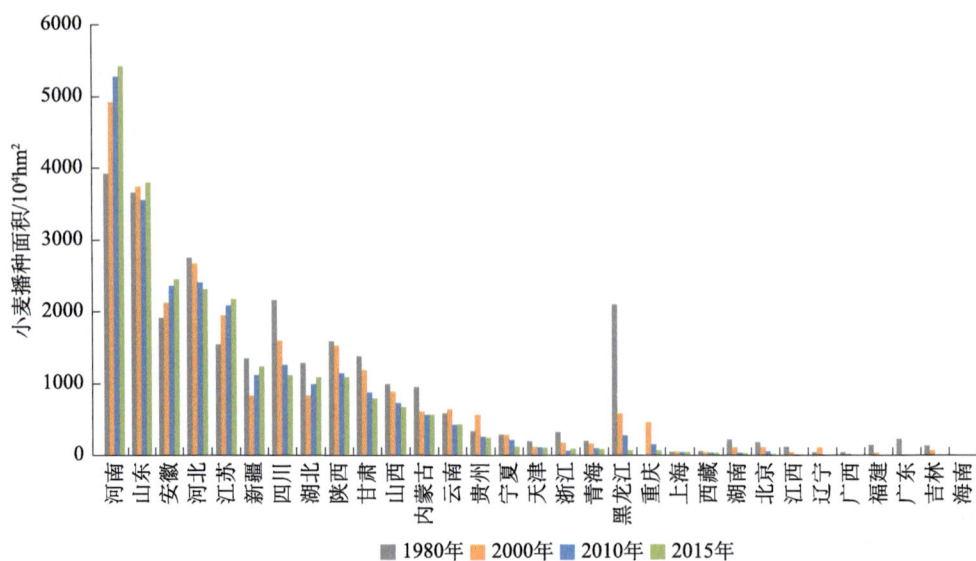

图 7-8　1980 年、2000 年、2010 年和 2015 年分省（区、市）小麦播种面积

数据来源：国家统计局（http://www.stats.gov.cn/）

2015 年这 10 个省（自治区）的小麦产量占全国产量的 93%。河南的小麦产量一直位居全国首位，而且 1980～2015 年小麦产量有大幅度提高；山东小麦产量一直位居第二，产量也在持续增加，但 2000 年以来增长幅度减小；河北和安徽在 1980 年小麦产量低于江苏、四川和黑龙江，但是从 2000 年以来逐渐超越这几个省份，成为全国小麦产量的第三和第四大省。1980 年以来小麦产量持续增加的省份还包括江苏和新疆，而黑龙江小麦产量显著下降，其他省区变化不大（图 7-9）。可见，黄淮海平原是小麦主要产区，其小麦生产的优势持续保持，并不断加强。

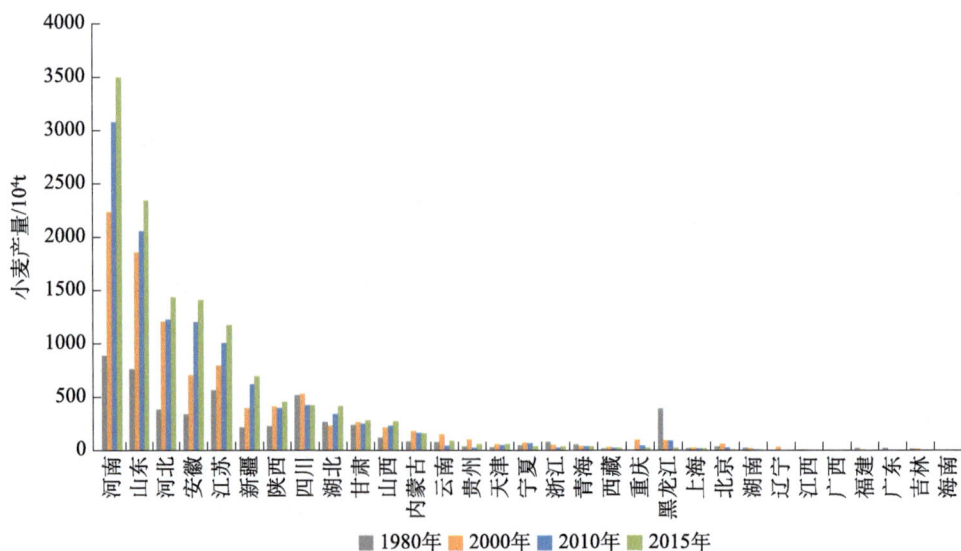

图 7-9　1980 年、2000 年、2010 年和 2015 年分省（区、市）小麦产量

数据来源：国家统计局（http://www.stats.gov.cn/）

4. 玉米

1980 年我国玉米播种面积约为 2008×10^4 hm²，2000 年增加到 2306×10^4 hm²，2010 年为 3250×10^4 hm²，到 2015 年进一步增加到 4082×10^4 hm²。玉米播种面积较多的省（自治区）包括黑龙江、吉林、内蒙古、河南、河北、山东、辽宁、山西、云南和四川，2015 年这 10 个省（自治区）的玉米播种面积占全国的 78%。黑龙江在 2010 年和 2015 年玉米播种面积位居全国第一，且 2015 年比 2010 年有显著增加，但是在 1980 低于河北和山东，2000 年低于吉林、河南、河北和山东；吉林的玉米播种面积也在 2010 年后位居全国第二，但在 1980 年低于河北、山东、黑龙江等省，2000 年低于河南、河北和山东；内蒙古玉米播种面积从 1980 年以来持续增加，在 2010 年以来增长幅度仅次于黑龙江，目前位列全国第三；河南从 1980 年以来玉米播种面积也持续增加，目前位列全国第四。其他省区中，1980~2015 年玉米播种面积有明显增加的省（自治区）包括河北、山东、辽宁、陕西、甘肃、新疆、安徽、云南以及宁夏；四川玉米播种面积因为重庆 1997 年成为直辖市而略有下降，在 2000 年以后也在逐渐增加，其他省份玉米播种面积没有显著变化（图 7-10）。

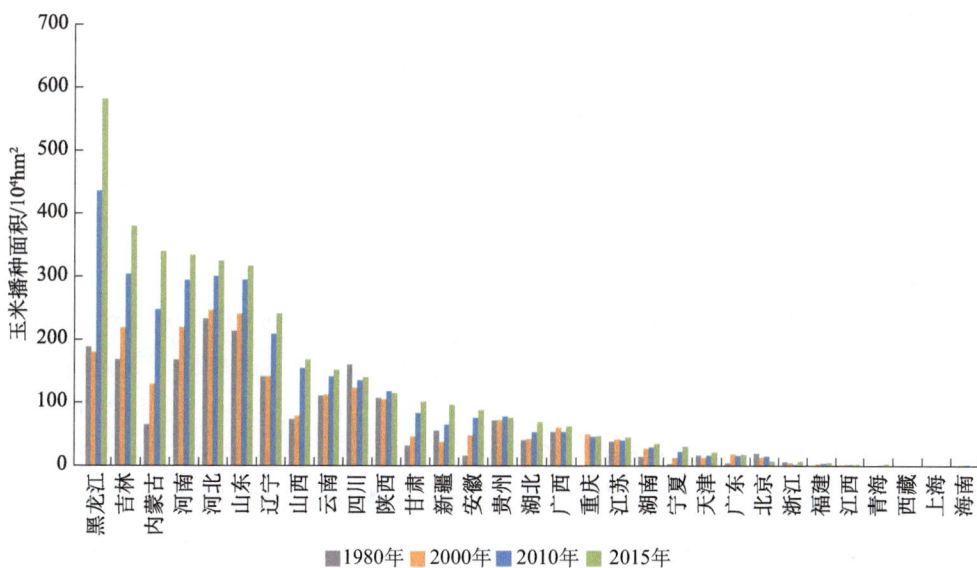

图 7-10　1980 年、2000 年、2010 年和 2015 年分省（区、市）玉米播种面积

数据来源：国家统计局（http://www.stats.gov.cn/）

根据《中国统计年鉴》数据得出，1980 年全国玉米产量为 0.63×10^8 t，2000 年比 1980 年增加 69.33%，2010 年比 2000 年增加 67.21%，到 2015 年增加至 2.60×10^8 t，在 1980~2015 年的 35 年间年均增加 463×10^4 t，我国玉米产量也在不断增加。玉米的主产区分布在黑龙江、吉林、内蒙古、山东、河南、河北、辽宁、山西、四川和云南，2015 年这 10 个省（自治区）的玉米产量占全国的 80%。1980~2015 年，黑龙江玉米产量有大幅度增加，目前位居全国首位；吉林玉米产量也显著增加，目前位居全国第二；内蒙古玉米产量持续增加，目前位居全国第三；山东和河南在 2000 年以前玉米产量位居全国前两名，但是 2000 年

以后增加幅度放缓，目前位居全国第四和第五。其他省（自治区）中，河北、山西、云南、新疆、甘肃、陕西、安徽、湖北、宁夏等省（自治区）玉米产量在 1980 年以来都持续增加，其他省（自治区）变化不大（图 7-11）。可见，玉米生产主要集中在位于东北和华北的"镰刀湾"地区，这些地区的玉米生产优势持续保持，并不断加强。

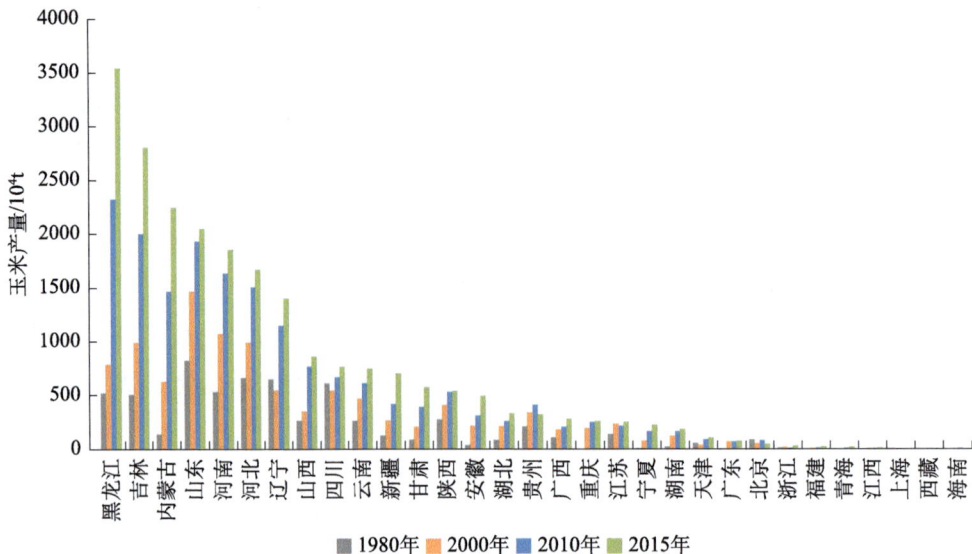

图 7-11 1980 年、2000 年、2010 年和 2015 年分省（区、市）玉米产量

数据来源：国家统计局（http://www.stats.gov.cn/）

5. 大豆

1980 年我国大豆播种面积约为 723×10^4 hm²，2000 年增加到 931×10^4 hm²，2010 年下降为 852×10^4 hm²，到 2015 年进一步下降为 599×10^4 hm²。大豆播种面积较大的省（自治区）包括黑龙江、安徽、内蒙古、河南、四川、江苏、山西、吉林、山东和贵州，2015 年这 10 个省（自治区）的大豆播种面积占全国的 79%。黑龙江在 1980 年、2000 年、2010 年和 2015 年大豆播种面积一直保持全国第一；安徽大豆播种面积 1980 年以来基本保持稳定，2000 年以前低于河南、山东和辽宁等省区，2000 年低于内蒙古，但 2010 年以来由于其他省区大豆播种面积显著下降，一直是全国第二；内蒙古大豆播种面积在 1980～2000 年显著增加，之后持续下降，目前位于全国第三。其他省（自治区）中，1980～2015 年大豆播种面积有明显减少的省份包括河南、吉林、山东、河北和辽宁，其他省份大豆播种面积没有显著变化（图 7-12）。

根据《中国统计年鉴》数据得出，1980 年全国大豆产量为 794×10^4 t，2000 年为 1541×10^4 t，2010 年略下降为 1508×10^4 t，2015 年继续降至 1238×10^4 t，但总体来看，在 1980～2015 年的 35 年间年均增加 11×10^4 t，我国大豆产量在前 20 年持续增加，但 2000 年以来持续下降。大豆产量主要来自黑龙江、安徽、内蒙古、四川、河南、江苏、山东、云南、吉林和江西等省（自治区），2015 年这 10 个省（自治区）的大豆产量占全国产量的

76%。黑龙江一直是我国大豆产量最高的省份；安徽大豆产量在 2000 年以前低于河南、江苏、吉林、河北等众多省份，但是 2010 年以来开始成为全国大豆产量第二大省份；内蒙古大豆产量持续增加，目前已经成为全国大豆产量第三大省份。其他省份中，河南、山东、吉林、河北、江苏、湖北、广西、陕西等省份的大豆产量都在持续下降，其他省份变化不大（图 7-13）。可见，东北的黑龙江、华北的内蒙古以及中部的安徽是我国大豆主要产区，其中黑龙江大豆产量已经超过全国产量的 1/3。

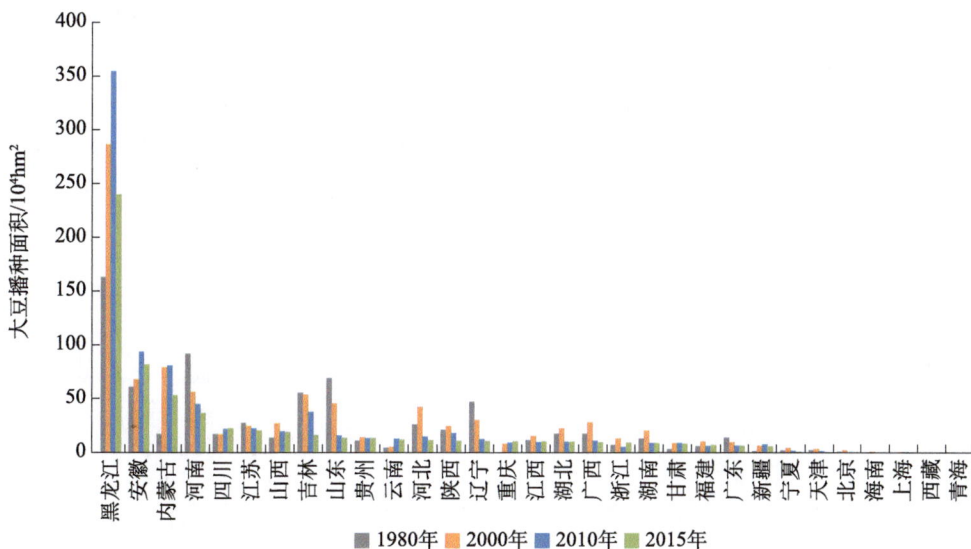

图 7-12　1980 年、2000 年、2010 年和 2015 年分省（区、市）大豆播种面积

数据来源：国家统计局（http://www.stats.gov.cn/）

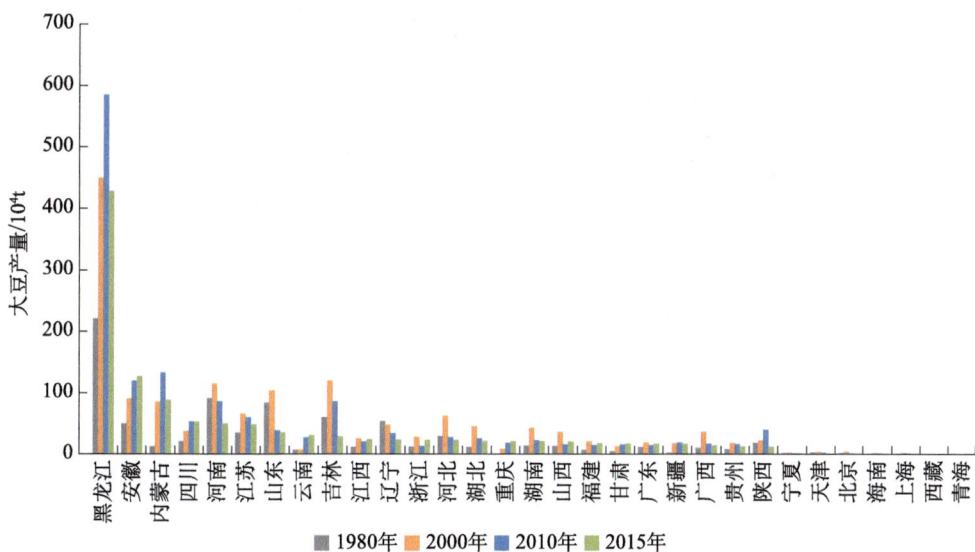

图 7-13　1980 年、2000 年、2010 年和 2015 年分省（区、市）大豆产量

数据来源：国家统计局（http://www.stats.gov.cn/）

7.2.2 分县粮食生产时空格局

1. 农作物播种面积和产量

2015 年，全国农作物播种面积大约为 1.67×10^8 hm²，从空间上看分市（县、旗）地区（本节简称县）农作物播种面积较高的县主要位于东北平原、黄淮海平原、四川盆地、长江中下游地区、关中盆地、宁夏平原以及西北的新疆（图 7-14）。全国农作物播种面积排名前 50 位的县播种面积约为 1468×10^4 hm²，大约占全国农作物播种面积的 8.77%（表 7-2）。这 50 个县位于吉林、黑龙江和安徽的分别有 9 个，位于河南和内蒙古的分别有 4 个，位于湖北的有 3 个，位于辽宁和江苏的分别有 2 个，另外位于江西、山东、湖南、贵州、云南、陕西、甘肃和新疆的分别有 1 个（表 7-3）。可见，东北平原、黄淮海平原、四川盆地、长江中下游地区、关中盆地、宁夏平原以及西北的新疆是我国农作物播种最多的区域。

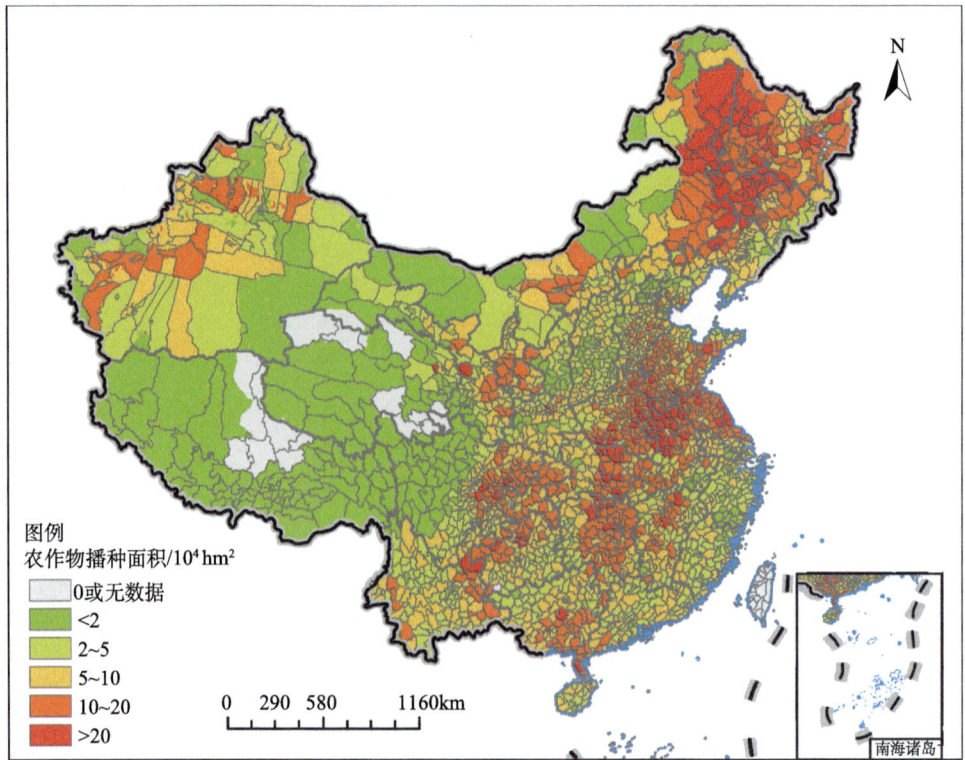

图 7-14　2015 年全国分县农作物播种面积

数据来源：中国农业科学院（http://www.caas.net.cn/）

新疆生产建设兵团数据不包括在新疆分县数据中，将新疆生产建设兵团从县边界中单独列出

表 7-2 2015 年全国农作物播种面积前 50 位县

排名	地区名	农作物总播种面积 /10^4 hm^2	排名	地区名	农作物总播种面积 /10^4 hm^2
1	莫力达瓦达斡尔族自治旗	45.22	26	平度市	26.80
2	嫩江县	43.18	27	肇东市	26.54
3	讷河市	40.47	28	扎赉特旗	26.40
4	松原市	39.56	29	滑县	26.28
5	农安县	39.39	30	宿州市	26.04
6	榆树市	39.11	31	临泉县	25.52
7	富锦市	37.91	32	遵义县	25.35
8	邓州市	34.21	33	荆门市	25.34
9	泾阳县	33.76	34	科尔沁左翼中旗	25.21
10	长岭县	33.52	35	东台市	25.17
11	龙江县	32.65	36	沭阳县	25.11
12	公主岭市	31.60	37	依安县	25.06
13	前郭尔罗斯蒙古族自治县	31.49	38	第八师	25.05
14	阜新蒙古族自治县	31.49	39	霍邱县	25.04
15	昌图县	31.38	40	鄱阳县	24.73
16	监利县	31.14	41	永登县	24.64
17	海伦市	31.01	42	宣威市	24.49
18	通榆县	30.93	43	怀远县	24.39
19	襄阳市	30.13	44	拜泉县	24.38
20	唐河县	29.52	45	利辛县	24.35
21	阿荣旗	29.48	46	正阳县	24.31
22	亳州市	29.23	47	桃源县	24.30
23	五常市	28.59	48	洮南市	24.27
24	蒙城县	28.00	49	梨树县	24.25
25	涡阳县	27.66	50	寿县	24.22
小计 /10^4 hm^2					1 467.86
全国 /10^4 hm^2					16 741.65
前 50 位县占全国比例 /%					8.77

数据来源：中国农业科学院（http://www.caas.net.cn/）及省、区 2015 年统计年鉴。

表 7-3　2015 年全国农作物播种面积前 50 县所属省（自治区）

省（自治区）	县数量 / 个	省（自治区）	县数量 / 个
内蒙古自治区	4	湖北省	3
辽宁省	2	湖南省	1
吉林省	9	贵州省	1
黑龙江省	9	云南省	1
江苏省	2	陕西省	1
安徽省	9	甘肃省	1
江西省	1	新疆维吾尔自治区	1
山东省	1		
河南省	4	合计	50

2. 水稻

2015 年，全国稻谷播种面积大约为 $3022 \times 10^4 \ hm^2$，水稻生产主要位于东北、长江中下游、四川盆地、新疆部分地区、云贵高原、华南以及宁夏平原。从空间上看，分地区稻谷播种面积较高的地区主要位于东北、四川盆地、长江中下游地区以及华南的广西和广东（图 7-15）。全国稻谷播种面积排名前 50 位的县播种面积约为 $514 \times 10^4 \ hm^2$，大约占全国稻谷播种面积的 17.02%（表 7-4）。这 50 个县位于湖南的 17 个，位于江西的 11 个，位于黑龙江的 8 个，位于安徽的 6 个，位于湖北和广西的分别为 3 个，位于江苏和河南的分别为 1 个（表 7-5）。

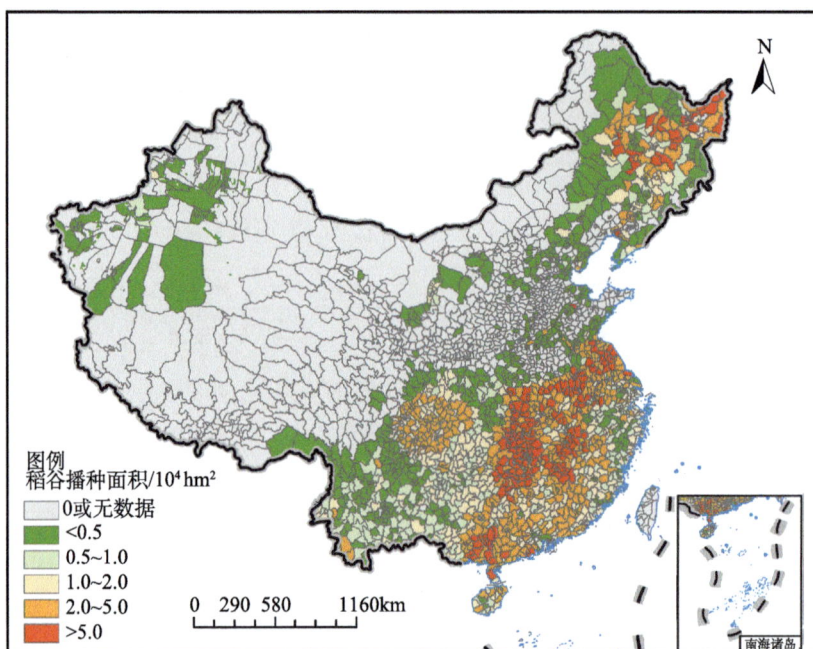

图 7-15　2015 年全国分县稻谷播种面积

数据来源：中国农业科学院（http://www.caas.net.cn/）

新疆生产建设兵团数据不包括在新疆分县数据中，将新疆生产建设兵团从县边界中单独列出

表 7-4　2015 年全国稻谷播种面积前 50 位县

排名	地区名	稻谷播种面积 /10^4 hm^2	排名	地区名	稻谷播种面积 /10^4 hm^2
1	鄱阳县	17.28	26	南县	9.43
2	监利县	15.61	27	六安市	9.34
3	富锦市	15.33	28	兴化市	9.20
4	五常市	14.71	29	通河县	9.08
5	丰城市	14.62	30	荆门市	9.07
6	霍邱县	13.73	31	华容县	9.03
7	余干县	13.70	32	新建区	8.93
8	澧县	13.34	33	湘阴县	8.80
9	桃源县	13.23	34	抚州市	8.72
10	南昌县	12.80	35	枞阳县	8.48
11	抚远县	12.49	36	桂平市	8.42
12	宁乡县	12.20	37	祁阳县	8.39
13	常德市	11.98	38	绥化市	8.20
14	益阳市	11.81	39	沅江市	8.07
15	固始县	11.05	40	随州市	7.97
16	庐江县	10.91	41	泰和县	7.90
17	寿县	10.80	42	吉水县	7.87
18	汉寿县	10.64	43	樟树市	7.78
19	湘潭县	10.38	44	岳阳县	7.78
20	虎林市	10.33	45	玉林市	7.76
21	庆安县	9.93	46	贵港市	7.70
22	定远县	9.83	47	泰来县	7.68
23	高安市	9.80	48	耒阳市	7.66
24	衡南县	9.74	49	进贤县	7.66
25	衡阳县	9.47	50	汨罗市	7.63
小计 /10^4 hm^2					514.25
全国 /10^4 hm^2					3022.31
前 50 位县占全国比例 /%					17.02

数据来源：中国农业科学院（http://www.caas.net.cn/）及省、区 2015 年统计年鉴。

表 7-5　2015 年全国稻谷播种面积和产量前 50 县所属省（自治区）

稻谷播种面积		稻谷总产量	
省（自治区）	县数量 / 个	省份	县数量 / 个
黑龙江省	8	吉林省	2
江苏省	1	黑龙江省	7
安徽省	6	江苏省	6
江西省	11	安徽省	6
河南省	1	江西省	9
湖北省	3	河南省	2
湖南省	17	湖北省	8
广西壮族自治区	3	湖南省	10
合计	50	合计	50

2015 年，全国稻谷产量大约为 2.06×10^8 t，从空间上看，稻谷产量较高的地区也主要位于东北、四川盆地、长江中下游地区以及华南的广西和广东（图 7-16）。全国稻谷产量排名前 50 位的县产量约为 3717×10^4 t，大约占全国稻谷产量的 18.01%（表 7-6）。这 50 个县位于湖南 10 个，位于江西 9 个，位于湖北 8 个，位于黑龙江 7 个，位于江苏和安徽分别为 6 个，位于吉林和河南分别为 2 个（表 7-5）。可见，水稻生产主要位于长江中下游的湖南、江西和湖北以及东北地区的黑龙江。

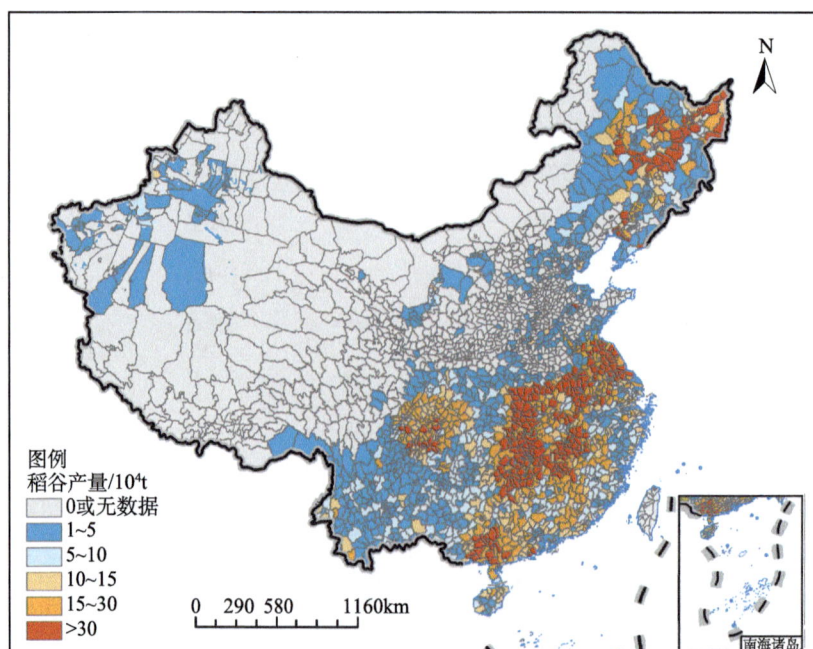

图 7-16　2015 年全国分县稻谷产量
数据来源：中国农业科学院（http://www.caas.net.cn/）
新疆生产建设兵团数据不包括在新疆分县数据中，将新疆生产建设兵团从县边界中单独列出

表 7-6　2015 年全国稻谷产量前 50 位县

排名	地区名	稻谷总产量 /10^4 t	排名	地区名	稻谷总产量 /10^4 t
1	监利县	134.19	26	常德市	67.84
2	五常市	127.48	27	沭阳县	65.80
3	鄱阳县	108.47	28	仙桃市	65.15
4	霍邱县	104.46	29	六安市	64.31
5	富锦市	103.05	30	抚州市	64.07
6	丰城市	101.22	31	襄阳市	64.05
7	固始县	99.59	32	射阳县	63.84
8	南昌县	93.67	33	汉寿县	63.34
9	寿县	93.21	34	定远县	63.26
10	抚远县	93.12	35	新建区	62.08
11	兴化市	86.91	36	罗山县	61.61
12	荆门市	86.30	37	洪湖市	60.41
13	余干县	84.81	38	桦川县	59.54
14	宁乡县	82.84	39	钟祥市	59.38
15	澧县	80.97	40	衡阳县	58.83
16	庐江县	77.87	41	公安县	56.50
17	益阳市	76.54	42	南县	56.42
18	湘潭县	75.99	43	盱眙县	56.32
19	通河县	74.93	44	衡南县	56.15
20	桃源县	73.77	45	宝应县	56.02
21	随州市	72.03	46	榆树市	55.81
22	虎林市	71.30	47	樟树市	55.69
23	庆安县	70.95	48	吉水县	55.67
24	高安市	70.84	49	东海县	55.53
25	前郭尔罗斯蒙古族自治县	69.26	50	肥东县	55.49
小计 /10^4 t					3 716.90
全国 /10^4 t					20 635.08
前 50 位县占全国比例 /%					18.01

数据来源：中国农业科学院（http://www.caas.net.cn/）及省、区 2015 年统计年鉴。

3. 小麦

2015 年，全国小麦播种面积大约为 2437×10^4 hm²，小麦生产主要位于黄淮海平原、东北平原西部、新疆、四川盆地、河西走廊、关中平原、汾河平原以及青藏高原东部。从空间上看，分县小麦播种面积较高的区县主要位于黄淮海平原、内蒙古东部、关中平原、汾河平原、新疆西部等区域（图 7-17）。全国小麦播种面积排名前 50 位的县播种面积约为 456×10^4 hm²，大约占全国小麦播种面积的 18.72%（表 7-7）。这 50 个县位于河南 17 个，位于安徽 16 个，位于山东 8 个，位于江苏 5 个，位于湖北 3 个，位于新疆 1 个（表 7-8）。

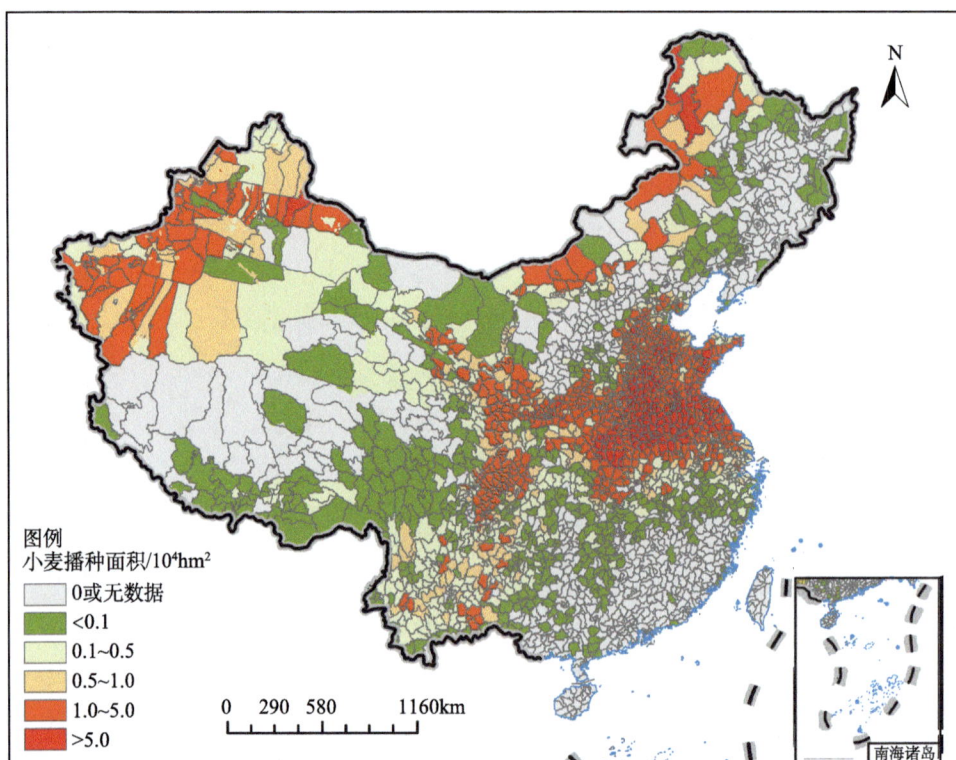

图 7-17　2015 年全国分县小麦播种面积
数据来源：中国农业科学院（http://www.caas.net.cn/）
新疆生产建设兵团数据不包括在新疆分县数据中，将新疆生产建设兵团从县边界中单独列出

2015 年，全国小麦产量大约为 1.40×10^8 t，从空间上看，分县小麦产量较高的县也主要位于黄淮海平原、内蒙古东部、关中平原、汾河平原、新疆西部等区域（图 7-18）。全国小麦产量排名前 50 位的县产量约为 3158×10^4 t，大约占全国小麦产量的 22.61%（表 7-9）。这 50 个县位于河南 24 个，位于安徽 15 个，位于山东 8 个，位于江苏 1 个，位于湖北 2 个（表 7-9）。可见，小麦生产相对比较集中，特别是位于黄淮海平原的河南、安徽和山东。

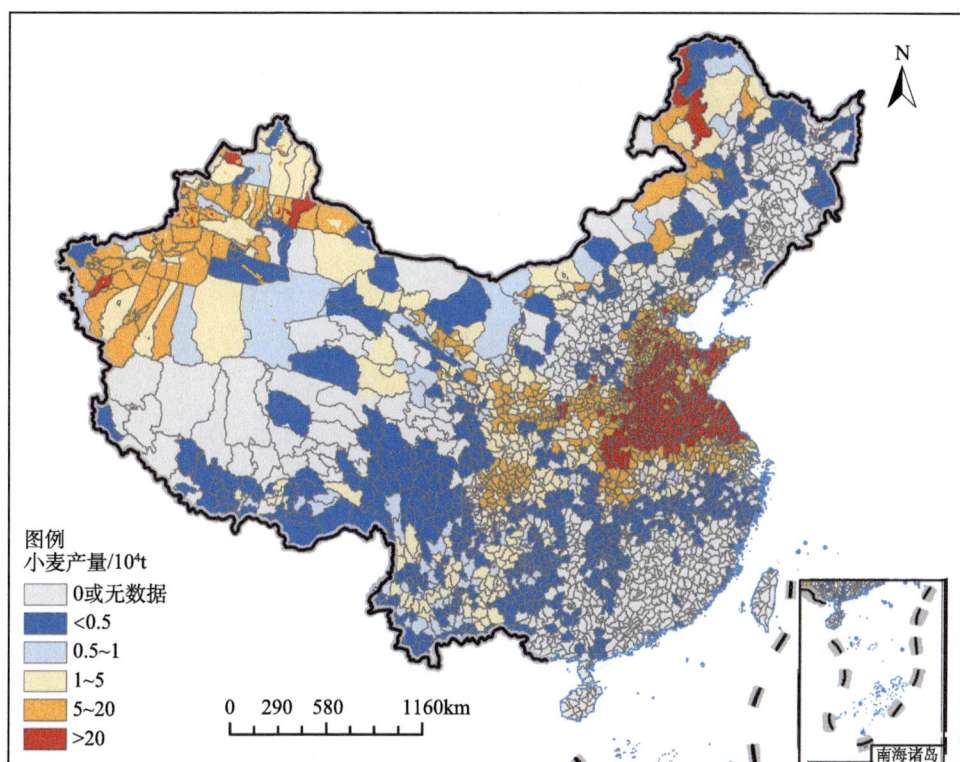

图 7-18　2015 年全国分县小麦产量

数据来源：中国农业科学院（http://www.caas.net.cn/）

新疆生产建设兵团数据不包括在新疆分县数据中，将新疆生产建设兵团从县边界中单独列出

表 7-7　2015 年全国小麦播种面积前 50 位县

排名	地区名	小麦播种面积 /10^4 hm²	排名	地区名	小麦播种面积 /10^4 hm²
1	邓州市	13.70	12	临泉县	10.25
2	唐河县	13.59	13	怀远县	10.22
3	襄阳市	12.61	14	濉溪县	10.17
4	涡阳县	11.63	15	太康县	10.07
5	滑县	11.49	16	平度市	9.99
6	寿县	10.65	17	枣阳市	9.86
7	永城市	10.64	18	太和县	9.60
8	正阳县	10.43	19	颍上县	9.38
9	曹县	10.34	20	枣庄市	9.37
10	利辛县	10.32	21	宿州市	9.26
11	蒙城县	10.28	22	沭阳县	9.10

续表

排名	地区名	小麦播种面积 /10^4 hm^2	排名	地区名	小麦播种面积 /10^4 hm^2
23	息县	9.08	37	淮阳县	7.85
24	霍邱县	9.04	38	泗洪县	7.79
25	郓城县	9.03	39	单县	7.68
26	灵璧县	8.82	40	兴化市	7.67
27	上蔡县	8.79	41	齐河县	7.65
28	亳州市	8.59	42	东海县	7.65
29	阜阳市	8.41	43	睢宁县	7.56
30	商丘市	8.29	44	随州市	7.46
31	定远县	8.25	45	东明县	7.40
32	郸城县	8.20	46	商水县	7.39
33	新蔡县	8.09	47	虞城县	7.29
34	夏邑县	7.99	48	奇台县	7.28
35	濮阳县	7.93	49	汝南县	7.25
36	阜南县	7.87	50	菏泽市	7.17

小计 /10^4 hm^2	456.42
全国 /10^4 hm^2	2437.58
前 50 位县占全国比例 /%	18.72

数据来源：中国农业科学院（http://www.caas.net.cn/）及省、区 2015 年统计年鉴。

表 7-8　2015 年全国小麦播种面积和产量前 50 县所属省（自治区）

小麦播种面积		小麦总产量	
省（自治区）	县数量 / 个	省份	县数量 / 个
江苏省	5	江苏省	1
安徽省	16	安徽省	15
山东省	8	山东省	8
河南省	17	河南省	24
湖北省	3	湖北省	2
新疆维吾尔自治区	1		
合计	50	合计	50

表 7-9 2015 年全国小麦产量前 50 位县

排名	地区名	小麦总产量 /10^4 t	排名	地区名	小麦总产量 /10^4 t
1	涡阳县	90.26	26	商丘市	60.29
2	滑县	89.40	27	夏邑县	59.97
3	唐河县	89.12	28	灵璧县	59.96
4	邓州市	84.69	29	淮阳县	59.95
5	永城市	80.36	30	颍上县	59.39
6	利辛县	80.01	31	商水县	56.39
7	襄阳市	79.86	32	濮阳县	56.23
8	蒙城县	79.77	33	新蔡县	54.66
9	濉溪县	77.98	34	寿县	54.46
10	太康县	76.87	35	虞城县	54.31
11	太和县	73.01	36	陵城区	53.97
12	临泉县	73.00	37	鹿邑县	53.66
13	平度市	69.05	38	项城市	53.19
14	怀远县	66.56	39	汝南县	52.27
15	亳州市	66.48	40	沭阳县	52.14
16	曹县	66.32	41	西华县	51.91
17	上蔡县	65.48	42	沈丘县	51.72
18	正阳县	65.38	43	西平县	51.69
19	齐河县	64.89	44	平舆县	51.58
20	枣阳市	63.99	45	霍邱县	50.97
21	宿州市	63.65	46	单县	50.60
22	郸城县	62.61	47	阜南县	50.07
23	枣庄市	61.21	48	民权县	50.02
24	郓城县	60.57	49	东明县	48.87
25	阜阳市	60.34	50	息县	48.66
小计 /10^4 t			3 157.77		
全国 /10^4 t			13 965.32		
前 50 位县占全国比例 /%			22.61		

数据来源：中国农业科学院（http://www.caas.net.cn/）及省、区 2015 年统计年鉴。

4. 玉米

2015 年，全国玉米播种面积大约为 $4082 \times 10^4 \, hm^2$，玉米在我国除青藏高原以外的绝大部分地区都能种植。从空间上看，玉米播种面积较高的区县主要位于东北地区以及从东北向西南的一个狭长区域，包括黄淮海平原、四川盆地和云贵高原，新疆西北部也有部分分布（图 7-19）。全国玉米播种面积排名前 50 位的区县播种面积约为 $856 \times 10^4 \, hm^2$，大约占全国玉米播种面积的 20.97%（表 7-10）。这 50 个区县位于黑龙江 25 个，位于吉林 14 个，位于内蒙古 8 个，位于辽宁 3 个（表 7-11）。

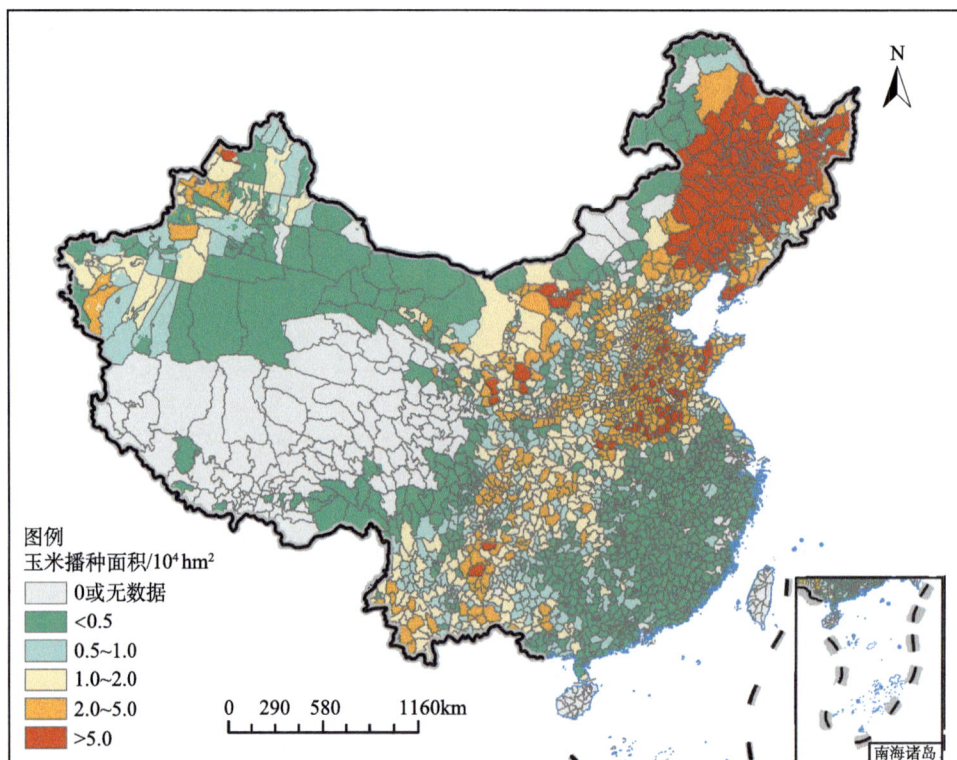

图 7-19　2015 年全国分县玉米播种面积

数据来源：中国农业科学院（http://www.caas.net.cn/）

新疆生产建设兵团数据不包括在新疆分县数据中，将新疆生产建设兵团从县边界中单独列出

表 7-10　2015 年全国玉米播种面积前 50 位县

排名	地区名	玉米播种面积 /$10^4 \, hm^2$	排名	地区名	玉米播种面积 /$10^4 \, hm^2$
1	农安县	33.80	5	龙江县	27.96
2	榆树市	29.87	6	昌图县	24.44
3	公主岭市	29.15	7	长岭县	23.16
4	松原市	28.20	8	讷河市	23.14

续表

排名	地区名	玉米播种面积 /10^4 hm²	排名	地区名	玉米播种面积 /10^4 hm²
9	肇东市	23.00	30	桦南县	14.16
10	科尔沁左翼中旗	22.29	31	海伦市	14.10
11	扎赉特旗	22.15	32	肇州县	13.94
12	梨树县	21.69	33	望奎县	13.64
13	双城区	20.36	34	双辽市	13.55
14	阿荣旗	19.44	35	乾安县	13.44
15	莫力达瓦达斡尔族自治旗	18.92	36	科尔沁右翼前旗	13.24
16	依安县	18.23	37	安达市	12.81
17	富锦市	18.04	38	林甸县	12.81
18	前郭尔罗斯蒙古族自治县	17.58	39	甘南县	12.73
19	科尔沁左翼后旗	16.66	40	通辽市	12.51
20	巴彦县	16.53	41	密山市	12.44
21	青冈县	15.92	42	五常市	12.23
22	德惠市	15.75	43	黑山县	12.20
23	洮南市	15.41	44	明水县	11.98
24	宾县	15.37	45	伊通满族自治县	11.63
25	阜新蒙古族自治县	15.28	46	宝清县	11.48
26	依兰县	15.27	47	呼兰区	11.42
27	兰西县	15.17	48	宁安市	11.34
28	扎兰屯市	15.00	49	通榆县	11.31
29	九台区	14.18	50	绥化市	11.12
小计 /10^4 hm²					856.01
全国 /10^4 hm²					4082.60
前 50 位县占全国比例 /%					20.97

数据来源：中国农业科学院（http://www.caas.net.cn/）及省、区 2015 年统计年鉴。

表 7-11　2015 年全国玉米播种面积和产量前 50 县所属省（自治区）

玉米播种面积		玉米总产量	
省（自治区）	县数量 / 个	省（自治区）	县数量 / 个
内蒙古自治区	8	内蒙古自治区	11
辽宁省	3	辽宁省	4
吉林省	14	吉林省	10
黑龙江省	25	黑龙江省	25
合计	50	合计	50

2015 年，全国玉米产量大约为 2.60×10^8 t，从空间上看分县玉米产量较高的县也主要位于东北平原、黄淮海平原、内蒙古中东部、关中平原、汾河平原、四川盆地、云贵高原以及新疆西部等区域（图 7-20）。全国玉米产量排名前 50 位的县产量约为 6599×10^4 t，大约占全国玉米产量的 25.40%（表 7-12）。这 50 个县位于黑龙江 25 个，位于内蒙古 11 个，位于吉林 10 个，位于辽宁 4 个（表 7-11）。可见，玉米生产相对集中，主要集中在东北地区。

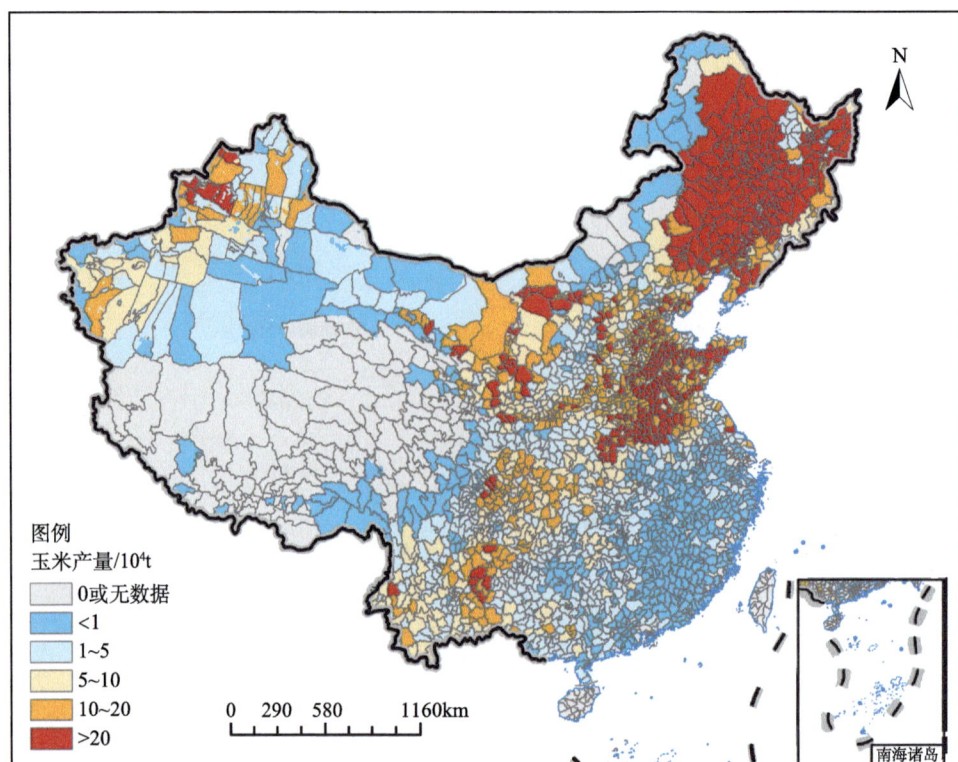

图 7-20　2015 年全国分县玉米产量

数据来源：中国农业科学院（http://www.caas.net.cn/）

新疆生产建设兵团数据不包括在新疆分县数据中，将新疆生产建设兵团从县边界中单独列出

表 7-12　2015 年全国玉米产量前 50 位县

排名	地区名	玉米总产量 /10^4 t	排名	地区名	玉米总产量 /10^4 t
1	公主岭市	283.83	26	安达市	109.91
2	农安县	274.00	27	望奎县	109.73
3	榆树市	271.77	28	扎赉特旗	105.73
4	龙江县	230.41	29	宾县	104.29
5	昌图县	229.15	30	海伦市	103.82
6	松原市	219.10	31	开鲁县	103.39
7	肇东市	214.53	32	呼兰区	101.50
8	梨树县	209.13	33	德惠市	101.26
9	双城区	180.85	34	绥化市	100.88
10	科尔沁左翼中旗	174.47	35	科尔沁右翼前旗	98.39
11	阜新蒙古族自治县	158.86	36	伊通满族自治县	97.71
12	长岭县	158.29	37	依安县	97.30
13	阿荣旗	137.43	38	扎兰屯市	96.95
14	巴彦县	136.16	39	突泉县	93.76
15	依兰县	129.45	40	科尔沁左翼后旗	92.98
16	前郭尔罗斯蒙古族自治县	129.11	41	黑山县	92.89
17	讷河市	125.41	42	明水县	90.75
18	青冈县	125.24	43	肇源县	90.09
19	富锦市	122.35	44	拜泉县	89.75
20	五常市	121.30	45	杜尔伯特蒙古族自治县	87.95
21	肇州县	121.02	46	双辽市	87.18
22	通辽市	114.33	47	赤峰市	87.01
23	林甸县	111.19	48	集贤县	86.24
24	莫力达瓦达斡尔族自治旗	111.06	49	宝清县	85.75
25	兰西县	109.92	50	彰武县	85.71
小计 /10^4 t					6 599.30
全国 /10^4 t					25 983.12
前 50 位县占全国比例 /%					25.40

数据来源：中国农业科学院（http://www.caas.net.cn/）及省、区 2015 年统计年鉴。

5. 大豆

2015 年，全国大豆播种面积大约为 599×10^4 hm²，大豆在我国东部农区绝大部分区域以及新疆都有种植。从空间上看，分县大豆播种面积较高的县主要位于东北地区东部和北部、黄淮海平原南部、四川盆地以及新疆西北部（图 7-21）。全国大豆播种面积排名前 50 位的县播种面积约为 279×10^4 hm²，大约占全国播种面积的 46.62%（表 7-13）。这 50 个县位于黑龙江 28 个，安徽 10 个，内蒙古 4 个，河南 3 个，吉林 2 个，山西、江苏和甘肃各 1 个（表 7-14）。

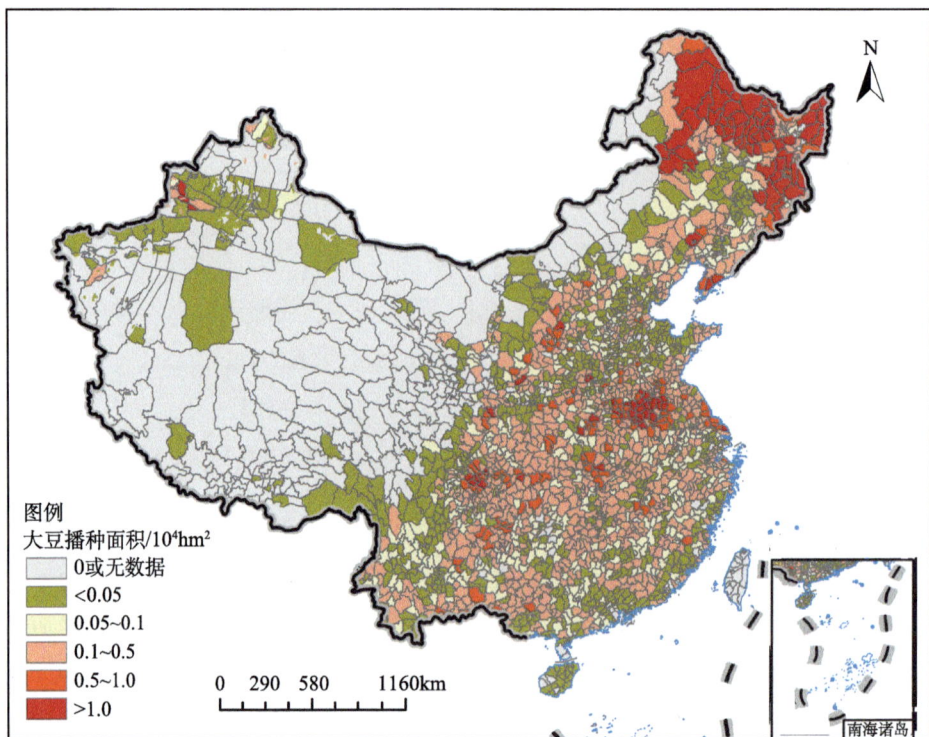

图 7-21　2015 年全国分县大豆播种面积

数据来源：中国农业科学院（http://www.caas.net.cn/）

新疆生产建设兵团数据不包括在新疆分县数据中，将新疆生产建设兵团从县边界中单独列出

表 7-13　2015 年全国大豆播种面积前 50 位县

排名	地区名	大豆播种面积 /10^4 hm²	排名	地区名	大豆播种面积 /10^4 hm²
1	嫩江县	25.85	6	拜泉县	12.22
2	莫力达瓦达斡尔族自治旗	22.15	7	海伦市	11.37
3	鄂伦春自治旗	15.70	8	北安市	10.59
4	五大连池市	13.94	9	涡阳县	7.30
5	克山县	12.57	10	讷河市	6.30

续表

排名	地区名	大豆播种面积 /10⁴ hm²	排名	地区名	大豆播种面积 /10⁴ hm²
11	阿荣旗	6.02	31	黑河市	3.22
12	呼玛县	5.95	32	永城市	3.01
13	敦化市	5.94	33	濉溪县	2.93
14	亳州市	5.71	34	扎兰屯市	2.81
15	克东县	5.60	35	阜阳市	2.73
16	逊克县	5.38	36	桦南县	2.60
17	太和县	5.35	37	汪清县	2.57
18	孙吴县	5.32	38	晋城市	2.45
19	利辛县	4.92	39	灵璧县	2.41
20	伊春市	4.56	40	庆安县	2.41
21	铁力市	4.53	41	启东市	2.17
22	尚志市	4.53	42	蒙城县	2.15
23	富锦市	4.14	43	泗县	2.14
24	绥棱县	4.13	44	东宁市	2.07
25	宿州市	4.08	45	林口县	2.07
26	穆棱市	3.96	46	虎林市	1.83
27	嘉荫县	3.96	47	巴彦县	1.81
28	依安县	3.68	48	项城市	1.74
29	抚远县	3.47	49	宁县	1.72
30	同江市	3.43	50	商水县	1.71
小计 /10⁴ hm²				279.21	
全国 /10⁴ hm²				598.89	
前 50 位县占全国比例 /%				46.62	

数据来源：中国农业科学院（http://www.caas.net.cn/）及省、区 2015 年统计年鉴。

表 7-14　2015 年全国稻谷播种面积和产量前 50 县所属省（自治区）

大豆播种面积		大豆总产量	
省（自治区）	区县数量	省（自治区）	区县数量
山西省	1	山西省	1
内蒙古自治区	4	内蒙古自治区	4
吉林省	2	吉林省	3

续表

大豆播种面积		大豆总产量	
省（自治区）	区县数量	省（自治区）	区县数量
黑龙江省	28	黑龙江省	27
江苏省	1	江苏省	1
安徽省	10	安徽省	8
河南省	3	河南省	3
甘肃省	1	湖北省	1
		四川省	1
		新疆维吾尔自治区	1
合计	50	合计	50

2015 年，全国大豆产量大约为 1238×10^4 t，从空间上看分县大豆产量较高的县也主要位于东北地区东部和北部、黄淮海平原南部、四川盆地以及新疆西北部（图 7-22）。全国玉米产量排名前 50 位的县产量约为 546×10^4 t，大约占全国大豆产量的 44.11%（表 7-15）。这 50 个县位于黑龙江 27 个，安徽 8 个，内蒙古 4 个，吉林和河南各 3 个，山西、江苏、湖北、四川和新疆各 1 个（表 7-14）。可见，大豆生产主要集中在东北地区东北部以及黄淮平原的安徽。

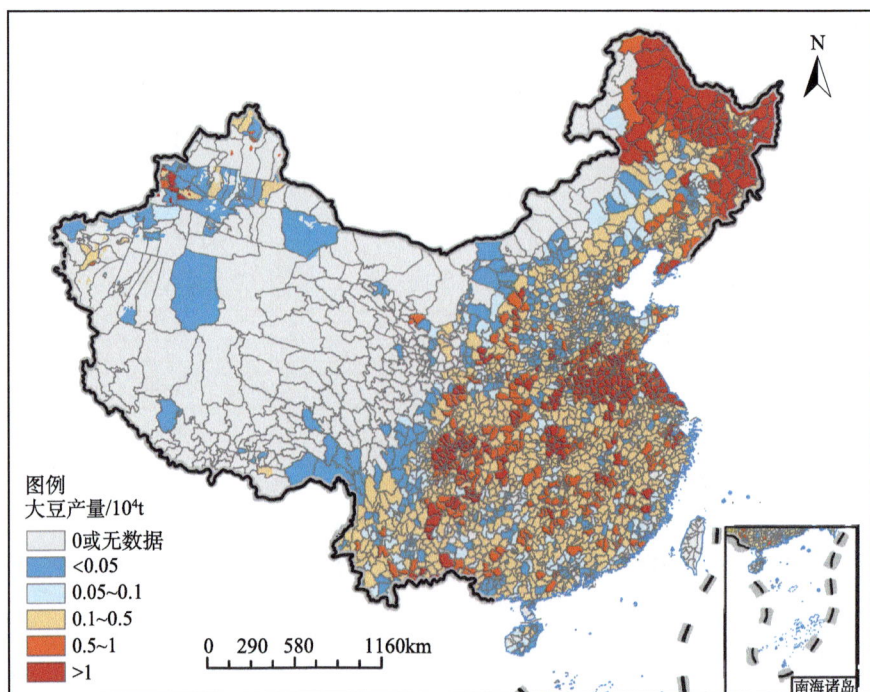

图 7-22　2015 年全国分县大豆产量

数据来源：中国农业科学院（http://www.caas.net.cn/）

新疆生产建设兵团数据不包括在新疆分县数据中，将新疆生产建设兵团从县边界中单独列出

表 7-15　2015 年全国大豆产量前 50 位县

排名	地区名	大豆总产量 / 10^4 t	排名	地区名	大豆总产量 / 10^4 t
1	嫩江县	53.63	26	永城市	7.67
2	莫力达瓦达斡尔族自治旗	41.39	27	亳州市	7.47
3	鄂伦春自治旗	28.64	28	利辛县	7.28
4	克山县	25.48	29	穆棱市	6.75
5	海伦市	24.12	30	桦南县	6.50
6	拜泉县	23.54	31	抚远县	6.17
7	五大连池市	23.22	32	宿州市	5.99
8	北安市	20.32	33	商水县	5.95
9	克东县	13.38	34	汪清县	5.95
10	呼玛县	12.94	35	安岳县	5.71
11	阿荣旗	12.14	36	尚志市	5.70
12	讷河市	11.25	37	扎兰屯市	5.56
13	敦化市	10.22	38	庆安县	5.25
14	太和县	10.03	39	濉溪县	5.25
15	富锦市	9.90	40	鹿邑县	5.19
16	林口县	9.88	41	蛟河市	5.18
17	涡阳县	9.52	42	灵璧县	5.09
18	孙吴县	9.41	43	启东市	4.98
19	铁力市	9.05	44	黑河市	4.89
20	逊克县	8.69	45	晋城市	4.58
21	同江市	8.65	46	天门市	4.44
22	绥棱县	8.60	47	东宁市	4.40
23	依安县	8.52	48	泗县	4.11
24	嘉荫县	7.80	49	海林市	4.06
25	伊春市	7.70	50	巩留县	3.96
小计 /10^4 t			546.07		
全国 /10^4 t			1237.95		
前 50 位县占全国比例 /%			44.11		

数据来源：中国农业科学院（http://www.caas.net.cn/）及省、区 2015 年统计年鉴。

7.3　总结与结论

　　粮食安全在维护经济平稳发展和社会稳定中发挥着重大作用，中央政府一直以来重视粮食生产。随着社会经济发展，国内粮食消费与需求结构发生了较大变化，同时世界粮食供给格局也发生了变化，粮食供给结构也在逐渐改变。国内社会经济建设发展，部分耕地转变为建设用地，同时退耕还林与生态保护措施的实施，也改变了农田空间分布格局。研究结果显示：

　　（1）农田时空格局变化。从1980年以来，农田变化主要有两个特点，一是东部地区经济较为发达的省区农田被转化为其他用途，大部分省区农田面积减少；二是东北和西北地区由于土地面积大而人口相对稀疏，更多的土地被开发为农田，农田面积有一定增加。因此，由于东北和西北农田逐渐增加，我国农业生产重心已经逐渐向北转移。

　　（2）农业生产时空格局变化。根据分省数据可以看出，农作物播种面积较多且持续增加的省区包括河南、黑龙江、山东等，而有显著下降的主要是浙江、广东和江苏；长江中下游地区、东北、四川盆地是主要稻作产区，其稻谷生产优势持续保持，并不断加强。水稻生产逐步向优势产区集中，长期以来形成的"大而全、小而全"的生产格局开始打破，区域化布局、专业化分工的趋势逐步显现；黄淮海平原是小麦主要产区，其小麦生产的优势持续保持，并不断加强；玉米生产主要集中在东北和华北地区，这些地区的玉米生产优势持续保持，并不断加强；东北的黑龙江、华北的内蒙古以及中部的安徽是我国大豆主要产区，其中黑龙江大豆产量已经超过全国产量的1/3。根据分县数据可以看出：2015年，农作物播种面积较高的区县主要位于东北、黄淮海平原、四川盆地、长江中下游地区、关中盆地、宁夏平原以及西北的新疆；水稻生产主要位于长江中下游的湖南、江西和湖北以及东北地区的黑龙江；小麦生产相对比较集中，特别是位于黄淮海平原的河南、安徽和山东；玉米生产相对集中，主要集中在东北地区；大豆生产主要集中在东北地区东北部以及黄淮平原的安徽。

第 8 章

优化粮食与食物生产空间布局

8.1 不同粮食作物的适宜种植空间识别

1. 水稻

中国是世界上种植水稻历史最悠久的国家，稻作历史约有七千年，是世界栽培稻起源地之一。稻田生态系统在我国分布广阔，各个气候带均有种植，但是根据不同气候带水热差异，水稻熟制存在差异（表 8-1）。一般认为，三季稻栽培要求 ≥10℃积温超过 7000℃·d；双季稻需要 ≥10℃积温在 5300℃·d 左右，虽然在 4500~5300℃·d 可以栽培，但容易发生低温冻害；稻麦两熟种植制度要求 ≥10℃积温在 3500~4500℃·d；单季稻则需要 ≥10℃积温在 2000℃·d 以上。

表 8-1 不同气候带热量差异与作物熟制

气候带	≥10℃积温 /（℃·d）	生长期 /d	作物熟制
温带	1 600~3 400	90~160	一年一熟
暖温带	3 100~4 500	160~220	一年两熟或两年三熟
北亚热带	4 200~5 300	220~240	一年两熟或三熟过渡区
中亚热带	5 000~6 500	240~300	双季稻三熟
南亚热带	6 000~8 000	300~365	多熟制
热带	7 500~10 000	365	多熟制

注：引自徐琪和董元华（1991）。

　　中国水稻种植区划最早是从 1928 年开始，周拾禄将长江以南地区划分为 6 个稻区；之后，赵莲芳和蒋名贤将全国稻作分为 10 个区（中国水稻研究所，1988）。丁颖则根据全国稻作区域的生态条件、品种类型、栽培制度等，将全国水稻产区划分为 6 个稻作带，概括出温度是决定稻作分布的最主要生态因子（丁颖，1983）。这种划分方法在水稻生产和科研实践中发挥了重要作用，为今后的水稻区划奠定了良好的基础。到 20 世纪 80 年代初，高亮之和程侃声等在 6 个稻作带的基础上补充了积温等气候指标，提高了水稻分区的科学性和实用性（中国农业科学院，1986）。1984～1986 年，中国水稻研究所根据各稻作带近年的自然、经济、技术资料，对稻作带边界进行了调整，保持了县界的完整，使得已有的以县为单元的气象和统计资料与稻作带分区能一一对应，增加了稻作分区的实用性。

　　目前我国具有代表性的稻作区划有以下几种。

　　程侃声等（中国农业科学院，1986）根据水稻种植的水热条件将我国水稻种植分为 6 个大区和 10 个亚区，包括华南湿热双季稻作带、华中湿润单季和双季稻作带（南部双季稻作区与北部单、双季稻作区）、华北半湿润单季稻作带、东北半湿润早熟单季稻作带（南部早熟稻区和北部特早熟稻作区）、西北干燥单季稻作带（东部半干旱稻作区和西部干旱稻作区）以及西南高原湿润单季稻作带（云贵高原稻作区和青藏高原无稻区）。

　　梅方权等（1988）在收集整理大量有关资料的基础上，对 1980～1982 年全国分县农业基础资料进行了每县 31 个项目的 3 年平均计算，同时绘制了一系列图表，又实地调查了南方、北方 10 多个主要产稻省（自治区、直辖市）。根据对各地自然生态条件（热量、水分、日照、海拔、土壤等）、社会经济条件（行政区划、人口、土地、基本生产条件等）和水稻种植特点（稻田种植制度、品种类型、耕作方式、栽培技术等）综合分析的结果，进行分区划片。在区划中，由于各稻作区（一级区）的跨度很大，区内的自然生态、生产条件、水稻种植均有明显的地域性差异，因此将重点放在稻作亚区（二级区）的划分和评述上。根据水稻种植的水热条件将我国水稻种植分为 6 个大区和 16 个亚区，包括华南双季稻作区（闽粤桂台平原丘陵双季稻亚区、滇南河谷盆地单季稻亚区和琼雷台地平原双季稻多熟亚区）、华中双单季稻作区（长江中下游平原双季稻亚区、川陕盆地单季稻两熟亚区和江南丘陵平原双季稻亚区）、西南高原单双季稻作区（黔东湘西高原山地单双季稻亚区、滇川高原岭谷单季稻两熟亚区和青藏高原高寒河谷单季稻亚区）、华北单季稻作区（华北北部平原中早熟亚区和黄淮海平原丘陵中晚熟亚区）、东北早熟单季稻作区（黑吉平原河谷特早熟亚区和辽河沿海平原早熟亚区）以及西北干燥区单季稻作区（北疆盆地早熟亚区、南疆盆地中熟亚区和甘宁晋蒙高原早中熟亚区）。

　　程纯枢（1992）考虑同时满足日平均气温稳定在 10℃的天数≥110 d、日平均气温稳定在 18℃以上的天数≥30 d 的热量指标，水稻生长季的稻田干燥度指数（RAI）的水分指标，不同稻作熟制的气候适应性指数（RCAI）的季节指标，提出了水稻气候区划方法。首先，以温度为条件将全国分为水稻可能与不可能种植区域。然后，分别利用稻田干燥度指数（RAI）与稻作熟制气候适应性指数（RCAI），结合地形将水稻可能种植区域分成 6 个水稻气候生态带，22 个二级区，见表 8-2。

表 8-2　水稻种植气候生态带

编号	带名	指标
I	东北半湿润单季早粳带	1.0＜RAI≤2.0 早熟中粳的 RCAI＜1.0，110 d＜水稻生长季＜160 d
II	西北干旱一熟单季早粳中粳带	RAI＞2.0 中熟中粳的 RCAI＜1.0，120 d＜水稻生长季＜180 d
III	华北半湿润一熟二熟单季中粳中籼带	1.0＜RAI≤2.0 小麦＋杂交籼稻的 RCAI＜1.0，160 d＜水稻生长季＜200 d
IV	西南湿润二熟三熟单双季稻带	RAI≤1.0 早三熟的 RCAI＜1.0，170 d＜水稻生长季＜240 d，大山脉走向与海拔高度
V	华中湿润二熟三熟单双季稻带	RAI≤1.0 晚三熟的 RCAI＜1.0，200 d＜水稻生长季＜260 d
VI	华南湿润三熟二熟双季稻带	RAI≤1.0 晚三熟的 RCAI≥1.0，水稻生长季＞260 d
VII	水稻不可能种植带	≥10℃的天数＜110 d，≥18℃的天数＜30 d

徐琪等（1998）根据已有研究结果，将我国稻田生态系统分为 5 个稻田带，包括东北、西北单季稻一熟，华北稻麦两熟，华中双季稻、稻麦两熟或三熟，华南双季稻三熟以及西南高原一熟，并对每个稻田带的气候特征、光合产量、复种指数、熟制、稻田类型、空间分布等要素进行了分区归类。

孙华生等（2008）为了宏观地监测中国的水稻生产状况，及时掌握水稻种植面积和长势等信息，提出了水稻信息获取区划研究方案。在区划过程中考虑了水稻的耕作制度（如早稻、一季稻和晚稻的耕作情况）、水稻与环境条件的关系（如地形地貌，种植结构差异等）、遥感技术的具体要求（如云覆盖、大气噪声等对水稻遥感信息获取的影响）以及其他因素对遥感获取地物光谱信息的影响。在具体操作中，首先，按照耕作制度的差异把全国的水稻种植区分成双季稻区、单双季稻混合区、单季稻区和无水稻区 4 个大的区划；然后，在这个大的分区前提下，再根据地形因素、种植结构和大气噪声这 3 个因素，把各个县级行政单元划入到不同亚区中。对于不同种植制度，在遥感获取水稻信息时，对双季稻区需要分别获取早稻和晚稻信息，对单双季稻混合区则需要分别获取早稻、一季稻和晚稻信息，而对单季稻区仅需获取一季的水稻信息即可。研究发现绝大部分稻田分布在坡度小于 5°的地区（梯田水田除外，但梯田水田的比例相对较小），因此可以把县级行政单元内坡度小于 5°的土地面积作为遥感信息获取的地形指标；水稻种植面积在所有的粮食作物种植面积中所占的比例，可以反映水稻在该地区是否占优势，基于此可以判断它与其他地物在遥感图像中产生混合像元的可能性；可以计算气象数据，计算平均总云量小于 20%（晴天）的日数，插值后它反映了一个地区通过光学传感器可能获得高质量遥感图像的概率的大小。

杨沈斌等（2012）基于模糊数学提出中国水稻种植区划，在研究中考虑了光照条件：主要考虑各地的日照时数、日照百分率；温度条件：主要考虑稳定通过界限温度的积温、起止日期和持续天数；水分条件：对水稻生产影响很大需要重点分析，主要考虑降水量和稻田的干湿状况，即通过计算稻田蒸散量推算农田干燥度指数等参数。首先依据全国各台站 30 年观测资料计算相关参数；通过空间插值法获得全国各地的平面统计数据；再对所有要素进行主成分分析和模糊聚类分析，初步建立全国水稻种植区划；参考各地域实际情况调整完善区划指标，形成最终的区划结果。然后验证模糊数学方法在气候区划中的有效性：提取各水稻种植区域的气候指标，对比调整分类时使用的指标体系，评价制定的水稻气候区划是否达到预期目标。结合中国农业气候区划、中国水稻气候区划等研究成果，验证本研究制定区划的可靠性。深入分析利用模糊数学分层聚类在绘制水稻气候区划过程中相比于其他方法所具备的优势以及存在的不足之处，提出可行的优化方案调整模糊数学方法。

段居琦和周广胜（2011）基于已有的水稻区划，结合自然植被区划，筛选出 9 个具有明确生物学意义的可能影响水稻分布的潜在气候因子，包括 ≥0℃积温（反映了某一地区广义的适宜农耕期内的热量累积）；≥10℃积温（反映了喜温作物生长期内的热量累积）；稳定通过 10℃持续日数（为喜温作物生长期）；稳定通过 18℃持续日数（反映水稻幼穗分化到抽穗扬花期所要求的高温期）；最冷月平均温度（表示寒冷程度，反映最差热量条件对植物的限制）；最暖月平均温度（表示温暖程度，反映最好热量条件对植物的满足程度）；气温年较差（是气温年变化的幅度，反映了气候的大陆性）；年降水量（反映水分资源的绝对数量，可作为一些作物的分界线）；湿润指数（是水分的收支比率，反映了气候的湿润程度）。基于最大熵模型和 ArcGIS 空间分析功能等技术，结合水稻地理分布数据，首先筛选出主导气候因子，分别为年降水量、湿润指数、稳定通过 18℃的持续日数、≥10℃积温以及最暖月平均气温。然后继续利用最大熵模型获得水稻在待预测地区的存在概率。最后，参考 IPCC 报告关于评估可能性的划分方法，结合中国水稻实际情况，得出水稻气候适宜等级分区标准：$P<0.05$ 为气候不适宜区，$0.05 \leqslant P < 0.33$ 为气候低适宜区，$0.33 \leqslant P < 0.66$ 为气候中适宜区，$P \geqslant 0.66$ 为气候高适宜区。本节得到中国水稻潜在分布区各气候适宜性分区的气候特征如下：高适宜区的气候特征为年降水量为 1594～1847 mm，稳定通过 18℃持续日数在 104～179 d 和 308～335 d，湿润指数在 1.19～1.22 和 1.95～3.75，≥10℃积温在 5061～5770℃·d 和 8892～9224℃·d；中适宜区的气候特征为年降水量为 542～1890 mm，稳定通过 18℃持续日数为 59～238 d，湿润指数 1.04～1.88，≥10℃积温是 2548～7768℃·d；低适宜区的气候特征为年降水量为 511～1011 mm，稳定通过 18℃持续日数是 18～145 d，湿润指数为 0.73～1.78，稳定通过 10℃积温为 2167～5019℃·d；不适宜区的气候特征为年降水 24～679 mm，稳定通过 18℃日数 0～134 d，湿润指数为 0.1～2.28，稳定通过 10℃积温为 21～4439℃·d。

何燕等（2013）认为热量条件是制约广西水稻品种布局和稻作制度的关键；双季稻安全

生育期（即早稻安全播种期至晚稻安全齐穗期的持续天数）是决定当地能否种植双季稻和如何进行品种搭配的重要热量指标。他们利用地理信息数据和气象数据，选择水稻安全生育期天数、安全期活动积温、日平均气温≥10℃的日照时数、年平均气温 4 个影响水稻种植布局的主要气候因子作为划分水稻种植布局的气候区划指标，再通过广西农业气象专家和农业水稻专家的联合实地调查验证，并进行细化研究得出广西水稻种植布局的气候区划等级指标。具体操作是：①在 GIS 软件中利用地理信息数据提取 1 km×1 km 网格的经度、纬度、海拔高度等网格数据；②将这些地理信息数据代入各个气候区划因子推算模型中，推算出每个区划因子在 1 km×1 km 网格上的分布；③再利用 GIS 反距离权重插值法，以 90 个气象台站的残差值为样本，内插出 1 km 网格的残差分布；④将各项区划因子推算值图与相应的残差值图叠加，得到 1 km×1 km 网格的广西水稻种植布局气候区划指标因子分布图；⑤叠加水稻种植布局 4 项气候区划因子分布图，制作水稻种植布局气候区划图（利用专家打分法对各项气候区划指标因子进行无量纲化）。该研究将广西种植水稻分为迟熟双季稻适宜气候区（≥64 分）、中迟熟双季稻适宜气候区（48～64 分）、早中熟双季稻适宜气候区（32～48 分）、单季稻再生稻适宜气候区（16～32 分）四个气候区域。

东北稻区的稻作生长季为 110～180 d，平均气温 18～23 ℃，≥10℃积温 2000～4000℃·d。姜丽霞等（2005）认为在水稻生产区划中不仅需要考虑对水稻生长发育和产量起决定作用的关键时期和关键因子，同时还需要考虑地区降水特点和水资源特征、地表水情况以及主要农业区域农业生产地理分布特点。他们利用日平均气温稳定通过 10℃的天数≥135 d、日平均气温稳定在 18℃以上的天数≥50 d 作为热量指标，用水稻生长季（5～9 月）的稻田干燥度指数（RAI）作为水分指标，同时考虑不同区域的气候生产潜力，进行黑龙江水稻区划。

秦鹏程等（2015）提出了基于稳定通过 10℃活动积温、水稻生长期长度（稳定通过 10～15℃日数）、安全生育期天数（籼稻稳定通过 10～22℃日数，粳稻稳定通过 10～20℃日数）的湖北水稻种植布局气候区划。利用湖北省 76 个气象观测站 1981～2010 年逐日平均气温观测资料，计算各站点 80% 保证率下稳定通过 10℃日数、10℃活动积温，稳定通过 10～15℃、10～20℃、10～22℃日数等区划指标因子，结合湖北省 1∶100 万 DEM 高程数据推算到 1 km×1 km 精细网格。依据上述区划指标分级标准，计算细网格的气候适宜性等级，通过叠加县级行政边界，裁剪，添加图例、比例尺等，制作出水稻种植布局精细化气候区划专题图，通过对区划指标因子进行分级打分。然后对各项区划分级指标分数值进行累加，根据总分数的大小，并结合考虑必须同时满足的各项区划等级指标，综合确定如下气候适宜性等级：不适宜种植区（综合得分<3）；早熟中稻适宜区（3≤综合得分<6）；中熟中稻适宜区（6≤综合得分<9）；迟熟中稻适宜区（9≤综合得分<12）；再生稻适宜区（12≤综合得分<15）；早熟早籼＋早熟晚籼（粳）稻适宜区（15≤综合得分<18）；早熟早籼＋中熟晚籼（粳）稻适宜区（18≤综合得分<21）；早熟早籼＋迟熟晚籼（粳）稻适宜区（综合得分≥21）。

黄文婷（2016）结合长江中下游地区水稻的生产情况，选择水稻的安全期天数作为区划水稻种植制度的可能性指标。该研究沿用水稻安全期天数 160 d 作为双季稻与非双季稻的分界线。设定单季稻的生育期天数一般在 130～140 d；早稻早熟型全生育期为 100～110 d，中熟型为 110～120 d，迟熟型为 120～130 d；晚稻从播种到齐穗所需天数早熟型为 75～85 d，中熟型为 85～95 d，迟熟型为 95～105 d。

谢佰承等（2015）利用最大熵模型进行湖南双季稻气候适宜性分布研究，筛选了 $\geqslant 10℃$ 积温、$10℃\leqslant \sum T \leqslant 22℃$ 积温、4～10 月年降水量、4～10 月日照时数、3 月中旬平均气温、稳定通过 10℃ 持续日数、稳定通过 22℃ 持续日数、7 月平均气温等作为潜在气候因子。计算后确定 10～22℃ 活动积温、4～10 月日照时数、稳定通过 22℃ 持续日数、4～10 月降水量 4 个因子是影响湖南双季稻种植区分布的主导气候因子。最后，得到了湖南双季水稻气候适宜性分区：适宜性种植的总体分布为湘西和湘南山区种植适宜性差，洞庭湖区和湘中衡邵盆地种植适宜性较好。

2. 小麦

冬小麦是我国的主要粮食作物之一，在我国粮食生产和粮食安全方面占有重要地位。我国冬小麦的分布范围较广，全国大部分地区都有种植，热量资源是决定冬小麦种植区域的主要影响因素。

程纯枢（1992）认为开展小麦气候区划需要遵循这几个原则：气候区内小麦的光、温、水条件基本一致；气候的适宜程度和不利气候条件的影响在一个区内基本一致；品种、气候、生态类型在一个区内基本一致；生育状况及其产量、品质水平等在一个区内基本一致；多熟种植的特点、小麦茬口的区域性特征和地位基本相似。基于以上原则，选取冬春性、水分差额、气候产量作为分区指标，将我国小麦种植划分为半湿润春小麦气候区、半干春小麦气候区、干旱春小麦气候区、强冬性半干冬小麦气候区、强冬性半湿冬小麦气候区、冬性湿润冬小麦气候区、弱冬性过湿冬小麦气候区、春性湿润冬小麦气候区、春性半湿冬小麦气候区、春性半干冬小麦气候区、强冬性干旱冬小麦气候区、青藏高原春小麦气候区以及青藏高原冬小麦气候区。程纯枢认为，小麦要求冷凉干燥气候，沥湿多雨不利于小麦栽培。我国北方冬小麦生育期或者小麦生育期间气候较冷凉干燥，适于小麦栽培，只需改善水分供应，即可获得高产。长江流域以南地区气候湿或过湿，不适于小麦栽培，一般不易获得高产。因此，根据作物对气候的适应性合理布局小麦生产，北方应扩大小麦生产，长江流域以南地区应适当扩大油菜作物生产，因为油菜较耐湿，而且收获期较早，可有效地利用气候资源。长江以北至黄河以南地区，光温水配合较好，特别是水分条件较适宜，小麦生育期降水接近需水量，可扩大小麦生产。在干旱、半干旱地区发展耐旱的谷子、高粱生产，在过湿地区发展油菜、蚕豆生产，提高了气候资源的有效利用率。

孙敬松和周广胜（2012）利用最大熵法（MaxEnt）确定小麦分布气候适宜性，首先筛选了湿润指标、生长季长度和热量指标、越冬指标以及冬小麦春化指标作为潜在气候影响指标，通过计算确定春化温度（0~7℃）持续的天数、最冷月平均温度、可能蒸散量和年降水量是主导气候因子，基于此确定了小麦气候适宜性分布。

2003 年，农业部《专用小麦优势区域发展规划（2003—2007 年）》中列出黄淮海、长江中下游和大兴安岭沿麓是我国三大优质专用小麦产区。卢布等（2010）综合考虑区域资源条件、生产现状、前人研究结果和上述原则（相对均衡布局原则；产量品质兼顾原则；层次重点原则），将我国小麦主要产区划分为黄淮海、长江中下游、西南、西北和东北 5 个优势区，558 个重点发展县。黄淮海小麦优势区包括河北、山东、北京、天津全部、河南中北部、江苏和安徽北部、山西中南部以及陕西关中地区，是我国最大的冬小麦产区，该区光热资源丰富，年降水量 400~900 mm，地势平坦，土壤肥沃，小麦单产显著高于全国平均水平，影响小麦生产的主要因素是水资源短缺、自然灾害和病虫害。长江中下游小麦优势区包括江苏和安徽两省淮河以南、湖北北部以及河南南部，是我国冬小麦的主要产区之一。该区气候湿润，热量条件良好，年降水量 800~1400 mm，地势低平，单产略高于全国平均水平，影响小麦生产的主要因素是渍害、高温逼熟和病虫害。西南小麦优势区包括重庆、四川、贵州、云南 4 省（直辖市），以冬小麦为主，该区气候湿润，热量条件良好，年降水量 800~1100 mm，山地、高原、丘陵、盆地相间分布，单产显著低于全国平均水平，影响小麦生产的主要因素是日照不足、易旱易涝及病虫害。西北小麦优势区包括甘肃、宁夏、青海、新疆全部及陕西北部、内蒙古河套土默川地区，冬春麦皆有种植，该区气候干燥，蒸发量大，年降水量 50~250 mm，光照充足，昼夜温差大，有利于干物质积累，单产略低于全国平均水平，影响小麦生产的主要因素是土壤瘠薄、干旱少雨。东北小麦优势区包括黑龙江、吉林、辽宁全部及内蒙古东部，该区气候冷凉，无霜期短，年降水量 450~650 mm，日照充足，土壤肥沃，单产略低于全国平均水平，影响小麦生产的主要因素是春季干旱以及收获期常遇阴雨。

赵广才（2010）在大量调查研究和搜集资料的前提下，结合多年对小麦栽培研究和生产实践经验，在前人对中国小麦种植区划研究的基础上，参考近年来小麦生产的形势变化和需求，分析人们对以前中国小麦种植区划应用情况，根据地理环境、自然条件、气候因素、耕作制度、品种类型、生产水平、栽培特点以及病虫害情况等对小麦生产发展的影响，以服务于生产决策为宗旨，进行小麦种植区划。该区划方案将全国小麦自然区域划分为 4 个主区，即：北方冬（秋播）麦区、南方冬（秋播）麦区、春（播）麦区和冬春兼播麦区。进一步划分为 10 个亚区，即：北部冬（秋播）麦区、黄淮冬（秋播）麦区、长江中下游冬（秋播）麦区、西南冬（秋播）麦区、华南冬（晚秋播）麦区、东北春（播）麦区、北部春（播）麦区、西北春（播）麦区、新疆冬春播麦区和青藏春冬兼播麦区。①北方冬麦主区的范围，大体在长城以南，岷山以东，秦岭、淮河以北的地区，包括山东省全部，河南、河北、山西、陕西省大部分，甘肃省东部和南部及苏北和皖北，该区小麦总产通常占全国总量的 60% 以上，全区以冬小麦为主要种植作物，还有玉米、谷子、豆类、甘薯以及棉花等粮食和经济作物。西北部地区降水量较少，东部地区降水量较多，春季常遇干旱，成为小麦生产中的主要问题。②南方冬麦区位于秦岭、淮河以南，折多山以东，包括福建、江西、广东、海南、台湾、广西、湖南、湖北、贵州等省区全部，云南、四川、江苏、安徽省大部分以及河南南部。受雨量偏多影响，湿涝灾害及赤霉病等连年发生，对小麦生产不利。小麦虽不是当地主要粮食作物，但在轮作复种中仍处于十分重要地位，多与水稻进行轮种。③春小麦主要分布在长城以北。岷山和大雪山以西，大多地处寒冷、干旱或高原地带，包括黑龙江、吉林、内蒙古、宁夏全部，辽宁、甘肃大部以及河北、山西、陕西省北部。④冬春兼播麦区，位于我国最西部地区，包括新疆、西藏全部，青海大部和四川、云南、甘肃省部分地区。

3. 玉米

玉米是世界上种植最广泛的谷物之一，种植面积仅次于水稻和小麦，但总产量居三大谷物（水稻、小麦与玉米）之首，是近百年来全球种植面积扩展最大、单位面积产量提高最快的大田作物。玉米是喜温作物，整个生育过程都要求有一定的温度保障。玉米种子发芽的最低温度是 8～10℃，最适宜的温度是 30～32℃，最高温度是 44～50℃；出苗阶段最低温度为 8℃，最适宜温度为 30～34℃，最高温度为 40℃。玉米生长期内最适宜的温度为日平均气温 20～26℃，低于 20℃时，产量下降。因此，日平均气温 20℃的终止日，是玉米高产安全成熟期的重要指标。日平均气温 10～20℃是玉米高产安全生育期（杨晓光，2006）。

玉米适应性强，产量高，除了南极洲以外，在全球广泛分布。世界玉米集中种植在三大玉米带：美国是世界著名玉米带，玉米种植扩展到十几个州；欧洲多瑙河玉米带主要包括法国、南斯拉夫和罗马尼亚等国；我国也形成了东北（黑龙江）—华北—西南（广西），包括十几个省、自治区的狭长玉米带。近 30 年来，由于人口增加，畜牧业和玉米加工业的快速发展使得世界玉米需求量大增，刺激了玉米生产发展。

春玉米主要分布在东北三省和内蒙古自治区、河北北部、西北地区和西南地区各省的高海拔山区和干旱地区，主要为一年一熟制。夏玉米主要分布在黄淮海平原地区的山东、河南、河北、山西、北京、天津等地，主要是玉米与小麦套种或复种形式，为一年两熟制。秋玉米主要集中在南方沿海各省及内陆各省、自治区的丘陵山地，如浙江、江西、广西、四川、福建等，是一年三熟制，主要耕作方式是水稻—水稻—玉米或者油菜—水稻—玉米。冬玉米主要分布在 20°N 以南的广东、云南、广西和海南等地。得天独厚的自然条件使我国成为世界上唯一一个一年四季都能种植玉米的国家。

玉米生育期为 80～150 d，分布界限与水分条件有关，年降水量为 800～1500 mm，生育期月降水量 100 mm 的地区最适宜生长。年降水量＜350 mm 且无灌溉条件的地区不能种植玉米。玉米种植最低热量条件：新疆极早熟品种，≥10℃积温为 1800℃·d；黑龙江早熟品种，≥10℃积温为 1950℃·d。籽粒玉米：热量要求高，种植界限在纬度 52°N，青饲料玉米热量要求低，种植界限可达 55°N。玉米灌浆期长而冷凉的气候产量高。从东北向西南分布的玉米带，种植高度逐渐提升，与不同纬度气温随高度变化相关。

佟屏亚（1992）根据各地的气候、土壤、地理条件及耕作制度等因素将我国玉米种植划分为 6 个区。①北方春播玉米区：包括黑龙江、吉林、辽宁、宁夏和内蒙古的全部，山西的大部分，河北、陕西和甘肃的一部分。②黄淮海平原夏播玉米区：位于北方春播玉米区以南，淮河、秦岭以北，包括山东、河南全部，河北的大部分，山西中南部，陕西、关中和江苏省徐淮地区。③西南山地丘陵玉米区：包括四川、重庆、贵州和云南全省，陕西南部和广西、湖北西部丘陵地区和湖南西部以及甘肃的小部分。④南方丘陵玉米区：包括广东、海南、福建、浙江、江西、台湾等省的全部，江苏、安徽的南部，广西，湖南，湖北的东部。气候条件更适合种植水稻，所以玉米种植面积不稳定，是我国秋、冬玉米的主要种植地区。⑤西北内陆玉米区：包括新疆的全部和甘肃的河西走廊以及宁夏河套平原灌溉区。属大陆性干燥气候，热量资源丰富，昼夜温差大，对玉米生长发育和获得优质高产非常有利。但降水稀少，全年降水量不足 200 mm，种植业完全依靠融化雪水或河流灌溉系统。在灌溉地上种植，玉米增产潜力很大。⑥青藏高原玉米区：包括青海和西藏，是我国重要的牧区和林区，玉米是本区新兴的农作物之一，栽培历史很短，种植面积不大。

何奇瑾和周广胜（2012）基于已有的玉米气候区划与自然植被区划研究成果，从全国区域及年尺度考虑，筛选出 10 个具有明确生物学意义的可能影响玉米种植分布的气候因子，包括：无霜期、年平均温度、≥0℃积温、≥10℃积温持续天数、≥10℃积温、年降水、最热月平均温度、湿润指数、最冷月平均温度、最冷最热月平均温度差。然后，基于最大熵模型和 ArcGIS 工具确定了影响我国春玉米种植分布的主导气候因子：无霜期、年平均温度、≥0℃积温、≥10℃积温持续天数、≥10℃积温、年降水、最热月平均温度、湿润指数。研究结果显示，玉米种植气候最适宜区包括吉林、辽宁、河北、山西、陕西、甘肃、河南等地区，这些地区主要属于中温带和寒温带半干旱、半湿润气候，热量条件适宜，且没有高温危害，自然降水基本满足玉米生长需求；气候适宜区包含黑龙江、内蒙古中西部、青藏高原南部、山东、江苏、安徽、湖北、重庆、四川、云南等地，大部分为暖温带半湿润气候，平均温度适宜，多有灌溉设施，对保证玉米生产起到重大作用。玉米种植气候次适宜区主要包括新疆、内蒙古西部、甘肃大部、浙江、江西、贵州、湖南、广西、广东、福建、海南、台湾等地，其中，新疆、内蒙古、甘肃大部光照充足，昼夜温差大，但自然降水少，气候干燥，有灌溉条件才能够种植玉米；而浙江、江西、贵州、湖南、广西、广东、福建、海南、台湾等地虽然具备雨热条件，但热害严重，降水量过多，不能充分发挥水资源利用效率，是我国水稻的主产区，玉米处于附属地位。青海、西藏的大部分地区、新疆北部和南部、黑龙江北部和内蒙古东部、四川西北部属于玉米种植的气候不适宜区，这些地区气候高寒、干旱、无灌溉条件，不宜种植玉米。

程纯枢（1992）以全国 226 个区的玉米品种联合区域试验资料为基础采用 Fisher 积分回归方程对玉米生育期或籽粒产量与气象要素分析，建立气候模式，用来确定分区指标。影响玉米种植分区的指标包括不同生育期的日平均气温、气温日较差以及出苗日日长、抽雄日日长等。根据生育期模式定出玉米可能种植界限。当DP（生育期）＞DT（理论生育期），玉米能正常成熟，若DP＜DT，表明生育期太短，不能种植或不能种植中、晚熟品种。中、晚熟品种生育期比早熟品种长25 d，以DP＞DT-15表示可种早熟玉米，DP＜DT-15表示不能种植早熟玉米。最后，根据气候产量模式计算出各地玉米气候产量，按照产量高低确定气候适宜性指标，分区结果为：气候最适宜种植区（东北松辽平原非灌溉气候最适宜种植地区、黄土高原灌溉气候最适宜种植地区、西北内陆灌溉气候最适宜种植地区），气候适宜种植区（东北气候适宜种植地区、黄淮海平原气候适宜种植地区、西南气候适宜种植地区），气候次适宜种植区（华南气候次适宜种植地区、北部气候次适宜种植地区）以及气候不适宜种植区。

4. 大豆

大豆是喜温而又较耐冷凉的作物，热量对大豆的分布有重大影响，低温能使大豆开花成熟延迟，如果温度降至14℃以下，大豆即停止生长。适合种植大豆的热量条件是≥15℃积温高于1000℃·d和持续日数60 d以上，无霜期不少于10 d，除了发育期过短，热量水平过低的高寒山区和高纬度地区外均可种植大豆。世界上许多大豆研究者都以中国沈阳为引种和适生地农业气候鉴定的依据。大豆生长的适宜温度为22~32℃，≥35℃或≤18℃对生长不利，生育期降水量400~500 mm产量最高。我国的东北及其他地区大豆生育期内都具备这种条件，沈阳大豆生育期平均气温21.5~24.6℃，降水量为453 mm。

潘铁夫等（1984）根据中国大豆气候生态的研究和我国大豆生产实际，以热量为划分大豆气候带指标，以湿润系数和其他气象要素为划分大豆气候区指标，结合大豆的种植制度分布现状，将全国大豆分为6个气候带和20个气候区。①北方凉温长光照一熟春播大豆带：包括黑龙江、吉林、内蒙古、宁夏全部，辽宁、甘肃大部，新疆北部，河北、山西、陕西三省的北部，为一年一熟，春季播种大豆。②北方温和中长光照春夏播大豆过渡带：包括辽南旅大地区、北京、唐山地区、山西中部和南疆地区灌溉地。本带平川地为冬小麦主产区，冬小麦收获后有足够的热量资源可以播种一季夏播大豆，而水肥条件较差的岗坡地则播种春大豆，属于春夏播大豆混合过渡带。③黄淮流域暖温中光照半干半湿夏播大豆带：包括河北保定、天津以南地区、山东全部、河南中东部、江苏洪泽湖和安徽淮河以北、陕西中部、河南西部、山西西南部和甘肃东南部，这些地区是冬小麦主产区域，在小麦茬后接种夏播大豆。④南方暖热湿润短中光照多播期大豆带，包括淮河、秦岭以南，云贵高原以东的广大地区。本带属以水稻为主的种植制度，大豆种植比较分散，因在耕种制度中的地位不同，而有多种多样的播种季。⑤热带湿润短光照四季大豆带，主要为雷琼区、南海诸岛、可一年四季种植大豆。⑥西南高原垂直带短光照春夏播大豆带，包括云南中北部、贵州的绝大部分、湖南和广西的西部、四川省西南部、藏东南的察隅、那曲等地，墨脱、波密也有少量栽培。该种植带地势高，纬度低，地形起伏大，为立体农业，因海拔高度不同而热量条件相差很大，大豆的播种季节和种植制度差异也很大。

程纯枢（1992）考虑了积温、光照长度和茬口气候类型，确定了大豆气候区划指标和分区。大豆分区指标包括≥15℃积温（℃）、日长类型、夏至日日长（时）和纬度（°）。根据以上指标将我国大豆分为春大豆、春夏大豆、春夏大豆、春夏大豆以及春夏秋冬大豆。

王莹等（2016）以辽宁省气象要素和大豆产量资料为基础，充分考虑大豆生产和农业气候特点，通过将平均气温、最高气温、平均最低气温、降水量和日照时数与大豆产量进行相关分析，确定了大豆气候区划指标，包括 7 月日照时数、8 月平均气温、8 月平均最高气温、8 月降水量。然后，应用 ArcGIS 建立指标因子的小网格推算模型，确定了辽宁大豆种植区划。研究结果表明，辽宁省大豆适宜种植区主要分布在沈阳、大连、鞍山、抚顺、本溪、丹东、锦州东南部、营口、阜新东南部、辽阳、铁岭和盘锦地区，该区域 7 月日照时数小于 237 h，8 月降水大于 130 mm；大豆次适宜种植区分布在锦州西北部、阜新部分地区、朝阳局部地区和葫芦岛大部地区，该区域 7 月日照时数小于 237 h，8 月降水在110～130 mm；不适宜种植区主要分布在阜新西北地区、朝阳大部地区和葫芦岛西北部地区，该区域 7 月日照时数大于 237 h，8 月降水小于 110 mm，日照和降水条件均不能满足大豆生长发育需求，严重影响产量。

8.2　中国粮食生产空间布局

1. 粮食空间布局的思路与方法

一直以来，作物生产布局主要基于研究者经验选取作物布局指标，一般主要考虑海拔、气候（降水和温度）等自然要素。同时，不同区域作物产量也是开展作物布局的一个重要依据。近年来，周广胜及其合作者开始将最大熵模型（MaxEnt）应用于作物气候适宜性布局。该模型基于作物现状分布数据及气候数据，从符合条件的分布中选择熵最大的分布作为最优分布。首先确定作物的特征空间，即作物物种已知分布区域；进而寻找限制物种分布的约束条件（环境变量，如降水、温度等），构筑约束集合；在此基础上，建立二者之间的相互关系（何奇瑾和周广胜，2012）。该模型可以较为准确的预测作物气候适宜性分区。本研究采用该模型来模拟不同作物在空间上的气候适宜性，这是基于气候要素的作物分布格局。但还需要考虑气候以外的影响因素，如宁夏平原的水稻种植、西北绿洲的作物种植，可能与气候要素并不完全一致。因此，我们将综合作物的气候适宜性、资源环境因子、社会经济优势（作物生产的综合比较优势和成本效益优势）等影响因素，考虑作物生产能力及其农田分布现状，基于不同的产量需求，确定不同作物的生产布局方案。

1）水稻

首先，考虑水稻生产布局中自然环境要素，主要有三个方面：第一，水稻生产的气候适宜性，主要通过最大熵模型（MaxEnt）和 ArcGIS 分别计算单季稻和双季稻包括年降水量、湿润指数、稳定通过 18℃的持续日数以及≥10℃积温、稳定通过 10℃积温持续日数等指标在内的适合水稻存在的概率，概率越高的区域越适宜水稻生产（段居琦和周广胜，2011）。第二，考虑水稻生产的地形要素。研究认为，水稻分布的海拔高限为 2700 m（梅方权等，1988）；稻田坡度一般在 5 度以下，坡度高于 5 度的稻田一般为梯田，面积比例较小，在生产布局中不予考虑。第三，水田的空间分布，在前两个要素基础上，结合水田空间分布数据，确定基于气候适宜性和地形的水稻生产布局。

其次，考虑水稻生产布局中的社会经济与资源要素，主要考虑两个方面：第一，社会经济优势，主要根据：①水稻生产的比较优势，通过水稻单产和总产来计算；②成本效益优势，根据水稻生产成本与收益计算。第二，资源要素，水稻是耗水型农业，主要考虑地下水漏斗区不适合继续开展水稻生产。

最后，综合水稻生产的气候适宜性和社会经济优势因子，计算水稻生产布局优选因子。考虑地形、水田分布、地下水漏斗等要素，根据不同稻谷需求量以及水田稻谷产能，确定不同稻谷需求量下的水稻生产布局。

2）小麦

首先，考虑小麦生产布局中自然环境要素，主要考虑两个方面：第一，小麦生产的气候适宜性，主要通过最大熵模型 MaxEnt 和 ArcGIS 分别计算包括年最冷月平均温度、年极端最低温度、年降水量、年平均温度 4 个指标在内的适合冬小麦和春小麦存在的概率，概率越高的区域越适宜小麦生产（孙敬松，2013；孙敬松和周广胜，2012）。第二，旱地和水浇地的空间分布，结合小麦气候适宜性确定基于气候适宜性的小麦生产布局。

其次，考虑小麦生产布局中的社会经济与资源要素，主要考虑两个方面：第一，社会经济优势，主要根据：①小麦生产的比较优势，通过小麦单产和总产来计算；②成本效益优势，根据小麦生产成本与收益计算。第二，资源要素，小麦是耗水型农业，主要考虑地下水漏斗区不适合继续开展小麦生产。

最后，综合小麦生产的气候适宜性和社会经济优势因子，计算小麦生产布局优选因子。考虑旱地和水浇地分布、地下水漏斗等要素，根据不同小麦需求量以及耕地小麦产能，确定不同小麦需求量下的小麦生产布局。

3）玉米

首先，考虑玉米生产布局中自然环境要素，包括两个方面：第一，玉米生产的气候适宜性，主要通过最大熵模型（MaxEnt）和 ArcGIS 分别计算包括年降水量、年平均气温、≥10℃积温、湿润指数、最热月平均温度、稳定通过≥10℃的持续日数指标在内的适合玉米存在的概率，概率越高的区域越适宜玉米生产（何其瑾，2012）。第二，旱地和水浇地的空间分布，结合玉米气候适宜性确定基于气候适宜性的玉米生产布局。

其次，考虑玉米生产布局中的社会经济与资源要素，主要考虑社会经济优势：①玉米生产的比较优势，通过玉米单产和总产来计算；②成本效益优势，根据玉米生产成本与收益计算。由于在我国气候条件下，玉米生长期降雨量大致能满足生长需求，所以不考虑地下水漏斗给玉米生产造成的约束。

最后，综合玉米生产的气候适宜性和社会经济优势因子，计算玉米生产布局优选因子。考虑旱地和水浇地分布、地下水漏斗等要素，根据不同玉米需求量以及耕地玉米产能，确定不同玉米需求量下的玉米生产布局。

4）大豆

首先，考虑大豆生产布局中自然环境要素，包括两个方面：第一，大豆生产的气候适宜性，主要通过最大熵模型 MaxEnt 和 ArcGIS 分别计算包括年降雨量、年平均温度、最冷月平均温度、湿润指数、夏至可照时数、稳定通过15℃积温、稳定通过15℃持续日数等指标在内的适合大豆存在的概率，概率越高的区域越适宜大豆生产。第二，旱地和水浇地的空间分布，结合大豆气候适宜性确定基于气候适宜性的大豆生产布局。

其次，考虑大豆生产布局中的社会经济与资源要素，主要考虑社会经济优势：①大豆生产的比较优势，通过大豆单产和总产来计算；②成本效益优势，根据大豆生产成本与收益计算。由于在我国气候条件下，大豆生长期降雨量大致能满足生长需求，所以不考虑地下水漏斗给大豆生产造成的约束。

最后，综合大豆生产的气候适宜性和社会经济优势因子，计算大豆生产布局优选因子。考虑旱地和水浇地分布、地下水漏斗等要素，根据不同大豆需求量以及耕地大豆产能，确定不同大豆需求量下的大豆生产布局。

2. 粮食作物生产布局基本方案

1）水稻

利用国家气象科学数据共享服务平台的农业气象观测数据、标准年年降水量数据集、累年日值数据集，计算年降水量、湿润指数、稳定通过18℃的持续日数、最暖月（7月）平均气温、≥10℃积温，经过 IDW 插值并重采样得到 ASCII 格式数据作为环境变量层。将年降水量、湿润指数、稳定通过18℃的持续日数、≥10℃积温等数据导入到 MaxEnt 最大熵模型，分析全国范围内的单季稻潜在分布概率，得到单季稻适宜性分区（气候不适宜区、气候低适宜区、气候中适宜区、气候高适宜区）。单季稻的气候高适宜区主要分布在长江中下游的四川东部、重庆、湖北、河南南部、安徽、江苏等地区，西南的云南西北部，东北的辽宁东北部和吉林西南部；西北部和华南沿海是气候不适宜区域。同时将年降水量、湿润指数、稳定通过18℃的持续日数、稳定通过10℃积温持续日数导入到最大熵模型（MaxEnt），分析全国范围内的多季稻潜在分布概率，得到多季稻适宜性分区（气候不适宜区、气候低适宜区、气候中适宜区、气候高适宜区）。多季稻的高适宜区位于长江以南的湖南、江西、浙江、福建、广东、广西、海南等省（自治区）。根据上述结果，基于我国水田空间分布，排除气候不适宜区和低适宜区，得到水稻种植适宜区（基于 MaxEnt 的作物分布概率大于 0.33）总面积为 $43.46 \times 10^6 \ hm^2$（表 8-3）。可以看出，在考虑地形和气候适宜性的情况下，适宜种植水稻的区域主要位于我国东半部区域，包括东北、华北、西北地区东部、长江中下游、西南高原、华南等区域。

表 8-3 各省农田与适宜种植作物面积　　　　　　（单位：$10^6 \ hm^2$）

省（自治区、直辖市）	所有农田面积			适宜种植农田面积			适宜不同作物种植面积*			
	农田	水田	旱地	适宜种植农田	适宜种植水田	适宜种植旱地	适宜水稻	适宜小麦	适宜玉米	适宜大豆
北京	0.45	0.01	0.43	0.42	0.02	0.40	0.02	0.42	0.40	0.26
天津	0.65	0.06	0.59	0.63	0.05	0.58	0.05	0.63	0.58	0.51
河北	9.66	0.45	9.21	9.59	0.44	9.15	0.44	9.59	8.77	6.75
山西	6.00	0.00	6.00	5.94	0.00	5.93	0.00	5.90	5.91	4.91
内蒙古	11.43	0.12	11.31	10.46	0.11	10.35	0.11	10.45	6.46	7.06
辽宁	6.45	0.94	5.51	6.18	0.91	5.27	0.91	6.18	5.26	5.26
吉林	7.56	1.12	6.44	7.39	1.09	6.29	1.09	7.38	5.71	6.25
黑龙江	16.41	3.23	13.17	15.74	3.08	12.66	3.07	15.66	7.97	12.65
上海	0.38	0.34	0.04	0.30	0.29	0.02	0.29	0.30	0.02	0.00
江苏	6.62	4.11	2.51	6.37	3.98	2.39	3.98	6.37	2.39	1.81
浙江	2.52	2.19	0.33	2.18	1.95	0.23	1.95	0.86	0.05	0.23
安徽	7.92	4.30	3.62	7.80	4.22	3.59	4.22	7.39	3.48	3.59
福建	2.08	1.42	0.66	1.41	1.09	0.32	1.05	0.91	0.16	0.20
江西	4.46	3.24	1.22	4.31	3.17	1.14	3.17	3.76	0.73	1.13
山东	10.14	0.17	9.96	9.81	0.16	9.65	0.16	9.81	9.65	9.15
河南	10.65	0.76	9.89	10.53	0.76	9.77	0.76	10.53	9.77	9.38
湖北	6.73	3.77	2.95	6.46	3.66	2.80	3.66	5.51	2.31	2.75
湖南	6.00	4.36	1.64	5.71	4.29	1.42	4.29	1.59	0.19	1.38
广东	4.27	2.54	1.73	2.48	2.27	0.21	2.27	0.00	0.07	0.14
广西	5.10	2.49	2.61	2.77	2.41	0.36	2.41	0.10	0.17	0.17
海南	0.87	0.30	0.57	0.32	0.24	0.09	0.24	0.00	0.00	0.09
重庆	3.73	1.12	2.61	3.65	1.10	2.54	1.10	3.43	2.46	1.65
四川	11.89	4.25	7.64	11.39	4.20	7.19	4.20	11.09	6.97	2.79
贵州	4.87	1.43	3.45	4.27	1.40	2.87	1.40	3.73	2.58	0.23

续表

省（自治区、直辖市）	所有农田面积			适宜种植农田面积			适宜不同作物种植面积*			
	农田	水田	旱地	适宜种植农田	适宜种植水田	适宜种植旱地	适宜水稻	适宜小麦	适宜玉米	适宜大豆
云南	6.79	1.72	5.06	5.54	1.68	3.86	1.68	4.81	3.78	0.33
西藏	0.46	0.02	0.44	0.27	0.01	0.26	0.01	0.26	0.01	0.00
陕西	6.97	0.82	6.15	6.87	0.81	6.06	0.81	6.76	6.05	5.66
甘肃	6.53	0.02	6.51	6.30	0.02	6.28	0.02	6.27	4.37	2.21
青海	0.82	0.00	0.82	0.56	0.00	0.56	0.00	0.56	0.13	0.00
宁夏	1.79	0.48	1.31	1.61	0.43	1.18	0.10	1.61	1.01	0.12
新疆	7.72	0.06	7.66	6.62	0.05	6.57	0.00	6.62	0.51	0.04
合计	177.92	45.84	132.04	163.88	43.89	119.99	43.46	148.48	97.92	86.70

*同一省（自治区、直辖市）不同作物适宜种植面积之间可能存在重复，即某些区域农田可能适宜不止一种作物种植。

2）小麦

利用国家气象科学数据共享服务平台的农业气象观测数据、标准年年降水量数据集、累年日值数据集，计算年降水量、年平均温度、标准年最低温度、最冷月（1月）平均气温，经过 IDW 插值并重采样得到 ASCII 格式数据作为环境变量层。将最冷月平均温度、年极端最低温度、年降水量、年平均温度导入到最大熵模型（MaxEnt），分析全国范围内的冬小麦潜在分布概率，得到冬小麦适宜性分区（气候不适宜区、气候低适宜区、气候中适宜区、气候高适宜区）。冬小麦的气候高适宜区主要分布在黄淮海平原、关中平原、四川盆地东部以及云南东北地区。同时，将年降水量、年平均温度、年极端最低温度、最冷月平均温度导入到最大熵模型（MaxEnt），分析全国范围内的春小麦潜在分布概率，得到春小麦适宜性分区（气候不适宜区、气候低适宜区、气候中适宜区、气候高适宜区）。春小麦的气候高适宜区主要分布在华北平原、黄土高原、内蒙古东部以及东北西部、新疆的大部分区域和西藏东南部区域。根据上述结果，基于我国旱地和水浇地空间分布，考虑小麦气候适宜分区，排除气候不适宜区和低适宜区，得到春小麦与冬小麦适宜种植区（基于 MaxEnt 的作物分布概率大于 0.33），总面积为 $148.47 \times 10^6 \ hm^2$。冬小麦和春小麦的适宜种植区分布基本一致，包括黄淮海平原、东北平原、关中平原、黄土高原、四川盆地、西南高原、新疆西部以及南岭山地和华南区域。但是，对于冬小麦和春小麦而言，其不同区域的适宜程度不同，冬小麦高适宜区更偏东南，而春小麦更偏西北。

3）玉米

利用国家气象科学数据共享服务平台的农业气象观测数据、标准年年降水量数据集、累年日值数据集，计算年降水量、年平均温度、湿润指数、稳定通过 10℃ 的持续日数、最暖月（7月）平均气温、≥10℃积温，经过 IDW 插值并重采样得到 ASCII 格式数据作为环境变量层。将以上数据导入到最大熵模型（MaxEnt），分析全国范围内的玉米潜在分布概率，得到玉米适宜性分区（气候不适宜区、气候低适宜区、气候中适宜区、气候高适宜区）。根据上述结果，基于我国旱地和水浇地空间分布，考虑玉米气候适宜分区，排除气候不适宜和低适宜区，得到玉米适宜种植区（基于 MaxEnt 的作物分布概率大于 0.33），总面积为 97.94×10^6 hm²。从空间分布来看，分布在东北西南部、黄淮海平原、黄土高原、关中平原以及四川盆地东部区域，不适宜区主要是青藏高原以及东北的西北部区域。根据上述结果，基于我国旱地和水浇地空间分布，考虑玉米气候适宜分区，排除气候不适宜区，得到玉米适宜种植区。玉米的适宜种植区包括黄淮海平原、东北平原、关中平原、黄土高原、四川盆地东部、西南高原、新疆西部以及南岭区域及华南区域。

4）大豆

利用国家气象科学数据共享服务平台的农业气象观测数据、标准年年降水量数据集、累年日值数据集，计算年降水量、年平均温度、湿润指数、稳定通过 15℃的持续日数、最冷月（1月）平均气温、≥15℃积温、夏至日日照时数，经过 IDW 插值并重采样得到 ASCII 格式数据作为环境变量层。将以上数据导入到最大熵模型 MaxEnt，分析全国范围内的大豆潜在分布概率，得到大豆适宜性分区（气候不适宜区、气候低适宜区、气候中适宜区、气候高适宜区）。从空间分布来看，大豆高适宜区分布在东北地区大部、黄淮海平原以及江西北部的鄱阳湖平原，西部大部分区域是大豆气候不适宜区。根据上述结果，基于我国旱地和水浇地空间分布，考虑大豆气候适宜分区，排除气候不适宜区，得到大豆适宜种植区，排除气候不适宜区和低适宜区，得到大豆适宜种植区（基于 MaxEnt 的作物分布概率大于 0.33），总面积为 86.70×10^6 hm²。大豆的适宜种植区包括黄淮海平原、东北平原、关中平原、黄土高原、四川盆地东部、西南高原、新疆西部以及南岭区域及华南区域。

5）不同省区适宜种植不同作物的农田面积

基于遥感影像的数据显示，2015 年我国农田面积为 177.92×10^6 hm²，其中水田 45.85×10^6 hm²，旱地和水浇地 132.07×10^6 hm²。根据水稻、小麦、玉米和大豆的气候中适宜区和气候高适宜区分布情况得出，我国适宜以上 4 类作物生产农田面积为 163.85×10^6 hm²，占总农田面积的 92.09%，其中水田 43.88×10^6 hm²，占总水田面积的 95.71%，旱地 119.97×10^6 hm²，占总旱地面积的 90.83%。

基于农作物适宜种植农田分布，考虑到不同区域种植制度与熟制，明确了各省份可用于不同作物种植的农田面积（表 8-4）。对于适宜 2 种及以上作物生产农田，按照作物种类数量平均分配给适宜作物种植。在我国适宜水稻、小麦、玉米和大豆生产农田中，43.46×10^6 hm² 可用于水稻生产，129.04×10^6 hm² 可用于小麦生产，53.46×10^6 hm² 可用于玉米生产，32.39×10^6 hm² 可用于大豆生产。2015 年我国 4 类农作物播种面积合计为 98.98×10^6 hm²，其中稻谷 30.22×10^6 hm²，小麦 24.14×10^6 hm²，玉米 38.12×10^6 hm²，大

豆 $6.51 \times 10^6\ hm^2$。2015 年 4 类作物实际播种面积占适宜种植面积的比例 60.41%，水稻、小麦、玉米和大豆分别占适宜种植面积的 69.55%、18.71%、71.27% 和 20.08%。可见，对于 4 类主要粮食作物而言，我国适宜种植农田还具有巨大潜力。

表 8-4　各省适宜用于不同作物生产的农田面积　　　　　　　　（单位：$10^6\ hm^2$）

省（自治区、直辖市）	适宜种植农田	水稻	种植制度	小麦	种植制度	玉米	种植制度	大豆	种植制度	熟制
北京	0.42	0.02		0.40		0.26		0.13		
天津	0.63	0.05		0.58	小麦－玉米/大豆/其他作物二熟	0.32	玉米－小麦/其他作物二熟	0.25	大豆－小麦/其他作物二熟	二熟制
河北	9.59	0.44		9.15		5.78		3.37		
山西	5.94	0.00	水稻单作	2.66		1.64		1.64		
内蒙古	10.46	0.11		6.02		2.35		1.98		
辽宁	6.18	0.91		1.76	小麦单作	1.75	玉米单作	1.75	大豆单作	一熟制
吉林	7.39	1.09		2.31		2.08		1.90		
黑龙江	15.74	3.07		5.82		4.19		2.66		
上海	0.30	0.29		0.30		0.02		0.00		
江苏	6.37	3.98		6.37		1.49		0.90		
浙江	2.18	1.95	水稻－小麦/其他作物二熟或多熟	2.18	小麦－水稻/其他作物二熟或多熟	0.20	玉米－小麦/其他作物二熟或多熟	0.03	大豆－其他作物二熟或多熟	多熟制
安徽	7.80	4.22		7.80		1.85		1.74		
福建	1.41	1.05		1.41		0.29		0.07		
江西	4.31	3.17		4.31		0.77		0.36		
山东	9.81	0.16	水稻单作	9.65	小麦－玉米/大豆/其他作物二熟	5.07	玉米－小麦/其他作物二熟	4.58	大豆－小麦/其他作物二熟	二熟区
河南	10.53	0.76		9.77		5.08		4.69		
湖北	6.46	3.66		6.46		1.66		1.13		
湖南	5.71	4.29		5.71		1.33		0.08		
广东	2.48	2.27		2.48		0.21		0.00		
广西	2.77	2.41	水稻－小麦/其他作物二熟或多熟	2.77	小麦－水稻/其他作物二熟或多熟	0.36	玉米－小麦/其他作物二熟或多熟	0.00	大豆－小麦/其他作物二熟或多熟	多熟制
海南	0.32	0.24		0.32		0.09		0.00		
重庆	3.65	1.10		3.65		1.76		0.78		
四川	11.39	4.20		11.39		5.79		1.40		
贵州	4.27	1.40		4.27		2.77		0.10		
云南	5.54	1.68		5.54		3.70		0.17		

续表

省（自治区、直辖市）	适宜种植农田	水稻	种植制度	小麦	种植制度	玉米	种植制度	大豆	种植制度	熟制
西藏	0.27	0.01		0.26		0.00		0.00		
陕西	6.87	0.81		2.31		1.86		1.89		
甘肃	6.30	0.02	水稻单作	4.81	小麦单作	0.74	玉米单作	0.74	大豆单作	一熟制
青海	0.56	0.00		0.56		0.00		0.00		
宁夏	1.61	0.10		1.43		0.04		0.04		
新疆	6.62	0.00		6.59		0.01		0.01		
合计	163.88	43.46	—	129.04	—	53.46	—	32.39		
2015播种面积	98.98	30.22	—	24.14	—	38.12	—	6.51	—	

8.3　其他食物供给潜力与对策

我国居民食物类型多样，除了水稻、小麦、玉米、大豆等主要粮食之外，还包括蔬菜、畜禽产品、水产品、瓜果等。统计数据显示，1980～2015年，我国城市和农村居民粮食和蔬菜消费量下降，但肉、蛋、奶、水产品、鲜瓜果等有显著增加。居民食物来源构成呈现多样化趋势，除了粮食以外的其他食物所占比重越来越大。要确保我国食物安全，除了水稻、小麦和玉米三大作物之外，还需要关注畜禽产品、水产品、蔬菜、瓜果等其他食物的供给。本节分析我国1980年以来水产品、畜禽产品、蔬菜、水果等食物供给的变化及其未来供给潜力，探讨全方位确保我国食物安全的相关对策。

8.3.1　水产品

水产品指渔业（捕捞和养殖）生产活动的最终产品，包括全部海水和淡水鱼类、甲壳类（虾、蟹）、贝类、头足类、藻类和其他类渔业产品。1980年以来，我国居民人均水产品消费量持续增加，2015年城镇居民人均水产品消费量比1980年增加了1倍，而农村居民则增加了5倍。可见，水产品已经成为居民食物消费的重要组成部分。

统计数据显示，我国水产品产量从1980年的 4.56×10^6 t增加到2015年 66.72×10^6 t，2015年是1980年的13倍多。1980年全国各省区水产品产量都维持在较低水平，2000年以后大幅度增加。1980～2015年，根据不同的生产水域来看，海水产品从72%减少到

51%，淡水产品从 28% 增加到 49%；而根据不同获取方式来看，捕捞水产品从 70% 减少到 26%，养殖水产品从 30% 增加到 74%。我国水产品产量主要集中在东部沿海区域，包括山东、广东、福建、浙江、辽宁、江苏等在内的省区水产品产量相对高于其他省区。我国海水产品生产基本分布在东部沿海省区，其中山东、福建、浙江、广东等省区相对较高；淡水产品主要集中在湖北、广东、江苏、江西、湖南等水域面积相对较多的省区；捕捞水产品主要集中在浙江、山东、福建、广东、辽宁、海南等临近海域资源丰富的省区；养殖水产品则主要分布在广东、山东、福建、湖北、江苏等海水或淡水水域面积分布较广的省区（图 8-1～图 8-5）。可见，我国水产品的生产主要集中在东部沿海以及中部水域资源较为丰富的区域，水产品总量持续增加，淡水产品和养殖水产品所占比重越来越大，以满足我国居民的水产品消费需求。

我国水产品生产主要来自水产养殖、国内捕捞和远洋捕捞。张成（2015）分析了未来我国水产品生产供给潜力：由于缺乏科学的捕捞管理方式，国内渔业资源衰退，未来国内捕捞水产品产量不会有大幅度增加，产量会保持相对稳定；由于养殖设备、技术、育种、饲料、防病等技术进步，养殖水产品产量未来会有很大增长空间；由于世界渔业资源过度开发以及生态保护意识提高，远洋捕捞水产品产量未来很难有大幅度增加。因此，未来我国水产品产量增加主要来自水产养殖业的发展。张成（2015）通过灰色模型预测，2020 年的我国水产品总量可达 8326 万 t，其中海水和淡水产品产量分别为 2436 万 t 和 4179 万 t，将在满足全国居民食物消费中发挥重要作用。

未来，为进一步发挥我国水产品生产潜力，满足居民食物需求，我们需要：①增加水产养殖业投入，开展新型养殖设备、材料的技术研发，利用高新技术开展水产品优良品种选育培育和疫病防治，探索生态高效养殖模式，促进有限养殖水域面积的高效利用，增

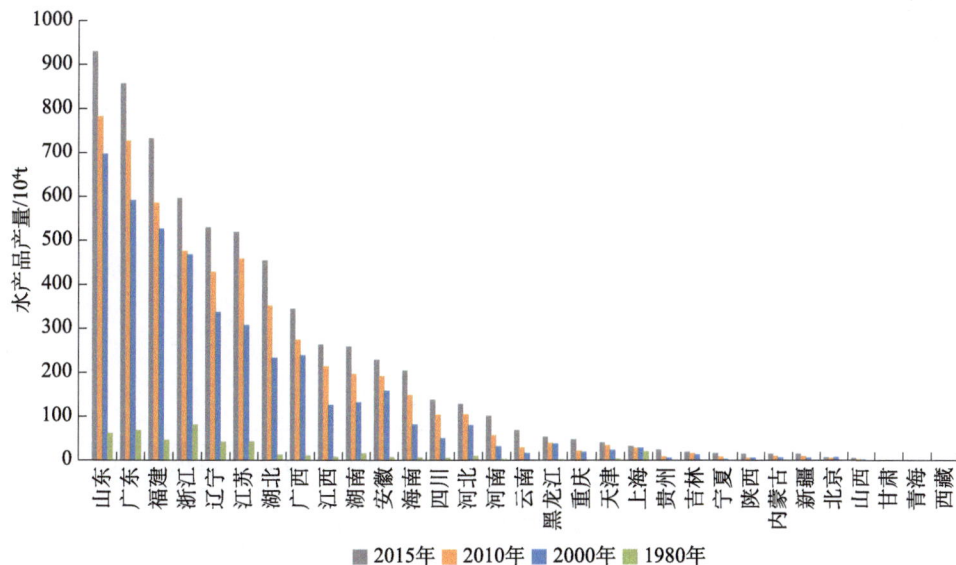

图 8-1　1980 年、2000 年、2010 年和 2015 年水产品产量

数据来源：国家统计局（http://www.stats.gov.cn/）

加单位水域面积水产品产出。②积极开发远洋捕捞渔船设备，与国外捕捞强国积极合作，建集捕捞、加工、存储、流通于一体的全球化渔业资源开发利用体系，充分利用远洋渔业资源。③探索内陆和近海捕捞渔业资源可持续利用模式，通过投苗、休渔、限网等手段遏制渔业资源过度开发，创新激励与惩罚机制，实现捕捞渔业资源的可持续开发利用。

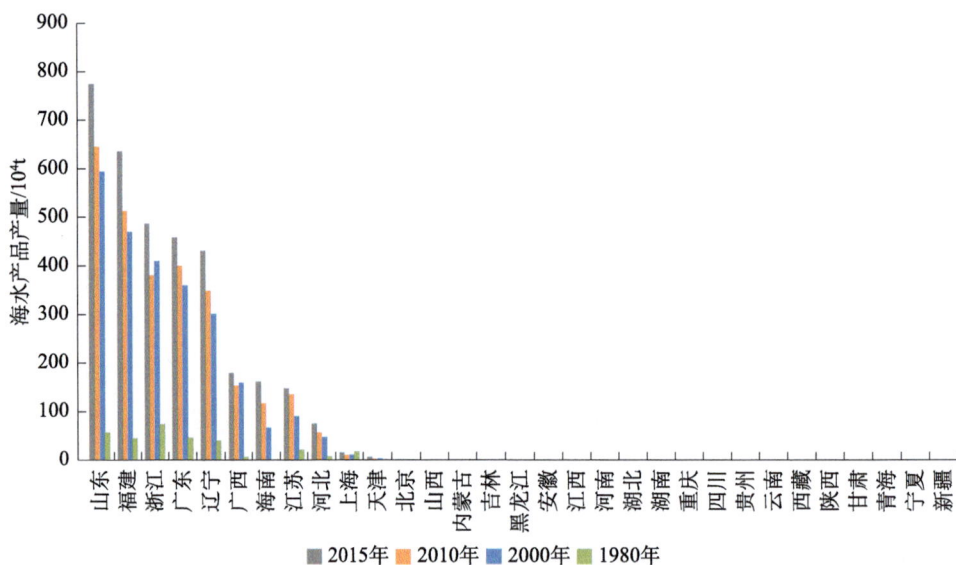

图 8-2　1980 年、2000 年、2010 年和 2015 年海水产品产量

数据来源：国家统计局（http://www.stats.gov.cn/）

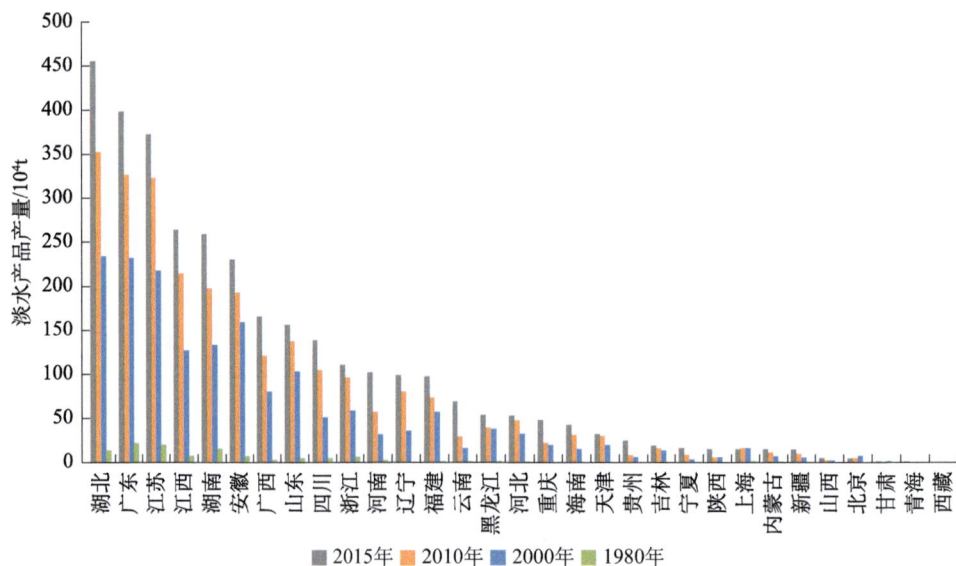

图 8-3　1980 年、2000 年、2010 年和 2015 年淡水产品产量

数据来源：国家统计局（http://www.stats.gov.cn/）

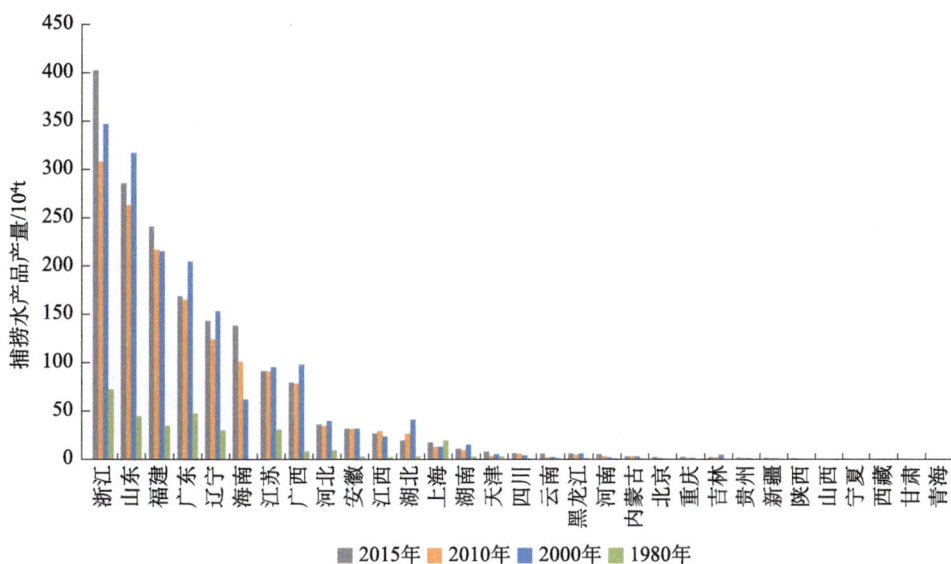

图 8-4　1980 年、2000 年、2010 年和 2015 年捕捞水产品产量

数据来源：国家统计局（http://www.stats.gov.cn/）

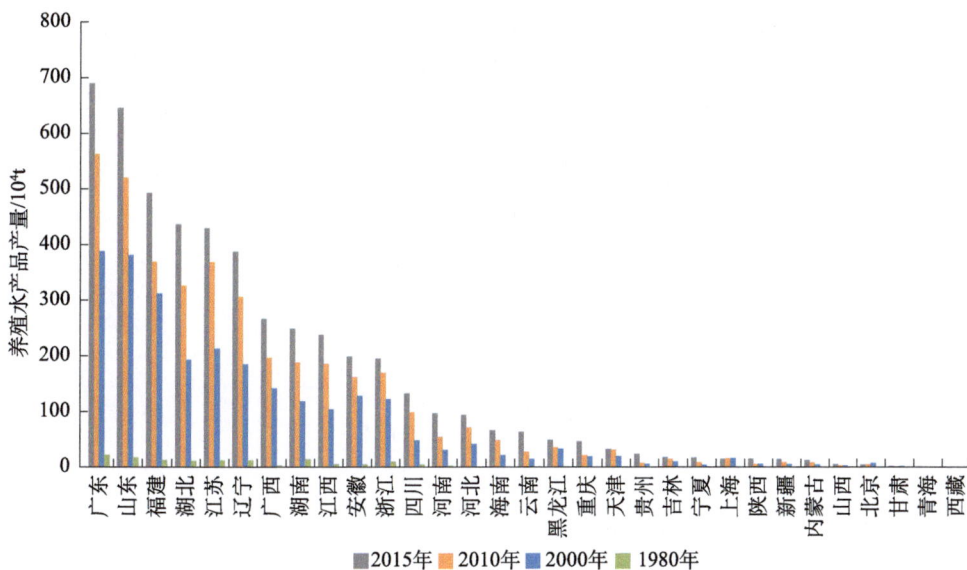

图 8-5　1980 年、2000 年、2010 年和 2015 年养殖水产品产量

数据来源：国家统计局（http://www.stats.gov.cn/）

8.3.2　畜禽产品

　　畜禽产品包括猪肉、牛肉、羊肉、禽肉、禽蛋、牛奶等产品。统计数据显示，1980～2015 年，我国城镇居民包括猪、牛、羊肉及禽肉在内的人均肉类消费量增加了 87%，禽蛋消费量增加了 1 倍，牛奶消费量增加了 3 倍；农村居民人均肉类消费量增加了

2.6 倍, 禽蛋消费量增加了近 6 倍, 牛奶消费量也显著增加。可见, 畜禽产品也开始成为我国居民食物的重要来源。

统计数据显示, 我国肉类产品产量从 1980 年的 12.05×10^6 t 增加到 2015 年的 86.25×10^6 t, 增加了 6 倍; 禽蛋产量从 2000 年的 22.43×10^6 t 减少到 2015 年的 2.99×10^6 t, 减少了 0.3 倍; 牛奶产量从 2000 年的 1.14×10^6 t 增加到 2015 年的 37.55×10^6 t, 增加了近 32 倍。1980～2015 年大部分省份肉类产量都有大幅度增加。肉类产品生产主要集中在农业产业比重较大的山东、河南、四川、湖南、河北等省份; 禽蛋生产主要集中在山东、河南、河北、辽宁、江苏等省份; 牛奶生产主要集中在内蒙古、黑龙江、河北、河南、山东等省(自治区)(图 8-6～图 8-8)。可见, 我国畜禽产品产量持续增加, 生产主要集中在农业产业较为发达的河南、河北、山东、四川、湖南、黑龙江等省份。

过去 40 年, 我国畜禽产品生产经历了一个快速发展时期, 目前产量已经达到较高水平。但是, 畜禽产品的品种、生产技术、生产模式等还有待进一步改进, 未来畜禽产品产量还有增长空间。司智陟 (2012) 采用时间序列分析法预测我国未来肉类产量, 到 2020 年, 我国肉类产量将会达到 94.12×10^6 t, 其中猪肉、牛肉、羊肉、禽肉产量将分别达到 55.60×10^6 t、7.84×10^6 t、5.72×10^6 t、23.66×10^6 t。戴炜和胡浩 (2013) 也利用时间序列法预测了未来禽蛋产量, 2020 年我国禽蛋产量为 30.21×10^6 t, 2030 年为 32.54×10^6 t。程长林等 (2017) 利用局部均衡模型预测 2020 年我国牛奶产量为 1.73×10^8 t。

未来, 为进一步开发我国畜禽产品生产潜力, 需要: ①增加技术创新投入。以政府投入和社会投资等方式, 促进畜禽养殖产业技术研发, 改进养殖设备, 利用高新技术选育培育优良品种及开展疫病防治, 研发不同品种饲料。②探索新型养殖模式, 建立长期稳定且

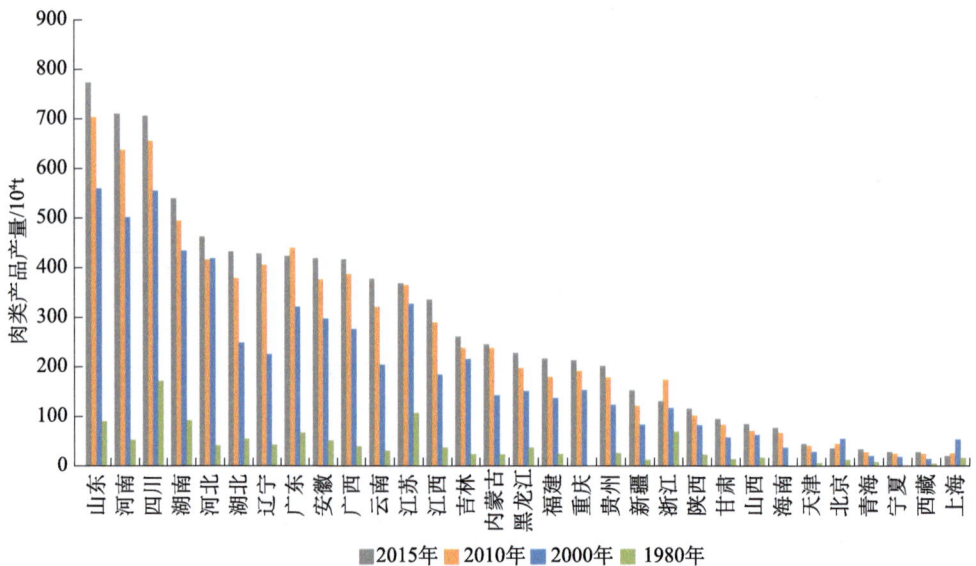

图 8-6 1980 年、2000 年、2010 年和 2015 年肉类产品产量
数据来源: 国家统计局 (http://www.stats.gov.cn/)

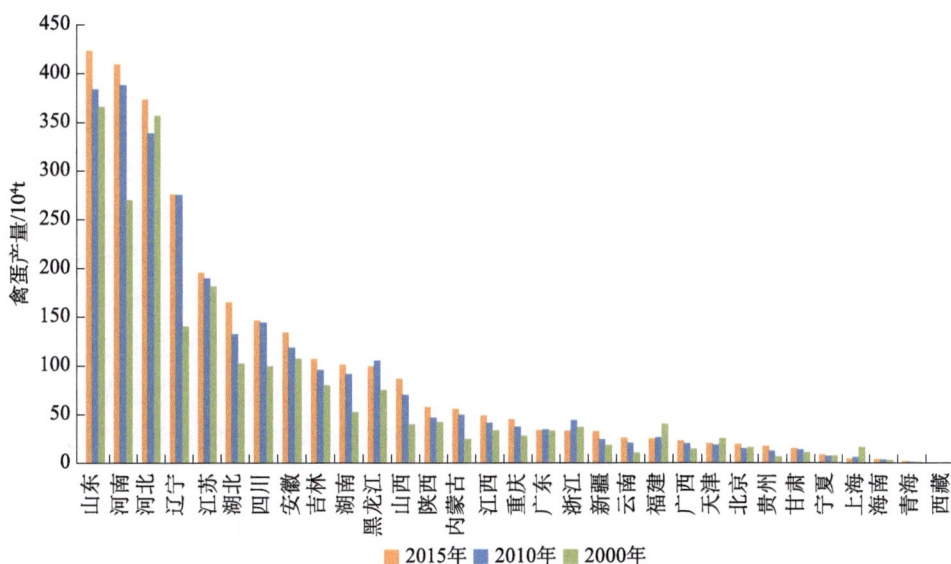

图 8-7　2000 年、2010 年和 2015 年禽蛋产量

数据来源：国家统计局（http://www.stats.gov.cn/）

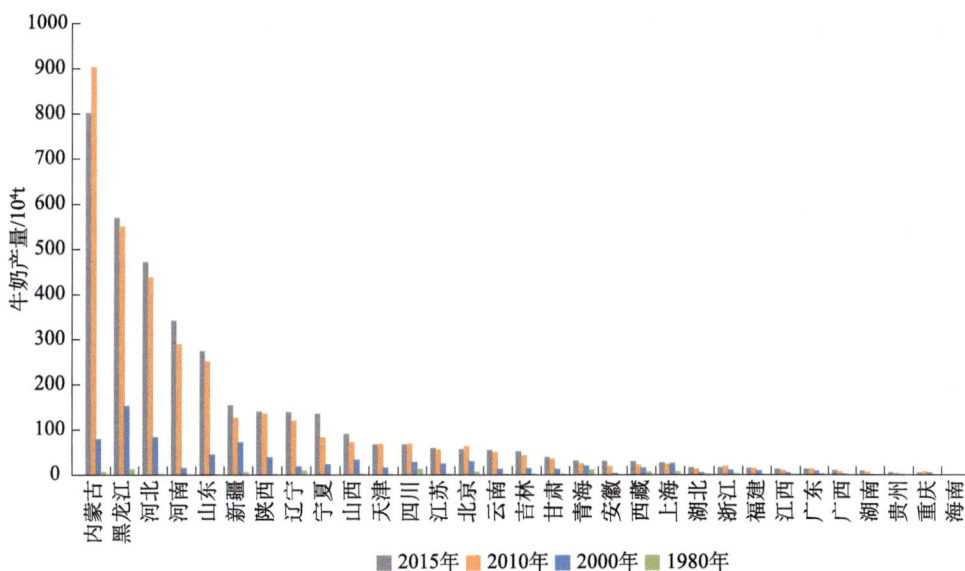

图 8-8　1980 年、2000 年、2010 年和 2015 年牛奶产量

数据来源：国家统计局（http://www.stats.gov.cn/）

密切的农户－合作社－企业养殖模式，企业为农户养殖提供技术指导与资金扶持，对畜禽产品质量进行严格控制，确保畜禽产品质量安全。③草地畜牧业应控制草地载畜量，增加舍饲率，促进草地资源可持续利用。东部圈养畜禽，应引导土地质量相对较差区域种植牧草，籽粒玉米产量过剩区域发展青贮玉米，保障畜禽饲料供应。

8.3.3 蔬菜

蔬菜是居民必不可少的食物来源。由于肉蛋奶等食物的增加，1980～2015 年城镇和农村居民人均鲜菜消费量下降了 30% 左右，但在众多食物中数量仅次于粮食，是居民重要的食物来源之一。1980～2015 年我国蔬菜播种面积从 3.16×10^6 hm^2 增加到 22.00×10^6 hm^2，增加了近 6 倍。从产量上来看，蔬菜产量从 2001 年的 4.84×10^8 t 增加到 2015 年的 7.85×10^8 t，增加了 60%。我国蔬菜生产主要集中在山东、河北、河南、江苏、四川、广东、湖南等省份（图 8-9 和图 8-10）。20 世纪 90 年代以来，我国蔬菜生产进入蓬勃发展阶段，种植面积持续攀升，蔬菜品种不断增加，设施蔬菜迅速发展。"南菜北运、西菜东运、北菜南运"等大生产、大流通格局的形成，基本实现了蔬菜供需平衡。

我国蔬菜生产还具有较大增长空间。为确保蔬菜生产潜力发挥，未来需要：①积极投入资金开展技术研发，改善生产环境，选育优良品种，促进设施蔬菜发展，确保提供质优量多蔬菜。②根据区域自然环境条件与生产现状，优化蔬菜生产布局，构建冬春和夏秋蔬菜生产区域，建设设施蔬菜生产基地，更为合理高效利用土地和光温水资源。③构建集产、供、销于一体的蔬菜产业化经营体系，实现蔬菜生产质量严格控制，确保蔬菜生产能满足居民消费需求。

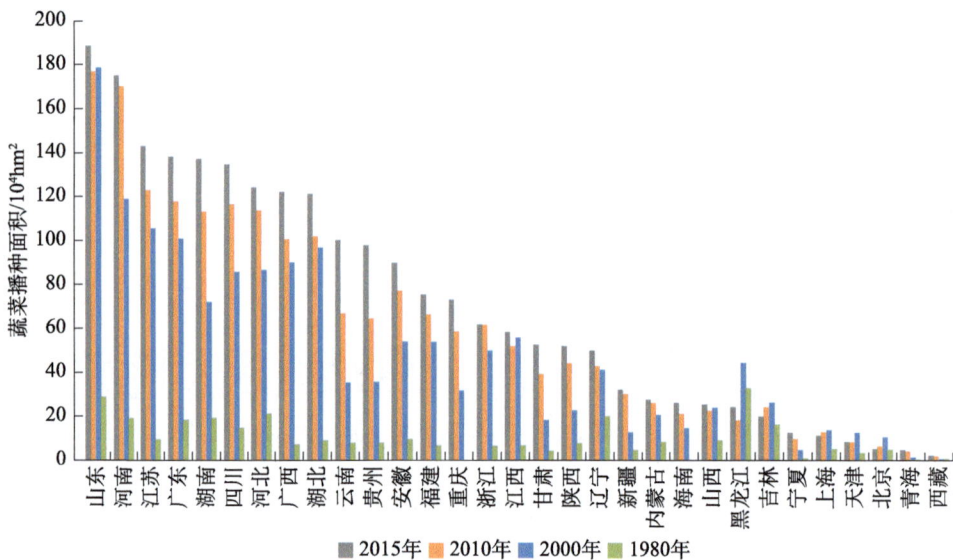

图 8-9　1980 年、2000 年、2010 年和 2015 年蔬菜播种面积

数据来源：国家统计局（http://www.stats.gov.cn/）

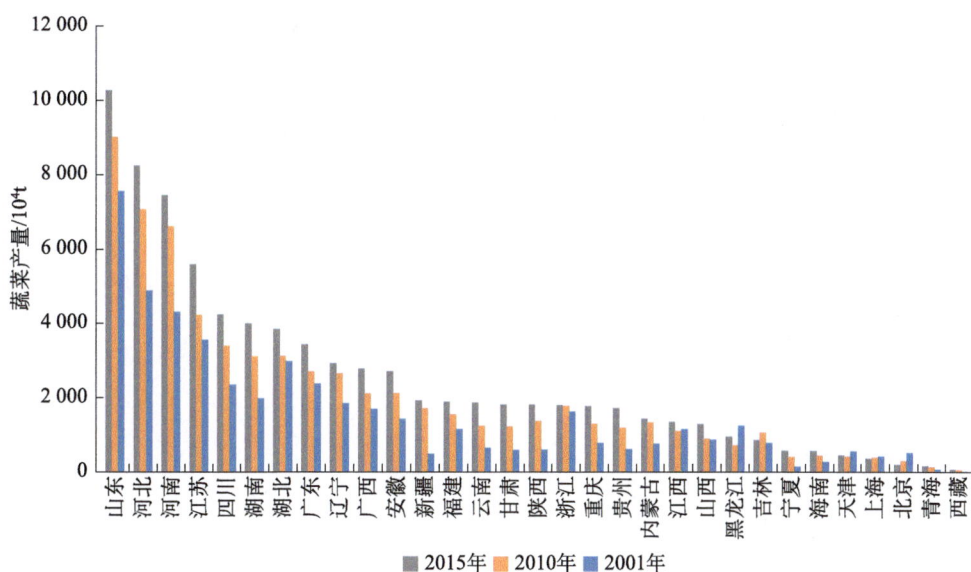

图 8-10　2001 年、2010 年和 2015 年蔬菜产量
数据来源：国家统计局（http://www.stats.gov.cn/）

8.3.4　水果

本章中的水果指农业生产经营者日历年度内生产的乔木类和藤本类水果、多年草本水果及果用瓜，包括园林水果和非园林水果（瓜果类），不包括采集的野生水果。随着居民生活水平提高，水果消费量持续增加。统计数据显示，1980～2015 年城市居民人均水果消费量增加了 1.5 倍；2015 年农村居民人均水果消费量比 2000 年增加了 70%。可见，水果已经成为我国居民重要食物来源。

我国水果生产主要来自两类土地类型：乔木类和藤本类水果来自果园，多年草本水果和果用瓜来自农田。1980 年以来，我国水果生产规模持续扩大。统计数据显示，1980～2015 年果园面积从 1.78×10^6 hm^2 增加到 12.82×10^6 hm^2，增加了 6 倍。果园主要分布在陕西、广西、广东、河北、新疆等省（自治区）。瓜果类播种面积从 0.44×10^6 hm^2 增加到 2.55×10^6 hm^2，增加了 4 倍。瓜果类播种主要集中在河南、山东、安徽、新疆、江苏、湖南等省（自治区）。2000～2015 年水果产量从 62.25×10^6 t 增加到 273.75×10^6 t，增加了 3 倍多。水果产量主要集中在山东、河南、河北、陕西、广西、广东、新疆等省（自治区）（图 8-11～图 8-13）。可见，我国水果生产规模不断扩大，生产主要集中在山东、河南、河北、陕西、广西、广东、新疆等省（自治区）。

目前，我国水果生产还存在较多问题，如空间布局和品种结构不合理，生产技术投入不够，生产标准不完善等。未来，我国水果生产还具有较大潜力。2016 年，农业部预测我国水果产量到 2025 年将达到 3.07×10^8 t。

未来，为了进一步提高我国水果生产潜力，需要：①优化水果生产布局与结构。在分析自然环境条件与生产现状基础上，制定全国水果生产优化布局方案，同时根据市场需求调整水果生产结构，提供质优价优的水果。②通过政府引导和引入社会资金，增加水果生产技术研发投入，通过新技术应用提高水果种植、栽培、收获与储存效率，采用高新技术进行优良品种培育选育与病虫害防治。③总结完善优良水果生产经验与模式，制定水果生产技术标准，提高水果品质与安全性，提供更为优质产品。

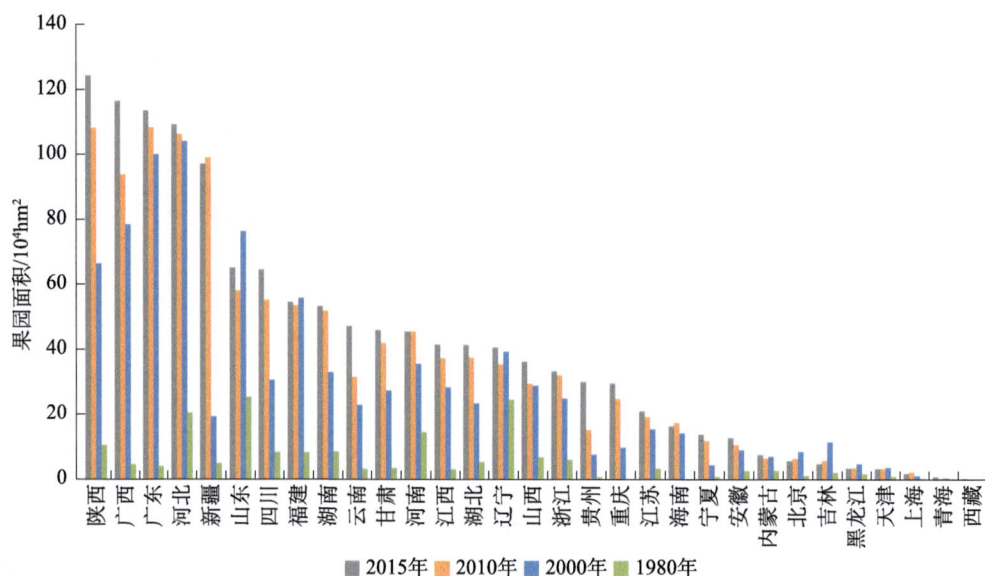

图 8-11　1980 年、2000 年、2010 年和 2015 年果园面积
数据来源：国家统计局（http://www.stats.gov.cn/）

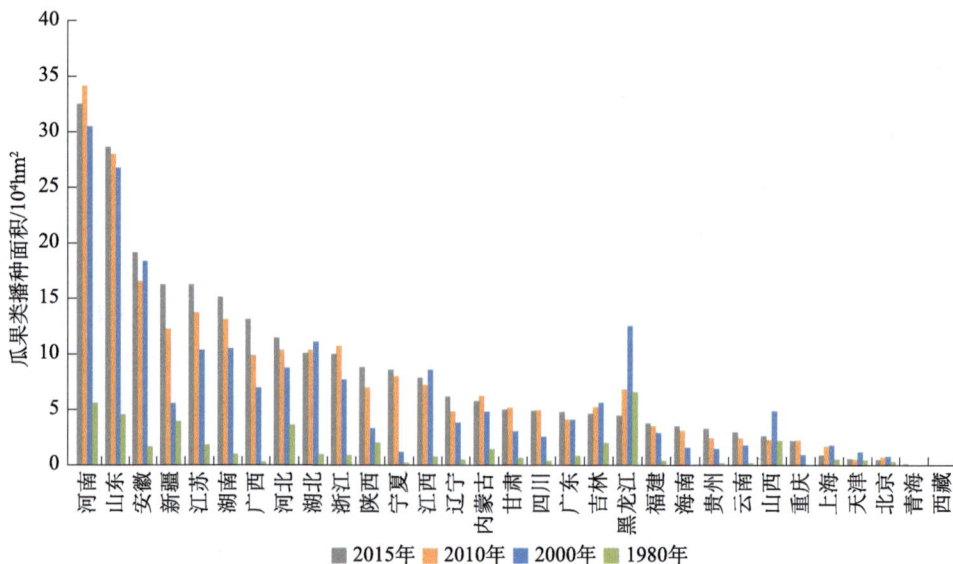

图 8-12　1980 年、2000 年、2010 年和 2015 年瓜果类播种面积
数据来源：国家统计局（http://www.stats.gov.cn/）

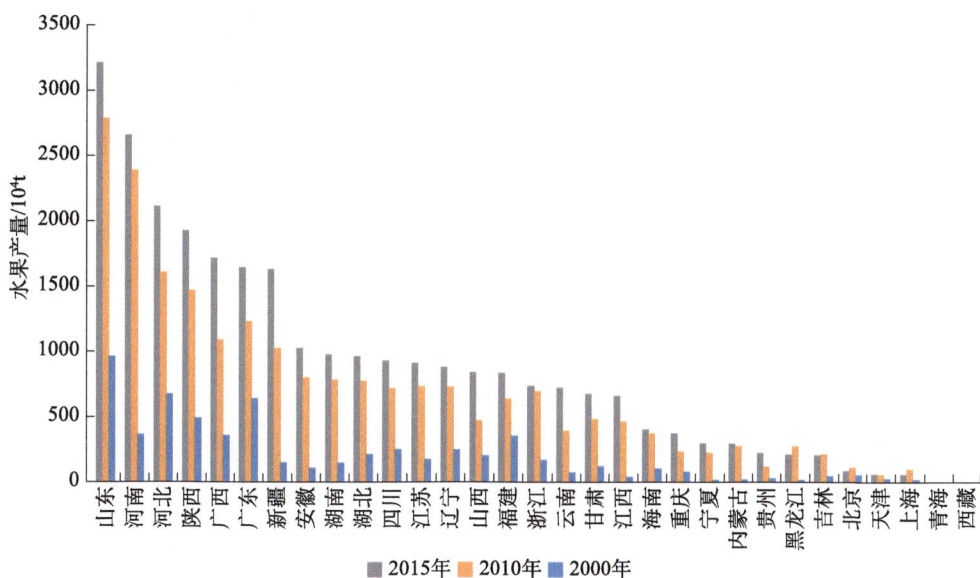

图 8-13　2000 年、2010 年和 2015 年水果产量

数据来源：国家统计局（http://www.stats.gov.cn/）

8.4　总结与结论

不同作物适宜生产空间受自然地理与社会经济等多种因素影响，根据不同粮食需求，基于农田生产潜力、社会经济优势以及资源约束等，确定新的粮食生产布局方案，为确保我国粮食安全提供决策依据。通过分析发现：

（1）粮食生产布局基本方案：采用最大熵模型（MaxEnt）来确定作物潜在分布概率及其适宜分区，考虑作物生产能力及农田分布现状，依据不同区域作物种植制度形成的粮食生产布局基本方案，确定了我国适宜水稻、小麦、玉米和大豆 4 类作物生产农田面积为 $163.85 \times 10^6 \ hm^2$，占总农田面积的 92.09%，其中适宜水稻、小麦、玉米和大豆种植的农田面积分别为 $30.22 \times 10^6 \ hm^2$、$24.14 \times 10^6 \ hm^2$、$38.12 \times 10^6 \ hm^2$、$6.51 \times 10^6 \ hm^2$，在此基础上，明确了各省区可用于不同作物种植的农田面积，这为进一步建立粮食生产优化布局方案，为保障我国粮食安全提供了物质基础和科学依据。

（2）其他食物供给潜力及对策：我国居民食物需求日益多样化，除了粮食之外，对畜禽产品、水产品、蔬菜、瓜果等需求越来越大。1980 年以来，我国水产品、畜禽产品、蔬菜和水果产量大幅度增加，为满足居民食物需求提供了重要保障。未来，随着技术进步及新技术采用，生产布局优化和生产模式改进，各类食物还将有进一步增长的空间，在确保我国居民食物安全中发挥更为重要的作用。

第 9 章

扩大海洋水产品供给规模及在粮食安全保障中的作用

我国水产品产量连续 26 年高居世界首位。2015 年，我国水产品总量达到 6700 万 t，直接产值 1.09 万亿元，在当年粮食产量 6.21 亿 t、农业总产值 5.76 万亿元中分别约占 10% 和 20%。更重要的是，与畜禽、主粮等陆产食物相比，海洋水产品富含前者所不含有或含量较低的高度不饱和脂肪酸、生物活性成分等，其营养价值和健康功效得到国内外主流研究的普遍证实。因此，无论是从量的角度（供给规模）还是从质的角度（营养价值和健康功效）看，水产品生产在国家粮食安全保障中都发挥着极其重要的作用。

2015 年，我国海产品产量达到 3410 万 t，人均占有量 25 kg，超过当年世界人均水平。经过 30 多年的快速发展，我国海洋食品产业已成为大农业中增长速度最快、活力最强、经济效益最高、贸易顺差最大的行业之一。针对我国国民日益增长的营养与健康需求和消费多样性，推动高营养海洋食品科技支撑体系建设，大力发展海洋食品产业，按照陆海统筹原则拓宽国民食物供给渠道，是新形势下"健康中国"战略的重要举措之一。

为构建以国民健康营养和合理有效供给为目标的我国新时期粮食安全体系，促进海洋食品产业结构转型升级，本研究梳理了我国海洋水产品在粮食安全保障中的地位、规模及重要性，初步分析了海洋食品供给与消费格局等产业相关问题，为下一步深入聚焦全产业链，开展现代海洋食品产业发展战略研究，实现我国海洋食品产业的可持续发展提供基础资料和政策建议。

海洋水产品供给规模及营养作用

9.1.1　蓝色粮仓与海洋蓝色粮仓

"蓝色粮仓"（blue granary）概念的提出，重新界定了传统渔业在国民经济发展中的作用，从"陆水统筹"的角度将其升华为国家粮食安全保障体系中不可或缺的重要组成部分，而不仅仅是对传统农、林、牧业的补充。与之相关，"海洋蓝色粮仓"是对广袤的蓝色海洋及其近岸区域在国家粮食安全保障中的地位和作用的重新审视。这一概念的提出，旨在提升国民特别是决策层对海洋这片"蓝色国土"及其承载的海洋渔业的重视，希望人们像经营、养护和治理陆地国土一样经营、养护和治理海洋国土。这不仅能够有效地拓展食物生产空间、大幅提高食物供给总量和丰富食品种类，更重要的是能够从"质"上满足国民复杂的营养和口味需求。

中国渔业统计年鉴和国家统计局网站提供的统计数据表明，2015 年我国海水、淡水水产品产量接近 6700 万 t，渔业生产总值达到 2.2 万亿元，其中海、淡水养殖业和捕捞业创造的直接产值约为 1.09 万亿元，在当年粮食产量 6.21 亿 t 和农业总产值 5.76 万亿中占比分别约为 10% 和近 20%（图 9-1）。

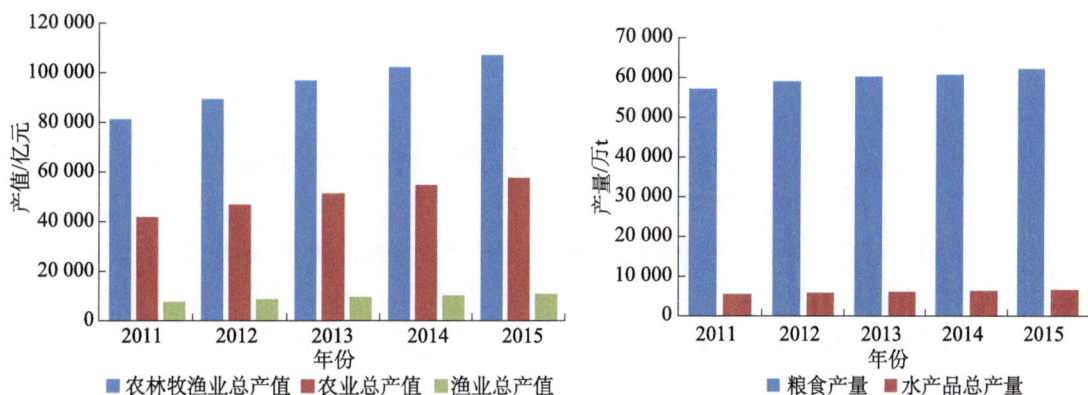

图 9-1　近 5 年我国水产品产量、产值与农林牧渔业产量、产值的比较

数据来源：2011～2015 年中国渔业统计年鉴；FAO FishStatJ，2016

FAO FishStatJ（2016）的数据显示，2015 年我国居民人均海洋水产品占有量[①]约 25 kg，已超世界人均海洋水产品占有量（2011 年约 14 kg，表 9-1），达到世界中上水平。从量上看，水产品一直都是我国国民粮食供给的有机组成部分。但是，水产品生产对我国粮食安全保障的作用更多地体现在质的方面。现有研究表明，我国国民膳食中有 1/3 的动物蛋白来源于水产品，其中海洋水产品提供了约 11% 的优质蛋白（韩立民等，2015）。

---

① 居民人均海洋水产品占有量（kg/ 人）=[海洋水产品产量（kg）+ 进口量（kg）- 出口量（kg）]/ 总人口数（人）。

表 9-1　世界居民人均海洋水产品占有量　　　　　　　　　（单位：百万 t）

类型		2006 年	2007 年	2008 年	2009 年	2010 年	2011 年
渔业	内陆	9.8	10	10.2	10.4	11.2	11.5
	海洋	80.2	80.4	79.5	79.2	77.4	78.9
	合计	90	90.3	89.7	89.6	88.6	90.4
养殖	内陆	31.3	33.4	36	38.1	41.7	44.3
	海洋	16	16.6	16.9	17.6	18.1	19.3
	合计	47.3	49.9	52.9	55.7	59.9	63.6
渔业 + 养殖	人类食用	114.3	117.3	119.7	1 263.6	128.3	130.8
	非食用	23	23	22.9	21.8	20.2	23.2
	合计	137.3	140.2	142.6	145.3	148.5	154
人口数	（十亿）	6.6	6.7	6.7	6.8	6.9	7
居民占有量（水产品）		17.4	17.6	17.8	18.1	18.6	18.8
居民占有量（海水产品）		14.6	14.5	14.4	14.2	13.8	14.0

数据来源：FAO FishStatJ，2016。

9.1.2　水产品产量呈增长趋势

我国渔业水产品按生产场所可分为海水、淡水水产品，按生产方式可分为水产养殖和捕捞（渔业）产品。图 9-2 显示：①与 1997 年我国水产品年产量 3600 万 t 相比，20 年来产量翻了近一番至 6900 万 t。其中前期增加速度迅猛，进入 2010 年后增速开始放缓；②近几年来海水、淡水水产品产量几乎相当，2015 年的产量分别为 3400 万 t、3290 万 t；③按养殖、捕捞来分，多年来我国捕捞产量维持零增长，水产品增速的贡献主要来源于养殖部分；④海水养殖、淡水养殖产量增速迅猛，高于水产品总产量增速，与 1997 年相比分别增加了 148%、157%，与 2002 年相比分别增加了 61.86%、87.67%，但近 5 年增速放缓；⑤部分海洋水产品的产量增长趋势类似于总产量的增长趋势，其中 2006 年我国海水养殖产量首次超过捕捞产量，这是我国乃至世界渔业史上的一个标志性事件，迄今为止我国仍然是世界上唯一一个海水养殖产量超过捕捞量的国家。

9.1.3　海洋水产品生产对粮食安全保障的作用体现在量与质两个方面

自古以来，以鱼虾贝藻类为主体的海洋水产品就是我国居民特别是沿海地区居民的重要食物来源。FAO FishStatJ 统计数据表明，目前我国海洋水产品产量高居世界首位，海水养殖产量和海洋捕捞量分别约占全球海水养殖产量和海洋捕捞产量的 70% 和 17%，远高于其他沿海国家的占比。美国著名农业和生态学者莱斯特·布朗在 2008 年接受《环球时报》采访时盛赞"中国的水产养殖对中国粮食安全发挥了重要作用，也是对世界的巨大贡献"。海洋水产品生产是我国粮食安全的重要保障，这不仅包括通过捕捞、养殖生产直接增加食物供给总量、通过水产品贸易间接增加食物供给总量（如利用出口顺差从国际市场上购买粮食）和丰富国民食品种类，更重要的是其对国民食品质量安全的保障作用，正如下文将要进一步说明的。

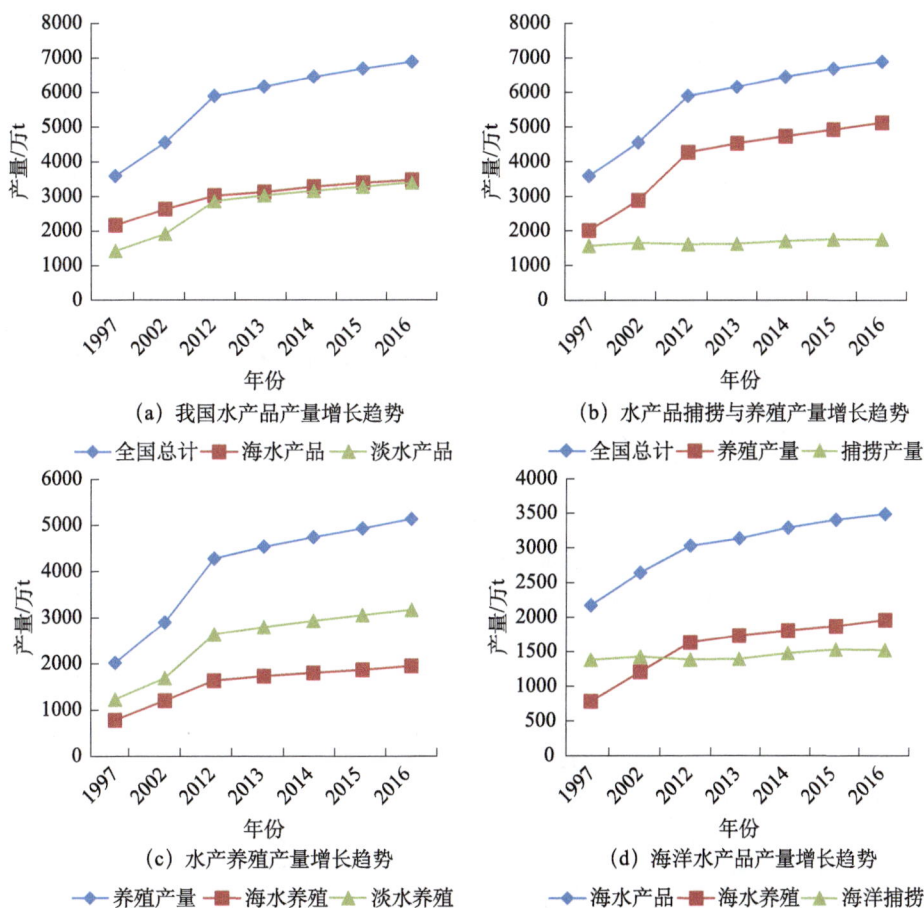

（a）我国水产品产量增长趋势　　　　　　（b）水产品捕捞与养殖产量增长趋势

（c）水产养殖产量增长趋势　　　　　　（d）海洋水产品产量增长趋势

图 9-2　近 5 年我国水产品不同分类下的产量年增长趋势及其与 1997 年、2002 年产量的比较

数据来源：1997～2016 年中国渔业统计年鉴

1. 海洋水产品既是我国食品数量安全的保障者，更是食品质量安全的保障者

我国海洋水产品生产经历了长达 15 年的快速增长，产量从 1985 年的 400 万 t 跃升至 2015 年的 3400 万 t，实现了 7.4% 的年均增长率（图 9-3），远远超过同期粮食产量增长速度（图 9-4），其中海水养殖的贡献尤为显著。进入 21 世纪以来，尽管海洋捕捞量由于近海渔业资源衰退而呈现出下降趋势，但海水养殖产量的年均增速仍超过 5%，高于陆地粮食

产量的年均增速。2016年，我国水产品出口量424万t，出口额207亿美元，顺差113亿美元，在农产品出口中是顺差最大的一个商品类别。位居出口额前5的省份是福建、山东、广东、辽宁、浙江，进口额排名前五的省（市）是山东、广东、辽宁、上海、福建（图9-5和图9-6）。贸易盈余也是水产品生产对我国粮食安全保障的一大贡献，因为出口顺差为我国从国际市场上购买粮食提供了资金来源。

1）海洋捕捞

由于近海渔业资源枯竭，我国海洋捕捞业连续了近20年的产量零增长。我国自"八五"以来就开始实施海洋捕捞渔船数量和功率总量控制的"双控"制度，近年来大量非

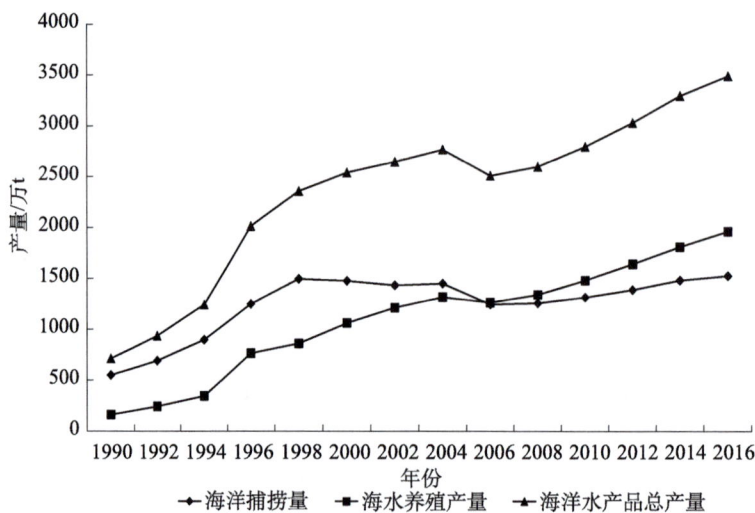

图 9-3　1990～2016年我国海洋水产品总产量、海水养殖产量和海洋捕捞量变化

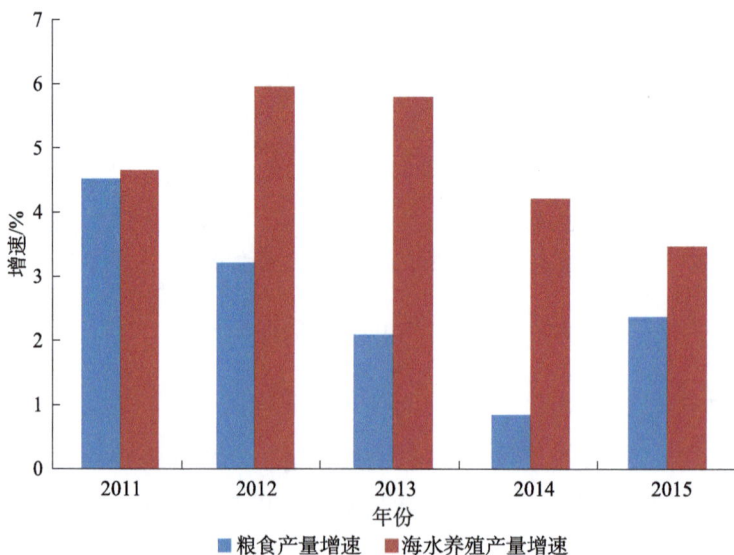

图 9-4　近5年我国海水养殖产量增速和粮食产量增速的比较

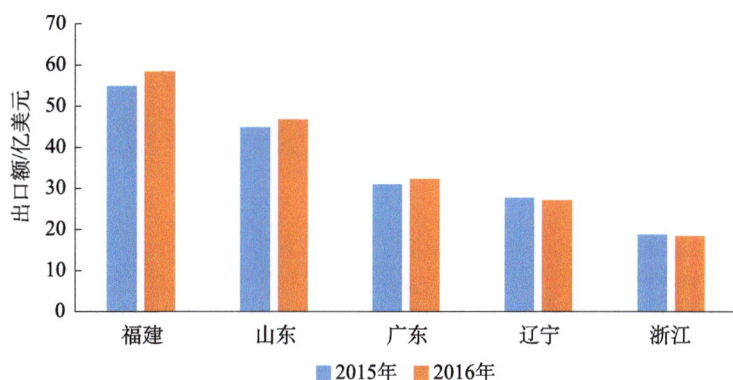

图 9-5 2015 年与 2016 年我国出口额前五省份出口情况（中国渔业统计年鉴，2016，2017）

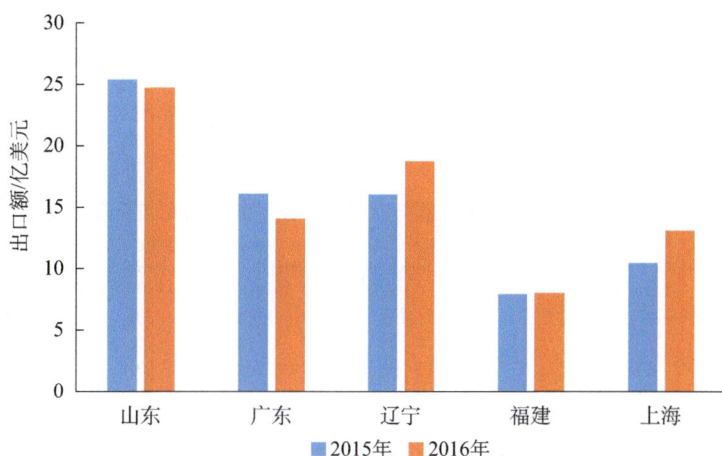

图 9-6 2015 年与 2016 年我国进口额前五省（市）出口情况（中国渔业统计年鉴，2016，2017）

法渔船被拆解，或被用作人工渔礁礁体，或改做其他用途，仅浙江省就销毁捕捞渔船上万艘，这从一定程度上缓解了近海捕捞的压力。同一时期，我国海洋捕捞业的发展重心逐步转向远洋海域，远洋捕捞产量的不断增加在一定程度上弥补了近海渔获物的不足。此外，为了保护渔业资源，我国在黄渤海、东海、南海全面实施的伏季休渔制度也在不断完善，对捕捞渔船的网具、网目也出台了更加严格的规定。

令人欣慰的是，我国海洋捕捞产量多年来虽然维持在 1500 万 t 左右，但产值却在稳步增加，这表明捕捞产品因其野生食品属性而在价格上占有优势，在国内外市场上更受消费者青睐，其价格因而呈现出稳定上升的趋势（图 9-7）。

2）海水养殖

与海洋捕捞产量多年来零增长现象不同的是，我国海水养殖产量稳步增加，成为水产品总产量增加的主要贡献者。在国家"以养兴渔"政策支持下，水产养殖业盈利能力不断增强，盈利水平持续提高。从净资产收益率、销售利润率和销售收入增长率等指标来看，近年来我国海水养殖的盈利性和成长性均超过了农林牧渔行业的平均水平。例如，据中国统计年鉴和中国渔业统计年鉴数据，近 5 年来我国渔民家庭平均纯收入可支配收入已远超农村居民家庭纯收入可支配收入（表 9-2），这从侧面说明了海水养殖的良好发展前景。

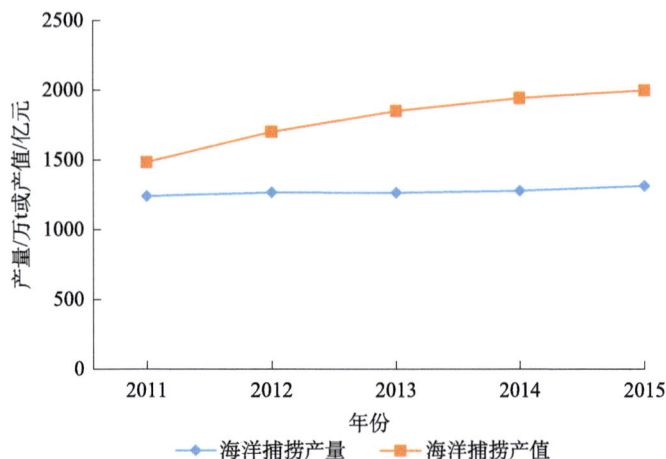

图 9-7　近 5 年我国海洋捕捞产量与产值的变化

表 9-2　近 5 年我国渔民家庭与农村居民家庭纯收入可支配收入比较

指标	2015 年	2014 年	2013 年	2012 年	2011 年
农村居民家庭纯收入可支配收入 / 元	11 422	10 489	9 430	7 916	6 977
渔民家庭平均纯收入可支配收入 / 元	15 594	14 426	13 038	11 256	10 012
农民收入同比增长 /%	8.9	11.2	19.1	13.5	17.9
渔民收入同比增长 /%	8.1	10.6	15.8	12.4	11.7

我国海水养殖的对象可分为贝类、藻类、甲壳类、鱼类和其他类。表 9-3 显示，我国海水养殖品种以低营养级的贝类、藻类为主，两者的养殖产量约占我国海水养殖总产量的 83%。低营养级的贝类、藻类养殖对碳循环和海洋环境的改善具有重要意义，我国海水养殖产业的这一特色也是对粮食安全保障的一大贡献。

表 9-3　我国海水养殖产量　　　　　　　　　　　　　　　　（单位：t）

项目	2011 年	2012 年	2013 年	2014 年	2015 年
海水养殖总产量	15 513 292	16 438 105	17 392 453	18 126 481	18 756 277
贝类	11 543 626	12 084 393	12 728 037	13 165 511	13 583 816
藻类	1 601 764	1 764 684	1 856 804	2 004 576	2 089 153
甲壳类	1 127 189	1 249 554	1 340 218	1 433 763	1 434 917
鱼类	964 189	1 028 399	1 123 576	1 189 667	1 307 628
其他类	276 524	311 075	343 818	332 964	340 763

在养殖面积方面，2015 年我国水产养殖面积 846.5 万 hm²，其中海水养殖面积 231.8 万 hm²，占水产养殖总面积的 27.38%，新增海水养殖面积 1.229 万 hm²，增长 0.53%。其中：鱼类养殖面积为 8.405 万 hm²，比上年增加 0.346 万 hm²，增加 4.29%；甲壳类养殖面积 31.422 万 hm²，比上年增加 0.863 万 hm²，增长 2.83%；贝类养殖面积 152.664 万 hm²，比上年减少 0.377 万 hm²，减少 0.25%；藻类养殖面积 13.056 万 hm²，比上年增加 0.557 万 hm²，增长 4.46%，其他类养殖面 26.229 万 hm²，比上年减少 0.161 万 hm²，减少 0.61%。据 2017 年中国渔业统计年鉴，2016 年我国海水养殖面积比上年减少 15.1 万 hm²，降低 6.52%。其中，鱼类养殖面积为 8.498 万 hm²，比上年增加 0.093 万 hm²，增长 1.11%；甲壳类养殖面积 31.766 万 hm²，比上年增加 0.344 万 hm²，增长 1.09%；贝类养殖面积 135.92 万 hm²，比上年减少 16.744 万 hm²，降低 10.97%；藻类养殖面积 14.082 万 hm²，比上年增加 1.026 万 hm²，增长 7.86%。

我国海水养殖分区域看（表 9-4）：我国海水养殖主要分布在辽宁省和山东省，2015 年两省份的海水养殖面积分别为 93.307 万 hm²、56.32 万 hm²，分别占全国海水总养殖面积的 40.26% 和 24.30%。各沿海省份（辽、鲁、津、冀、苏、浙、闽、粤、桂、琼）海洋水产品产值最高为山东省、福建省和浙江省（表 9-5）。图 9-8 表示各沿海省份渔业经济总产值占农林牧渔产值比例，其中 2015 年除北京外，沿海省区渔业经济总产值占农林牧渔产值比例在 3.6%（河北省）～42%（福建省）。

表 9-4　我国海水养殖区域分布

地区	海水养殖面积 /hm²	海水养殖面积占全国比重 /%	鱼类 /hm²	甲壳类 /hm²	贝类 /hm²	藻类 /hm²	其他类 /hm²
全国	2 317 763	100.00	84 049	314 217	1 526 644	130 564	262 289
辽宁	933 068	40.26	8 140	19 352	748 475	12 234	144 867
山东	563 198	24.30	10 098	84 289	349 713	20 926	98 172
广东	194 861	8.41	30 969	70 124	85 169	2 952	5 647
江苏	181 829	7.84	9 823	23 551	107 251	40 221	983
福建	166 075	7.16	15 375	26 222	79 553	41 614	3 311
河北	117 533	5.07	686	26 420	83 277	0	7 150
浙江	85 881	3.71	3 004	29 464	41 004	11 805	604
广西	55 015	2.37	1 203	22 646	29 661	0	1 505
海南	17 138	0.74	4 642	9 093	2 541	812	50
天津	3 165	0.14	109	3 056	0	0	0

表 9-5　近 6 年我国各省区海洋水产品产量　（单位：万 t）

年份	北京	天津	河北	辽宁	上海	江苏	浙江	福建	山东	广东	广西	海南
2011	0.74	13.61	97.77	434.22	16.09	215.59	465.12	611.44	799.58	396.93	170.21	169.74
2012	0.96	4.16	63.46	389.33	13.06	148.48	431.24	546.61	686.07	432.34	164.79	132.54
2013	0.70	7.87	68.28	411.13	12.48	151.21	443.19	571.68	699.46	442.40	170.98	136.93
2014	1.32	7.72	73.16	429.68	16.96	150.38	467.33	603.38	746.13	450.60	174.44	149.02
2015	1.70	7.56	76.09	431.98	17.00	148.18	487.04	636.32	774.70	459.23	179.72	161.98
2016	1.35	6.97	80.68	446.97	14.18	147.31	490.27	665.29	794.95	466.38	187.32	168.72

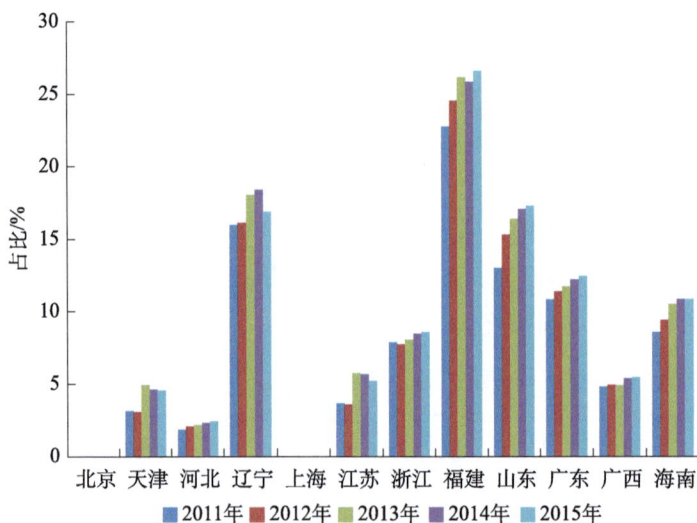

图 9-8　2011～2015 年沿海各省（自治区、直辖市）海洋水产品产值占农林牧渔产值比例

2. 海洋水产品是优质动物蛋白的重要来源

1）海洋水产品是人类优质动物蛋白的重要来源

有研究表明，我国国民膳食中 31% 的动物蛋白来源于水产品（图 9-9），其中约有 16% 是由海洋水产品提供的（中国统计年鉴，2017；中国渔业统计年鉴，2017；李家乐，2017；韩立民等，2015）。

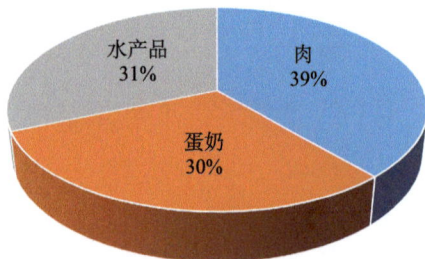

图 9-9　水产品在我国生产的动物蛋白中的比例

水生动物肌肉中含有 15%～22% 的蛋白质，绝大部分是人体 8 种必需氨基酸的完全蛋白，且各种必需氨基酸之间的比值基本上与全蛋模式相似（表 9-6），与 FAO（1973）提出的膳食蛋白质模式相近，无论是必需氨基酸的含量还是组成，都优于禽畜产品，是人类理想的优质蛋白。水生动物所含有的赖氨酸、精

氨酸和谷氨酸等含量普遍高于牛肉、猪肉、羊肉，且其肌肉间结缔组织更少，含水量更高，肉质更柔软细嫩，不仅味道鲜美，而且更容易被人体消化吸收（刘焕亮，2000；王建建，2001）。

表 9-6　几种海洋水产经济物的必需氨基酸含量

名称		粗蛋白 /%	必需氨基酸占氨基酸总量 /%	异亮氨酸 /（mg/kg）	亮氨酸 /（mg/kg）	赖氨酸 /（mg/kg）	蛋氨酸 /（mg/kg）	苯丙氨酸 /（mg/kg）	苏氨酸 /（mg/kg）	色氨酸 /（mg/kg）	缬氨酸 /（mg/kg）
贝类	牡蛎	5.4	34.1	2 140	3 580	3 670	14 800	2 130	2 270	550	2 620
	杂色蛤	15.6	51.6	7 100	11 900	12 600	42 000	6 100	7 600	2 200	7 600
虾蟹类	中国对虾	18.3	47.8	8 040	14 500	14 850	4 220	7 100	7 620	1 680	9 250
	中华绒螯蟹	16.7	42.9	6 900	12 880	11 730	3 010	4 180	7 190	2 220	6 540
鱼类	青鱼	21.2	44.8	8 720	16 760	16 130	5 380	8 230	8 590	3 110	9 770
	鲢	19.6	47.7	6 100	16 500	19 300	5 600	8 500	8 800	1 630	1 050
	鲤	18.6	45.3	7 860	14 340	16 680	6 670	6 100	7 560	2 400	8 730
	鲫	21.5	47.3	8 200	16 590	19 630	6 210	10 610	8 910	2 900	10 130
	大黄鱼	16.6	46.8	7 360	12 220	13 710	4 460	5 920	7 450	2 090	8 090
	带鱼	18.2	48.1	7 870	14 440	16 870	5 600	8 200	8 730	1 740	8 720
爬行类	中华鳖	18.3	49.0	9 470	16 040	13 960	6 860	9 440	8 180	—	9 320
畜禽	鸡蛋	12.7	41.7	5 430	9 260	7 140	3 200	5 940	4 290	1 740	6 040
	鸡肉	18.5	41.2	7 020	11 000	13 120	4 640	8 370	6 430	1 720	7 280
	牛肉	18.7	47.3	7 940	14 790	16 030	5 530	9 170	8 230	1 150	8 930
	羊肉	18.2	42.7	7 160	12 900	12 730	3 720	7 830	6 950	1 710	8 240
	猪肉	17.8	42.6	8 400	14 700	15 750	3 760	7 140	7 060	1 860	7 960

资料来源：刘焕亮，2000。

采用基于生态系统的食物供给模型，中国海洋大学韩立民教授课题组估算了我国沿海海洋生态系统能够提供的可食用动物源性蛋白质量，我国沿海海洋生态系统提供的可食用动物源性蛋白质约为 493 万 t、29 万亿千卡（2012 年），并且根据中国渔业统计年鉴相关数据整理并计算得出，海洋生态系统对我国居民蛋白质营养摄入的贡献率为 10.23%，热量摄入贡献率为 2.13%（韩立民等，2015）。由此可见，水产品生产对国民营养保障的贡献巨大。

2）海洋水产品对人类食品质量安全的独特价值得到国际主流研究的证实

与畜禽产品相比，海洋水产动物的饱和脂肪酸含量在其总脂肪含量中的占比不到 30%，比畜肉的 38% 低 8 个百分点；高度不饱和脂肪酸含量高达 20%～50%，远高于畜类（不足 11%）；水产动物所特有的二十碳五烯酸（EPA）和二十二碳六烯酸（DHA）含量很高，分别为 2.7%～20.4% 和 1.3%～33.7%，而畜禽类肌肉中几乎不含有这两种物质（Innis，2008；刘焕亮，2000）。这些不饱和脂肪酸有助于胚胎及婴幼儿眼、脑、心血管等组织的形成和发育，以鱼油为原料制成的药品、保健食品对心血管疾病有特殊疗效，能有效防止动脉粥样硬化的发生（Ruxton et al.，2007，2016；Torpy et al.，2006）。

2014 年 11 月在罗马召开的第二届国际营养大会通过了《营养问题罗马宣言》和《行动框架》，各国领导人借此重申自身承诺，要制定并落实政策，以消除营养不良，改革粮食系统，让所有人享有富含营养的膳食。大会从营养和健康角度特别确认了海洋水产品对众多沿海社区的重要性，这些社区从海洋中获取的蛋白质和必需微量元素，对育龄妇女和幼儿的健康尤为重要。大会强调，渔业和水产养殖业为第二届国际营养大会后续行动提供了一个独特机遇，其可持续发展有助于为实现健康膳食做出贡献。鉴于该行业在营养领域所发挥的重要作用，大会特别指出，各国面临着更大责任，必须认真考虑如何管理好海洋生物资源，以保障各国人民享有营养、健康的膳食。

多项重大国际研究表明，海洋水产品富含的高度不饱和脂肪酸、生物活性成分等对人类营养和健康具有独特的价值（Ababouch，1999；Chen et al.，2014；Frithsen and Goodnight，2009；Innis，2008；Institute of Medicine，2006；Mahaffey et al.，2011；Newland，2002；Oken et al. 2003；Papadopoulou et al.，2014；Rylander et al.，2014；Smith and Sahyoun，2005；USDA，2011；USEPA，1997；2004；Vardeman and Aldoory，2008；Verbeke et al.，2008）。海洋水产品含有的脂肪酸多为多不饱和脂肪酸（PUFA，表 9-7），尤其是高度多不饱和脂肪酸（PUFA）（Emanuele and Meliker，2017），这是禽畜肉和植物性食物所不含有的成分（Innis，2008），这种脂肪酸有助于防止动脉粥样硬化。此外，以鱼油为原料制成的药品、保健食品对心血管疾病有特殊疗效（Ruxton et al.，2007，2016；Torpy et al.，2006）。海洋生物富含易于消化的蛋白质和氨基酸（Forsyth et al.，2017），食物蛋白的营养价值主要取决于氨基酸的组成，海洋中鱼、贝、虾、蟹等富含更易于为人体吸收的生物蛋白质，包括人体所必需的 8 种氨基酸，其中赖氨酸含量比植物性食物高出许多。2011 年美国农业部网站发布了美国居民膳食指南，建议孕期及哺乳期妇女每周需摄入海产品 225～340 g（USDA，2011）。日本等国研制的浓缩鱼蛋白、功能鱼蛋白、海洋牛肉等，均以鱼类为主要原料制成。海虾、海鱼中钙的含量是禽畜肉的几倍至几十倍（表 9-8）。显然，在粮食安全保障特别是食品质量安全保障方面，海洋水产品发挥着陆地动、植物无法替代的独特作用。

表 9-7　美国农业部公布的 20 种水产品种 ω3- 高度不饱和脂肪酸含量

水产品名称（中文）	水产品名称（英文）	mg/gram EPA + DHA
鲤鱼	Carp	3.0
鲶鱼	Catfish	4.0
双壳贝类（蛤仔、牡蛎、扇贝）	Clams, scallops, oysters	3.1
虾	Shrimp	3.0
沙丁鱼	Sardine	9.8
鲑鱼	Salmon	25.0
凤尾鱼	Anchovies	14.0
煮混合海鲜	Cooked mix seafood	2.4
翻车鱼	Sunfish	
蟹	Crab	6.0
鲻鱼	Mullet	5.0
鳟鱼	Trout	16.0
烹煮混合新鲜鱼类	Cooked fresh fish average	5.4
鳕鱼	Codfish	3.0
鲈鱼	Seabass	4.9
鲅鱼	Spanish mackerel	25.0
金枪鱼罐头	Canned Tuna	14.5
黑鲔鱼	Bluefish	2.0
石斑鱼	Grouper	4.0
鲨鱼	Schoolshark	19.0

数据来源：Gebhardt S, Thomas R. Nutritive Value of Foods. United States Department of Agriculture 2002. United States Department of Agriculture.

表 9-8　美国农业部公布的海洋水产品营养成分（蛋白、脂肪、钙、铁离子及维生素）

海洋水产品	蛋白 /(g/100 g)	脂肪 /(g/100 g)	钙 /(mg/100 g)	铁 /(mg/100 g)	维生素 A IU	维生素 A RE	维生素 B$_1$ /(mg/100 g)	维生素 B$_2$ /(mg/100 g)	维生素 B$_3$ /(mg/100 g)	维生素 C /(mg/100 g)
蛤	12.9	1.2	45.9	14.0	300	90	0.1	0.2	1.8	12.9
鳕鱼	23.5	1.2	172.9	52.6	1072	322	0.3	0.8	6.4	41.2
帝王蟹	19.4	1.5	13.4	0.3	29	9	0.1	0.1	1.6	0.7
鲆鲽鱼	24.7	1.2	17.6	0.4	37	10	0.1	0.1	2.2	0.0
龙虾	20.0	1.2	61.2	0.4	87	25	0.0	0.1	1.1	0.0
牡蛎	6.9	2.4	27.8	0.2	9	2	0.0	0.0	0.5	0.0

续表

海洋水产品	蛋白/(g/100 g)	脂肪/(g/100 g)	钙/(mg/100 g)	铁/(mg/100 g)	维生素A IU	维生素A RE	维生素B$_1$/(mg/100 g)	维生素B$_2$/(mg/100 g)	维生素B$_3$/(mg/100 g)	维生素C/(mg/100 g)
鲑鱼	27.1	10.6	7.1	0.6	209	63	0.2	0.2	6.7	0.0
虾	21.2	11.8	67.1	1.3	189	56	0.1	0.1	3.1	1.2
鳟鱼	24.7	7.1	85.9	0.4	287	85	0.2	0.1	8.8	3.5
金枪鱼	29.4	1.2	71.8	0.2	240	71	0.2	0.1	7.3	2.4

数据来源：Gebhardt S, Thomas R. Nutritive Value of Foods. United States Department of Agriculture 2002. United States Department of Agriculture.

3）海洋生物是无机盐和维生素的宝库

人类对无机盐的需求量虽然很少，但是不可或缺，如缺钙易患佝偻病，缺锌易导致食欲不振等。正如人们所熟知的，牡蛎富含锌和铜，海带富含碘，鱼肉中的铁元素最易被人体吸收，而用鱼骨、牡蛎壳等加工制成的"海洋钙素""生物活性钙"对防治缺钙有独特疗效，这些都是补充微量元素的良好食品。海洋水产品还是维生素的良好来源，虾蟹类中的核黄素含量丰富，藻类中的胡萝卜素含量特别高，海产鱼的肝脏含有丰富的维生素A，是药用甘油中维生素A的重要来源（王建建，2001）。

海洋生物中还含有特殊的生物活性物质。生命科学的最新研究表明，许多生物资源含有对生物体和人体具有重要的调控功能的有效成分，其中不少对维系生态环境和生命的最佳状态具有重要意义，科学家将这类有效成分命名为生物活性物质。例如，海藻中含有的牛磺酸，可有效防止膳食脂肪吸收，具有降低血胆固醇、降低血压等功效（纪明侯，2004）。

4）海洋水产品生产在国民食物供给体系中的重要性将会持续提升

图9-10、图9-11表明，无论是城镇居民还是农村居民水产品人均消费量都低于猪肉的消费水平，但是高于禽类和牛羊肉。2011年以来，城镇居民的水产品人均消费量除2012年有所增高外，其他年份基本上都处于相对稳定的状态，由2011年的14.62 kg升高到2015年的14.7 kg，与猪肉的消费水平相差4.76 kg左右，与奶类的差距也在缩小。与城镇居民不同的是，农村居民的水产品人均消费量呈稳步提升的态势，由2011年的5.36 kg提高到2015年的7.2 kg，与猪肉的消费水平相差11.06 kg。由此可以看出，城镇居民动物蛋白摄入的品类呈现多样化，水产品的地位越来越高，与猪肉、奶类的差距正逐步缩小；农村居民水产品摄入量虽稳步提升，但猪肉仍是最主要的动物蛋白来源。

从我国居民主要动物食品的消费趋势看，可以预期的是，随着国民生活水平的提高和食物消费结构的变化以及对陆养动物土地供给的限制，我国对海洋水产品的需求将会不断增加，海洋水产品生产在国民食物供给体系中的重要性将会持续提升。

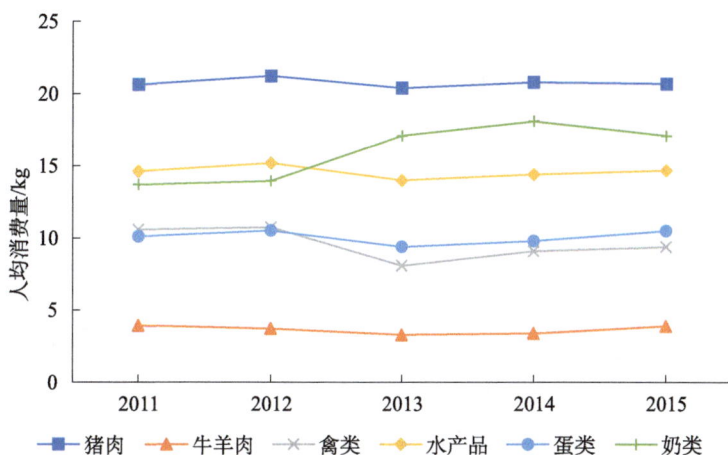

图 9-10 城镇居民主要动物食品人均消费量

数据来源：国家统计局（http://www.stats.gov.cn/）

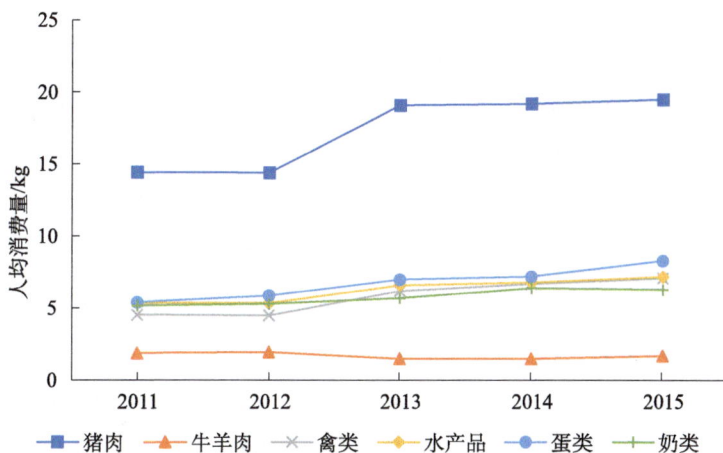

图 9-11 农村居民主要动物食品人均消费量

数据来源：国家统计局（http://www.stats.gov.cn/）

9.2 我国海洋水产品结构及主要问题

9.2.1 水产品产量增速主要来源于海水养殖

2016 年 5 月 4 日，农业部发布的《农业部关于加快推进渔业转方式调结构的指导意见》中指出，在今后一段时期内我国将逐步压减国内捕捞能力。拟采取的措施包括改革完善海洋渔船控制制度，清理取缔涉渔"三无"船舶，强化分级分区管理，加大减船转产力度，提高减船补助标准，落实渔船报废拆解补贴，逐步压减海洋捕捞渔船数量和功率总量。其目标是到 2020 年国内海洋捕捞能力在现有基础上降低 15%，压减海洋捕捞机动渔船 2 万艘、150 万 kW；实行海洋渔业资源总量管理制度，国内海洋捕捞产量压减到 1000 万 t 左右。也就是说，如果上述目标得以实现，我国海洋捕捞产量将会由 2016 年的 1500 万 t 左右持续下降，海水养殖将成为海洋水产品产量增速的主要贡献者。

9.2.2 "高端"海水水产品依赖进口

我国海水养殖品类以低营养级的贝类、藻类为主，两者约占海水养殖总产量的 83%（中国渔业统计年鉴，2017）。近 5 年来，我国海水养殖总产量稳步提升，其中大宗养殖产品如牡蛎、蛤、扇贝、海带等产量占总产量的 86% 以上（表 9-9）。

表 9-9　我国大宗海水养殖产品产量　　（单位：t）

排序	海水养殖产品	2011 年	2012 年	2013 年	2014 年	2015 年
1	牡蛎	3 756 310	3 948 817	4 218 644	4 352 053	4 573 370
2	蛤	3 613 349	3 735 484	3 853 531	3 966 953	4 009 484
3	扇贝	1 306 124	1 419 956	1 608 201	1 649 399	1 785 342
4	海带	908 221	979 006	1 017 737	1 361 035	1 411 289
5	南美白对虾	665 588	762 494	812 545	875 470	893 182
6	贻贝	707 401	764 395	747 077	805 583	845 038
7	蛏	744 794	720 466	720 804	786 828	793 708
8	蚶	293 200	278 058	336 870	353 388	364 322
9	江蓠	151 359	196 778	246 112	262 232	270 149
10	螺	203 266	214 346	212 844	232 849	243 017
11	海参	137 754	170 830	193 705	200 969	205 791
12	裙带菜	134 175	175 121	170 111	203 099	192 502
13	大黄鱼	80 212	95 118	105 230	127 917	148 616
14	青蟹	121 458	128 983	138 071	140 738	141 040
15	鲆鱼	111 589	113 551	122 600	126 397	131 837
16	鲍	76 786	90 694	110 380	115 397	127 967
17	鲈鱼	122 964	125 836	128 086	113 803	122 542
18	梭子蟹	92 907	99 580	109 584	118 836	117 772
19	紫菜	102 745	112 329	113 900	114 171	115 875
20	石斑鱼	59 534	72 785	82 434	88 130	100 006
合计		13 389 736	14 204 627	15 048 466	15 995 247	16 592 849

近 10 年来，我国水产品供给总量虽然持续增加，但无论是总产值和总产量之比（总产值 / 总产量），还是细分后的海水养殖、海水捕捞、淡水养殖、淡水捕捞产品的单位产值（产量 / 产值），总体上都呈现出上升趋势（图 9-12）。这与我国主粮的收购价格的变动情况形成了鲜明的对比。虽然没有考虑通胀因素，特别是劳动力成本大幅上涨问题（因为主粮收购价格也没有考虑），上述现象似乎表明我国还不存在水产品供给过剩的问题。但是，需要指出的是，供给总量没有过剩，不代表具体品种的供给量没有过剩，具体海水水产品品类的供给量和需求还需进一步的分析。

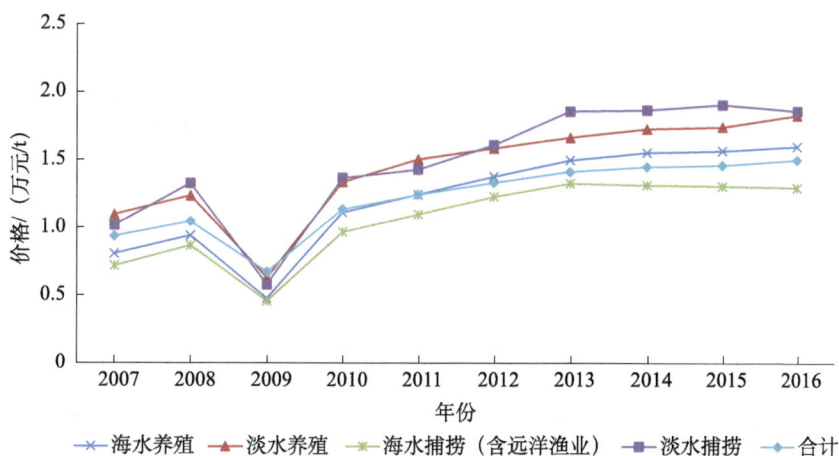

图 9-12　近 10 年我国水产品产值产量比的变化趋势

数据来源：2007～2016 年中国渔业统计年鉴

尽管如此，《中国水产品进出口贸易统计年鉴（2015）》统计结果表明，"高端"海水水产品的供给大量依赖进口（表 9-10），海洋水产品供需失衡是产业面临的突出问题。我国居民消费已经开始向高价值水产品如进口冰鲜鱼虾等倾斜。以冰鲜三文鱼为例，2014 年厦门机场口岸进口 64.7 t，2015 年增加到 145.4 t，同比翻了一番。可以预计的是，随着人均可支配收入的提高和消费结构的升级，我国国民对水产品品类和质量的需求必然越来越高，供给侧结构性改革势在必行。

表 9-10　2015 年我国中高端海洋水产品进、出口量及单价

序号	品种	出口额/万美元	出口量/t	出口单价/万美元	进口额/万美元	进口量/t	进口单价/万美元
1	龙虾	3.46	1.10	3.15	34 078.63	6 330.88	5.38
2	鲟鱼子酱	1 820.99	54.97	33.13	0.32	0.06	5.33
3	鱼翅罐头	0.00	0.00		2.58	0.50	5.16
4	鲜活冷鲍鱼	3 733.21	1 408.86	2.65	1 333.12	273.55	4.87
5	海胆	188.68	42.83	4.41	0.13	0.03	4.33

续表

序号	品种	出口额/万美元	出口量/t	出口单价/万美元	进口额/万美元	进口量/t	进口单价/万美元
6	蓝旗金枪鱼	0.00	0.00		109.27	25.29	4.32
7	挪威海螯虾	274.36	109.34	2.51	5.72	1.34	4.27
8	龙虾种苗	0.00	0.00		1.90	0.47	4.04
9	冻淡水小龙虾仁	374.19	259.30	1.44	0.39	0.10	3.90
10	制作或保藏的鲍鱼	25 937.49	5 848.14	4.44	3.99	1.06	3.76
11	太平洋蓝鳍金枪鱼	0.00	0.00		408.46	114.24	3.58
12	南金枪鱼	0.00	0.00		1.54	0.46	3.35
13	其他活太平洋蓝鳍金枪鱼	0.00	0.00		0.62	0.19	3.26
14	其他未冻的冷水小虾及对虾	12.39	7.80	1.59	48.48	14.95	3.24
15	海生哺乳动物的油脂及分离物	0.00	0.00		4.43	1.39	3.19
16	鲜冷大西洋蓝鳍金枪鱼	0.00	0.00		3.93	1.29	3.05
17	人食用鱼细粉粗粉及团粒	1 292.20	2 685.68	0.48	63.65	21.32	2.99
18	其他冻甲壳动物细粉等	1 097.14	777.02	1.41	1 054.95	367.96	2.87
19	未列名未冻甲壳类，人食用甲壳类细粗粉及团粒	395.15	434.28	0.91	3 531.38	1 277.55	2.76
20	冻、干、盐腌、盐渍或熏制的鲍鱼（鲍属）	11 201.81	2 510.48	4.46	220.72	82.32	2.68
21	鲜活冷海胆	1 142.50	195.74	5.84	166.28	62.30	2.67
22	鲜冷犀鳕科鱼	0.00	0.00		0.08	0.03	2.67
23	调味紫菜	10 387.60	4 566.29	2.27	8 304.66	3 131.13	2.65

数据来源：《中国水产品进出口贸易统计年鉴（2015）》。

9.2.3 海水养殖空间受到严重挤压

伴随着我国滨海工业发展、城镇化加速、旅游业兴起以及对耕地、水源地等保护力度的不断加大，再加上有些缺乏科学根据的限养现象，海水养殖空间特别是沿岸、滩涂和近海养殖空间受到严重挤压（图9-13）。此外，2015年4月2日我国发布了更加严格的《水污染防治行动计划》，可以预见的是，国家势必加大对海水养殖产业的监管尤其是环保监管的力度。从长期看，这些措施的推行势必倒逼海水养殖产业升级并从整体上改善环境质量，因而有助于其通过包括提高效率和质量在内的各种措施实现发展模式转换和提高产出水平。

但是，短期而言，我国近海、滩涂海水水产品产量可能会有所下降。尽管如此，随着新型养殖技术、养殖方式，特别是生态养殖模式的不断推广，以及深远海养殖空间开发力度的不断加大，海水养殖总产量依然可能实现一定程度的增加。

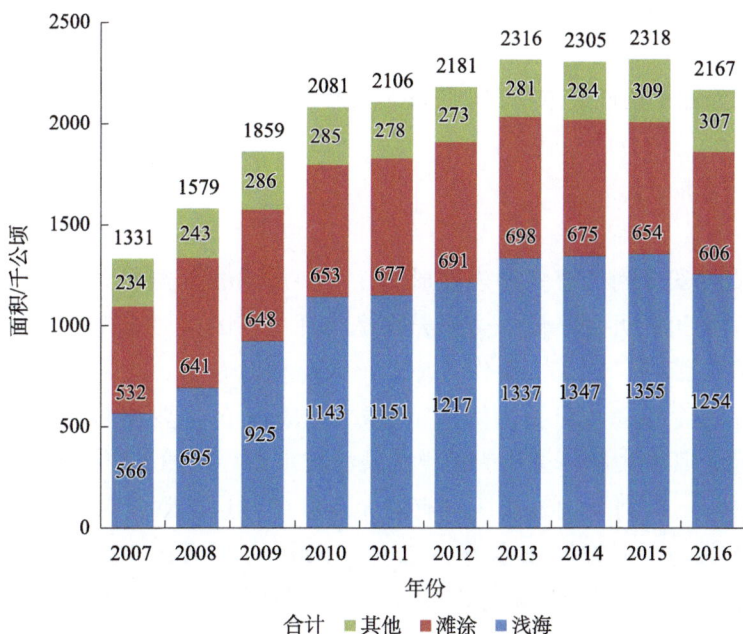

图 9-13　我国海水养殖面积增减趋势图
数据来源：2007～2016 年中国渔业统计年鉴

9.2.4　海洋水产品消费持续增长

我国地域广阔，不同地区在自然资源禀赋、经济发展水平和文化习俗等方面存在明显的差异，各地的海洋水产品消费水平和消费特征因而也存在明显的不同。例如，上海海洋大学蔡孟沿等（蔡孟岩和孙琛，2015）比较分析了不同区域居民水产品消费水平以及包括购买倾向、消费种类、消费形态、消费场所、购买场所在内的消费特征，结果表明：①我国海洋水产品消费的主要影响因素是消费者的营养、安全考虑和消费习惯分别占比 53.4%、15%、25.7%；②鲜活水产品是我国消费者的首选，大约占水产品消费总量的一半以上。与海洋水产品主要产出国，如挪威、澳大利亚、日本、韩国、美国、智利、法国等国相比，我国深加工海洋水产品的消费量较低，在产品的保质、安全性以及产品附加值等方面与发达国家存在显著差距。此外，也有研究指出，原条活鲜作为消费者的首选，增大了我国海洋水产品的物流成本，导致非沿海及内陆省份海水产品的价格明显高于沿海地区的水平，这在一定程度上降低了海洋水产品在中部和西部的消费量，缩小了内陆消费者的食品选择空间，我国沿海居民水产品消费量是内陆居民的 3 倍（隋昕融等，2017）。随着我国高等教育的普及，成长起来的 80、90 后普遍具有较高的文化程度，他们作为消费主体更加重视海洋水产品的营养，对安全、健康、有机生产的绿色海洋水产品表现出更大的兴趣。然而，由于工作压力大、生活节奏快和饮食习惯，他们并不特别认同新鲜原条水产品。可以预期的是，改变以鲜活为主的消费习惯有望进一步提高海洋水产品消费量，显然，要适应我国居民的消费结构和消费习惯变化特别是年轻一代对产品安全、营养和便利化的需求，海水养殖行业就必须加快供给侧结构性改革和实现发展范式转换。

9.2.5 海域环境质量区域恶化

海水食品质量安全问题有多种表现形式，一种常用的分类方法将其划分为以下四种类型：一是物理危害，贝壳杂质、金属异物是物理危害的主要表现形式，此类危害可能来自养殖、捕捞、流通、加工、制作各环节，预防相对容易。二是微生物危害，包括细菌危害和病毒危害。以海水贝类为例，导致微生物危害的主要细菌有大肠杆菌、沙门氏菌、副溶血弧菌，其中大肠杆菌作为贝类生长海域水质环境的主要监测指标被广泛采用。例如，依据每 100 g 贝肉及内容液所含有的大肠杆菌数量，欧盟对海水贝类捕捞区域做出如下分级：A 类海区＜230、B 类海区 230～4600、C 类海区 4600～46000 和禁止采捕区＞46000。我国也有类似的规定。诺如病毒和甲型肝炎病毒是造成病毒危害的主要病毒。例如，1988 年发生在上海的"谈肝色变"就是因为当地居民食用了来自江苏省启东的毛蚶，当地水域环境受到大量人畜粪便的污染，吸附力极强的毛蚶将甲肝病毒聚集在体内，上海人喜欢生食的习惯让病毒顺利进入消化道，因此导致甲肝大爆发，一个月内有 30 万人患病，其中 11 人死亡。三是生物毒素危害，海洋毒素是由海洋中的有毒藻类通过食物链传递给藻食性的鱼、虾及贝类等生物，并在其体内蓄积形成的有毒高分子化合物。海洋毒素种类繁多，其中贝类毒素是危害较大者之一。贝类毒素包括麻痹性贝类毒素（PSP）、腹泻性贝类毒素（DSP）、神经性贝类毒素（NSP）和失忆性贝类毒素（ASP）。此外，还有河豚毒素（其毒力为氰化钾的 1000 倍，0.2 mg 的河豚毒素可使人发生中毒症状，1～2 mg 可使人致死）和鱼肉毒（热带或亚热带珊瑚礁洄游的有毒鱼类，其毒力是河豚毒素的 20 倍）。四是化学危害，包括化学污染物（如海洋石油污染、陆地农药污染、入海口排污污染等）和重金属污染（如铅、汞、镉、铜等，其来源有海洋污染、陆地污染、船舶作业污染）。

海水生物大多生活在开放海域，即使是围塘养殖生物，所利用的也大多是未经处理的海水。因此，海域水质优劣直接影响着海水产品的质量安全。然而，多年以来，我国海洋环境质量趋于恶化，近海海域污染和富营养化程度加剧、赤潮频发，海水食品质量安全形势依然严峻。

国家生态环境部发布的海洋环境监测报告显示：四大海区中，黄海近岸海域水质最好，南海、渤海次之，东海水质最差。具体到各海区：渤海三四类海水占比较大，呈降低趋势，劣四类海水占比少，由 2011 年的 10.2% 降低至 2016 年的 4.9%，一二类海水占比升高，由 2011 年的 57.1% 提高到 2016 年的 72.8%；黄海海域一二类海水占比在 86% 以上，处于相对稳定状态，2011～2013 年无劣四类海水，2014 年开始出现劣四类海水，占比较低，维持在 2% 上下，但由无到有的过程足以引起重视；东海海域劣四类海水占比最高，2013 年占比高达 49.5%，虽然 2016 年有所降低，但也达到 37.2%，远高于其他三个海区；南海海域各类水质占比总体平稳，劣四类海水维持在 6.3% 左右，一二类海水维持在 88% 上下（表 9-11）。

表 9-11　我国近 5 年近岸海域海水水质标准比例　　　　（单位：%）

近岸海域	2011 年	2012 年	2013 年	2014 年	2015 年
一类	25.20	29.90	24.60	28.60	33.60
二类	37.60	39.50	41.80	38.20	36.90
三类	12.00	6.70	8.00	7.00	7.60
四类	8.30	5.30	7.00	7.60	3.70
劣四类	16.90	18.60	18.60	18.60	18.30

数据来源：2011～2015 年《中国环境状况公报》，环境保护部。

因此，改善海洋环境质量，加强海水产品质量监管，确保海水食品质量安全，依然是我国各级政府和业界面临的一大挑战。

9.3　我国海洋食物高效生产发展保障措施

9.3.1　实现发展范式转换，增强海水产品生产对国家粮食安全的可持续保障能力

养殖海域作为海洋蓝色粮仓的最重要组成部分，是海洋水产品的主要生产基地，其数量多寡和质量优劣直接决定了海水产品对我国粮食数量安全和质量安全的保障程度。国家有必要建立优质高效海水养殖区保护制度，像保护优质农田一样保护优质海水养殖区。

不容否认的是，在过去很长一段时期内，我国水产品（包括海水产品）产量增长主要是依靠产业粗放扩张来实现的。随着国民环保意识的日益提高，国家环保法律法规体系的逐步完善和环保执法力度的不断强化，以及消费者对海水产品质量的日趋挑剔，国家势必会加大包括海水养殖业在内的各类涉海产业的监管和执法力度，传统的粗放式扩张发展之路显然难以为继，海水产品生产方式必须实现范式转换。为增强海水产

品生产对国家粮食安全的可持续保障能力，建议：①重视海水养殖发展的空间需求，制定并严格落实"海水养殖面积"保障制度，在重点养殖水域推行最佳养殖规范（BAPs）和最佳管理规范（BMPs）；②推动海水产品生产实现转型升级，实现从外延式粗放扩张到内涵式提质增效的转变，把产品质量和行业效益而不是生产规模和产量作为水产养殖绩效考核的最主要标准；③出台有关离岸养殖等新空间、新技术、新方法的激励性政策，提升远洋捕捞产业链的整合水平，鼓励有实力的企业积极参与或主导国外渔港建设等。

9.3.2 坚持"生态优先"和"质量安全优先"原则，提高水产养殖的生态化和管理水平

大力推广水产养殖生态系统方法（EAA），力争用5～10年的时间，使生态养殖产出的比例从目前的73.5%提高到80%。积极参与、引领国内外有关水产养殖环境管理和产品安全认证计划，如国际上的MSC、ASC、BAP和国内的有机、绿色产品等认证体系。选择基础条件较好的海区推行最佳养殖规范（BAPs）和管理规范（BMPs）制度，为实现"寓产于乐、寓乐于产"的产业融合发展模式创造必要的条件。同时，应依据最大可捕量确定国内海域的最适捕捞产量，加快推行并逐步完善捕捞限额制度，运用市场机制提高海洋渔获物的商品率，力争实现捕捞产量适度、捕捞产值增加的目的。

9.3.3 建立健全海水养殖准入机制，完善生态系统水平的水产养殖管理体系

借鉴海水养殖管理先进国家经验，进一步科学地调整养殖许可证和水域使用许可证的发放管理制度，改进两证审批过程和发放管理办法。建议由科研部门等对申请养殖水域进行容纳量评估，严格限定申请水域的养殖种类、养殖密度和养殖方式，确保水产养殖可持续健康发展。

由于离岸养殖、远洋捕捞的技术体系和支撑系统尚不完备，预计今后一段时期内我国海水产养殖活动的主要空间依然是近岸和沿海海域，再加上贝藻为我国近岸养殖的主要种类，因此还应着重加强以下几个方面的工作。

一是尽快实现海水养殖环境监控常态化，及时发布环境监控结果。针对近岸海水养殖活动多发生在开放性水域，极易受到环境、气候变化的影响，应加强环境数据、气候气象数据等的监测和实时发布，尤其有必要加大与物理海洋、海洋生态等大尺度学科的交叉，充分利用中国科学院及其他部委和地方的环境监测网络以及海洋渔业大数据信息分析平台，在大数据积累的基础上对养殖环境变化实施监测和预报。另外，要加大对病原微生物与敌害生物的检测和对养殖生物健康状况的评估，建立病害发生的预警技术和

预报平台。

二是制定并严格落实以养殖容量评价为基础的海水养殖规划和海域利用管理制度，用制度内含的激励机制引导海水养殖走向生态、高效、优质和有序发展之路。本课题组的调研结果表明，由养殖规模和强度急剧增加而导致的过度养殖，是海水养殖产业陷入周期性波动乃至困境的直接原因，而海区的公共性、资源的有限性、用户的逐利性和政府监管缺位的共同作用，则是促成这一困境的根源。鉴于此，政府部门应进一步完善海域使用制度，对海区利用进行空间规划，建立最佳养殖和管理规程，明确各品种养殖的空间范围和作业规范，按海区、主养品种实施最大可养量制度。严格依法治渔，坚决打掉无证黑筏，取缔无证养殖区，为产业长期健康可持续发展营造长治久安的制度环境。就实现路径而言，建议政府借鉴工业园区发展的经验，首先选择典型海区和典型主养品种，基于空间规划建立"现代海水养殖园区"，在园区内实施统一规划、统一布局、统一养殖和管理流程，针对主养品种实施最大可养量制度，以此实现提质、增效和产业升级的目的。就资金来源和投资主体而言，建议政府以财、税政策为杠杆，鼓励大型龙头企业出资建设和管理"现代海水养殖园区"，将分散的养殖户统一纳入到园区管理中。同时，建议政府鼓励科研机构与大型龙头企业合作建立"现代海水养殖集成示范区"，制订规范性的育苗、养殖、病害防治等作业流程，通过示范引导养殖户由"求量"向"求质"转变，提升品质，打造区域品牌。

三是进一步明晰和规范并严格落实海域使用权和养殖权制度，适当延长两权期限，引导养殖户在"养海"的基础上合理用海。海域使用权属不清、有效期过短或执法不力，是导致养殖户"只用不养"和掠夺性用海的制度性根源。长期而言，建议政府组织包括经济学家、法学家、社会学家、政治学者、生态学家等在内的多学科专家，对我国现行海域使用法和养殖许可证制度进行系统的评价，废除、修正或增加必要的条款，完善海域使用权属和养殖权制度，在实施科学监管和刚性约束的前提下，适当延长两权的有效期限，激励养殖用户"主动养海""合理用海"。同时，严格依法行政，坚决杜绝无证用海和无证养殖情况的发生。此外，建议政府将海域使用证和养殖许可证的发放对象改为养殖合作社，并通过立法明确规定只有养殖合作社成员才有资格从事海水养殖活动，以此实现我国海水养殖的组织化、规模化和标准化。

9.3.4 引导消费升级，鼓励产业融合发展

受消费结构和消费习惯限制，我国海水养殖消费市场及结构亟须调整。为加强水产品在我国食物供给体系中的重要性和提升健康价值，除支持开展活鲜等水产品现代冷链物流体系平台建设外，还应着力提升水产加工流通力度，尤其是积极引导水产加工业转型，加强对初级水产品加工企业的培育和政策扶持，提升从池塘、渔船到餐桌的水产品全冷链物流体系利用效率，减少物流损失，有效提升产品品质；引导产业尽快实现由政策、科技推

动的发展模式转向依靠市场机制拉动的发展模式。

中国小龙虾产业是消费推动产业升级的典型案例。中国小龙虾产业从最初的"捕捞＋餐饮"起步，逐步形成了集苗种繁育、健康养殖、加工出口、精深加工、物流餐饮、文化节庆于一体的完整产业链。在加工流通方面，随着国内市场对小龙虾加工产品需求量的扩大，国内小龙虾的加工业也在稳步发展。据统计，2017年，全国小龙虾规模以上加工企业近100家，年加工能力达90万t，实际加工量为22.5万t，年加工总产值达200亿元；受国内庞大市场需求拉动的影响，虾尾、清水虾、调味虾等面向国内市场的小龙虾加工产品生产量和销售量大幅提高，小龙虾加工品贸易已由出口为主转为内销为主。小龙虾交易市场进一步完善，长江中下游小龙虾主产地都建设了小龙虾批发市场或者小龙虾专营店，而且小龙虾电商经营模式不断创新，以京东、阿里巴巴等为代表的"电商平台＋小龙虾"经营模式，全面布局小龙虾销售市场。在消费动向上，中国小龙虾消费方式主要有三种：一是传统的夜宵大排档；二是品牌餐饮企业的主打菜品；三是互联网餐饮，即线上与线下相结合的小龙虾外卖。近年来，各产区着力打造了一批小龙虾区域公共品牌。各地积极举办各类小龙虾节、虾王争霸赛、口碑小龙虾美食评鉴会等节庆活动，组织开展以小龙虾文化为主题的旅游休闲活动。安徽合肥龙虾节、盱眙国际龙虾节、潜江龙虾节等节庆活动影响越加深远和广泛。据不完全统计，2017年参与小龙虾节庆活动人次超过9000万，起到了拉动消费、整合产业、促进增收的重要作用。据测算，2017年全国小龙虾全社会经济总产值约2685亿元，比2016年增长83.15%。其中，养殖业产值约485亿元，以加工业为主的第二产业产值约200亿元，以餐饮为主的第三产业产值约2000亿元，分别占全社会经济总产值的18.06%、7.45%、74.49%。小龙虾以消费拉动、第三产业为主的产业发展模式，对目前一产为主、二三产刚刚起步的海水水产品产业的转型升级具有重要借鉴意义。

9.3.5 加强顶层设计，有效发挥制度对产业发展的引航护航作用

我国渔业产业的可持续发展与水产品质量安全现状之间的矛盾，以及我国水产品质量安全研究水平与国际水平间的差距，决定了本产业必须始终以基础研究、应用基础研究为重点，需要更新观念，通过顶层设计，增强政策法规的引导，切实增强如高端海水产品的保护力度，由政策保障"优质－优价"的原则，确保在质量安全的前提下企业获得利益，从而激发企业参与知识产权创新、质量安全保障的活力。

在激发企业创新方面，可借鉴挪威三文鱼养殖管理经验，挪威在三文鱼养殖容量管控前提下提出技术创新是产业增产的唯一引擎。首先政府根据海岸环境情况估算出区域生物容纳量，将这些生物量配额平均分配到各个许可证中。例如2016年，全挪威共有990张许可证，以拍卖形式由企业购得。许可证只能在相应的产区使用，每张许可证所规定的"最大生物量"为780t，也就是说，全挪威的三文鱼生物量（生物量相当于养殖

系统中现有的活体库存量）不超过 772 200 t。政府如何对产量实施监管？每家企业持有的许可证数量作为公开信息被政府收纳，企业必须向政府报告年产量，如果产量与许可证数量的比值过高，意味着可能存在违规操作。此外，挪威养殖三文鱼基本是正关出口，海关把握着每家公司的贸易数据，若双面的信息存在较大差异很容易引起注意。如果一家公司想提升产量，就只能向其他同行公司购买许可证。三文鱼养殖许可证的地位类似于房产证，可抵押给银行和金融机构换取贷款。为防止垄断，挪威政府对于持有 15% 以上许可证的大公司实施额外监管（需额外递交研发、培训等有关文件），在同一产区，一家公司不能持有 50% 以上的许可证数量。挪威沿海被划分为 13 个产区，当前所有的产区均已分配了相应数量的许可证，因此，挪威三文鱼产量的增长已无法依赖于养殖面积的扩展，新技术更迭是增产的唯一引擎。2015 年起，挪威政府只为采用先进养殖技术的企业提供新许可证，签发条件是，新技术必须能极大地降低病害发生率，其中一项标准是鱼虱发现率须低于每尾 0.2 只。挪威三文鱼产业的"许可证"制度虽限制了产量，在短期内导致了养殖成本的上涨，但是从长远上看，它保障了行业的可持续性，不至于出现大起大落的混乱局面。

第 10 章

强化全球农业资源利用战略

目前我国社会经济快速发展，工业化、城市化程度不断提高，城乡居民的膳食结构发生巨大变化，粮食及主要农产品需求不断增长；同时，国内农业资源有限，农业生态环境也面临严峻挑战，我国农产品供求矛盾已不断显现。农产品贸易是连接农业资源丰富地区和匮乏地区的纽带，经济全球化背景下的农产品贸易自由化使农业资源在全球范围内重新分配，全球各国间在资源流动方面的联系越来越紧密，这一方面缓解了输入国农业资源的稀缺，另一方面则促进了资源输出国的经济发展。

在高效、可持续利用我国农业资源，满足国内口粮供给安全、谷物基本自给的同时，充分利用国际市场，满足国内市场对粮食及其他农产品的需求已成为必然的现实选择。利用海外农业资源的方式主要有两种：①直接从国外进口农产品；②境外农业投资直接开发农业资源。

10.1 中国粮食及农产品贸易格局与趋势

农产品进口主要有三个原因：一是国内生产不足、供不应求；二是进口农产品价格更具有市场竞争力；三是产品的替代性进口。

10.1.1 农产品进口格局

1. 国内供给不足，油脂油料成进口量最大的农产品品种

我国油料作物主要是大豆、油菜籽、花生等，这些油料作物除了直接食用外，大部分用于压榨，油料加工后的主要产品是植物油和粕类，粕类又是饲料生产所需的重要蛋白原料。近 20 年来随着国内市场对植物油和饲料蛋白原料需求的增加，油料的需求不断提高；但我国油料作物同与其具有耕地竞争关系的玉米、水稻等农作物相比，油料作物单产水平低、有些品种（如油菜籽、花生）的机械化程度低、种植效益差，所以我国油料作物种植面积和产量一直徘徊不前；而与此同时，随着转基因技术的推广和应用，美国、巴西、阿根廷的大豆，加拿大、澳大利亚的油菜籽种植面积和产量不断增加。国际市场上油料和植物油供给充足，而我国又存在巨大的供给缺口，油脂油料大量进口就成为必然。

近 10 多年以来我国在大豆和油菜籽方面一直是净进口国，进口量也呈持续增加态势。油料净进口的大幅增加在满足国内蛋白饲料原料需求的同时，也满足了国内植物油的需求。我国油料进口量由 2000 年的 1340 万 t 增加到 2017 年的 10 171 万 t，其中大豆进口量由 1042 万 t 增加到 9554 万 t。从 2017 年的情况来看，巴西是中国进口油料（主要是大豆）的第一大来源国，进口量为 5093 万 t，占进口总量的 50%；其次是美国（主要是大豆），进口量为 3286 万 t，占进口总量的 32%；处于第三位的是阿根廷（主要是大豆），进口量为 658 万 t，占进口总量的 6%；处于第四位的是加拿大（主要是油菜籽和大豆），进口量为 656 万 t，占进口总量的 6%（表 10-1）。

表 10-1　2015 年我国分国别油料进口量　　　　　　　　　　（单位：万 t）

国家或其他	大豆	花生	油菜籽	葵花籽	其他油料	合计
巴西	5 093	—	—	—	0	5 093
美国	3 286	11	—	0	0	3 297
阿根廷	658	0	—	0	0	658
加拿大	205	—	451	—	0	656
乌拉圭	257	—	—	—	—	257
俄罗斯	51	—	6	0	—	57
澳大利亚	—	—	6	0	26	32
埃塞俄比亚	1	1	—	—	22	24
苏丹	—	—	—	—	18	18
哈萨克斯坦	1	—	—	12	4	17
塞内加尔	—	12	—	—	0	12
蒙古国	—	—	12	—	—	12
尼日尔	—	—	—	—	11	11
其他	2	2	—	0	24	28
总计	9 554	26	475	12	105	10 172

我国也一直是植物油净进口国，2009年、2012年植物油直接进口量均超过1000万t，近年也一直保持在700万～900万t左右的较高水平，其中棕榈油是第一大进口品种，约占植物油净进口总量的60%以上，由于葵花籽油、椰子油等进口量的不断增加，2017年豆油、菜籽油、葵花籽和椰子油等的进口量占植物油进口量的比例均在8%～9%，进口量在65万～75万t。从2017年的情况来看，印度尼西亚是中国进口植物油（棕榈油和椰子油）的第一大来源国，进口量为377万t，占进口总量的46%；其次是马来西亚（棕榈油和椰子油），进口量为201万t，占进口总量的25%；处于第三位的是加拿大（菜籽油）和乌克兰（葵花籽油），进口量均在67万t左右，均占进口总量的8%（表10-2）。

表10-2　2017年我国分国别植物油进口量　　　　　　（单位：万t）

国家或其他	豆油	花生油	橄榄油	棕榈油	葵花籽油	椰子油	菜籽油	合计
印度尼西亚	—	—	—	322	—	55	—	377
马来西亚	0	—	—	186	0	15	0	201
加拿大	—	—	0	—	0	0	67	67
乌克兰	6	—	—	—	58	—	1	65
巴西	34	2	0	—	—	0	—	36
俄罗斯	13	—	—	—	12	—	2	27
美国	8	0	0	—	0	0	0	8
阿根廷	0	4	0	—	1	—	—	5
澳大利亚	—	0	0	—	0	—	4	4
哈萨克斯坦	0	—	—	—	3	—	1	4
菲律宾	—	—	—	—	—	4	—	4
苏丹	—	4	—	—	—	—	—	4
其他	3	2	4	0	1	1	1	12
总计	64	12	4	508	75	75	76	814

2.进口产品价格优势明显，谷物由净出口国演变为净进口国

我国农户人均耕地有限，为保护农民积极性，过去一些年来政府对小麦、水稻实施最低保护价收购，对东北地区玉米制定临储价格收购政策；饲料企业为降低生产成本，不断增加饲用大麦、高粱进口，从而使我国由谷物净出口国演变为净进口国。

2008年之前我国是谷物净出口国，2003年谷物净出口量曾达到1930万t，其中玉米净出口量高达1640万t。但从2009年开始，我国谷物进口量逐渐增加，2015年进口量达3248万t，净进口量3217万t，其中大麦、高粱、玉米、稻米、小麦的净进口量分别为

1073 万 t、1069 万 t、472 万 t、306 万 t 和 297 万 t。2016 年、2017 年谷物净进口量有所减少，但也分别达到 2129 万 t 和 2370 万 t。

从 2017 年的情况来看，澳大利亚是中国进口谷物（主要是大麦和小麦）的第一大来源国，进口量为 868 万 t，占谷物进口总量的 35%；其次是美国，进口谷物（主要是高粱、小麦和玉米）708 万 t，占谷物进口总量的 28%；处于第三位的是乌克兰，进口谷物（主要是玉米和大麦）261 万 t，占谷物进口总量的 10%；处于第四和第五位的越南（主要是稻米）和加拿大（主要是大麦），分别进口谷物 226 万 t 和 188 万 t，各占谷物进口总量的 9% 和 8%（表 10-3）。

表 10-3　2017 年我国分国别谷物进口量　　　　　　　　　（单位：万 t）

国家或其他	小麦	大麦	玉米	稻米	高粱	合计
澳大利亚	190	648	—	—	30	868
美国	156	0	76	0	476	708
乌克兰	—	79	182			261
越南	—	—		226		226
加拿大	52	136	—	0		188
泰国	—	—	0	112		112
哈萨克斯坦	30					30
巴基斯坦	—			27		27
老挝	—		15	7		22
法国	—	22	0		0	22
柬埔寨	—			18		18
缅甸	—		9	8	0	17
俄罗斯	2		0	0		2
丹麦	0	1				1
总计	430	886	282	398	506	2502

3. 国内供给不足，木薯及木薯淀粉进口量持续大幅增加

国内植物淀粉需求量大，而玉米淀粉是最主要的植物淀粉。过去玉米价格高，淀粉生产成本竞争力较弱，国内企业为降低淀粉生产成本，大量进口国内产量有限，但具有较强价格优势的木薯和木薯淀粉，替代部分国内玉米和玉米淀粉需求。

近年来木薯及木薯淀粉净进口量不断增加，2017 年木薯干进口量达到 784 万 t，木薯淀粉进口量达到 233 万 t。从 2017 年的情况来看，泰国是中国进口木薯的第一大来源国，进口量为 805 万 t，占我国进口总量的 79%，其中木薯干和木薯淀粉进口量分别为 646 万 t 和 159 万 t；其次是越南，进口量为 203 万 t，占我国进口总量的 20%，其中木薯干和木薯

淀粉进口量分别为 135 万 t 和 68 万 t。

4. 国内食糖供给不足，国际价格优势明显

国内糖料主要是甘蔗和甜菜。近 20 年来由于甜菜的种植成本高、生产效益差，黑龙江、新疆等甜菜主产区的种植面积和产量不断下降；而国内甘蔗产区主要集中于广西、云南、广东等省区，由于在自然条件、作物品种、机械化水平、产业管理等方面存在较大问题，导致甘蔗生产成本高，尽管甘蔗主产区制定了甘蔗保护价收购政策，但仍难以提高蔗农的种植效益，同时国内蔗糖价格远远高于国际市场。

2000～2009 年食糖净进口量一直在 100 万 t 左右。但由于国内糖料生产成本不断提高，国内外食糖价格差距拉大，食糖进口量大幅度增加。包括食糖和其他固体糖在内，2015 年进口量达到 496 万 t 的历史最高水平，受国家配额发放数量及相关进口政策影响，近两年食糖进口量大幅减少，2017 年下降到 240.5 万 t。从 2015 年的进口来源国情况看，巴西是我国食糖第一大进口来源国，进口量达到 274 万 t，占进口总量的 56%，其次分别是泰国和古巴，进口量分别为 60 万 t 和 52 万 t，各占进口总量的 12% 和 11%。

5. 我国畜禽产品进口量不断增加

我国畜禽产品进口呈波动式上升态势。2004 年进口量最少，只有 29.2 万 t；2016 年进口量最高，达到 439 万 t；2017 年有所减少，但也达到 387 万 t。从进口品种来看，近年猪肉、家畜杂碎和冻牛肉进口量较大，分别占畜禽肉进口总量的 33%、31% 和 18%。从 2017 年的情况来看，巴西是中国进口畜禽产品的第一大来源国，进口量为 63 万 t，占进口总量的 16%，进口品种主要是禽肉和牛肉。其次是美国，进口量为 59 万 t，占进口总量的 15%，进口品种主要是家畜杂碎和猪肉（表 10-4）。

表 10-4　2017 年我国分国别畜禽产品进口量　（单位：万 t）

国家或其他	冻牛肉	猪肉	羊肉	畜杂碎	禽肉	合计
巴西	20	5	—	—	38	63
美国	0	17	0	42	0	59
西班牙	—	24	—	13	—	37
德国	—	21	—	15	—	36
加拿大	1	17	—	13	0	31
丹麦	—	9	—	14	—	23
新西兰	8	0	14	1	—	23
澳大利亚	11	—	10	1	—	22
乌拉圭	20	—	0	1	—	21

续表

国家或其他	冻牛肉	猪肉	羊肉	畜杂碎	禽肉	合计
荷兰	—	9	—	10	—	19
阿根廷	9	—	—	—	5	14
法国	—	5	—	6	—	11
其他	0	17	0	12	2	31
总计	69	124	24	128	45	390

6. 我国乳制品进口量持续大幅增加

我国奶牛养殖大都是集约化的圈养模式，同拥有丰富草地资源的新西兰、澳大利亚、美国和欧洲相比，我国乳制品生产成本较高。尽管国内乳制品质量完全符合标准，但受三聚氰胺事件的影响，国内消费者对国产乳制品消费信心仍没有完全树立起来，一方面国内奶牛养殖企业卖奶难，持续亏损；另一方面我国乳制品进口量持续增加。

乳制品品种包括液态乳、奶粉、酸乳、乳清粉、黄油和奶酪等。2008 年之前，我国乳制品进口量只有 30 万 t 左右，但自 2008 年开始出现持续大幅度上升态势，2012 年进口量达到 115 万 t，2017 年达到 217.4 万 t。从 2017 年的乳制品进口情况来看，奶粉、液态奶、乳清粉进口量较大，分别占乳制品进口总量的 34%、31% 和 24%。

从 2017 年的情况来看，新西兰是中国进口乳制品的第一大来源国，进口量为 90 万 t，占进口总量的 41%，进口品种主要是奶粉和液态乳。其次是美国，进口量为 34 万 t，占进口总量的 16%，进口品种主要是乳清粉（表 10-5）。

表 10-5　2017 年我国分国别乳制品进口量　　　　　　　　　　　　（单位：万 t）

国家或其他	液态乳	奶粉	酸乳	乳清粉	黄油	奶酪	合计
新西兰	21	55	0	0	8	5	90
美国	0	3	0	29	0	1	34
德国	20	3	2	2	0	0	26
法国	9	2	0	6	1	0	18
澳大利亚	8	5	0	1	0	2	16
其他	9	6	0	15	0	1	33
总计	67	74	3	53	11	11	217

10.1.2　土地密集型农产品进口缓解了我国耕地资源不足的压力

土地密集型农产品的大量进口在一定程度上缓解了我国耕地资源紧张的压力，保证了粮食和食物供给安全。

1. 中国大宗农产品虚拟耕地净进口量持续增加，大豆占虚拟耕地进口总量的78%

以 2000～2017 年分国别的贸易数据为基础，从消费者的角度对大宗农产品虚拟耕地资源贸易量进行分析和评价。研究结果显示，我国大宗农产品虚拟耕地资源净进口量由 2000 年的 675 万 hm² 增加到 2017 年的 6784 万 hm²（图 10-1）。

分品种来看，大豆是中国农产品中虚拟耕地净进口量最大的品种。2017 年大豆虚拟耕地净进口总量为 5306 万 hm²，占虚拟耕地进口总量的 78.2%；处于第二、三、四、五位的分别是油菜籽、大麦、棕榈油和木薯干，虚拟耕地进口量分别为 241 万 hm²、219 万 hm²、168 万 hm² 和 112 万 hm²，占虚拟耕地净进口总量的比例分别为 3.6%、3.2%、2.5% 和 1.7%。

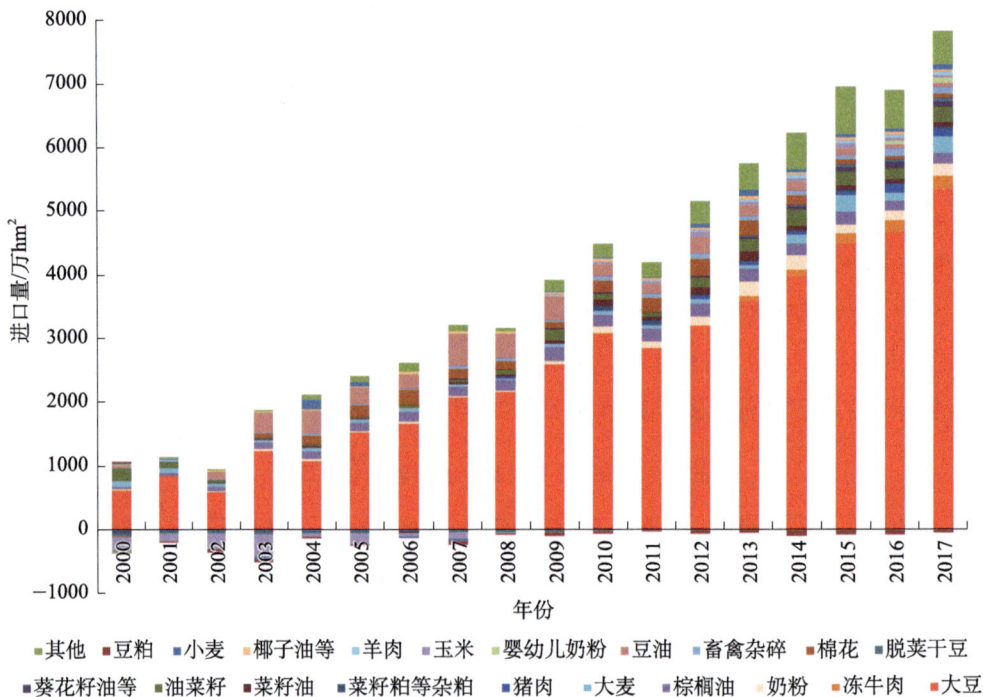

图 10-1　2000～2017 年中国大宗农产品分品种的虚拟耕地净进口量变化比较

2. 巴西、美国是我国虚拟耕地进口最大的来源国，占虚拟耕地进口总量的72%

2017 年巴西、美国、加拿大、阿根廷、澳大利亚、泰国、印度尼西亚、乌拉圭、乌克兰和马来西亚是中国大宗农产品虚拟耕地净进口量最大的 10 个国家，2017 年来自这 10 个国家虚拟耕地的净进口量共为 6808 万 hm²，约占净进口总量的 98.0%（图 10-2）。

巴西和美国是中国农产品虚拟耕地净进口量最大的两个来源国，2017 年虚拟耕地净进口量分别为 2900 万 hm^2 和 2022 万 hm^2（表 10-6），分别占当年我国虚拟耕地净进口总量的 41.8% 和 29.1%。

日本、朝鲜和韩国是我国大宗农产品虚拟耕地净出口目的国，2017 年的净出口量分别为 31 万 hm^2、19 万 hm^2 和 9 万 hm^2。

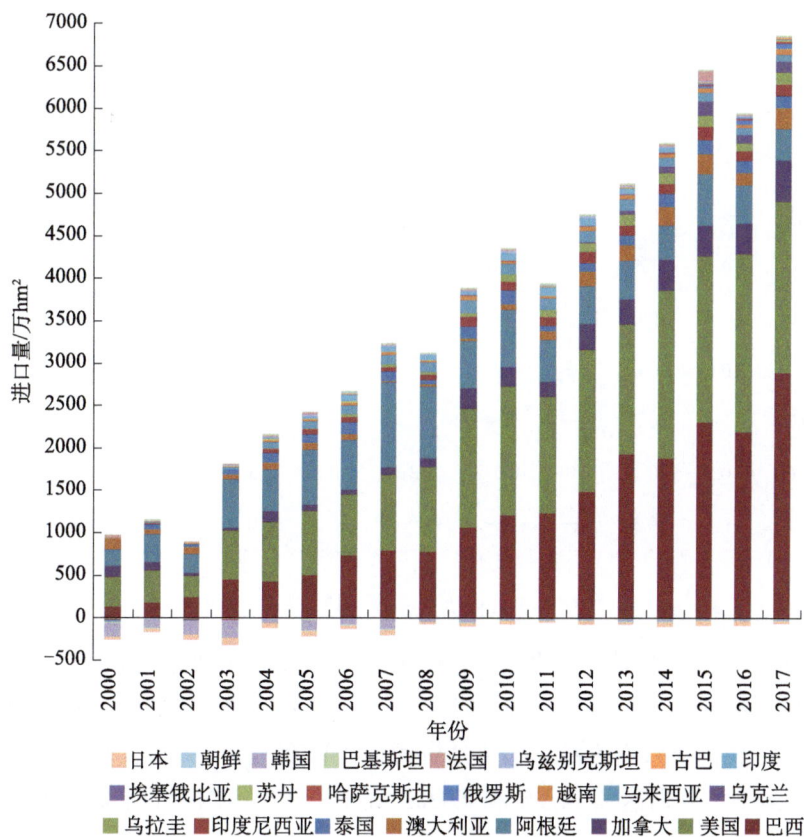

图 10-2　2000～2017 年中国农产品虚拟耕地分国别净进口量变化比较

表 10-6　2017 年中国主要虚拟耕地资源进口来源国　　　　　（单位：万 hm^2／）

项目	总计	巴西	美国	加拿大	阿根廷	澳大利亚	印度尼西亚	泰国	乌拉圭	乌克兰	马来西亚	越南	俄罗斯
虚拟耕地进口量	6944	2900	2022	485	369	238	153	151	143	126	78	77	66
大豆	76.5	97.6	90.4	23.5	99.2	—	—	—	100.0	0.9	—	—	42.8
油菜籽	3.5	—	—	47.2	—	1.2	—	—	—	—	—	—	4.9
大麦	3.2	—	0.0	6.9	—	67.2	—	—	—	15.5	—	—	—
棕榈油	3.1	0.0	0.0	0.0	—	0.0	90.5	0.1	—	—	90.9	0.1	—
其他	1.8	0.0	0.2	7.8	0.6	4.6	9.3	0.0	—	—	8.9	0.4	0.0

项目	总计	巴西	美国	加拿大	阿根廷	澳大利亚	印度尼西亚	泰国	乌拉圭	乌克兰	马来西亚	越南	俄罗斯
木薯干	1.6	—	—	—	—	—	0.2	61.1	—	—	—	25.1	—
高粱	1.5	—	5.0	—	—	2.6	—	—	—	—	—	—	—
豆油	1.4	1.7	0.6	—	0.1	—	—	—	—	7.4	0.0	0.2	28.7
葵花籽油	1.2	—	0.0	0.0	0.2	0.0	—	—	—	51.0	0.0	—	20.2
小麦	1.2	—	1.4	2.0	—	15.0	—	—	—	—	—	—	0.5
稻米	1.1	—	0.0	0.0	—	—	—	14.0	—	—	—	55.9	0.1
棉花	1.0	0.1	1.5	—	0.0	6.5	—	—	—	—	—	—	—
菜籽油	1.0	—	0.0	12.5	—	1.6	—	—	—	0.6	0.0	—	2.7
玉米	0.7	0.0	0.6	—	0.0	—	0.0	0.0	—	24.5	—	—	0.1
木薯淀粉	0.7	—	0.0	—	—	—	—	21.4	—	—	—	18.0	—
食糖	0.6	0.5	0.1	0.0	0.0	1.3	—	3.3	—	0.0	0.2	0.4	0.0
DDGS	0.1	—	0.3	—	—	—	—	—	0.0	—	—	0.0	—

3. 大宗农产品耕地资源对外依存度达 33.4%

根据《2015 中国国土资源公报》，截至 2014 年底，我国耕地面积为 13505.73 万 hm²。2017 年我国虚拟耕地进口总量达到 6944 万 hm²，出口量下降到 160 万 hm²，净进口量增加到 6783 万 hm²，我国大宗农产品虚拟耕地资源对外依存度为 33.4%，其中，对巴西和美国的对外依存度最高，分别达到 14.3% 和 9.9%；处于第三、第四位的是加拿大和阿根廷，依存度分别为 2.4% 和 1.8%（表 10-7）。

表 10-7　2017 年中国农产品耕地资源对外依存度

来源国	虚拟耕地净进口量 / 万 hm²	对外依存度 /%
巴西	2900	14.3
美国	2018	9.9
加拿大	484	2.4
阿根廷	369	1.8
澳大利亚	237	1.2
泰国	149	0.7
印度尼西亚	146	0.7
乌拉圭	143	0.7

续表

来源国	虚拟耕地净进口量 / 万 hm²	对外依存度 /%
乌克兰	126	0.6
马来西亚	76	0.4
越南	70	0.3
俄罗斯	65	0.3
总计	6783	33

10.1.3 我国农产品进口变化趋势

随着人口的增加和食物需求结构的进一步变化，我国食物消费总量仍不断增加，而未来我国仍面临着农业资源供给不足的问题，预计主要农产品的进口量仍将呈现不断增加态势。

1. 三大谷物净进口量仍小幅增加

"口粮绝对安全，谷物基本自给"是我国粮食生产的基本要求，因此未来我国大宗粮食进口仍以调剂性进口为主。但为提高耕地资源的持续生产能力，我国政府会实施"藏粮于地"战略，积极主动地调整种植业结构，并通过实施生态休耕等措施保护耕地。2015 年我国小麦、玉米、稻米三大谷物进口量曾达 1111 万 t 的近年最高水平，预计 2025 年、2030年进口潜力分别为 2386 万 t 和 2564 万 t，仍有少量利用国际市场进行调剂的潜力，有利于国内生产的灵活适度调整。

小麦：2013~2017 年我国小麦平均进口量为 382 万 t。预计 2025 年世界小麦生产量为7.9 亿 t，贸易量为 1.7 亿 t（占产量的 22.0%）；2030 年，世界小麦生产量为 8.3 亿 t，出口量为 1.9 亿 t（占产量的 22.6%）。预计 2025 年和 2030 年我国小麦进口潜力分别为 870 万 t和 933 万 t，占世界出口量的 5.0%。

稻谷：2013~2017 年我国稻米平均进口量为 313 万 t。预计 2025 年、2030 年世界稻谷生产量分别为 7.9 亿 t 和 8.3 亿 t，出口量分别为 0.51 亿 t 和 0.55 亿 t（占生产量的 9.0% 左右）。2025、2030 年我国稻谷进口潜力分别为 548 万 t、587 万 t，占世界出口量的 10.6%。

玉米：2013~2017 年我国玉米平均进口量为 332 万 t。预计 2025 年、2030 年世界玉米生产量分别为 11.5 亿 t 和 12.3 亿 t，出口量分别为 1.42 万 t 和 1.52 万 t（占生产量的 12.4%）。2025 年、2030 年我国玉米进口潜力分别为 971 万 t、1044 万 t，占世界出口量的 6.9%。

2. 油、糖对外依存度仍保持较高水平

植物油：2012 年我国植物油进口量曾高达 1052 万 t，2013~2017 年我国植物油平均进口量为 890 万 t。我国油料增产潜力有限，而食用植物油需求量仍呈刚性增长势头，为了保证未来供需平衡，需要进一步拓展空间。预计 2025 年、2030 年世界食用植物油产量分别

为 2.19 亿 t 和 2.43 亿 t，出口量分别为 0.92 亿 t 和 1.01 亿 t（占产量的 41.5% 左右）。2025、2030 年我国食用植物油进口潜力分别为 1278 万 t 和 1397 万 t，占世界出口量的 14% 左右。

食糖：2013 年我国食糖进口量高达 455 万 t，2013～2017 年我国食糖平均进口量为 375 万 t。包括甘蔗、甜菜等在内的我国糖料生产竞争力较差，未来食糖还有一定进口空间。预计 2025 年、2030 年世界食糖产量分别为 2.10 亿 t 和 2.35 亿 t，出口量分别为 0.70 亿 t 和 0.78 亿 t（占产量的 33% 左右）。2025 年、2030 年我国食糖进口潜力分别为 808 万 t 和 897 万 t，占世界出口量的 12% 左右。

3. 畜禽产品进口量仍呈增加态势

猪肉：2016 年国内猪肉价格较高，猪肉进口量大幅增加，达到 162 万 t 的历史最高水平。我国是世界第一大猪肉进口国，但由于国内猪肉价格波动幅度较大，导致有时国内外猪肉价差较大，猪肉进口也就会增加，未来猪肉进口主要是调剂性进口。预计 2025、2030 年世界猪肉产量分别为 1.31 亿 t 和 1.38 亿 t，出口量分别为 0.08 亿 t 和 0.09 亿 t（占产量的 6.5% 左右）。2025 年、2030 年我国猪肉进口潜力分别为 112 万 t 和 124 万 t，占世界出口量的 13.3% 左右。

牛羊肉：自 2013 年开始，我国牛肉进口量持续增加，2015 年达到 46.7 万 t；羊肉进口量近年一直在 20 万 t 左右。近年随国内消费升级，牛肉消费量增速较快，但国内生产增速慢、生产成本高，导致牛肉进口量不断增加，未来增长潜力较大；受世界羊肉出口量增长空间有限影响，未来我国羊肉进口潜力较小。预计 2025 年、2030 年世界牛羊肉产量分别为 0.95 亿 t 和 1.03 亿 t，出口量分别为 0.15 亿 t 和 0.16 亿 t（占产量的 15.5% 左右）。2025 年、2030 年我国牛羊肉进口潜力分别为 123 万 t 和 134 万 t，占世界出口总量的 8.3% 左右。

禽肉：近年我国禽肉进口量在 50 万 t 左右。受成本因素影响，禽肉的进口也呈增长态势。预计 2025 年、2030 年世界禽肉产量分别为 1.31 亿 t 和 1.41 亿 t，出口总量分别为 0.15 亿 t 和 0.17 亿 t（占产量的 12% 左右）。2025、2030 年我国禽肉进口潜力分别为 99 万 t 和 112 万 t，占世界出口量的 6.4%。

10.2 境外农业资源开发：现状与问题

国际农业和贸易集团（如 ADM、邦基、嘉吉、路易·达夫，以及丰益国际和日本的丸红、伊藤忠等）在南美的巴西、阿根廷，东南亚的印度尼西亚、马来西亚等国家与当地政府、农业土地拥有者、农业生产者等进行深度合作，为当地生产者提供农资、资金、技术，并通过其强大的全球农产品加工、运输和贸易体系，掌控全球农产品资源。在某种程度上说，国际农业集团的经营活动为满足过去 20 年我国农产品需求的快速增长也起到了重要作用。

为保障我国粮食供给安全，中粮集团积极实施"走出去"战略，购并"来宝谷物"，从而在南美拥有了自己的基地，同时在乌克兰投资，建设生产、加工和贸易基地；我国政府为提高非洲的农业生产能力，在很多非洲国家建设了多个各类示范农场；国内一些大、中、小型的企业及私人也纷纷在俄罗斯、非洲等地建设农场。

10.2.1　境外农业资源开发投资现状

1. 投资区域

截至 2015 年底，我国对外农业投资总量分布在全球 95 个国家（地区），亚洲和大洋洲是农业对外累计投资最集中的地区。其中，在亚洲的投资存量为 64.4 亿美元，占比 49.65%；大洋洲 25.8 亿美元，占比 19.90%；欧洲 23.3 亿美元，占比 17.96%；非洲 10.3 亿美元，占比 7.94%；南美洲 3.9 亿美元，占比 3.01%；北美洲 2.0 亿美元，占比 1.54%。

亚洲是中国企业对外农业投资的主要目标区域，投资额逐年递增，随着"一带一路"的推进，中国在亚洲的投资将继续保持高速增长。截至 2015 年底，我国在各大洲投资情况如下。

亚洲：我国在亚洲的以色列、印度尼西亚、老挝的投资额分别为 13.6 亿美元、5.7 亿美元和 1.3 亿美元，处于前三位；在亚洲投资成立农业企业 382 家，其中老挝（78 家）、缅甸（43 家）、柬埔寨（38 家）是我国在亚洲设立企业最多的三个国家。

大洋洲：农业投资额为 25.8 亿美元，其中投向澳大利亚 21 亿美元、新西兰 4.8 亿美元。

欧洲：俄罗斯和法国是我国在欧洲设立企业最多的两个国家。我国对俄农业投资 7.5 亿美元，占对欧洲农业投资总额的 32.0%。

非洲：农业投资总额为 10.3 亿美元，主要投向莫桑比克、赞比亚、津巴布韦、马拉维等国。

拉丁美洲：投资总额为 3.9 亿美元，主要投向阿根廷、巴西、玻利维亚等国家，其中在阿根廷投资 8865.2 亿美元。

北美洲：投资总额为 2.0 亿美元，主要投向美国和加拿大。

我国企业对外农业投资的区位选择经历了"由近及远"的过程。在对外投资的初始阶段，企业大多选择在空间距离和心理距离较近的周边国家和地区，以便积累经验，降低风险，然后逐渐扩展到空间距离较远的拉美、非洲及欧美国家。尽管亚洲、拉美、非洲等地区农业资源丰富、成本低、市场潜力大，但发达国家吸引外资政策宽松、投资环境和基础设施良好，这是吸引国内投资者的关键因素。

2. 投资主体和投资模式

境内投资机构包括有国有企业、私有企业、外资投资企业、集体企业、中外合资经营企业、有限责任公司、股份有限公司和股份合作企业。

截至 2015 年底，我国共有 609 家境内投资机构在境外投资，共设立 764 家农业企业，其中有限责任公司 342 家，占 56.16%；股份有限公司 89 家，占比 14.61%；国有企业 34 家，占比 5.58%；集体企业 5 家，占比 0.82%；私有企业 94 家，占比 15.44%；股份合作企业 13 家，占比 2.13%；外商投资公司 5 家，占比 0.82%；中外合资经营企业 2 家，占比 0.33%；其他企业 25 家，占比 4.11%。

在境外投资设立的 764 家农业企业中，独资企业 470 家，占比 61.52%；合资企业 238 家，占比 31.15%；合作企业 56 家，占比 7.33%。

3. 投资领域

在产业投资领域，种植业对外直接投资总金额为 76.0 亿美元，占比 58.6%；畜牧业达 5.1 亿美元，占比 3.9%；渔业达 5.9 亿美元，占比 4.5%；农副产品加工业达 3.8 亿美元，占比 3.0%；农林牧渔服务业达 34.2 亿美元，占比 26.3%。

在境外设立的 764 家农业企业中，种植业企业 327 家，占比 42.8%；畜牧业 31 家，占比 4.1%；渔业 62 家，占比 8.1%；农副产品加工 49 家，占比 6.4%；农林牧渔服务业 269 家，占比 35.2%。

从投资总额以及投资企业的设立来看，种植业是我国农业对外投资最主要的领域。

从 2015 年在各主要投资区域的农业产出来看：

亚洲：亚洲各农业投资国生产粮食 69.1 万 t，其中水稻最多，分布于柬埔寨、越南、缅甸和老挝；经济作物产量为 245.8 万 t，主要是甘蔗、棉花和天然橡胶，分布于老挝、泰国和柬埔寨；畜产品产量为 30.9 万 t，主要是猪肉和禽肉，分布于老挝和泰国。

大洋洲：大洋洲的农业投资国经济作物产量为 59.4 万 t，主要是棉花和油棕；畜产品产量为 62.8 万 t，主要是牛肉和乳制品。

欧洲：在欧洲各国农业投资生产粮食 83.1 万 t，主要是玉米和水稻，分布于乌克兰和俄罗斯；经济作物总产量为 92.9 万 t，主要是大豆，分布于俄罗斯；畜产品产量为 1900 t，全部为猪肉，分布于俄罗斯。

非洲：中国企业在非洲以生产粮食作物为主，总产量为 39.7 万 t，其中小麦产量较大，主要分布于莫桑比克、赞比亚以及津巴布韦；经济作物产量为 11.0 万 t，主要是棉花，分布于津巴布韦、马拉维以及莫桑比克等国家。

拉丁美洲：投资拉丁美洲各国生产粮食 5698.0 t，主要是玉米，分布于阿根廷；经济作物主要是大豆，总产量为 3.0 万 t，分布于玻利维亚。

北美洲：在北美洲的农业投资主要投向农副产品加工、农林牧渔服务业、种植业和畜牧业，分别占投资总额的 33.0%、31.5%、16.6% 和 10.3%。2015 年在北美的农业企业生产小麦 5450.0 t；经济作物 190 t，主要是大豆；畜产品 385.0 万 t，主要是牛肉。

2015 年我国海外农业投资企业共计生产小麦、水稻、玉米分别为 43.9 万 t、61.2 万 t 和 90.8 万 t；生产大豆、棉花、天然橡胶、油棕和甘蔗分别为 97.7 万 t、15.3 万 t、23.9 万 t、24.8 万 t、187.6 万 t；生产乳制品、牛肉、禽肉分别为 12.8 万 t、50.1 万 t 和 20.3 万 t。

10.2.2 大型跨国企业的农业投资方式及典型案例

1. 国际企业跨国投资农业的方式

大型跨国企业进入目标国（地区）的初级阶段，往往采取贸易合作、技术合作、品牌合作等方式掌握东道国资源和市场，建立良好社会关系，在此基础上投资建厂。大型跨国企业利用自身实力优势，采取整体收购、重组控股、增资控股以及股票收购等多种并购方式，在东道国开展兼并收购业务，通过产业整合，扩大经营规模，这已成为近年来农业跨国公司推进全球业务的重要方式。

国际粮商 ADM 在 1975 年开始全球布局，并在美洲国家开始进行并购。1982 年并购克林顿酒精公司；1997 年并购巴西格兰科和摩尔曼等企业；2001 年并购玻利维亚 SAO 和土耳其 DYS 等。ADM 采用"公关政府、合资并购"的方式进入各国市场。

由于我国畜牧业、饲料业的快速发展，大豆压榨行业在我国快速发展。国际跨国公司如嘉吉、邦基、路易达夫等在北美、南美拥有发达、完善的粮食物流体系，是我国进口大豆的主要供应商，2004 年之前主要参与我国进口大豆原料供应环节；2004 年国际大豆市场的大波动使得国内大豆压榨企业出现经营困难，这些跨国公司通过并购、参股等方式顺势进入我国大豆压榨环节。现在国际跨国公司已经成为我国大豆压榨行业中的重要参与者，他们拥有国际大豆原料供给优势，同时也占有国内大豆需求市场的一定份额，提高了跨国企业的市场竞争力。

2. 国际企业跨国投资农业的模式

纵观国际 4 大粮商的发展历史，一个共同特点就是企业具有鲜明的产业链定位，一般不直接从事农作物的生产，"订单 + 农户"是典型的企业境外农业经营模式。

就以这些跨国粮商在巴西的投资为例：巴西的融资成本相对较高（12%～15%）、农民的收益水平有限，无法进行自产自销，所以大多依靠贸易商来融资，相对而言，农民仅作为生产单位。而这些跨国粮商介入豆农融资环节，不仅能够有融资收益，还能有效地控制货源，特别是通过提供融资与巴西实力较为雄厚、生产潜力较大的大豆农场主和生产合作社建立联系，直接进行大豆贸易，更能取得渠道稳定、价格合理的大豆货源。

CPR 模式是主要的融资方式。CPR 就像是房屋抵押贷款，是由种植者向融资方提供的、以自己的土地等不动产做抵押的履约担保。在巴西农村普遍采用，主要解决农民不能得到足够的低成本信贷资金的问题。

3. 典型案例

1) 典型案例 1：日本以援助开发方式建立大豆供给基地

日本是一个农业资源严重短缺的国家，曾是全球最大的大豆进口国，1961 年大豆进口量为 116 万 t，占全球贸易总量的 28%，处于第一位；1970 年进口量为 324 万 t，占全球贸易量的 26%，仍处于第一位；1980 年进口量为 440 万 t，占全球贸易量的 16%，依然处于第一位。1974 年日本和巴西政府签署合作开发马托格罗索塞拉多的备忘录，项目于 1979 年开始实施，在 2011 年 3 月结束，采用资金合作和技术合作的方式，历时 31 年，日本共投入资金 5.63 亿美元，开发农地 34.5 万 hm^2。日本通过与巴西农牧研究所的合作，提高了塞拉多的农业生产率，并建立了可持续的农业技术体系，使塞拉多的大豆产量由 1975 年的 43 万 t，增加到 3700 万 t。借助该项目，日本大豆进口逐渐摆脱了对美国的依赖，建立了稳定的进口来源地。

2）典型案例 2：中粮集团加快海外农业布局

2017 年中粮国际分别从阿根廷和巴西出口谷物和油籽 1100 万 t 和 930 万 t。在阿根廷市场上，中粮国际出口谷物数量仅低于嘉吉（1150 万 t），排名第二位；在巴西市场上也仅低于嘉吉，均超过 ADM、邦基、路易·达夫等国际粮商，跻身国际大粮商之列。中粮国际业务的快速发展，得益于收购荷兰尼德拉公司和来宝农业的股权，使其成为中粮的子公司。

为完成并购，中粮集团与国际投资团在香港设立混合所有制公司——中粮国际，其中中粮集团占股 60%，国际投资团占股 40%（包括厚朴基金、淡马锡、世界银行旗下的国际金融公司、渣打私募股权投资）。中粮国际收购荷兰尼德拉公司和来宝农业的 51% 股权，合计投资 28 亿美元，实现控股总资产 110 亿美元，由此实现了在南美洲、北美洲、欧洲、亚洲等区域的整体布局，成为名副其实的全球大粮商。中粮集团的这种并购方式，一方面弥补了中粮集团海外并购缺乏经验的不足；另一方面弥补了资金不足，降低了财务风险；此外，还避免了全额股权收购蕴含的巨大风险。中粮国际通过并购获得 51% 的股权，既利于控制并购企业，也可以与目标企业形成利益共同体，减少并购阻力。

中粮集团通过并购，在巴西、阿根廷、美国、澳大利亚、乌克兰等世界粮食核心产区取得了仓储、港口、物流设施等一批战略资源。

中粮集团并购项目的实施，得益于中国国内庞大的市场需求，也使得中粮集团拥有了采购国际大豆和谷物资源进入中国市场的得天独厚的优势。

10.2.3　我国海外农业投资存在的问题

1. 单个项目投资规模小

民营企业对外投资数量占优，但单个企业投资规模小。截至 2015 年底，我国境外农业投资项目的平均投资额为 1697 万美元，投资额在 500 美元以下的占 59%。总体来看，我国对外农业企业投资规模较小，对外农业投资的企业多为中小型民营企业，难以形成规模经济，抗风险能力不足。

2. 投资领域主要是产业链低端环节

在目前已有的对外农业投资项目中，涉及小麦、水稻、玉米、大豆、棉花、油棕、甘蔗以及天然橡胶的种植；奶牛、肉牛、生猪及家禽的养殖。海外农业投资大多数处于产业链的低端环节，尚未全面参与上下游产业链的建设，对产品收储、流通、定价、销售等无法进行有效掌控。

3. 投资区域集中

在境外设立的 764 家农业企业中，有 382 家企业分布在亚洲的老挝、印度尼西亚、柬埔寨和泰国；有 139 家企业位于欧洲，其中超过一半设立在俄罗斯；在亚洲和欧洲的境外企业总数占 68.2%。从投资规模看，亚洲是投资最大的区域，而对俄罗斯的农业投资占整个欧洲农业的 50% 以上。

4. 我国对外农业投资缺乏战略目标和实施路径

除了中粮集团并购荷兰尼德拉公司和来宝农业这两个项目外，其他大部分对外农业投资项目都是企业个体行为，缺乏国家长远的农业对外投资战略的支持，所以很多项目直接投资种植、养殖的产业链前端环节，海外农产品资源的控制能力差，生产风险高。

10.3　基于全球视野的粮食安全战略：对策与建议

10.3.1　提高全球农产品供给能力

粮食及主要农产品生产供应关系到人类的生存与发展，它在构建人类命运共同体中具有特殊性。

1. 进一步加强对农业的扶持，提升农业效率和农民收入

粮食安全水平不仅应该从数量和质量的供求平衡方面来考虑，更应该从粮食产业链和价值链角度来考虑。粮食的生产、加工、运输、配送以及相关的信贷支持等都是决定粮食安全问题的重要环节。一个环节出问题就会波及整个系统，需要特别给予重视。建议从农业发展的顶层设计出发，进一步加强农业基础设施和流通渠道建设。与此同时，从农业制度和农村治理出发，提高农民收入，改善农业在国民经济中的地位，推动农业和粮食生产向更高水平发展，从根本上解决粮食自给的问题。

2. 秉承全球资源禀赋，实现农产品的合理流动，有利于减少对全球生态环境的影响

大豆、油菜籽、棕榈油、菜籽油及其他植物油、食糖、棉花、乳制品等是我国最重要的短缺性农产品，而美国、巴西、阿根廷、澳大利亚、新西兰、马来西亚、印度尼西亚和

乌克兰等国家则是这些重要农产品的进口来源国。对这些国家而言，丰富的耕地资源、适宜的气候条件以及先进的农作物种植技术是其相关农产品生产具有较高比较优势的关键因素。从农业资源配置来看，在优势区域生产农产品，通过国际贸易满足全球需求，相当于提高了全球农业生产效率，降低了全球农作物生产对生态环境的不利影响。从经济上来讲，中国进口农产品，促进了相关国家的农业发展、提高了就业率、增加了农民收入，对实现国与国之间的贸易平衡起到了巨大作用。

针对主产国大规模农业开发可能带来的生态风险，相关国际组织和国家分别实施了可持续农产品生产和贸易战略，比较知名的可持续农产品生产组织有棕榈油可持续发展圆桌会议（RSPO）以及负责任大豆生产组织（RTRS），这些组织推动了可持续大豆、可持续棕榈油的认证。今后我国也应实施可持续农产品进口战略，促进可持续农产品的生产和贸易，为全球农业的可持续发展做出贡献。

3. 提高全球及非洲农业生产能力，就是对全球粮食安全的重大贡献

我国在"一带一路"沿线的亚洲部分国家和地区直接投资，是看重了这些地区的丰富资源、低成本和市场潜力，通过直接投资提高相关农产品的生产能力。

除了东南亚、俄罗斯以及中亚国家外，通过技术、资金、农机装备等的输出，在东非从事农业资源开发，提升全球农业生产能力，增加农产品供给，满足非洲当地人的食物需求，既是对中国粮食安全，也是对全球粮食安全的贡献。

4. 实施劳动密集型、资金密集型和技术密集型农产品的出口战略

我国农业自然资源有限，但是可以发挥优势，促进并实施蔬菜及花卉等劳动密集型、资金密集型和技术密集型农产品出口战略。

工厂化蔬菜生产土地利用率高、机械化水平与生产效率高、产品质量好，国外经济发达国家已经非常普及。随着国内消费水平的升级、技术水平和劳动力成本的提高、国家政策的支持，预计未来我国工业化蔬菜生产将进入快速发展时期。我国珠江三角洲、长江三角洲、京津冀地区及其他区域的大城市郊区等，将是工厂化蔬菜生产的重点发展区域。随着经济全球化、交通运输快捷化、保鲜加工现代化、蔬菜生产区域化，蔬菜的国际贸易量将不断增加。我国工厂化蔬菜产品除了满足国内市场对高质量蔬菜的需求外，预计还将满足东南亚、东亚、中亚、中东和俄罗斯等国家和地区对我国蔬菜进口增加的需求量。

此外，花卉产业也是集劳动密集、资金密集和技术密集于一体的绿色朝阳产业。在欧美，花卉消费是一个巨大的市场。中国幅员辽阔，气候地跨三带，是世界公认的花卉宝库。目前我国已成为世界上最大的花卉生产基地、重要的花卉消费国，随着技术的进步、交通运输条件的改善，我国特色花卉和盆景出口量将快速增加。

我国政府应该在品种繁育、技术和装备研发推广以及贸易政策等方面全面提高现代蔬菜和花卉产业的生产贸易水平。

10.3.2　构建稳定多元的粮食贸易供应网络

鉴于目前我国农产品的进口来源国集中度和对外依存度较高,为保障粮食安全,我国农产品进口必须实行多元化方针。所谓农产品进口多元化,是指通过多渠道、多区域、多品种等方式进口农产品,注重进口品种、市场、区域、国别来源的多元化,进口方式多样化,降低国际粮食市场波动带来的负面影响。

(1)继续保持和传统主要农业贸易国的良好合作关系,稳定大豆、棕榈油、乳制品等的进口来源。巴西、美国、阿根廷、加拿大、印度尼西亚、马来西亚、澳大利亚、新西兰、乌克兰等是我国大宗农产品的主要进口来源国,加强与主要现有传统农业贸易国的合作关系,尽量避免贸易摩擦,保障农产品的有效供给。

(2)积极发展同俄罗斯、哈萨克斯坦、乌兹别克斯坦等农业资源大国的农业全方位深度合作。俄罗斯西伯利亚及远东地区、中亚地区的哈萨克斯坦以及乌兹别克斯坦等都拥有丰富的农业资源和良好的农业基础。

(3)实施农产品进口品种多元化。大豆是我国进口量最大的农产品品种,主要是为了满足国内饲料用粕类的需求,适当增加传统进口国如加拿大、澳大利亚、欧洲地区油菜籽的进口,实现豆粕的部分替代。

(4)学习借鉴日本、韩国、沙特等农业"走出去"的经验。积极参与到境外粮食供应链尤其是大豆等大宗进口产品供应链的各个环节,构建全产业链的粮食进口网络,降低粮食进口成本和价格风险。但同时,应注意粮食贸易及境外农业资源的利用是对国内农业的补充而非替代。

10.3.3　实施境外农业投资战略

根据全球农业资源分布、农产品生产和贸易格局,未来全球性八大"粮仓"将在确保人类粮食和食物安全方面处于重要地位。这八大粮仓分别是:①以美国和加拿大为主的北美"粮油肉"产区;②以巴西、阿根廷为主的南美"粮棉油糖肉"产区;③以俄罗斯、哈萨克斯坦为主的亚欧"粮油"产区;④以乌克兰、法国为主的欧洲"粮油"产区;⑤以越、泰、缅三国为主的东南亚"大米"产区;⑥以东非为主的非洲潜在"粮食"产区;⑦以澳大利亚、新西兰为主的大洋洲"粮油肉奶"产区;⑧以印度尼西亚、马来西亚为主的全球"棕榈油"产区(图10-3)。

在农业资源有限的情况下,为降低粮食供给风险,应拓宽海外农业资源利用的广度和深度。加快构建有效利用国际农业资源和市场的战略机制。我国农业"走出去"不仅面临生产条件、法律、政治等多重不确定因素带来的风险,而且面对成熟市场基本饱和、新兴市场缺乏基础设施的困境。应该加强全球粮食生产及出口国的农业资源本底及潜力研究,对重点国家及贸易品种进行深入分析,尤其对境外农业资源目标国家的农业生产模式、合作模式等相关政策进行系统研究，构建支撑境外粮食供给的基础体系。针对不同国家和区域的特点，在国家层面制定周密、差别化和切实可行的境外农业资源利用模式及计划，持续加强对境外粮食生产和供给战略的支持。

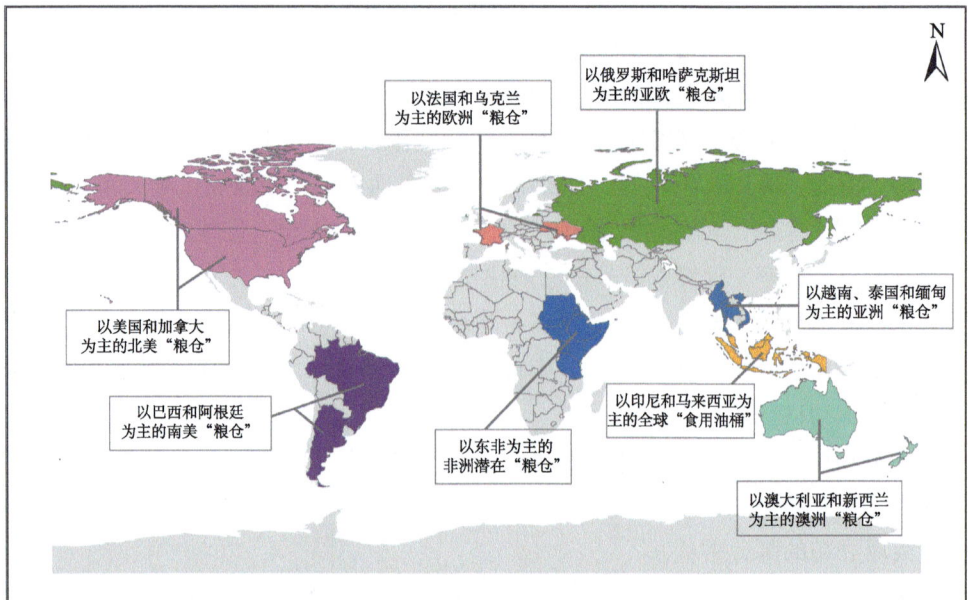

图 10-3　全球八大"粮仓"分布图

1. 优先开发的农产品品种

大豆和棕榈油是全球生产国集中度最高、出口国集中度最高、全球进口量最大和我国进口依存度最高的两个品种。为保证我国大豆和棕榈油的供给安全，应优先开发国际大豆和棕榈油资源，同时，考虑农业资源的综合开发利用，在资源条件适宜的地区开发玉米、糖和棉花等其他农产品资源。与此同时，还要同时注重大豆、棕榈油的替代性农产品，如油菜籽、葵花籽、芝麻等的开发。

2. 重点投资区域

欧美等发达国家和地区的农业资源丰富，但因农业基础设施、产业链体系、技术、融资、经营管理等均较完善，存在着较高的进入壁垒。但南美的巴西、阿根廷、乌拉圭；大洋洲的澳大利亚、新西兰；中东欧及中亚的俄罗斯远东、哈萨克斯坦；东南亚的印度尼西亚、老挝和柬埔寨等国家和地区，农业资源丰富、开发利用潜力大，但基础设施、技术水平和生产方式落后。综合考虑地缘政治、国内农产品供求，应以市场为导向、企业为主体、项目为切入点、政府为支撑，加大境外农业投资力度。

3. 投资领域

我国海外农业资源开发，虽然立足于大规模的土地资源开发和农作物种植，但具体实施应遵循有计划、有步骤，从"点"到"片"再到"面"的开发原则。一是先"点"：通过独资、合资、参股等方式，建设港口和码头；并在港口建设适度规模的仓储设施，通过订单方式建立稳定的原料供应渠道。二是后"片"：在适宜的区域进行小规模、试验性的开发；通过参股、控股形式建立加工企业，带动加工企业附近区域的农产品生产。最后是"面"：在适宜开发区域有计划、有步骤地开展土地资源的综合开发利用，带动区域农业综合发展，提高区域农业综合生产能力。

10.3.4 构建"一带一路"粮食安全命运共同体

在供给侧结构性改革的推动下，我国粮食市场风险的警报逐渐解除，市场化改革取得突破，粮食安全形势进入了一个新的阶段。反观全球，特别是以亚洲、非洲为主的广大发展中国家，粮食安全形势依然严峻，成为许多国家和地区实现 2030 可持续发展目标的重大威胁，也给"一带一路"建设带来了巨大的挑战。

在农业部、发改委、商务部和外交部于 2017 年 5 月联合发布的《共同推进"一带一路"建设农业合作的愿景与行动》（简称《农业合作的愿景与行动》）规划中，实现粮食安全是中国同沿线国家的双边和多边合作机制的重要内容。

值得注意的是，近些年来，随着全球粮食市场多元化的发展以及我国对于粮食进口安全的重视，我国粮食进口的多元化趋势更为明显。在"一带一路"倡议的推动下，沿线国家与地区同中国粮食贸易显著增加，农业合作也呈现增长活力。

建议合理统筹利用国内国外"两种资源、两个市场"，在"一带一路"倡议下，强化粮食领域的合作，构建"一带一路"粮食安全命运共同体，充分利用这些地区的农业资源和我国的农业生产技术和农资产能，在提升这些地区粮食产量的同时，形成区域开放市场，降低贸易壁垒，从而也能在一定程度上改善我国的粮食安全状况，增加我国粮食进口目标国的多样性，从而降低我国粮食的地缘安全风险。构建"一带一路"粮食安全命运共同体的相关措施还包括：鼓励优质化肥和农机企业"走出去"，加大对发展中国家的能力建设；共建、共享良种库、案例库、专利库、信息库和农业合作平台；引导多边金融机构向农业基础设施建设融资倾斜等。

10.3.5 建立多层次粮食安全目标和评价体系

随着粮食供需形势的急剧变化，建议摒弃单纯以粮食产量和自给率作为评判粮食安全的标准，用多维、分层、兼顾资源环境底线的标准，对国家和区域的粮食安全进行评估和管理；建议将粮食安全划分为"口粮安全、谷物安全及食物安全"三个层次，其中，以稻米和小麦为主的口粮是保障粮食安全的核心目标，应保持绝对自给和强制平衡，亦可防止国际粮价大幅波动对我国粮价的冲击；以玉米为主的谷物粮应实现基本自给；以油料和饲料等为主的食物，应从全国粮食统筹和区域动态的高度，审慎把握好粮食进口规模和节奏、方式和布局。粮食作为一种商品，在全球范围内其面积和产量都将随着购买量增加而提高。因此，给予国际市场稳定的预期，缓慢而均衡地释放进口需求，让国际市场有一个反应的过程和增加产能的时间，可降低我国粮食贸易风险。此外，建议建立包含水资源、耕地资源及养分资源价值的每单位粮食成本体系，对比分析我国与进口来源国农产品生产的经济成本和资源成本，合理评价粮食进口对我国及全球农业资源利用效率的影响。妥善处理国际贸易商、国外农产品生产者、国外政府和中国进口企业等多个利益相关方之间关系，形成良好的流通渠道和合作关系。

第 11 章

发展粮食安全科技体系

11.1 "以量为主"粮食安全科技体系的作用和挑战

11.1.1 "以粮为纲"的时代贡献

粮食安全事关国民经济与社会发展全局，是保障国家安全的重要基石。科学技术是保障粮食安全的重要手段。中国是一个人多地少的国家，为了解决众多人口的吃饭问题，要求单位耕地面积的粮食产量达到一个较高的水平，发展现代农业科技就成为了粮食增产的主要途径。新中国成立初期，国家即对农业科技工作非常重视。1956 年，国家制定了《1956-1967 年科学技术发展远景规划》，全面部署中国科技的发展，这里面就包括"农业的化学化、机械化、电气化的重大科学问题"。1958 年提出了"以粮为纲、全面发展"的农业建设方针。我国几十年来在粮食生产方面取得的成就举世瞩目。虽然经历了由快速发展时期到大减产阶段，又到恢复增产时期等几个阶段的波动起伏，但总体而言我国粮食产量从1949 年的 1.1 亿 t 逐渐增加到了 2015 年的 6.2 亿 t，增长了约 4.6 倍。

新中国成立初期，我们和世界上许多发展中国家一样，为了实现工业化，采用了向工业倾斜的做法，致使我国在很大程度上遭受着"粮食问题"的困扰。但是，农业是国民经济的基础，而且人口快速增长形成对粮食的巨大需求。因此，"以粮为纲"思想在过去几十年里一直是指导我国农业发展的基本出发点，这段时间我国粮食产量虽有波动，但总体趋势是不断增加。这对解决我国的温饱问题、巩固国家政权、促进工业和其他产业的发展起到了不可低估的作用。围绕"水、肥、土、密、保、种、工、管"8字，科学技术在粮食增产中发挥了重要作用。

"首先解决农村问题"是邓小平在改革开放初期对传统重农重粮思想的新发展。1983年邓小平提出"农业要有全面规划，先要增产粮食。2000年要做到粮食基本过关，这是一项重要的战略部署"。由于我国高度重视粮食生产，粮食产量大幅度提高。国内粮食总产量从1978年的3.05亿t跨越一个台阶，到1984年达到了4.07亿t。但随着经济体制改革重心从农村向城市转移，农业生产在1985～1989年处于徘徊状态，粮食产量也停滞不前。中国粮食安全问题并没有得到一劳永逸的解决。随着改革的深入，国内粮食总产量在1996年达到5.05亿t、2013年突破6亿t，连上两个台阶，对保障粮食安全和社会稳定起了重大作用。

我国"十三五"规划对粮食安全提出了明确的要求：坚持最严格的耕地保护制度，坚守耕地红线，通过藏粮于地、藏粮于技战略，提高粮食产能，确保谷物基本自给，口粮绝对安全。2015年我国粮食总产量已达6.21亿t，水稻、小麦、玉米三大谷物自给率保持在98%以上，粮食人均占有量达到900斤[①]，高于世界平均水平。针对美国学者莱斯特·布朗"谁来养活中国"的疑虑，近30年来的中国农业发展实践给出了"中国人自己能够养活自己"的有力回应，实现了"把饭碗牢牢端在自己手里"的战略目标。

11.1.2 "以粮为纲"的发展限制

"以粮为纲，全面发展"这一农业发展方针强调的是农业生产的综合平衡，是一种超越了单纯粮食生产的"大农业"思想。然而在中华人民共和国成立初期一段时期内，全国很多地方对"以粮为纲"方针的贯彻变成了不顾当地的实际情况，一味地以粮食生产为主，完全放弃了因地制宜发展农、林、牧、副、渔的客观规律。"以粮为纲"被简单地执行为"以量为纲"，为提高粮食产量，盲目开垦荒地、扩大耕地面积。以大量的边际土地投入种植业、走了外延式发展的道路，致使农业发展水平低、效益差。不仅破坏了自然环境，而且粮食产量也没有明显提高。

与此同时，不分地域实施的一刀切政策导致严重的生态失衡、环境破坏，反过来又对粮食生产的健康发展造成不良影响，形成一种恶性循环。在农牧交错地带，很多地方不顾当地实际情况，采取过分开垦草地的方式来生产粮食，导致土地沙漠化的趋势越来越严重。在林区，粮食生产与林业争地的结果是森林被乱砍滥伐，森林资源遭受极大的破坏。

21世纪以来，我国经济社会结构发生显著改变，资源禀赋问题日益凸显，粮食生产成本显著提高，给我国粮食安全与自给带来巨大挑战。国内粮食生产面临的生态环境问题和资源约束愈发严峻。由于对耕地资源的长期过度利用，部分耕地地力严重透支，部分地区土壤受污染严重，耕地质量下降，农业生态环境日趋脆弱，严重影响我国耕地的可持续利用。2014年4月17日的《全国土壤污染状况调查公报》显示，我国耕地土壤重金属等污

---

① 1斤=500g。

染物点位超标率达 19.4%，污染形势不容乐观。土壤重金属超标带来的水稻、小麦等粮食作物重金属超标问题也令人担忧。农业部对我国 140 万 hm² 污水灌溉区域调查发现，土壤重金属超标面积占 64.8%。据报道，全国每年仅因重金属污染而减产的粮食达 1000 多万 t，被重金属污染的粮食也多达 1200 万 t，合计损失至少 200 亿元人民币。

科学技术是第一生产力，农业科技进步对我国农业生产的发展有巨大的促进作用，但是与发达国家相比，总体较低且区域发展不均衡。农业科技进步带来的经济增长已经超过全部要素（资本、劳动和土地等）投入之和，成为农业经济增长最主要的驱动力。2016 年我国粮食主产区 13 个省份的平均农业科技进步贡献率为 58.8%，高于全国平均水平的 56.7%，但低于主销区 7 个省份的平均农业科技进步贡献率 63.7%（表 11-1）。在粮食主产区中，江苏省的农业科技进步贡献率最高，为 66.2%，黑龙江省为 65.5%，山东省为 62.6%，安徽省为 60.0%，其余省份均低于 60.0%，作为主产区的河北、四川和内蒙古更是低于全国平均水平。

表 11-1　中国各省（自治区、直辖市）农业科技进步贡献率（100%）

地区	农业科技进步贡献率	地区	农业科技进步贡献率	地区	农业科技进步贡献率	地区	农业科技进步贡献率
全国	56.7	浙江	62.0	吉林	57.0	青海	55.0
北京	71.0	安徽	60.0	湖北	57.0	海南	55.0
上海	70.8	辽宁	59.8	江西	57.0	四川	55.0
江苏	66.2	宁夏	58.0	山西	56.8	陕西	54.8
黑龙江	65.5	湖南	58.0	广西	56.8	内蒙古	52.6
广东	65.0	重庆	58.0	河北	56.0	新疆	50.8
天津	64.0	福建	58.0	甘肃	56.0	西藏	45.9
山东	62.6	河南	57.8	云南	55.8	贵州	45.2

注：表中省份未涉及港、澳、台地区。
数据来源：农业农村部《全国农业现代化发展水平评价报告》（2017）。

中央一号文件也提出实现农业持续稳定发展、长期确保农产品有效供给，根本出路在科技。尽管主产区农业科技取得较快进步，但是还处在一个相对较低的水平，主产区大部分省份农业科技进步贡献率仍落后于主销区省份，与发达国家的差距更是高达 15 个百分点以上，这也成为制约主产区持续增产增收的一个关键因素。

11.1.3　新时期粮食安全科技体系面临的挑战

21 世纪以来，随着中国经济社会快速发展、国内外影响持续扩大，农业生产领域出现了一些新的问题。首先是在环境污染、建设用地扩张、预期收益不高等影响下，农地利用非农化、非粮化趋势明显。其次，国内粮食产量提高、国际粮食进口增长、粮食浪费严重并存的现象值得警惕。最后，有限的水、耕地等资源，脆弱的农田生态系统和严重的农业环境污染（土壤、地下水等）对农业生产的硬约束不断增强，高投入、高消耗、高污染的农业发展道路难以为继。此外，膳食结构的改变导致粮食的绝对重要性正在悄然下降，对食物安全和营养健康的消费需求持续提升。

新时期中国粮食安全不应是单一的"吃得饱"的数量安全观，而应该发展成由数量安全、结构安全、生态安全、质量安全构成的多元、多层次、多架构的广义粮食安全观。在数量安全方面，聚焦"口粮"，要确保"口粮绝对安全"这条粮食安全的数量底线；考虑到中国国情和资源禀赋，合理储备和适度进口是新时期国内粮食数量安全的重要屏障。在结构安全方面，以"市场主导＋政府补贴"的方式来调整粮经饲种植结构，发展多功能农业，提高农产品加工能力，促进粮食流通市场健康有序发展，完善农产品价格形成机制，提高农业补贴政策效能；以合理膳食、营养均衡的消费结构来倒逼农产品的供给侧结构性改革。在生态安全方面，要从"高投入、高产出、高消耗、高污染"的集约农业转向"环境友好型、资源节约型"的现代生态农业发展模式，突出粮食生产中科技支撑功能，实现"藏粮于地""藏粮于技"和绿色生产。在质量安全方面，以"吃得健康，吃得放心"为目标来完善农产品的可追溯体系和粮食生产过程中的投入监管体系，保证食品安全，提高国内农产品的质量水平，切实保障中国长远的粮食安全。

11.2 建立"以质为本"的粮食安全科技体系

随着粮食生产技术和人民生活水平的不断提高，人们对粮食的要求已经从"量"到"质"发生了明显转变。我国粮食产量多年连续高产稳产，在粮食数量安全保障水平不断提高的同时，粮食品质安全问题日益突出。粮食品质安全至少应该包含两个方面，即粮食质量安全和粮食营养安全。粮食质量安全主要考虑粮食本身的安全问题，粮食是否受到环境的污染，粮食是否对人体造成危害；而粮食营养安全更多地考虑人体营养均衡需求和食物结构与营养的均衡供给。粮食质量安全是前提，粮食营养安全是目标。

11.2.1 粮食质量安全

目前我国粮食品质安全面临的主要挑战是粮食质量安全，主要表现在农药残留过高、重金属污染、生物毒素危害、病原体污染。

1. 农药残留过高

造成我国粮食农药残留过高的原因有农药质量问题，但主要是过量施用问题。中国耕地面积只占世界耕地面积的 8.6%，却消耗了近一半的世界农药产量。农药过量施用的主要原因是目前大田作物防治病虫害技术相对落后、手段单一，系统性、综合性低毒防治技术和生态防控技术推广应用比率太低，农业生产还是过度依赖喷施农药，以药杀虫、以毒杀虫，不可避免地造成作物、蔬菜、水果农药残留过高。

2. 重金属污染

造成粮食重金属污染的主要原因主要是工业活动对农田和作物的污染。首要原因是工业污水污染地表和地下灌溉水源；其次是重金属含量过高的畜禽粪便还田和质量不达标的有机肥料施用；此外，工业大气污染物沉降和农药过量施用也是重金属污染的重要源头。

3. 生物毒素危害

粮食中的生物毒素主要指黄曲霉素、杂色曲素等可以诱发肝癌、胃癌、食道癌等恶性疾病的生物有毒物质。这些生物毒素主要发生在处理不当的储藏和加工环节。在生产环节，生长环境温度、湿度等因子恶化，作物群体也容易感染霉菌等微生物，生成生物毒素。

4. 病原体污染

病原体污染主要原因是灌溉水体受到污染和畜禽粪便等有机肥使用不当造成致病菌和寄生虫污染。病原体污染的作物特别是鲜食作物对人体具有较大危害。

针对以上粮食质量安全问题，需要从源头控制、过程管理和污染治理三个方面系统组织科技力量，重点攻关，系统解决，逐步攻克危及我国粮食安全的科技难关。这些技术大致可以分为以下几类：

1）研发微毒低毒高效农药，杜绝高残留农药施用

环保和健康是未来农药的方向，这已成为农药学界的共识。微毒低毒高效农药是当前农药研发的主流方向。对害虫有毒而对其他生物低毒微毒甚至无毒的针对性农药、以天然产物为先导化合物减少化工合成的农药、为增强作物自身对病害免疫能力的活化剂型农药等是当前和未来农药科学技术发展的主要方向。

2）综合利用生物学和生态学防治技术，防控作物病虫害

集成作物害虫天敌利用、病害生防制剂、芳香植物抑害促生等技术，在作物病虫害发生规律研究成果基础上，提出最佳防控时间和防控区域，以生态防控和生物防治为核心，结合高效低毒化学农药，建立全面控制作物病虫害的安全高效技术体系。相关研究表明在减少一半农药用量的情况下，利用生态防治和生物学防治制剂可以实现作物不减产而品质显著提高。

3）推进抗病抗虫作物育种技术进步，降低转基因技术风险

抗病性是当前作物育种的主要要求性状之一。在抗病育种方面，需要进一步加强抗病性与不良农艺性状的连锁研究、抗原材料选育方面的基础研究，解决抗原单一化和品种单一化问题。近十几年，粮食作物的抗虫育种有较大发展。未来需要面对的主要问题是转基因食品的安全性和公众接受问题。

4）研发作物健康生境调控技术，减少病虫害和生物毒素产生

通过优化作物群体结构，改善光照、温度、湿度、CO_2浓度等作物微环境，不仅可以提高作物群体生物产量，也可以减少病虫害发生和生物毒素产生。

5）杜绝污水灌溉，提高灌溉效率

针对来源于水体的污染物，从水源加强管制、杜绝污水灌溉是防治污染、保障粮食品质安全的根本手段。从科学技术方面来讲，需要加强灌溉水质的动态监测，改进灌溉技术提高灌溉效率，积极研发成本可以为生产者接受的高效灌溉技术和水分高效利用技术，逐步替代主流的大田漫灌方式。例如，结合农机播种的补水造墒农艺技术可以在几乎不增加额外劳动量的情况下，毋须播前灌溉并减少苗期灌溉，节约全生长季 20%～30% 的灌溉水量，并且保证作物生长状况良好、产量和品质不降低。

6）严格监控污染农田，实施综合治理

针对不同污染程度和不同污染类型的农田实施严格监管，开发适用技术，分类改良和修复。例如，对轻微重金属污染农田可以通过种植富集非粮食作物来进行生物治理修复；在可能达到污染阈值的农田进行间套作富集植物，降低污染物含量。另外，需要加强对畜禽粪便等还田有机物的监控和无害化预处理技术的研发；在成本较高的非生物修复工程技术方面也需要加强研究，以降低治理和修复成本。

7）开发清洁仓储、运输和加工技术体系，保障农产品质量安全

针对目前我国粮食仓储、运输和加工环节中存在的影响粮食质量安全的突出问题，亟需加强清洁仓储、清洁运输和清洁加工技术的研发，逐步形成从田头到餐桌的食物安全保障链。

11.2.2 粮食营养安全

在粮食营养安全方面，我们面临的主要问题是如何提高粮食的营养品质，保障国民营养健康，简单说就是让粮食更有营养。

1. 构建专用粮生产加工的研发体系

专用粮是指品质优良具有专门加工用途的特定品种的粮食，且经过规模化、区域化种植，种性纯正、品质稳定，达到国家优质标准，可加工成品质优良的专用食品。专用粮生

产是提高粮食营养品质的重要形式，不仅对保障国民营养健康有重要意义，还能提高粮食生产经济效益。从粗放混种只注重产量，到单品连片种植、专储专用，改变了生产经营方式，效益也随之提高。目前，小麦、玉米、水稻、土豆四大粮食作物在育种和栽培方面都具有很好的专用化生产基础。与主要粮食作物的生产规模相比，专用粮生产依然具有很大的发展空间。未来可在多个方面进行科技研发和技术积累，主要包括专用粮生产区域划定、育种和栽培、基于营养配方的种植设计、基于营养配方的专用粮加工。

2. 构建营养强化粮生产加工的研发体系

营养强化粮是在普通粮食中添加某些人体缺少或特需的营养素制成的粮食。用于粮食营养强化的营养强化剂含有多种维生素、矿物质和氨基酸。营养强化粮使粮食营养更加均衡，能保障人体获得包括微量营养素在内的基本营养需求，逐步控制并消除营养摄入不足和营养失衡两大问题。2002 年国际食物政策研究所在全球范围启动"国际生物强化项目（Harvest Plus）"。2004 年 11 月中国作物营养强化项目（Harvest Plus China）启动。目前，我国已经成功培育 20 多个强化营养作物品种，比如高锌中铁小麦、高维生素 A 原强化玉米、富硒大米等。未来仍需加强营养失衡区域和人群普查研究、营养强化粮生产和营养配比研究、营养强化粮风险管控研究等。

11.2.3　发展保障粮食质量安全的科技体系

为保障粮食质量和营养品质，除了需要上面提到的科技支撑外，还需要有其他相关科学技术来实现系统化、全链条、操作可行的科技保障体系。

1. 农田生态环境质量提升和维持

国以民为本，民以食为天，没有健康安全的生态环境就没有粮食质量安全，就没有国民健康和社会健康发展，这是对生态文明建设和"绿水青山就是金山银山"的最好诠释之一。在基本农田建设的基础上开展高标准农田建设，实施"藏粮于地、藏粮于技"战略工程，在提高农田配套工程能力的同时，着力维持农田生态系统健康，提升其可持续生产能力，是当前和未来一段时间保障我国粮食质量安全的重要内容。

2. 粮食标准化生产

粮食标准化生产是指依据"统一、简化、协调、优选"原则，对粮食生产产前、产中、产后全过程，依靠先进的科技成果和经验进行标准化实施，从而确保粮食高产稳产、质量安全放心。现在我国最具有影响力的生产标准是绿色食品标准。绿色食品生产一是强调最佳生态环境，二是强调生产全程管理。实践证明，粮食标准化生产对保障粮食安全和粮食质量发挥着越来越重要的作用。因此，未来需要不断研究、制定和完善各种粮食生产生态环境和生产全程管理技术。

3.粮食质量安全监管和全程追溯

粮食质量安全监管包含粮食质量检测和全程追踪监控，是粮食质量安全和食品安全监管的重要手段。随着全社会对食品安全的重视，相关监测技术突飞猛进。一方面，检测技术更加准确、可靠；另一方面，我国已经在局部地区的部分粮食生产加工环节建立了追踪监测数据库。未来，积极推动遥感技术、物联网技术、云计算等最新信息技术的应用和"互联网＋农业"、精准农业、智慧农业等工程的实施，我国粮食质量安全监管和全程追溯体系将不断完善，在保障国家粮食安全和国民营养健康中发挥越来越重要的作用。

11.3 建立粮食安全科技集成与综合试验示范区

当前，我国农村生产经营中存在的较为普遍问题包括：①农村劳动力不足，土地撂荒严重；②农民传统观念严重，对规模化经营认识不足；③政府对土地流转管理不规范，服务机制不健全；④土地流转难度大、成本高，规模生产难形成；⑤农业风险大，周期长，效益低，开发业主引进难。土地流转和规模化经营是解决"三农"问题的重要途径之一，但目前土地流转后管理水平低、科技含量不高，盲目地追求规模，管理粗放，造成了土地资源的浪费。在此背景下，市场和政府积极引导，作为新兴经营主体的家庭农场和规模化专业农场逐渐兴起，我国粮食生产主体从个体农户逐渐向新型经营主体转变的趋势日益明显，但是总体层次低，科技含量较低，专业化服务系统网络未形成，经济效益不高。

新型经营主体是乡村生产、生活、生态统一体，采用规模化节约化生产方式，对科技的需求不断提高；但是我国地域广阔，各地条件差异大，因此，在典型区域建立基于新型农业经营主体的技术集成和综合试验示范区，示范区可以小到几百亩，大到一个行政市域，这将为我国新时期粮食安全和乡村振兴建立先行先试的综合试验区，提供可看、可学、可推广的样板。

11.3.1 家庭农场和规模化专业农场建设前景与优势

我国农业现代化的重要形式之一就是农业适度规模化经营与在此基础上的农业工业化。据农业部统计，2015 年全国已有超过 87 万户各类家庭农场，经营耕地面积达到 1.76 亿亩，占全国承包耕地总面积的 13.4%，其中，经农业部门认定的家庭农场超过 34 万户，平均经营规模 150 亩左右。以家庭农场为基础的新型农业生产方式将逐步发展成为我国粮食生产的主要体系，这对提高农业产业化、保障粮食安全、发展农村经济、促进农业多功能发展具有重要意义。

家庭农场和规模化专业农场是当今和未来农业发展的参与者与助推者，是农产品加工企业生产原料的有效提供者，是粮食安全供给的源头。在粮食主产区，粮食加工企业直接对接家庭农场和规模化专业农场，省去了中间的成本和环节，提高了效率，降低了成本。家庭农场和规模化专业农场可为周边中、小规模农户提供农业社会化服务。中国社会科学院的研究表明，家庭农场和规模化专业农场兼具生产主体和农业生产服务主体的双重特征，服务对象就是其周边的传统中、小型农户。习近平总书记提出要把小农户纳入到现代农业当中来，家庭农场和规模化专业农场提供农业生产服务就是把小农户集中并纳入现代农业发展进程的一个重要手段和方式。家庭农场和规模化专业农场是农业上使用先进技术、提高生产经营管理水平、保障农产品质量的示范带动者，是生态农业技术的使用者和农业绿色发展的实践者。家庭农场和规模化专业农场是新时期农业技术人员的集合体，是具有很强的农业生产技术推广前景的企业性集合体，符合中国新时代农业发展的特点和趋势。

另外，规模化专业农场相较于家庭农场，对于科学、技术、政策和市场有更大的需求，具体表现在：

（1）新型农业主体的培育。运营规模化专业农场需要具有经营头脑和市场意识的经营者，需要加大对经营者的培训力度，包括现代农业科技知识、经营思想和市场理念；

（2）法律政策、财政的支持。建立健全相关政策，提供财政支持，为规模化农场的建设"开绿灯"，为其发展提供服务。让其承担部分财政项目，如现代农业示范和农业科技项目等，加大财政补贴、经营主体贷款、贴息贷款等方面的支持力度，确保农场能安全度过"匮乏期"；

（3）提高土壤质量、提高粮食综合生产能力。土壤是农业生产的根本，对于这种集约化的种植模式，要更好地加强土壤污染防治工作，确保农产品和食品安全。提高粮食综合生产力具体要从以下方面入手：一是加快中低产农田改造，提高耕地质量，建设旱涝保收的高标准农田；二是依靠土壤改良、良种繁育、病虫害防治、合理施肥等科学技术促进粮食增产；三是加强监管力度，确保粮食生产符合国家的法律法规，不出现违规操作，确保粮食安全；

（4）发展高效循环农业新模式。改进生产技术、降低化肥使用量、提高有机肥利用率，发展新型高效循环农业体系，适应气候条件和市场需求，实现农场的规模化生产和农产品的市场化销售。

11.3.2　家庭农场和规模化专业农场集成技术

我国幅员辽阔，受到地形、气候以及面积的影响，不同区域农场的发展模式不一。不同区域农场建设与发展旨在培养新型农民、提供高效益农产品，其根本是以农村土地流转为载体，以家庭农场、规模化专业农场建设为主要内容。根据农场的类型，具体技术涉及大田粮食种植、设施蔬菜种植、畜禽养殖以及配套技术，如生态景观综合开发、农场管理、信息技术等。农场灵活利用科学技术，提高科技应用水平，促进农场生产系统达到均衡高产稳产、生产效率高、经济效益良好的目标。

1. 大田粮食种植技术

农场基础设施。现代化农场必须配备完善的设施，以保证农场生产能达到预期的目标。主要设施包括：良好的灌排系统、田间道路、配套齐全的电力通信设施、完善的检测监控系统等。

优良作物品种。优良品种是高产、稳产的保证。随着科学技术的发展，越来越多优良作物品种被繁育，它们有着高产、早熟、密植、抗病、抗倒、经济效益高等优点。选用这类作物品种以及配套的农艺措施，是现代农业发展的重要方向。

农业新机具。成套的耕、种、收机械化作业机具，对整个农场的高效运营起着至关重要的作用。例如，自动化程度较高的水肥种一体化播种机，追肥、灌溉、喷药机器人，秸秆回收机具，谷物收获机具等。这类技术的应用，将大大提高农业生产效率，是未来农业发展的核心。

2. 安全优质设施蔬菜生产技术

蔬菜种植设施。在农场内建设低成本、综合利用再生资源和环保材料的日光温室、拱棚、暖棚、密闭式植物工厂等，改变现有农业设施的两个极端发展现状：一个是高端温室，实施高端，运行成本高，不具有盈利能力；一个是普通温室，技术含量低，效率低。

优质蔬菜品种。根据不同区域特点和市场需求，因地制宜选育优质品种，达到优质、高产、稳产、高效。

生境控制技术。研发光、温、湿控制技术，开发管理和决策信息系统，建立设施生境自适应调控系统。

新材料和新装置。研发水肥一体化、移动作业平台、雨水收集装置、太阳能利用装置等，逐步提高设施蔬菜生产自动化程度和生产效率。

高产、优质、安全种植技术。发展洁净健康土壤调理技术、优质安全高效营养液配施技术、病虫害生物防控技术、植物健康生长调理技术，确保设施蔬菜品质安全。

3. 健康生态畜禽养殖技术

畜禽养殖设施。在充分考虑建设成本的前提下，建设可进行主要生境要素控制的鸡、猪、羊养殖设施，配套优质安全饲料配制设施、畜禽粪便有机肥生产设施。

畜禽品种。在利用现有畜禽品种资源条件下，注重当地畜禽品种资源，开发地方特色畜禽产品，打造地方品牌。

优质安全饲料生产和畜禽废弃物处理转化技术。研制微生物发酵饲料、微生物饲料添加剂、微生物秸秆青贮、粪便和废弃物发酵处理等关键技术，无抗生素、无激素、严控饲料重金属含量；开发畜禽粪便除臭、发酵设施；开发猪尿减排和微生物发酵技术，提高废弃物转化利用率。

养殖物联网技术。开发和应用畜禽生理特征与状态监控系统、养殖区生境关键要素采集和诊断技术、养殖系统生产与运行管理系统。

11.3.3 家庭农场和规模化专业农场建设与发展的制约因素及应对措施

家庭农场和规模化专业农场建设与发展是社会进步的象征，其主要目的是对土地资源的整合利用、对现代农业技术的推广应用，最终达到改善农民生活质量、提高农产品质量、保证食品安全的目标。我国现代农业发展基础薄弱，立地条件差异大，因此，家庭农场和规模化专业农场在日益兴起的同时还存在着诸多的问题。

（1）模式多样，没有统一标准。随着现代农业技术进步，形成了基于当地特色条件的各种各样的农业经营模式和农业经营主体，但是在模式推广过程中存在着很多的问题，同一技术模式不能直接应用在所有区域。对于不同区域甚至同一区域的不同地段，要因地制宜，选用适合当地的农业生产模式，符合当地自然条件和市场需求，不能盲目的"邯郸学步"，否则最终会导致整个项目的失败。

（2）现代农业技术推广难，成果转化能力不强。农业技术推广主要依靠相关农技推广部门和专业农业技术人员。但是农技推广部门职责不全，相关考核机制不健全，缺乏对相关人员的激励机制，致使相关人员干劲不足。因此，需要建立完整的考核指标，明确省、市、县、乡各级农技部门的职责，全面实施责任制和绩效制，充分发挥农技员、农技指导员、农技专家在农技推广方面的作用。建立完善农技市场服务体系，让农民更快、更好地接受农业技术服务，加快现代农业服务业建设步伐。

（3）专业人才不足，科技带头作用不强。基层农业人才缺乏，尤其是复合型人才、高层次人才。生物、信息、农产品精深加工等现代农业科技需要一批专业人员服务于农业生产一线，而农业科技一线队伍人才结构老化，一些县（市、区）农业事业单位近 10 年来没有新进农技人员。因此，需要制定实施"乡村人才战略"，引进新型农业专业人才，积极推进农村乡土人才培训、新型农民职业教育和技术培训，提高农民整体素质。

（4）资金支持有限，科技投入不足。当前农业科技投入的资金虽然有所增加，但是仍然存在总额偏少、分布不均、相关的配套政策难落实等问题。部分地区基层农技推广单位由于资金限制，无法开展正常的业务工作，使得农业技术应用和推广停滞不前。因此，需要加大政府资金支持力度，并同时对相关的农业资金进行监管，确保资金落到实处。

（5）新型农场技术推广方式单一，市场作用发挥不充分。当前农场主要推广方式是当地政府将新型农场成功模式和成果上报国家主管部门，对其进行评审，取优去劣，组织其他农场经营主体到已取得成果的基地参观、培训和学习。未来，需要充分发挥市场的作用，成功的农场模式可以通过市场化服务向周边农场提供技术支持。

11.3.4　家庭农场和规模化专业农场科技集成与综合试验示范的作用

（1）国家层面：农场的概念和技术将代表我国未来农业的发展方向，为全面解决我国目前农业生产中存在的突出问题，为粮食高产稳产、高效生态农业、现代农业核心基地建设提供全程方案，在国家农业生产方式转变、保障新时期粮食安全方面产生重要影响。

（2）地方层面：地方农业加快向现代化转型的需求日益迫切，地方粮食生产、设施蔬菜、瓜果生产和畜禽养殖等已经面临着日益严峻的土壤障碍、环境污染和食品安全等问题。试验示范的成果和成套技术将为地方农业转型升级提供样板和技术支撑，为不同地区农业发展提出适合当地的发展模式。

（3）集成与综合试验示范将带动农业和相关产业化的发展：通过技术研发和集成，形成现代化农场的整体设计、成套技术、运行管理方案，能够推动当地规模化现代农业企业的发展，带动农业服务产业升级。促进生物有机肥料、生物饲料、农业机械和装备、生物防治、信息技术等相关产业的升级和发展。

11.3.5　建立粮食安全和乡村振兴的科技集成与综合试验示范区

以家庭农场和规模化专业农场为典型载体，建设面向新时期粮食安全和乡村振兴的科技集成与综合试验示范区，探索环境友好、经济高效、健康持续的现代农业发展道路。针对我国三大粮食主产区，建议在我国东北地区、黄淮海地区、长江中下游地区建立典型农业发展模式技术集成和试验示范。

依托科研院所、大学等，建立产、学、研、金、政、企紧密合作机制，科研院所、大学重点开展新技术研发、技术集成和系统优化，可联合具有创新能力的企业共同参与。各级政府部门重点协调解决试验基地及配套农田基础设施，保证各项工作的顺利开展。企业重点负责产品的产业化、产品后期的商业开发。

东北地区：以较大规模（千亩以上）水稻、玉米、大豆等大田种植为主，辅以蔬菜种植、畜禽养殖，形成以大田种植为主的种养循环技术集成与示范，适用于大中型农场和合作社。涉及的主要技术、设备、设施包括但不限于：①适合大中型农场作业的新型机具，包括：大田种植耕种管收成套机具、蔬菜大棚小型多功能作业平台、露地蔬菜多功能作业机具；②养殖设施和设备，包括饲料发酵装置、畜禽废弃物发酵装置、青贮机械；③农场信息采集和管理系统，包括种植养殖环境、作物和畜禽生长状态、农产品质量等关键指标的数据采集、分析、诊断，农场运行管理系统；④低温避害技术，包括大田种植、设施蔬菜和畜禽养殖的低温管理技术和避害策略；⑤黑土地退化阻断和提升技术。

黄淮海地区：以中等规模（300～500亩）小麦、玉米（含青贮玉米）等大田种植为主，蔬菜种植、畜禽养殖为黄淮海种养循环模式的重要内容，鼓励发展粮经饲三元结构农业和高效循环农区畜牧业，形成黄淮海大田种植、蔬菜种植、畜禽养殖一体的种养循环技术集成与示范，适用于中小型农场和合作社。涉及的主要技术、设备、设施包括但不限于：①农田空天地一体的监测、诊断和数据服务平台，数据内容包括气候、土壤水分、土壤温度、作物长势等指标；②作物种植从播种到收获的成套机具，建立基于信息化的作业机械指挥系统；③数字模型辅助决策与优化，将生产过程全局优化模型和投入产出模型结合，建立管理决策系统；④节水农业技术，开发和利用节水灌溉、节水种植、节水养殖等综合节水技术；⑤休耕农业技术，开发和利用土地半种半养技术，在保障粮食安全的前提下，不断提升土地可持续生产能力。

长江中下游地区：以中小规模（100～300 亩）水稻、小麦等大田种植为主，露地蔬菜种植、设施蔬菜和畜禽养殖适度发展，鼓励花卉、苗木、茶叶等特色经济作物栽植，形成长江中下游大田农业和特色农业相结合的技术模式，适用于中小型农场和合作社。涉及的主要技术、设备、设施包括但不限于：①农业景观设计和建设，因地制宜，充分利用山、水、林、田、湖等优势自然资源，构建具有地方特色的田园综合体；②农场的灌排系统、道路交通、电力通信等设施，作业机具成套配置；③农场生境要素、植物生长状态、病虫害监测综合管理平台，综合利用成熟的物联网等信息技术；④土壤污染和防控技术；⑤病虫害生物生态防控技术；⑥农场运行管理和投入产出分析系统。

第 12 章
新时代粮食安全观下的政策取向与构架

12.1 改革现行粮食收储制度

粮食安全是粮食储备制度的出发点和归宿。我国现行粮食收储制度存在弊端，政府过多干预市场调控机制，导致政府和市场的双重失灵，且财政负担过重。具体而言，生产方面，现行粮食收储制度造成种植结构畸形，偏离消费市场；流通方面，现行粮食收储制度是我国粮食空间转移（北粮南运）的重要推手；存储方面，现行粮食收储制度造成大量粮食在国库积压、霉变，另外，我国中央和地方粮食收储系统占绝对主导地位，现在6亿多t存粮中，仅有大约0.5亿t属于民营企业或农民自留，再加上库存数据的不公开和不透明，由此滋生的腐败现象层出不止；消费方面，现行粮食收储制度造成市场上粮食品质下降，一方面是因为农民没有种植优质农产品的积极性，另一方面是由于库存时间较长，导致陈粮入市。具体表现在以下几个方面。

1. 调控严重干扰市场正常运行

现有的粮食收储制度虽然在一定程度上保障了粮食安全，但同时也带来了当前的粮食问题，主要表现为收益少、库存高、成本倒挂、国际竞争力弱，最终呈现政策失灵的后果。深层因素是市场紊乱，在"头痛医头脚痛医脚"的怪圈中循环。项目组在东北调研过程中，粮企和有关农业部门反映，从2016年的粮食销售来看，东北玉米储备改革基本成功，市场价格基本稳定。但是随后粮储部门实行的"一次性储备"反而引起市场混乱和猜疑。

2008～2014 年，我国连续 6 年提高小麦和稻谷最低收购价，玉米、大豆、油菜籽临时收储价也稳步提高，并通过实施干预性收购向市场发出强烈的"托盘"信号，形成了粮价只涨不跌的预测。而且，通过竞价方式在市场上顺价销售政策型临储粮，也形成"脱市价上调，销售价跟涨"的格局。粮食价格形成机制及价格信号被人为扭曲，改变了各类种粮主体市场预期和经营行为。此外，国内粮价明显高于国际粮价，导致粮食进口量增大，而国家粮企按最低收购价政策和临时收储政策收购的粮食严重滞销，造成库存过度积压。这一矛盾的出现，反映出现行的最低收购价格政策对粮食价格形成机制及市场价格信号造成了明显的扭曲。

2. 暴露储粮管理体系弊病

依据主体不同，粮食储备可分为私人存粮、国家储备、区域性储备、国际储备。就我国而言，粮食储备主要包括中央粮食储备粮权属国务院、地方粮食储备粮权属地方政府、粮食流通企业储备粮权属企业及农户储备粮权属农户。中储粮总公司实行两级法人、三级垂直管理制度。从企业经营模式来看，现行粮食收储系统与生产、加工、销售、消费等环节严重脱节，背离其"粮食储备"的初心。另外，我国粮食收储数据的不透明及其多环节的补贴滋生了腐败现象。中储粮的收入主要依靠政府补贴，包括储备补贴、托市收购补贴和自营收入，其中托市收购收益最大，随着收购规模逐渐扩大，利益集团通过虚报、倒卖、掺假等途径窃取国家补贴，最终造成政企不分、政策失效。以 1998 年朱镕基总理视察安徽省南陵县峨岭粮库被骗为始（表 12-1），中储粮周口直属库假满仓、宁陵县直属库转圈粮、中储粮直属库三次火灾、以陈顶新、粮食霉变等相关事件屡禁不止，转圈粮造成的经济损失高达 7 亿元。其背后的原因是政策的不透明给一些储粮企业及相关利益集团恶意套取国家资金创造了机会，造成腐败现象的滋生和蔓延，暴露出储粮集团管理体系的弊病。

表 12-1　储粮事故及损失

事件	时间	地点	粮食损失	经济损失
假满仓	2011 年 11 月	中储粮周口直属库	—	2.37 亿元
转圈粮	2011 年	宁陵县直属库	14 000 万 t	7 亿元
火灾	2013 年 5 月	中储粮直属库火灾事故	4.7 万 t	307.9 万元
	2014 年 10 月	中储粮直属库火灾事故	400 t	5 万元
	2010 年	江西南昌第一粮仓发生火灾	粮仓无粮	—
以陈顶新	2015 年 4 月	吉林省松原市前郭白依拉嘎收储库	—	—
	2015 年 4 月	辽宁省开原市庆云堡中心粮库	2.5 万 t	100 万元以上
	2010 年 9 月—2016 年 3 月	中储粮光武分库	16 291 t	50 万元以上
粮食霉变	2013 年 8 月	山东青岛市胶北粮库存储	—	—
	2005 年 1 月	锦州粮库	3 000 t	40 万元

12.2 粮食补贴政策的弊端

粮食补贴是政府对我国粮食产业经济发展引导与保护体系中最重要的政策工具。2003年以来连续 15 年的中央一号文件均高度强调粮食补贴的重要性，及其对实现粮食产量 12 连增的必要性。但是，进入新时代以来，随着市场经济发展和市场在粮食生产中的作用日益突出，我国粮食生产和粮食安全面临巨大挑战，尤其是粮食补贴政策带来了严重的财政负担，因此调整粮食补贴政策势在必行。

1. 补贴名目多，财政负担重，难以为继

自 1953 年以来，我国政府承包了粮食生产、存储、加工、销售等各个环节的补贴，名目繁杂。从国家层面来看，已经实行的补贴涉及农户直补、支持农业经营主体、支持农业结构调整、粮食流通等 67 项；从地方层面来看，粮食补贴或以配套资金的方式发放，或针对地方特点出台小规模地方政策。以东北粮食主产区为例，涉及米改豆轮作、运输减免、储备粮轮换等 9 项。按照粮食品种分为水稻、小麦、玉米等的补贴，按照区域范围分为主产县市、省和全部范围的补贴，各类补贴计算依据也有所不同，有按计税面积补贴、按实际种植面积补贴、按实际售粮数量补贴，计税耕地面积无法涵盖客观存在的计税面积、非计税面积，而按实际种植面积补贴在操作上又难以真正实现。

从补贴资金看，我国农业支持总量平均为 10 388 亿元（2010～2012 年），远超所有OECD 国家及部分非 OECD 国家。2015 年仅用于"种粮直补、农资综合、良种、农机和产粮大县奖励资金"五项的中央财政支出就高达 2000 亿元。2015 年仅小麦和水稻保护价收购的中央财政支出在 5000 亿元以上，已经超出加入 WTO 时承诺的"黄箱"补贴的上限 4000亿元。政府背负农业生产和市场风险，巨额财政补贴支出必将不可持续。

2. 粮食补贴不连续、不稳定、不透明

国家和地方补贴的制定涉及多部门利益，随意性强，未形成连续稳定发放的机制，造成政策执行过程中出现不公开、不透明、不统一、不规范等一系列问题。课题组 2017 年 11月 16～26 日于山东粮食主产区开展的综合调研，共涉及 422 户普通农户和 102 户规模农户，结果发现，粮食生产者对粮食补贴类型和内容理解不全面，补贴名目和数额不明晰，仅有13% 的规模户和 3% 的小农户了解适度规模补贴具体内容。研究显示，是否选择成为规模户以及规模户的转入耕地面积受补贴政策认知的影响极显著，说明对补贴政策认知严重影响补贴政策的实施效果（表 12-2）。在山东调研还发现，较受农民欢迎的良种补贴、除草剂补贴等大多发放几年便突然终止。在东北调研了解到，自 2016 年实行玉米生产者补贴开始，截至 2017 年此项补贴还未完全发放到位，其原因是土地所有者和生产者之间的亲属关系或熟人社会影响对补贴归属的认定不同，导致社会矛盾被激发。

表 12-2　补贴政策认知影响土地流转的模型评估结果

变量	OLS 模型	Probit 模型
知道适度规模补贴具体的补贴内容（1= 知道；2= 不知道）	0.223***	1.163***
	（3.336）	（3.153）
家庭人口	-0.034***	-0.183**
	（-3.075）	（-2.402）
家庭抚养比	-0.033*	-0.216
	（-1.750）	（-1.436）
家庭人口平均年龄	-0.004*	-0.024**
	（-1.952）	（-2.038）
家庭非农劳动力在总人口中的比例	-0.004***	-0.034***
	（-10.885）	（-6.815）
2016 年家庭非农工作总收入（毛收入）	0.000**	0.000
	（2.382）	（1.254）
户主年龄	-0.015	-0.030
	（-1.325）	（-0.421）
年龄的二次项	0.000	0.000
	（0.557）	（-0.289）
受教育程度	0.081***	0.465***
	（4.619）	（3.998）
常数项	0.999***	2.020
	（3.276）	（1.051）
观察值	523	523
R^2	0.359	

*** $p<0.01$，** $p<0.05$，* $p<0.1$。

3. 粮食补贴目标针对性不强、效果不明显

我国普惠制和"撒胡椒面式"的粮食补贴缺乏针对性，在稳定农民种粮收入、平衡粮食产区差异、扶持规模户生产、保护农业资源环境等方面作用不明显。我国粮食补贴占农民种粮收入的比例较小，对普通农户来说，单位面积粮食补贴力度偏低（山东主产区亩均补贴额度约为 130 元），缺乏边际激励效应，直补作用几乎为零，同时还导致农民对政府补贴的依赖性。当前，我国粮食主产区全面实行粮食直补，而非主产区仅对产粮大县直补。

东部沿海地区的粮食主产省补贴标准普遍高于东北和西北的主产省。粮食主产区承担国家80%的商品粮生产任务，对保障粮食安全贡献较大；粮食主销区一般是经济较发达地区，财政支付能力较强，粮食主要从粮食主产区调入或进口。然而，部分粮食主销区的补贴标准明显高于很多主产区的补贴标准，缺少综合考虑产区优势、补贴效率和市场调控的补贴政策。

我国农地流转现象频繁，且必将成为一个普遍趋势。在山东调研结果显示，大部分规模户耕地面积在100～300亩/户，平均为244.4亩/户。新型种粮主体（如家庭农场、农民专业合作社、种粮大户、农业产业化龙头企业等）将成为我国粮食生产的主力军。而政府倾斜扶持的规模户申请建设用地受挫，且缺少相应配套设施。当前依赖高投入实现粮食增产的模式，带来了严重的资源环境后果，如东北部分地区出现人畜用水短缺和地下水位下降的现象，华北平原因地下水超采已成为世界最大的"漏斗区"，可持续农业发展受到制约的隐忧凸显，亟需修复地力和提升质量方面的补贴。

12.3 粮食政策改革取向与重构

12.3.1 粮食政策改革取向

粮食政策改革，最关键的是要处理好政府和市场的关系。要充分发挥市场与政府相辅相成、不可互相替代的作用。市场的作用是优化资源配置、满足农产品市场的需求，而政府主要作用是监管农业体系、弥补市场失灵以及应急，同时提高对生产力和竞争力的投资。

政府对市场调控的干预是农业供给侧存在问题的根本原因。以玉米为例，在2008年启动玉米临时收储政策之前，中国玉米在国际市场上还具有竞争力，国内玉米批发价低于玉米进口到岸；但之后受玉米收储的托市政策影响，前几年玉米国内外市场出现价格倒挂、库存、生产和进口同时增长等"供给侧结构性"突出问题。玉米价格上升还严重影响了玉米下游产业的发展。因为玉米主要是用作饲料的，其价格上升对畜牧业产生负面影响，畜产品进口也随之上升；同样，高企的玉米价格影响了玉米加工业的发展。另外，玉米价格上升，也对许多玉米替代品产生显著的负面影响，导致大麦、高粱、玉米干酒糟高蛋白饲料、木薯等玉米替代品进口剧增，同时还对国内生产杂粮地区的农民造成了生产和价格上的冲击。2016年3月底，国家宣布在东北三省和内蒙古自治区将玉米临时收储政策调整为"市场化收购+补贴"即"价补分离"政策，通过加强市场的杠杆提高农民的种粮积极性，同时减轻政府财政负担。玉米价补分离政策实施之后，玉米价格加快回落，价格倒挂现象消失，玉米替代品进口也下降，市场又开始进入正常的运作状态。其他农产品也存在类似的供给侧结构性问题。

国际上市场化改革的成功经验可为我国提供借鉴。近年来，各国为了做到与 WTO 规则相一致，农业政策开始朝着 WTO 规则所规定的方向调整，减少农产品价格补贴与出口补贴，适度增加收入补贴和调整农业结构方面的补贴，改革主旋律呈现出市场化的取向。农业补贴由"黄箱政策"向"绿箱政策"转变，由关税贸易壁垒向非关税贸易壁垒转变，这也是世界各国农业政策演进的整体方向。美国政府于 1996 年颁布农业法案，开始向市场化方向进行农业改革，以收入补贴为主，实施灵活性合同补贴；2002 年以来：20 世纪 90 年代后期，世界农产品价格不断下跌，以出口为导向的美国农业陷入困境，农场主农业收入急剧减少。为扭转这种困境，2002 年美国出台《农业安全及农村投资法》，宣布在未来 10 年里将联邦政府对农业的补贴提高 67%，总计达到 1900 亿美元，与之相应的补贴以价格支持为主，推出出口信用担保计划，并兼顾农业生态环境，鼓励农民自愿休耕；欧盟农产品经历了由短缺过渡到基本自足最后到农业生产过剩的转变，政策目标也相应由扩大农业产量调整为关注可持续发展和生态环境保护。现阶段的农业补贴政策由以价格支持为基础逐步过渡到以农民收入补贴为基础，通过补贴方式的转变（如减少对大农场主的直接补贴，将更多资金投入农业发展）推进农业补贴政策市场化。

12.3.2　粮食政策改革重构

1. 粮食系统体制改革

1）供给侧结构性改革

我国供给侧结构性改革的核心是经济结构的调整和经济发展方式的转变，通过提高供给结构适应性和灵活性，提高全要素生产率。党中央对中国大的判断从"三期叠加"到"新常态"，再到供给侧结构性改革，是一个不断探索、深化认识的过程。"十三五"时期推进供给侧结构性改革将促进经济结构，特别是产业结构、需求结构的优化，主动降低整个经济结构调整的长期风险，实现供给侧和需求侧相对的平衡和优化。

供给侧结构性改革需要考虑短期目标与政策组合。从短期目标来看，供给侧结构性改革要抓好以去产能、去库存、去杠杆、降成本、补短板为核心的五大战术任务。供给侧结构性改革可以形象的称为"加减乘除"四则运算的政策组合，"加法"是提供有效供给，"减法"是消除无效供给，"乘法"是创新驱动发展，"除法"是防范风险，特别是降低包括制度在内的各类成本。从"加法"的角度来看，要拓展经济发展新空间，增强国民经济体系中基础领域的自生能力，满足基本民生需求以及人民生活质量日益提高的要求，提高有效供给。从"减法"的角度来看，要积极降低无效供给，淘汰落后产能，帮助企业降低成本，消除阻碍经济主体活力的制度性因素以及政府对企业的不合理干预，进而增强企业微观主体活力。从"乘法"的角度来看，要构建创新驱动增长模式，发挥创新对产业的升级以及整体经济增长质量的乘数效应，特别是创新驱动。"除法"可以解释为消除影响经济发展的系统性风险，降低各类成本，增强可持续增长能力。

2）机构改革

粮食政策设计板块多，涉及国家发展改革部门，以及农业、粮食、财政、税收、土地规划等多部门利益，呈"多龙治水"状态。在调控中需要跳出部门局限，客观要求各个部门步调一致，拿出综合性的粮食政策改革方案。但是，由于各部门职能不同，工作重点不同，没有一个统筹机构，难免会在工作中夹杂过多的部门利益，出现目标不一致，措施不协调，作用相抵消，甚至逆向调控的问题。如农业部门主管粮食生产，粮食局主管粮食流通，粮食储备主要涉及中国储备粮总公司，粮食进出口主要涉及发改委、商务部，土地规划则由国土资源部门主管，等等。另外，由于粮食流通涉及面较宽，管理部门多，粮食行政管理权被分设在国家发改委和农业、工商、粮食、财政、农发行、卫生、质监等多个部门，粮食行政管理部门不具备独立的行政执法权。粮食行政管理部门一旦发现了问题，大多需要移交到工商、物价、质监或卫生部门等来执行，这样也影响了粮食行政执法的效果。

因此，建议协同相关部门共同制定、实施和监测粮食补贴政策，建立部门会商与协同机制。如在制定粮食补贴政策时，由粮食部门牵头，召集相关农业、环保、水利、畜牧、农机等部门共同协商研究，制定兼顾农业优质高产、资源有效利用、生态环境友好等的粮食补贴方案；在补贴实施阶段，各部门须共同核查粮食播种面积、发放补贴资金、收购粮食与调查仓储等，实时监测农资、粮价、施肥和用水等数据，各部门各司其职、各负其责，有效降低粮食政策实施的执行成本。

3）统筹粮食"产加销存"环节

产加销存之间的组织分离与利益分离不符合市场规律，一般是储备规模适度、政府购买服务、市场起决定作用、产加销存一体化。完善的市场体系、市场化的收储与仓储体系、发达的储运体系，把粮食生产者、国内外粮商及粮食用户有机地连接在一起，无缝对接，大大节省了流通费用。

全球粮食储备趋势是标准适度、主体多元、储粮于民。从储备标准看，全球粮食供应将长期保持充足，这降低了国家储备标准，加之储粮代价不菲，印度、欧盟、日本等都降低了储备数量。近年来，除中国外的世界粮食库存稳定在 3.4 亿 t 左右，但中国的粮食库存则持续上升，2012 年超过世界其他国家库存的总和，近两年达到世界其他国家库存总和的 1.8 倍左右。从储备体制看，20 世纪 90 年代以来各国粮储体系都在市场化，政府储备份额逐渐降低；即使是政府主导型的粮储体系，政府储备也只占很小一部分，原有的政府粮储机构不断通过股份化、民营化或委托供应商向企业化、市场化演变。集收购、仓储、物流、加工、销售为一体的大型粮食企业，往往成为主要的储备承担者。

新时代粮食安全观下的政策保障体系理论构架见图 12-1。推进粮食系统体制改革，关键是要处理好长期与短期、政府与市场、目标与方法、小农户与大市场四对关系，短期应减供需，加快去库存、降产量、补农民、重市场、早改革；长期要尊重经济规律与市场规律，推进"市场化、国际化、组织化"改革，培育公平的市场竞争主体和农民的利益共同体。如果有库存或储备数量限制，如果是产加销一体，各环节相顾相谐，就不会这样只顾自己，不顾农民生产和储备规模了，就会瞻前顾后，注重价格稳定和利益共享了。

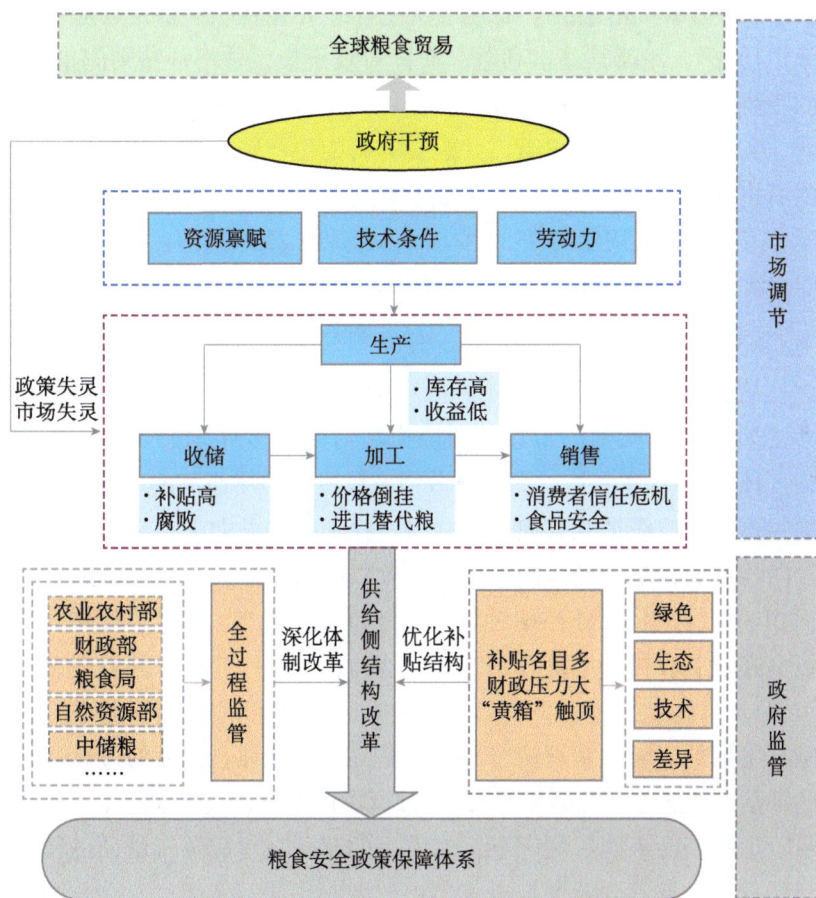

图 12-1　新时代粮食安全政策保障体系理论构架

2. 补贴政策体系改革

1）在国家储备粮体制深化改革基础上，优化储备粮补贴结构

保障粮食储备，关键是储备粮体制深化改革，包括宏观经济环境、粮食政策目标、国家财政支付能力等，最终确保粮食安全。国家借助库存储备间接干预粮食生产和流通，我国粮食库存需求约为 1.25 亿 t，而实际库存是其 4 倍以上。如何合理调减库存量？如何减轻国家财政负担？如何发展粮食产业经济？如何刺激生产积极性？优化储备粮补贴结构、实现从单一普惠制补贴向多元化补贴过渡对于合理调减库存量、减轻国家财政负担、调动生产者积极性至关重要。

建议两手抓：一手抓产区差异化，一手抓种粮主体差异化。实行产区差异化补贴主要指加大对粮食主产区、优势种植区的补贴力度，逐步减少或取消对非主产区、非优势区的补贴，并取消加工补贴。建议设计区域和作物差异化的补贴标准，按不同农作物品种、等级和面积对优势主产区逐步增加粮食补贴，促进粮食高产和优产。例如，在黄金玉米带，对新型种植主体（规模农户）实行不同档位的累进制补贴标准（20～100 亩，补贴 140 元 / 亩；100 亩以上，补贴 200 元 / 亩）。制定两类主体差异化补贴主要是针对小农户而言，种粮补贴立足于"托底"，保障其基本利益；而针对规模户，种粮补贴则侧重于"帮扶"，克服其发展中的障碍要素，促进其快速成长。重点扶持高效敏锐的新型农业主体带头人发展适度规模经营，实施收入性补贴政策，并配套完善的生产资料及社会化服务，实现小农户与现代农业的有机衔接。从而从耕地中解放劳动力，再将劳动力吸引到耕地中去。未来中老年人（规模户生力军，平均年龄在 50 岁以上）仍将长期承担粮食生产的重任，农村的养老保障设施要切实落到实处，以充分发挥新农人的种粮积极性。

2）粮食政策逐步转向市场调控为主，打破利益集团链条，推进"绿箱"补贴改革

整个粮食补贴的设计应该突出和加强市场的调节作用，减少农产品价格补贴与出口补贴，使粮食生产者能够走向两个市场，顺应市场对营养多样化的需求。要善于"借鉴模式"，美国农业合作社和日本农协、消协是分散农民进入市场经济的最好方式，已成为世界先进的补贴政策落实的组织形式和模式。加快产存加销补贴向前后端集中，逐步切断中间环节补贴，严防相关利益集团套取国家资金。要以绿箱补贴为契机，倒逼补贴改革，解除补贴与土地面积的捆绑，将部分补贴对象由价格替换成产能、绿色、优质、生态，重点补贴农田基础设施建设、农村基础教育、农业科技与良种推广、农业环境突出问题治理等惠民事业。

解除补贴与土地的捆绑，实现从普惠制补贴到多元化社会保障的过渡。重视对农业基础设施建设的补贴（如运输、晾晒场等），既减少农户支出、改善农业生产条件，又解决相关信息不对称、运输资源不匹配的问题；对农民的基础教育和技术培训进行专项资助，提高农产品的科技含量，推动农业增长方式由粗放型向集约型转变；建立全国农业资源信息管理系统，对农业资源进行现代化管理和配置，向农户提供调整农业结构和保护生态环境的投入补贴；调整对生产性补贴的投入结构，调增基础设施和生态补偿类的投入比例，调减价格保护和资源环境危害类（农药、化肥、机井等）的投入比例。

3）加强顶层设计，将长期补贴与短期补贴相结合，提高粮食政策的稳定性、连续性、公开性和科学性

粮食政策的初心是保障种粮者利益。纵观起步阶段、探索调整和改革开放阶段，顶层设计是关键点，农民减收是痛点，价格补贴改革是难点，数据公开性是堵点。粮食补贴政策的制定须具备前瞻性和预见性，统筹中央与地方补贴，实现长期与短期补贴的有机结合；根据当前、短期和长期影响进行情景分析，预留给农民采取适应性策略的缓冲时间，以预防"断崖式"政策冲击种粮积极性的现象。国家补贴政策出台之初，要将文件充分下达各级政府和相关部门并充分学习、理解，并对补贴的用途和实施时间等进行详细说明，加大

向实际生产者的宣传力度，确保其了解与之利益相关的各项补贴。

粮食补贴政策的制定也应建立在科学数据支撑、系统分析方法和完整评估体系的基础上，在保障战略储备安全的前提下，让数据更公开透明，建立粮食生产、库存、补贴政策等组成的权威数据库。世界各国库存数据大多是公开、可预期的，我国再保密的理由未必充分，并且会干扰和扭曲市场。落实"放管服"改革，让数据更公开透明，提前公布收储计划，将总库存（战略储备除外）、补贴等数据及时上网，运用大数据手段正确发出市场信号，给生产、加工、流通企业一个合理、稳定的预期，既可引导生产和市场，也可加强监督，建设廉洁政府。

12.3.3　推进农业供给侧结构性改革的建议

习近平在提出全民健康目标的同时特别指出"要把人民健康放在优先发展的战略地位"。显然"健康中国"已经上升为国家战略。同时提出"藏粮于地、藏粮于技"战略是中央对确保粮食产能的新思路，是国家"十三五"规划关于农业可持续发展的新途径。科技是打开未来之门的金钥匙，新科技革命将带来人、自然和机器三者关系的深刻变革。人与自然的协调发展、和谐共处也是我们新时期下发展新型农业和构建新型粮食安全战略的重要内容。人工智能、新型农机装备、新一代信息技术将逐步改变农业中劳动力、土地、资本、良种、化肥、农药之间的关系，开辟我国粮食生产的新模式，提供解决新时期国家粮食安全战略挑战的新思路和新解决方案。当前，国民需求转型、基因科技发展、地缘政治变化、产业布局洗牌等新态势，对我国粮食的供应、消费、转型、布局以及安全观都提出新的挑战。亟需建设国家粮食安全智库，将农业供给侧结构性改革和转变农业生产方式作为构建新粮食安全观的两条路径，发挥对粮食安全的保障作用。

基于已有研究，建议以新时期粮食安全的新挑战为出发点，从需求端响应和农业供给侧结构性改革两方面共同作用，对包括农业资源环境保护政策、粮食生产与布局政策、粮食价格形成机制与补贴政策、粮食收储制度等在内的有关粮食政策进行全方位调整和改革。为确保新时期国家粮食安全，推动完善农业供给侧结构性改革我们建议如下：

1. 提升耕地质量保护，构建轮作休耕补贴政策

（1）构建用地养地结合的耕作制度。实施"藏粮于地、藏粮于技"战略，建立合理轮作休耕补贴制度，扩大粮改饲试点范围，农牧结合，耕地轮休。加大补贴力度，支持各地因地制宜推行耕地轮作模式，逐步建立粮经轮作、粮饲轮作等耕地轮作制度。扩大粮改饲的试点范围，加强农牧结合，促进饲草生产与畜牧养殖业的协调发展。在资源约束和生态保护压力大的地区开展耕地休耕制度试点，合理确定补助标准。建立利益补偿机制，对轮作休耕农民给予必要补贴，鼓励农民以市场为导向，调整优化种植结构。

（2）加大生态保护力度。打好农业面源污染攻坚战，推进农业节水增效，发展旱作农

业、节水农业和雨养农业，重点推广水肥一体化技术，提高水资源和肥料利用率。推进化肥农药减量增效，推广精准施肥施药技术和高效施肥施药机械，推广有机肥替代化肥、高效低毒低残留及生物农药替代高毒高残留农药等技术。推进农业废弃物资源化利用，建立农业废弃物肥料化、饲料化、能源化、基料化、原料化"五化"综合利用体系。开展地膜总量和区域控制及区域性残膜回收利用示范，创新地膜回收与再利用机制。

（3）加强耕地质量保护提升。实施"藏粮于地"战略，加快实施《全国农业可持续发展规划（2015-2030）》，强化耕地质量保护与提升，开展土壤改良、地力培肥和养分平衡，防止耕地退化，提高地力水平。抓好南方重金属污染区、东北黑土地退化区、南方土壤酸化区、北方土壤盐渍化区综合治理，保护和提升耕地质量。

2.发挥粮食市场机制，完善资源配置和价格形成体系

当前，我国粮食总体上供大于需，国际粮食贸易潜力较大，为粮食市场化方向改革提供新的机遇。要逐步放开饲料粮食市场，发挥市场机制在粮食资源配置和价格形成中的基础性作用。保障口粮安全，稳步推进保护价格和市场价格的有机结合，探索更有弹性的价格政策。具体建议如下。

（1）完善直接支付政策的补贴方式和补贴标准。粮食补贴是调动农民种粮积极性、保护和提高粮食生产能力的有效手段。目前用于"种粮直补、农资综合、良种、农机和产粮大县奖励资金"的中央财政支出超过2000亿，当年仅用于小麦和水稻保护价收购的中央财政支出在5000亿元以上[①]。我国的粮食生产经营主体正在发生分化，一方面自给自足的小农户依然大量存在，另一方面种粮大户等新型粮食生产经营主体的数量不断增加，两类主体面对的约束和目标都不一致。对小农户按农户种植面积发放补贴，同时对其提出耕地保护、地力提升和环保方面的要求。对于新型种粮经营主体，可设置"新型粮食生产经营主体补贴"。为降低政策的执行成本，补贴应与实际种植面积挂钩，建立电子档案，每年按实际种植面积和设定的补贴率进行补贴，同时对其做出单产、耕地保护和环保方面的要求。

（2）创新国内粮食价格支持政策。粮食最低收购价和临时收储政策的负面效应影响了我国粮食国际竞争力的提升。大豆临时收储政策已经调整为目标价格改革试点，玉米临时收储政策调整为"市场化收购"加"补贴"的新机制。创新稻谷和小麦等口粮价格定价政策，在保障口粮安全的前提下，相机调控。可以在国际粮食供求形势较好且国内粮食安全保障不紧张的情形下，逐渐调低稻谷和小麦的最低收购价格，逐步缩小国内外价差，把最低收购价政策调整为其他补贴政策。与此同时，借鉴美国农作物风险保障项目经验，筹划启动产粮大县新型粮食生产经营主体粮食风险保障计划。

（3）提高我国在国际粮食贸易中的话语权和定价权。当前，我国已经成为粮食进口大国，但是没有建立起有效利用国际农业资源和市场的战略机制，在国际粮食贸易中缺少话语权和定价权，只能作为国际市场价格的接受者。增强我国在国际粮食贸易中的话语权，

[①] 数据来源：农业农村部法规司（http://www.zfs.moa.gov.cn/）。

首先要开拓多元化进口渠道，改变我国主要粮食进口市场集中在少数农业发达国家的局面，分散进口风险。与此同时，引导国内企业进行科学规划和合理布局，打破地区、部门间的利益冲突，加快培育具有国际竞争力的农业企业集团，在全球布局粮食产业链。

3. 发挥粮食安全保障作用，完善粮食储备制度

完善粮食储备制度，是保障我国粮食安全的重要战略之一。具体建议如下。

（1）精简政府储备层级，明确储备定位，合理划分储备责任。将现行的中央、省、市、县（区）多级政府储备精简为中央储备和省级储备两个层级，副省级以下政府不再承担粮食储备责任。中央粮食储备政策的保障对象是全国城镇人口（包括进城务工人员）的口粮需求，合理储备规模是全年城镇居民的口粮需求量。省级储备则按照粮食省长负责制的要求保障辖区内居民的口粮需求，按照"产区 6 个月、销区 3 个月"的口粮需求确定规模。这样既能够保证我国的粮食安全水平，又能够减轻粮食储备的财政负担。

（2）优化储备粮区域布局，建立政府＋市场主导相结合的储备机制。首先改变当前粮食储备主要集中于主产区的格局，加大重大铁路沿线粮食储备库的布点，适当增加长江、珠江等主要水路运输通道沿岸大中型城市的粮食储备库点，还应加大主要铁路、水路和公路运输枢纽型节点城市的粮食储备库布点和储备规模。建立政府＋市场主导相结合的储备机制，吸引粮食加工企业参与粮食储备。

（3）加大粮食仓储硬件建设，推进粮食储备的现代化。应制定粮食储备建设规划，做好粮食储备布局，有计划地加大粮食储备的硬件设施投入力度，逐步对落后陈旧的仓储设施进行升级，积极支持仓库储存、质量检测和物流运输设施改造，积极探索绿色无公害储粮技术、推广易普及的检粮技术、高效低成本的运粮技术，做好粮食物流体系的信息化建设，建立国家粮食储备标准体系，不断提高科学储粮水平，实现由传统储粮方式向现代储粮方式的转变。

4. 发挥现代种业和农机的科技作用，提高粮食生产效率

保障我国粮食安全重在良种和农机装备。种子是农业生产中不可替代的必须物质，是农业增产的核心要素，农机装备则是提升农业生产效率，实现农业机械化的必备工具。

（1）在"农作物育种专项"中，持续支持分子设计育种项目。分子设计育种是一项综合集成育种技术，可以充分利用现有的种质和基因资源，以重大产品为导向，综合利用分子标记辅助选择技术、转基因技术及基因编辑技术等各种技术，创制优异种质资源设计元件，然后根据预定的育种目标，选择合适的设计元件进行有序的多基因组装，从而实现对复杂形状进行设定性改良，为农业生产培育大量突破性优良品种。

（2）建立"农作物基因编辑"国家重点实验室或研究中心，加强基因编辑育种前沿技术研究。我国已成功将基因编辑技术应用于作物育种，在研究和应用方面取得了一系列重要进展，为利用基因编辑技术解决基础研究和农业生产需求奠定了良好基础，但是总体来看，我国基因编辑研究在源头技术开发等方面仍然存在诸多不足，需要重点加大研究，建

立更高通量的平台及数据库，保证基因编辑的安全性、有效性和精准性。

（3）重视种子产业链条的中下游，逐步改变现有种业科技研发集中支持产业链条上游的状况，加大力度支持与农业生产综合配套技术开发相结合的品种选育项目，在对企业和科研机构的育种项目支持中明确提出产业链条后端的示范与服务要求，以增强种业科技研发的产业带动能力，同时通过产业发展拉动育种技术创新。

（4）成立跨部门农机专项管理委员会，设立跨领域关键技术（如机械传感与控制技术、机器人智能技术等）联合攻关项目或建立联合研发中心，集成相关农业和非农业专家联合参与攻关，以取得重大突破。在农机研究项目资助中，要充分考虑我国耕地分布地形地貌多样化（平原、山地、丘陵）的特征，在发展大马力、高速度农机装备的同时要兼顾对小型化、轻型化、个性化农机装备的支持，以满足不同地区农业生产对农机的多样化需求。提升农机新产品鉴定能力，支持和引导农机企业研发制造高效、节能和符合市场需求的高端农机装备，促进我国农机工业健康快速协调发展。支持农机企业技术创新，政府出资设立农业装备专项发展资金，专门用于企业农业装备重大技术项目的补助，减免农机企业的增值税和所得税，借助已建立的"农机装备产业技术创新战略联盟"，推动产学研合作向纵深发展。

5.发展粮食产业经济，促进农民增收

（1）坚持市场导向，推进一二三产业融合。发展全产业深加工，从产业链上延伸，引导农民安排好生产和种植结构，以关联产业转型升级为契机，扩展农业功能，实现一二三产业融合发展，提升农业效益。以市场需求为导向，依托新型农业经营主体和农民，建立优质优价的粮食生产、分类收储和交易机制，增加多样化、定制化、个性化产品供给。形成以电商物流为基础的供需直连、产地协同、销地速达的新型农产品流通中心，加速需求为导向的农业供给侧结构性改革。打造一批优势粮食产业集群，通过智能互联可改善农业生产管理、强化品质控制，创新体验价值，提升农业效率、品质和品牌。

（2）增强科技创新驱动，多种渠道增加农民收入。推进科技创新，强化农业科技基础条件和装备保障能力建设，加强新产品研发，发展新产业、新业态（电商、冷链），实现多重增值。推进机制创新，培育新型农业经营主体和新型农业服务主体，发展适度规模经营，提升集约化水平和组织化程度。加大科技创新和产品研发投入，通过与科研机构、高校共同设立研发基金、实验室、成果推广工作站等方式，聚焦科技创新需求，加大对营养健康、质量安全、节粮减损、加工转化、现代物流、"智慧粮食"等领域相关基础研究和急需关键技术研发，推进信息、生物、新材料等高新技术在粮食产业中的应用。发展粮食高等教育和职业教育，支持高等院校和职业学校开设粮食产业相关专业和课程，完善政产学研用相结合的协同育人模式，加快培养行业短缺的实用型人才。

参考文献

Reference

蔡美芳，党志，文震，等 . 2004. 矿区周围土壤中重金属危害性评估研究 . 生态环境，13（1）：6-8.

蔡孟沿，孙琛 . 2015. 城市居民水产品消费行为研究——以北京、上海、西安为例 . 中国渔业经济，33（2）：99-105.

曹芹，毛钰森，陈建悦，等 . 2018. 动物性食品兽药残留对我国食品安全产生的影响——基于公共经济学视角的分析 . 中国集体经济，（1）：155-156.

陈京都，戴其根，许学宏，等 . 2012. 江苏省典型区农田土壤及小麦中重金属含量与评价 . 生态学报，32（11）：3487-3496.

陈伟伟 . 2017. 高血压、高胆固醇和高血糖常常相伴相随，实施"三高共管"是综合风险控制的有效策略，但在基层医院实施可行吗? 该如何做? 中华高血压杂志，25（10）：908-912.

陈卫平，谢天，杨阳，等 . 2018. 中国农田土壤重金属污染防治挑战与对策 . 土壤学报，（2）：261-272.

陈亚宁，杨青，罗毅，等 . 2012. 西北干旱区水资源问题研究思考 . 干旱区地理，35（1）：1-9.

陈展图，杨庆媛 . 2017. 中国耕地休耕制度基本构架构建 . 中国人口·资源与环境，27（12）：126-136.

陈智文，齐迹，张平宇，等 . 2018. 2003-2015 年吉林省粮食生产格局变化及其影响因素分析 . 吉林师范大学学报（自然科学版），39（1）：121-128.

陈竺 . 2014. 营养治疗将是解决慢性病的关键 . http://blog.sina.com.cn/s/blog_8f53427d0102vg0u.html[2021-6-20].

成升魁, 鲁春霞, 郭金花, 等. 2018. 中国农业资源环境问题透视——问题与建议. 科技导报, 36 (11): 13-21.

成升魁, 汪寿阳. 2017. 新时期粮食安全观与粮食供给侧改革. 中国科学院院刊, 32 (10): 1074-1082.

成升魁, 徐增让, 谢高地, 等. 2018. 中国粮食安全百年变化历程. 农学学报, 8 (1): 186-192.

程长林, 任爱胜, 陈林. 2017. 中国牛奶市场供需关系及预测分析——基于局部均衡模型. 干旱区资源与环境, 31 (4): 9-15.

程纯枢. 1992. 中国的气候与农业. 北京: 气象出版社.

崔家玉, 谢晓慧. 2016. 肥胖症的药物治疗进展. 中国新药杂志, 25 (2): 163-169.

代玲玲, 张瑗, 孙燕, 等. 2017. 我国畜禽肉食品安全问题分析及对策. 畜禽业, (9): 24-26.

戴炜, 胡浩. 2013. 基于营养目标的我国禽蛋消费需求研究. 中国家禽, 35 (20): 32-38.

丁颖. 1983. 我国稻作区域的划分. 北京: 农业出版社: 94-107.

段佳丽, 潘勇平, 滕立新, 等. 2012. 北京市中小学校自供营养午餐营养质量分析. 中国学校卫生, 33 (6): 651-653.

段居琦, 周广胜. 2011. 中国水稻潜在分布及其气候特征. 生态学报, 31 (22): 6659-6668.

樊志军. 2004. 对土地利用变更调查有关问题的研究. 南方国土资源, (6): 23-25.

高芸. 2007. "以粮为纲"政策的实施对陕北黄土丘陵沟壑区水土保持工作的影响. 西安: 陕西师范大学.

国家统计局. 2017. 中国统计年鉴. 北京: 中国统计出版社.

国家人口发展战略研究课题组. 2007. 国家人口发展战略研究报告. 北京: 中国人口出版社.

韩立民, 李大海. 2015. "蓝色粮仓": 国家粮食安全的战略保障. 农业经济问题, (1): 24-29.

韩巍, 刘咏昕, 贾丽蓉, 等. 2017. 某科研院所 2014 年中年高知人群高血压、高血糖、高血脂患病率及体质指数的影响分析. 实用预防医学, 24 (5): 525-529.

何其辉, 梁玉峰. 2017. 畜禽粪便中重金属来源及对土壤污染分析. 农业与技术, 37 (4): 238-239.

何奇瑾, 周广胜. 2012. 我国玉米种植区分布的气候适宜性. 科学通报, 57 (4): 267-275.

何庆成, 叶晓滨, 李志明, 等. 2008. 华北平原地面沉降调查与监测综合研究成果报告. 北京: 中国地质环境监测院.

何文清, 严昌荣, 赵彩霞, 等. 2009. 我国地膜应用污染现状及其防治途径研究. 农业环境科学学报, 28 (3): 533-538.

何燕, 王斌, 江立庚, 等. 2013. 基于 GIS 的广西水稻种植布局精细化气候区划. 中国水稻科学, 27 (6): 658-664.

侯明利，傅贤治 . 2008. 国内粮食直接补贴政策研究综述 . 经济问题，（3）：87-89.

侯媛媛 . 2012. 我国蔬菜供需平衡研究 . 杨凌：西北农林科技大学 .

怀玉水，潘发明，彭万胜 . 2017. 安徽省某高校教职工高血压、高血糖、高血脂现状分析 . 中华全科医学，15（3）：487-490.

黄季焜，王晓兵，智华勇，等 . 2011. 粮食直补和农资综合补贴对农业生产的影响 . 农业技术经济，（1）：4-12.

黄季焜，杨军，仇焕广 . 2012. 新时期国家粮食安全战略和政策的思考 . 农业经济问题，3：4-8.

纪明侯 . 2004. 海藻化学 . 北京：科学出版社 .

贾巧莉 . 2009. 中国水果供求分析及预测 . 无锡：江南大学 .

姜丽霞，王萍，南瑞，等 . 2005. 黑龙江省水稻区划细划的初步研究 . 东北农业大学学报，36（4）：523-528.

姜靖 . 2014. 氮气气调储粮：向化学药剂说"不". 化工管理，（16）：59-60.

雷银生 . 2015. 粮食质量安全的影响因素及对策探讨 . 科技创业月刊，（17）：39-41.

李道亮，杨昊 . 2018. 农业物联网技术研究进展与发展趋势分析 . 农业机械学报，49（1）：1-20.

李福兴 . 2002. 我国西部地区耕地退化现状及其防治对策 . 水土保持学报，（1）：1-5.

李国庆 . 2013. 从广东"镉大米"事件看我国粮食质量安全的监管 . 河南工业大学学报（社会科学版），9（3）：20-23.

李国祥 . 2014. 2020 年中国粮食生产能力及其国家粮食安全保障程度分析 . 中国农村经济，（5）：4-12.

李建云，王汉杰 . 2009. 南水北调大面积农业灌溉的区域气候效应研究 . 水科学进展，20（3）：343-350.

李旭 . 2016. 影响粮食质量安全的生产性因素分析 . 淄博：山东理工大学 .

李燕 . 2011. 金善宝与中国现代农业科技发展研究 . 南京：南京农业大学 .

李哲敏 . 2007. 近 50 年中国居民食物与营养发展变化的特点 . 资源科学，（1）：27-35.

李振声，董玉琛，辛志勇，等 . 2005. 庄巧生院士在中国小麦育种史上的四大贡献——祝贺庄巧生院士 90 华诞 . 作物杂志，（4）：1-2.

李振声，欧阳竹，刘小京，等 . 2011. 建设"渤海粮仓"的科学依据——需求、潜力和途径 . 中国科学院院刊，（4）：371-374.

刘昌明 . 2014. 中国农业水问题：若干研究重点与讨论 . 中国生态农业学报，22（8）：875-879.

刘国辉 . 2015. 小兴安岭北麓典型区域耕地地力及生产潜力研究 . 哈尔滨：东北林业大学 .

刘焕亮 . 2000. 我国主要水产品营养成分的研究 . 科学养鱼，（7）：11-12.

刘纪远，张增祥，徐新良，等 . 2009. 21 世纪初中国土地利用变化的空间格局与驱动力分析 . 地理学报，64（12）：1411-1420.

刘青松 . 2003. 农业环境保护 . 北京：中国环境科学出版社 .

刘肖兵，杨柳 . 2015. 我国耕地退化明显污染严重 . 生态经济，31（3）：6-9.

刘祥林 . 2011. "瘦肉精事件"让养猪产业受到冲击 济源双汇瘦肉精抽检率与规定相差 10 倍 . 当代畜禽养殖业，（4）：64.

卢布，丁斌，吕修涛，等 . 2010. 中国小麦优势区域布局规划研究 . 中国农业资源与区划，31（2）：6-12.

卢昆，周娟枝，刘晓宁 . 2012. 蓝色粮仓的概念特征及其演化趋势 . 中国海洋大学学报（社会科学版），（2）：35-39.

马常宝，辛景树，任意，等 . 2012. 提升耕地质量夯实农业基础 . 中国农业信息，（11）：6-9.

马凤楼，许超 . 1999. 近五十年来中国居民食物消费与营养、健康状况回顾 . 营养学报，21（3）：249-257.

马晓辉，王殿轩，李克强，等 . 2008. 中央储备粮中主要害虫种类及抗性状况调查 . 粮食储藏，37（1）：7-10.

毛泽东 . 1991.《毛泽东选集》. 第 1 卷 . 第二版 . 北京：人民出版社：131.

毛泽东 . 1991.《毛泽东选集》. 第 2 卷 . 第二版 . 北京：人民出版社：462.

毛泽东 . 1991.《毛泽东选集》. 第 4 卷 . 第二版 . 北京：人民出版社：1316.

梅方权，吴宪章，姚长溪，等 . 1988. 中国水稻种植区划 . 中国水稻科学，2（3）：97-110.

倪国华，郑风田 . 2012. 粮食安全背景下的生态安全与食品安全 . 中国农村观察，（4）：52-58.

农业部渔业渔政管理局 . 2017. 中国渔业统计年鉴 . 北京：中国农业出版社 .

潘家荣，巨晓棠 . 2001. 高肥力土壤冬小麦 / 夏玉米轮作体系中化肥氮去向研究 . 核农学报，15（4）：207-212.

潘铁夫，张德荣，张文广，等 . 1984. 中国大豆气候区划的研究 . 大豆科学，3（3）：169-182.

钱克明 . 2015. 我国年化肥使用量占世界的 35% 相当于美印总和 [EB/OL]. http：//lianghui. people.com.cn/ 015cppcc/n/2015/0309/c394219-26663668.html[2015-3-9].

石建省，郭娇，孙彦敏，等 . 2006. 京津冀德平原区深层水开采与地面沉降关系空间分析 . 地质论评，（6）：804-809.

史会来，连永新 . 2004. 抗战时期国共两党粮政之异同 . 学术交流，（2）：157-161.

史双昕，周丽，邵丁丁，等 . 2007. 北京地区土壤中有机氯农药类 POPs 残留状况研究 . 环境科学研究，20（1）：24-29.

司智陟 . 2012. 基于营养目标的我国肉类供需分析 . 北京：中国农业科学院 .

宋乃平，张凤荣 . 2006. 重新评价"以粮为纲"政策及其生态环境影响 . 经济地理，26（4）：628-631.

宋先松，石培基，金蓉 . 2005. 中国水资源空间分布不均引发的供需矛盾分析 . 干旱区研究，

22（2）：162-166.

宋伟，陈百明，刘琳．2013.中国耕地土壤重金属污染概况．水土保持研究，（2）：293-298.

隋昕融，詹夏菲，樊佳伟．2017.我国水产品消费市场预测分析．现代农业科技，（21）：293-295.

孙得发．2017.2016—2017年中国饲料企业使用陈化玉米导致的黄膘肉问题及思考．中国畜牧杂志，53（7）：147-152.

孙华生，黄敬峰，李波，等．2008.中国水稻遥感信息获取区划研究．中国农业科学，41（12）：4039-4047.

孙敬松，周广胜．2012.利用最大熵法（MaxEnt）模拟中国冬小麦分布区的年代际动态变化．中国农业气象，33（4）：481-487.

孙铁珩，李培军，周启星．2005.土壤污染形成机理与修复技术．北京：科学出版社．

孙兴权，姚佳，韩慧，等．2015.中国食品安全问题现状、成因及对策研究．食品安全质量检测学报，6（1）：10-16.

孙正东．2017.粮食供给侧结构性改革的新引擎——发展专用品牌粮食的思考和探索．中国科学院院刊，32（10）：1091-1095.

孙中山．2012.三民主义．北京：九州出版社．

谭永忠，何巨，岳文泽，等．2017.全国第二次土地调查前后中国耕地面积变化的空间格局．自然资源学报，32（2）：186-197.

谭震林．1960.一九五六年到一九六七年全国农业发展纲要．北京：人民出版社．

滕静超，苏筠，方修琦．2014.中国西汉—清代饥荒序列的重建及特征分析．中国历史地理论丛，29（4）：26-32.

屠志方，李梦先，孙涛．2016.第五次全国荒漠化和沙化监测结果及分析．林业资源管理，1（1）：5.

王二朋．2012.食品安全事件冲击下的消费者食品安全风险感知与应对行为分析．南京：南京农业大学．

王虹波．2006.论民国时期灾荒对民生的影响．通化师范学院学报，27（3）：103-105.

王建建．2001.浅谈水产品的营养价值．中国农村小康科技，（6）：30.

王晶磊，肖雅斌，徐威，等．2014.粮库储粮害虫防治存在问题及前景展望．粮食与食品工业，（3）：82-85.

王灵恩，成升魁，穆松林，等．2012.拉萨市餐饮食物消费实证研究．开发研究，（4）：147-152.

王欧，杨进．2014.农业补贴对中国农户粮食生产的影响．中国农村经济，（5）：20-28.

王庆锁，梅旭荣．2017.中国农业水资源可持续利用方略．农学学报，7（10）：80-83.

王一杰，邸菲，辛岭．2018.我国粮食主产区粮食生产现状、存在问题及政策建议．农业现代化研究，39（1）：37-47.

王莹，张晓月，焦敏，等 . 2016. 基于 GIS 的辽宁省大豆种植气候区划 . 贵州农业科学，44（11）：163-166.

王玉宝，吴普特，孙世坤，等 . 2015. 我国粮食虚拟水流动对水资源和区域经济的影响 . 农业机械学报，46（10）：208-215.

王玉斌，陈慧萍，谭向勇 . 2006. 我国南北方粮食产量波动与调运格局变化特征分析 . 农村经营管理，（5）：27-29.

温瑞英，曾红友，郭华，等 . 2006. 青春期肥胖症原因分析及防治探讨 . 岭南急诊医学杂志，11（2）：146-147.

温铁军，董筱丹，石嫣 . 2010. 中国农业发展方向的改变和政策导向：基于国际比较研究的视角 . 农业经济问题，（10）：88-94.

吴爱民，李长青，徐彦泽，等 . 2010. 华北平原地下水可持续利用的主要问题及对策建议 . 南水北调与水利科技，8（6）：110-113.

吴宾，党晓虹 . 2008a. 论中国古代粮食安全问题及其影响因素 . 中国农史，27（1）：24-31.

吴宾，党晓虹 . 2008b. 历史时期自然灾害对古代粮食安全的影响 . 农业考古，（4）：258-263.

吴宾，党晓虹 . 2008c. 试论隋唐至明清时期中国古代粮食安全思想的嬗变 . 江南社会学院学报，10（4）：14-18.

吴普特，赵西宁，操信春，等 . 2010. 中国"农业北水南调虚拟工程"现状及思考 . 农业工程学报，（6）：1-6.

谢佰承，杜东升，陆魁东，等 . 2015. 基于 MaxEnt 模型湖南双季稻种植气候适宜性分布研究 . 中国农学通报，31（9）：247-251.

谢莲碧 . 2012. 简述建国以来粮食安全思想研究 . 天府新论，（6）：47-51.

辛良杰，王佳月，王立新 . 2015. 基于居民膳食结构演变的中国粮食需求量研究 . 资源科学，37（7）：1347-1356.

徐建明，孟俊，刘杏梅，等 . 2018. 我国农田土壤重金属污染防治与粮食安全保障 . 中国科学院院刊，33：153-159.

徐刘芬 . 2016. 我国粮食安全的水资源支撑问题研究 . 山东农业工程学院学报，（1）：8-11.

徐琪，董元华 . 1991. 稻田耕作制度与土壤肥力，中国土壤科学的现状与发展 . 南京：江苏科学技术出版社 .

徐田 . 2017. "要四万万人都有饭吃"——孙中山粮食观刍议 . 档案与建设，（6）：43-45.

徐文成 . 2017. 有机食品消费行为研究 . 杨凌：西北农林科技大学 .

许世卫 . 2005. 中国食物消费与浪费分析 . 中国食物与营养，（11）：4-8.

许永峰 . 2007. 1912 年至 1929 年民国民食问题——以《大公报》为视角的考察 . 山西大同大学学报（社会科学版），21（3）：22-24.

许月卿 . 2005. 土地利用对地下水位下降的影响——以河北平原为例 . 地理研究，24（2）：

222-228.

杨红生,霍达,许强.2016.现代海洋牧场建设之我见.海洋与湖沼,47(6):1069-1074.

杨静,陈亮,陈霞.2013.我国粮食安全的水资源支撑问题研究.河北经贸大学学报,34(6):70-76.

杨丽芝,张勇,刘春华.2013.华北平原地下水资源功能衰退与可持续利用研究.工程勘察,(6):48-55.

杨瑞珍,陈印军.2014.东北地区耕地质量状况及变化态势分析.中国农业资源与区划,35(6):19-24.

杨晓光.2006.中国气候资源与农业.北京:气象出版社.

易钢.1998.毛泽东、邓小平对中国传统重农思想的新发展.毛泽东思想研究,(6):69-73.

余海英,李廷轩,周健民.2006.典型设施栽培土壤盐分变化规律及潜在的环境效应研究.土壤学报,43(4):571-576.

臧文如,傅新红,熊德平.2010.财政直接补贴政策对粮食数量安全的效果评价.农业技术经济,(12):84-93.

曾福生.2015.建立农地流转保障粮食安全的激励与约束机制.农业经济问题,(1):15-23.

翟凤英,曹若湘,付俊杰,等.2007.北京市学生营养餐现状分析.首都公共卫生,1(1):7-11.

詹玉荣.1995.全国粮食产后损失抽样调查及分析.中国粮食经济,(4):44-47.

张成.2015.中国水产品供需问题研究.北京:中国农业科学院.

张光辉,费宇红,刘春华,等.2013.华北平原灌溉用水强度与地下水承载力适应性状况.农业工程学报,29(1):1-10.

张光辉,连英立,刘春华,等.2011.华北平原水资源紧缺情势与因源.地球科学与环境学报,33(2):172-176.

张辉,贾敬敦,王文月,等.2016.国内食品添加剂研究进展及发展趋势.食品与生物技术学报,35(3):225-233.

张慧,刘红玉,张利,等.2008.南省东北部蔬菜土壤中有机氯农药残留及其组成特征.农业环境科学学报,27(2):555-559.

张宏仁.2001.中国的淡水资源问题.国土资源通讯,(4):34-43.

张杰,刘俊,秦君.2017.植物先天免疫研究现状与前景展望.中国科学院院刊,32(8):856-862.

张薇,原瑞玲,孙铮.2011.中国奶粉进口贸易的实证研究——三聚氰胺事件的影响.世界农业,(11):88-91.

张维理,武淑霞,冀宏杰,等.2004.中国农业面源污染形势估计及控制对策.中国农业科学,37(7):1008-1017.

张喜林,周宝库,孙磊,等.2008.长期施用化肥和有机肥料对黑土酸度的影响研究.土壤通报，39（5）：221-1223.

张秀珍 . 2003. 关注肥胖症 . 生物学教学，28（6）：53-54.

张宇，李云开，欧阳志云，等 . 2015. 华北平原冬小麦－夏玉米生产灰水足迹及其县域尺度变化特征 . 生态学报，35（20）：6647-6654.

张增祥，汪潇，王长耀，等 . 2009. 基于框架数据控制的全国土地覆盖遥感制图研究 . 地球信息科学学报，11（2）：216-224.

张兆吉，费宇红，陈宗宇，等 . 2009. 华北平原地下水可持续利用调查评价 . 北京：地质出版社 .

张兆吉，费宇红，郭春艳，等 . 2012. 华北平原区域地下水污染评价 . 吉林大学学报（地球科学版），42（5）：1456-1461.

赵长和 . 2016. 当下中国三大主粮库存积压的原因分析 . 农业经济展望，3：18-22.

赵春江 . 2010. 对我国未来精准农业发展的思考 . 农业网络信息，（4）：5-8.

赵广才 . 2010. 中国小麦种植区划研究（一）. 麦类作物学报，30（5）：886-895.

赵其国 . 2004. 土地资源，大地母亲——必须高度重视我国土地资源的保护、建设与可持续利用问题 . 土壤，36（4）：337-339.

赵其国，滕应，黄国勤 . 2017. 中国探索实行耕地轮作休耕制度试点问题的战略思考 . 生态环境学报，26（1）：1-5.

赵素荣，张新民 . 1998. 农膜残留污染研究 . 农业环境与发展，15（3）：7-10.

赵同科，张成军，杜连凤，等 . 2007. 环渤海七省（市）地下水硝酸盐含量调查 . 农业环境科学学报，26（2）：779-783.

郑宇，徐畅 . 2016. 民国粮食安全体系构建机制——以《中国米麦自给计划》及其推行为视点 . 甘肃社会科学，（3）：119-122.

中共中央文献研究室 . 1983. 邓小平文选（第二卷）. 北京：人民出版社 .

中国科学院农业领域战略研究组 . 2009. 中国至 2050 年农业科技发展路线图 . 北京：科学出版社 .

中国农业科学院 . 1986. 中国稻作学 . 北京：中国农业出版社 .

中国社会科学院近代史研究所 . 1986. 孙中山全集（第九卷）. 北京：中华书局 .

中国水稻研究所 . 1988. 中国水稻种植区划 . 杭州：浙江科学技术出版社 .

周建树 . 2013. 民国粮食史研究述评 . 山西农业大学学报（社会科学版），12（9）：865-870.

周建树 . 2013. 孙中山的粮食观 . 农业考古，（6）：198-201.

周娟，宋乃平，李团胜，等 . 2017. 1964—1970 年盐池荒漠草原村土地利用变化对"以粮为纲"政策的响应 . 干旱地区农业研究，35（4）：193-198.

周冉 . 2012. 华北地区主要作物施肥的资源环境影响评价 . 保定：河北农业大学 .

周向阳 . 2015. 我国粮食生产阶段中农业科技生产效率问题研究 . 中国食物与营养，21（12）：19-23.

朱菊艳. 2014. 沧州地区地面沉降成因机理及沉降量预测研究. 北京：中国地质大学（北京）.

朱兆良，金继运. 2013. 保障我国粮食安全的肥料问题. 植物营养与肥料学报，19（2）：259-273.

邹君，杨玉蓉，毛德华，等. 2010. 中国虚拟水战略区划研究. 地理研究，（2）：253-262.

Ababouch L. 1999. Heat treatment of foods spoilage problems associated with canning. Encyclopedia of Food Microbiology, 1016-1023.

Aranzazu H, Álvarez L. 2000. Integrated management of anthracnosis (Colletotrichum gloeosporioides Penz Sace) in tree tomato (Solanum betacea Cav. Sendt) in Manizales. ASCOLFI Informa, 26(3): 24-25.

Barry M P. 1993. Nutritional patterns and transition. Popul. Devel. Rev., 19: 138-157.

Emanuele E, Meliker J. 2017. Seafood intake, polyunsaturated fatty acids, blood mercury, and serum c-reactive protein in us national health and nutrition examination survey (2005-2006). International Journal of Environmental Health Research, 27(2): 136-143.

Epa U S. 1997. University of texas health science center-houston institution information. Pediatric Surgery International, 12(2-3): 116-117.

FAO, IFAD, UNICEF, et al. 2017. The State of Food Security and Nutrition in the World 2017[C] // Building resilience for peace and food security.

Frithsen I, Goodnight W. 2009. Awareness and implications of fish consumption advisories in a women's health setting. Journal of Reproductive Medicine, 54(5): 267-272.

Innis S. 2008. Dietary omega 3 fatty acids and the developing brain. Brain Research, 1237(4): 35-43.

Liu M, Shen Y, Zeng Y, et al. 2010. Trend in pan evaporation and its attribution over the past 50 years in China. Journal of Geographical Sciences, 20(4): 557-568.

Liu X, Tian G, Jiang D, et al. 2016. Cadmium (Cd) distribution and contamination in Chinese paddy soils on national scale. Environmental Science and Pollution Research, 23(18): 17941-17952.

Loague K, Lloyd D A, Nguyen A, et al. 1998. A case study simulation of DBCP groundwater contamination in Fresno County, California 1. Leaching through the unsaturated subsurface. Journal of Contaminant Hydrology, 29(2): 109-136.

Mozumder P, Flugman E, Randhir T. 2011. Adaptation behavior in the face of global climate change: Survey responses from experts and decision makers serving the florida keys. Ocean & Coastal Management, 54(1): 37-44.

Mahaffey B A. 2006. Book review of rewarding specialties for mental health clinicians: developing your practice niche (book review). Journal of Counseling & Development, 84(1): 127-128.

Medicine I O. 2006. Improving the quality of health care for mental and substance-use, conditions:

Quality chasm series. National Academies Press.

Newland P L. 2002. Proprioception in the Tailfan of the Crayfish. The Crustacean Nervous System, 601–609.

Oken E, Kleinman K P, Berland W E, et al. 2003. Decline in fish consumption among pregnant women after a national mercury advisory. Obstetrics & Gynecology, 102(2): 346–351.

Ruxton C H S, Derbyshire E, Toribio - Mateas M. 2016. Role of fatty acids and micronutrients in healthy ageing: A systematic review of randomised controlled trials set in the context of European dietary surveys of older adults. Journal of Human Nutrition & Dietetics, 29(3): 308–324.

Ruxton G D, Speed M P, Broom M. 2007. The importance of initial protection of conspicuous mutants for the coevolution of defense and aposematic signaling of the defense: a modeling study. Evolution, 61(9): 2165–2174.

Rylander C, Sandanger T M, Engeset D, et al. 2014. Consumption of lean fish reduces the risk of type 2 diabetes mellitus: a prospective population based cohort study of Norwegian women. Plos One, 9(2): e89845.

Singh O V, Labana S, Pandey G, et al. 2003. Phytoremediation: An overview of metallicion decontamination from soil. Applied Microbiology and Biotechnology, 61(5/6) : 405–412.

Smith K M, Sahyoun N R. 2005. Fish consumption: Recommendations versus advisories, can they be reconciled. Nutrition Reviews, 63(2): 39–46.

Sun J S, Zhou G S, Sui X H. 2012. Climatic suitability of the distribution of the winter wheat cultivation zone in China. European Journal of Agronomy, 43: 77–86.

Torpy J M, Lynm C, Glass R M. 2006. Eating fish: Health benefits and risks. The Journal of the American Medical Association, 296(15): 1926.

Vardeman J E, Aldoory L. 2008. A qualitative study of how women make meaning of contradictory media messages about the risks of eating fish. Health Communication, 23(3): 282–291.

Verbeke K, Roucher V F, Preston T, et al. 2008. W1381 short chain fatty acid profiles in plasma and urine of healthy volunteers depend on the type of indigestible carbohydrate. Gastroenterology, 134(4): 690–692.

Yang H. 1998. Trends in China's regional grain production and their implications. Agricultural Economics, 19(3): 309–325.

Ziogou C, Yfoulis C, Stergiopoulos F, et al. 2014. Supervisory Energy Management of an Integrated Fuel Cell / Battery System for Vehicular Applications[C] // 2014 AIChE Annual Meeting.

Zhang X N, Guo Q P, Shen X X, et al. 2015. Water quality, agriculture and food safety in China Current situation, trends, interdependencies, and management. Journal of Integrative Agriculture 2015, 14(11): 2365–2379.